ALMA MATER Consulting Berlin (Hrsg.)

Franz Rudolph
Klassiker des Management

Franz Rudolph

unter Mitarbeit von
Uwe Domann, Heidrun Hädrich, Marlies Pursche,
Hagen Voigtsberger

Klassiker des Managements

Von der Manufaktur
zum modernen Großunternehmen

Herausgegeben von
ALMA MATER Consulting Berlin

Die Deutsche Bibliothek – CIP-Einheitsaufnahme

Klassiker des Managements : von der Manufaktur zum modernen Grossunternehmen /Alma Mater Consulting Berlin GmbH (Hrsg.). Franz Rudolph unter Mitw. von Uwe Domann ... - 1. Aufl. - Wiesbaden : Gabler, 1994
ISBN 3-409-13544-8
NE: Rudolph, Franz [Hrsg.]; Alma-Mater-Consulting Berlin GmbH

Der Gabler Verlag ist ein Unternehmen der Verlagsgruppe Bertelsmann International.
© Betriebswirtschaftlicher Verlag Dr. Th. Gabler GmbH, Wiesbaden 1994
Lektorat: Dr. Walter Nachtigall

Das Werk einschließlich aller seiner Teile ist urheberrechtlich geschützt. Jede Verwertung außerhalb der engen Grenzen des Urheberrechtsgesetzes ist ohne Zustimmung des Verlages unzulässig und strafbar. Das gilt insbesondere für Vervielfältigungen, Übersetzungen, Mikroverfilmungen und die Einspeicherung und Verarbeitung in elektronischen Systemen.

Die inhaltliche und technische Qualität unserer Produkte ist unser Ziel. Bei der Produktion und Auslieferung unserer Bücher wollen wir die Umwelt schonen: Dieses Buch ist auf säurefreiem und chlorfrei gebleichtem Papier gedruckt. Die Buchverpackung Polyäthylen besteht aus organischen Grundstoffen, die weder bei der Herstellung noch bei der Verbrennung Schadstoffe freisetzen.

Die Wiedergabe von Gebrauchsnamen, Handelsnamen, Warenbezeichnungen usw. in diesem Werk berechtigt auch ohne besondere Kennzeichnung nicht zu der Annahme, daß solche Namen im Sinne der Warenzeichen- und Markenschutz-Gesetzgebung als frei zu betrachten wären und daher von jedermann benutzt werden dürften.

Druck: Wilhelm & Adam, Heusenstamm
Buchbinder: Osswald & Co., Neustadt / Weinnstr.
Printed in Germany

ISBN 3-409-13544-8

Inhalt

Entstehung und Geschichte des Managementwissens	**7**
Vom Fabrikherrn zum Manager	9
Die Pioniere der Manufaktur- und Fabrikorganisation	11
Wissenschaft statt Faustregeln - Frederick Winslow Taylor und seine Anhänger	12
Die "administrative Lehre" Henri Fayols	14
Eugen Schmalenbach und die Betriebswirtschaftslehre	15
Verhaltenswissenschaftliche Experimente, Methoden und Theorien	17
Von der Systemtheorie zum Erfolgsrezept	20
Die Vorläufer: Von der Manufaktur zur Fabrik	**25**
Robert Owen (1771 bis 1858)	27
Andrew Ure (1778 bis 1857)	38
Charles Babbage (1792 bis 1871)	49
Ernst Abbe (1840 bis 1905)	61
Scientific Management: Die Entstehung der Managementlehre	**81**
Frederick Winslow Taylor (1856 bis 1915)	83
Henry Lawrence Gantt (1861 bis 1919)	98
Frank Bunker Gilbreth (1868 bis 1924)	108
Henry Ford (1863 bis 1947)	118
Henri Fayol (1841 bis 1925)	135
Eugen Schmalenbach (1873 bis 1955)	155
Human Relations: Der arbeitende Mensch und sein Verhalten	**169**
Hugo Münsterberg (1863 bis 1950)	171
Elton Mayo (1880 bis 1949)	181
Frederick Herzberg (1923)	191

Das Unternehmen als System: Theorien für formale Organisationen   **203**

    Chester Irving Barnard (1886 bis 1961)   205

    Herbert Alexander Simon (1916)   216

Die Praxis des Managements: Erfahrungen erfolgreicher Unternehmensführung   **227**

    Alfred Pritchard Sloan (1875 bis 1966)   229

    Thomas J. Watson jr. (1914 bis 1994)   246

    Peter Ferdinand Drucker (1909)   260

    John Diebold (1926)   277

    Thomas J. Peters (1942), Robert H. Waterman jr. (1936)   290

Stichwortverzeichnis   **304**

Entstehung und Geschichte des Managementwissens

Vom Fabrikherrn zum Manager

Der Geheime Kommerzienrat Gustav von Mevissen übergab im Jahre 1879 der Stadt Köln eine Summe von 700.000 Mark mit der Bestimmung, eine Handelshochschule zu errichten, wenn das Kapital mit den Zinsen auf eine Million Mark angewachsen sei. Für den gleichen Zweck stellte in Frankfurt am Main der Metallindustrielle W. Merton Mittel bereit, und in Berlin trug die Korporation der Kaufmannschaft die Kosten für Bau und Grundstück einer Handelshochschule von insgesamt etwa 2,8 Millionen Mark.

Die Gründung der Handelshochschulen war eine Folge der fortschreitenden Industrialisierung und der damit verbundenen Herausbildung von Großunternehmen. In Deutschland verdreifachte sich von 1873 bis 1913 das Sozialprodukt. Während in der Mitte des 19. Jahrhunderts Fabriken mit 50 Beschäftigten noch als Großunternehmen galten, gab es 1910 eine Vielzahl von Betrieben mit über 1.000 Arbeitern. So wuchs zum Beispiel die Belegschaft der Krupp-Werke von 74 Personen 1848 auf 25.000 in den Jahren 1891/92.

Das Wachstum der Unternehmen führte zu wesentlich veränderten Anforderungen an die Führung und Organisation. Funktionen wie Planung, Koordinierung, Information und Kontrolle gewannen an Bedeutung. Immer weniger genügten Führungsmethoden, die sich allein auf die Persönlichkeit des Unternehmers und seine Empfehlungen gründeten. Bereits bei 100 bis 200 Beschäftigten erreichen Unternehmen eine Größe, wo eine persönliche, direkte Führung nicht mehr ausreicht.

Der Fabrikherr alten Stils, meistens zugleich der Unternehmensgründer, führte vor allem durch seine persönliche Präsenz und seine individuell geprägten Methoden. In diesem Sinne empfahl die „Allgemeine Gewerkslehre" 1868: „Die beste Instruktion ist die mündliche, die der allezeit und überall gegenwärtige, alles durchschauende Unternehmer selbst gibt, und die, welche ein Beispiel den Angestellten fortwährend vor Augen hält."[1]

In einem Großbetrieb konnte der Unternehmer nicht allezeit und überall gegenwärtig sein. Er bedurfte der Mitwirkung weiterer Führungskräfte. Die Führungsfunktion wurde zunehmend arbeitsteilig wahrgenommen, und eine spezielle Schicht angestellter Unternehmer, die eigentlichen Manager, bildete sich heraus. Damit kam es zunehmend immer mehr zu einer Trennung zwischen dem Eigentümer und der Führung der Unternehmen.

Der Bedarf nach fähigen, qualifizierten Managern warf zwangsläufig die Frage nach deren Ausbildung auf. In Deutschland konnte sich um die Jahrhundertwende das kaufmännische Schulwesen in keiner Weise mit dem wohlausgebauten technischen vergleichen. So gab es 1910 in Preußen 1.877 staatliche gewerbliche Fortbildungs-

---

[1] Emminghaus, A.: Allgemeine Gewerkslehre. Berlin 1868, S. 164

schulen mit insgesamt 327.000 Schülern, aber nur 501 kaufmännische Schulen mit 65.000 Schülern.[2] Mit direkter Unterstützung der Wirtschaft entstand deshalb zwischen 1898 und 1920 eine Reihe von Ausbildungsstätten, die in Anlehnung an die kaufmännischen Akademien des 18. Jahrhunderts „Handelshochschulen" genannt wurden. Den ersten Gründungen 1898 in Leipzig und Wien folgten die 1901 in Köln und Frankfurt/M., 1906 in Berlin, 1907 in Mannheim, 1908 in St. Gallen, 1910 in München, 1915 in Königsberg und 1919 in Nürnberg. Im Wintersemester 1911/12 studierten an diesen Einrichtungen über 2.000 Studenten, 1923/24 waren es bereits rund 5.000. Das Fach Betriebswirtschaftslehre stand erstmals 1906 auf dem Plan, und der Titel eines Diplom-Kaufmannes wurde das erste Mal 1913 verliehen.

In den anderen aufstrebenden Industrieländern verlief die Entwicklung in ähnlichen Bahnen. In Frankreich entstanden 1852 die Ecole Superieure de Commerce und 1881 die Ecole des Hautes Etudes commerciales; in England 1895 die London School of Economics and Political Science, in den USA 1881 die Wharton School of Commerce and Finance, 1900 die Amos Tuck School of Administration and Finance und 1908 die Harvard Business School, die sich in der Folgezeit zur international führenden Institution entwickelte.

Der Gründung der Harvard Business School ging die Tatsache voraus, daß immer mehr College-Absolventen direkt in der Privatwirtschaft Führungspositionen erlangen wollten. Der Anteil der Absolventen mit diesem Berufsziel betrug 1835 bis 1860 rund 25 Prozent, zwischen 1890 und 1900 40 Prozent und kurz danach schon 55 Prozent. Die Harvard Business School verfolgte von Beginn an das Ziel, den Studenten „eine Ausbildung in den fundamentalen Principien der Geschäftsorganisation und -verwaltung" zu vermitteln, die zugleich wissenschaftlich und praxisorientiert sein sollte.[3] Um die Praxisnähe zu sichern, wurde von der Harvard Law School die Fallmethodik übernommen. Bereits in den ersten Jahren konnten an dieser Schule Fächer wie Unternehmenspolitik, Marketing oder Industrial Management belegt werden.

Die Wissensvermittlung setzte die Analyse und Erforschung des Wissenschaftsgegenstandes sowie die Systematisierung der vorhandenen Erfahrungen voraus. Das Bedürfnis nach einer Management-Wissenschaft war in den Industrieländern gleichermaßen ausgeprägt, die Ansätze hierzu wiesen allerdings inhaltlich erhebliche Unterschiede auf. In den USA war die Entstehung der Management-Science vor allem an die arbeitsorganisatorischen Untersuchungen des Ingenieurs Frederick W. Taylor gebunden. In Frankreich legte Henri Fayol mit einer systematischen Darstellung der Planung und Organisation in einem Großunternehmen die Grundlage. In Deutschland wiederum stand am Anfang die Betriebswirtschaftslehre, die sich inhaltlich vor allem den Problemen des Rechnungswesens zuwandte. Mit den Schriften von Ernst Abbe lagen erstmals die gesammelten praktischen Erfahrungen eines deutschen Unternehmers vor. England, das Mutterland der industriellen Revolution,

---

[2]Vgl. Kocka, J.: Unternehmer in der deutschen Industrialisierung. Göttingen 1975, S. 109
[3]Vgl. Walter-Busch, E.: Das Auge der Firma. Stuttgart 1989, S. 41

brachte die bedeutendsten Vorläufer einer Management-Wissenschaft hervor. In den Werken von Charles Babbage, Robert Owen und Andrew Ure widerspiegelt sich prägnant der Übergang von der Manufaktur zur Fabrik.

Die Pioniere der Manufaktur- und Fabrikorganisation

Der entscheidende Unterschied zwischen der Manufaktur und der Fabrik bestand in der Verwendung mechanischer Kraft zum Betrieb von Werkzeugen und Maschinen. Der „Großvater des Computers" Charles Babbage stieß bei der Suche nach einem Produzenten für seine Rechenmaschine auf die Widersprüche zwischen den modernen Technologien und den traditionellen Organisationsformen. In seinem Werk „On the economy of machinery and manufactures" analysiert Babbage die Vorteile der Arbeitsteilung und formuliert erste Grundsätze einer industriellen Unternehmensführung. Robert Owen hingegen bewertete die Arbeitskraft höher als die Maschinen. Als Leiter und Teilhaber einer Gruppe von Baumwollspinnereien in Schottland wandte er sich 1813 mit einem Aufruf an seine Standeskollegen, in dem er sie eindringlich aufforderte, „die lebendigen Maschinen" mit der gleichen Aufmerksamkeit zu behandeln wie die „leblosen". Er beklagte, daß der Mensch von der Mehrzahl der Manufakturleiter als eine „zweitrangige und minderwertige Maschine" angesehen würde, während eine verständnisvolle Einstellung zum Menschen ihn bedeutend besser zur Wirkung kommen ließe.

1835 erschien in London das Buch des Arztes, Chemikers, Astronomen und Ökonomen Andrew Ure „The philosophy of manufactures". Karl Marx bezeichnete diese Schrift als den „klassischen Ausdruck des Fabrikgeistes" und als „Apotheose der großen Industrie", ihren Autor als „Pindar der automatischen Fabrik".

Der Kapitän Henry Metcalfe veröffentlichte im Jahre 1885 „Die Kosten der Produktion und die Verwaltung von öffentlichen und privaten Werkstätten". Er verarbeitete in diesem Buch Erfahrungen und Erkenntnisse, die er als Offizier der US-Army bei der Leitung von Arsenalen gesammelt hatte. Ausgehend von der Zielsetzung, Methoden zur Vereinfachung der Verwaltung und Leitung zu entwickeln, gelang es ihm, eine Reihe von wirksamen Verfahren zur kontinuierlichen Erfassung und Analyse der Kosten und zur Kontrolle des Ablaufs betrieblicher Prozesse zu schaffen.

Ernst Abbe betrachtete seine Schriften selbst als aus der „lebendigen Erfahrung" des Unternehmers gewonnen, das heißt eines Mannes, „der die gewerbliche Tätigkeit von vielen hundert Personen in den Formen gemeinsamer fabrikatorischer Arbeit zu organisieren und zu leiten hatte". Auch sein Wirken ist geprägt vom Übergang zur industriellen Fertigung. Als Besonderheit kam hinzu, daß sein Tätigkeitsfeld, die optische Industrie, eine enge Verbindung zur Wissenschaft erforderte.

Mit diesen Pionieren der Manufaktur- und Fabrikorganisation wurde - wie Peter F. Drucker es ausdrückte - „das Management entdeckt, bevor es ein Management gab, das der Rede wert gewesen wäre"[4]. Voraussetzung für eine volle Herausbildung des Managements, auch als „organisiertes Wissensgebiet", war „das Entstehen der Großorganisationen"[5].

Wissenschaft statt Faustregeln - Frederick Winslow Taylor und seine Anhänger

In den USA wird in der Regel das Jahr 1886 als Beginn der Managementforschung angegeben, denn am 26. Mai dieses Jahres hielt Henry Towne, der Präsident der American Society of Mechanical Engineers, vor dieser Gesellschaft seine Rede „The Engineer as an Economist". Der Gesellschaft gehörte auch Frederick W. Taylor an, dessen Werk international als bedeutendster Ausgangspunkt der Managementforschung gilt. Taylor ging - schon sein Grabstein trug diese Inschrift - als „Father of Scientific Management" in die Geschichte ein.

Die erste systematische Darstellung dessen, was allgemein als „Wissenschaftliche Betriebsführung" bezeichnet wird, gab Taylor 1895 in seinem Vortrag „A Piece Rate System" (Ein Stücklohnsystem). Den unmittelbaren Anlaß für die Suche nach neuen Entlohnungsformen in der Industrie sah Taylor in der Erscheinung des „Sich-Drückens-vor-der-Arbeit" und in der damit verbundenen „tagtäglichen Vergeudung menschlicher Arbeitskraft". Taylor erkannte, daß der Arbeitsprozeß nicht mehr nach Faustregeln geleitet werden kann. Zu einer Steigerung der Produktivität war nunmehr die wissenschaftliche Durchdringung der Leitung und der gesamten Arbeitsorganisation notwendig geworden.

Taylors System der „wissenschaftlichen Betriebsführung" beruht vor allem auf folgenden vier Grundsätzen (Principles of Scientific Management):

- Entwicklung von festen Regeln durch die Unternehmensleitung für einen reibungslosen Produktionsablauf,
- differenzierte Personalauslese und laufende Verbesserung der Fertigkeiten des Arbeiters,
- Harmonie zwischen Arbeitgeber und Arbeitnehmer.
- „Die Leitung leistet den Teil der Arbeit, zu welchem sie sich am besten eignet, und der Arbeiter den Rest."

Zur Verwirklichung dieser Prinzipien entwickelte Taylor ein umfangreiches Instrumentarium (Mechanism of Scientific Management), das hauptsächlich Zeit- und Bewegungsstudien, die Normierung der maschinellen und manuellen Arbeit, die Auswahl und das Anlernen der Arbeiter sowie die funktionelle Organisation (Funktionsystem) beinhaltete.

---

[4]Drucker, P. F.: Die neue Management-Praxis. Düsseldorf-Wien 1974, S. 50
[5]Ebenda, S. 52

In den Unternehmen, die nach dem Taylor-System arbeiteten, stieg die Produktion innerhalb von zwei Jahren durchschnittlich um das Zweifache. Taylor beschrieb selbst als Beispiel, wie die Leistung der Transportarbeiter beim Roheisenverladen von 12 Tonnen auf durchschnittlich 48 Tonnen pro Tag gesteigert werden konnte. 1940 hatten etwa 90 Prozent der US-amerikanischen Industrieunternehmen das Taylor-System eingeführt.

Die unmittelbare Weiterentwicklung des Taylor-Systems richtete sich vor allem auf die Vervollkommnung und Verfeinerung einzelner Seiten und Methoden. So wurden die Zeit- und Bewegungsstudien perfektioniert, die Lohnformen weitgehend präzisiert, die „Psychology of Management" stärker in den Vordergrund gerückt und Ermüdungsstudien und Eignungsprüfungen zur Feststellung der physischen Höchstleistung des Arbeiters durchgeführt. Es waren vornehmlich Taylors direkte Mitarbeiter, wie der Mathematiker Carl C. Barth, die Ingenieure H. K. Hathaway, Morris L. Cocke, Sanford E. Thompson, Frank B. Gilbreth und Henry L. Gantt, die für die Verbreitung und Weiterentwicklung des Taylor-Systems Sorge trugen.

Der Taylor-Mitarbeiter Frank B. Gilbreth widmete sich, gemeinsam mit seiner Frau Lillian M. Gilbreth, den psychologischen Problemen der „Wissenschaftlichen Betriebsführung", vor allem den Bewegungs- und Ermüdungsstudien. Berühmt wurde Gilbreth durch seine vielfältigen Vorschläge zur Rationalisierung der Maurerarbeit.

Der Assistent Taylors, Henry L. Gantt, entwickelte das nach ihm benannte Prämienlohnverfahren (Pensum-Bonus-System). In seiner Schrift „Organisation der Arbeit" forderte Gantt die Unternehmer zu einem „sozialerem" und „menschlicherem" Verhalten gegenüber den Arbeitern auf. Der selbständige Unternehmensberater Harrington Emerson veröffentlichte 1911 das Buch „Efficiency as a Basis for Operation and Wages" und 1913 „Twelve Principles of Efficiency". Emerson war kein Mitarbeiter von Taylor; er stand allerdings in enger Verbindung mit ihm und trug mit seiner Beraterfirma (40 - 50 Angestellte) erheblich zur praktischen Einführung des Taylor-Systems bei.

Die beiden wissenschaftlichen Gegner des Taylor-Systems, Alexander H. Church und Leon P. Alford veröffentlichten zahlreiche Artikel, in denen sie durch eine kritische Auseinandersetzung zur Weiterentwicklung einzelner Seiten der „Wissenschaftlichen Betriebsführung" beitrugen. Von dem Ingenieur Russel Robb erschien 1910 die Schrift „Lectures on Organization", in der er versuchte, einige Grundsätze für die industrielle Organisation aus dem militärischen Bereich zu entlehnen. Auch der sogenannte „Fordismus", das heißt bestimmte von Henry Ford I. praktizierte technisch-organisatorische Prinzipien gehörten zu den charakteristischen Erscheinungen dieser Periode. Insbesondere mit dem im Ford-Konzern erstmalig angewandten Fließbandprinzip gelang es, sowohl die Produktivität erheblich zu erhöhen als auch die Disziplinierung der Arbeiter zu verstärken.

In den USA gab es also eine Fülle „klassischer" Managementlehre, eine ähnliche Entwicklung vollzog sich in Westeuropa erst in den 20er Jahren. In England veröffentlichte 1923 Oliver Sheldon seine Schrift über die „berufliche Sendung" des Managers unter dem Titel „The Philosophy of Management". Er begründet darin - ebenso wie Mary Parker Follett in ihrem Buch „Business Management as a Profession" (1927) - die Notwendigkeit einer „neuen Wissenschaft von der Unternehmensführung". In Deutschland wurde das Taylor-System vor allem von Vertretern der an einigen Technischen Hochschulen kurzzeitig bestehenden Betriebswissenschaft propagiert. Eine umfassende Verbreitung und Anwendung US-amerikanischer Managementmethoden erfolgte erst nach dem I. Weltkrieg, besonders durch das 1921 gegründete Reichskuratorium für Wirtschaftlichkeit (RKW) und den 1924 ins Leben gerufenen Reichsausschuß für Arbeitsvermittlung (REFA). In Rußland kennzeichnete Wladimir I. Lenin den Taylorismus als „ein wissenschaftliches System zur Schweißauspressung". Zugleich sprach er von einem „Erfolg der Arbeitsproduktivität" und von einem „gewaltigen Fortschritt der Wissenschaft". Bereits 1918 erschien in Moskau das Buch von O. A. Ermanski „Wissenschaftliche Betriebsorganisation und das Taylor-System".

Die „administrative Lehre" Henri Fayols

Die Anfänge der Managementforschungen, die sich vornehmlich der Führung großer Unternehmen widmen, finden sich vor allem bei Henri Fayol in seinem 1916 in Paris veröffentlichten Buch „Administration Industrielle et Générale". In kritischer Auseinandersetzung mit einigen Prinzipien des Taylor-Systems entwickelte Fayol seine Auffassungen von der Organisation der Leitung, die unter der Bezeichnung „administrative Lehre" in die Geschichte des Managementswissens eingegangen ist.

Fayol vertrat die Meinung, daß in einem Unternehmen im wesentlichen sechs zu unterscheidende Prozesse ablaufen (technische, kommerzielle, finanzwirtschaftliche, Sicherheitsmaßnahmen, Rechnungslegung und administrative Vorgänge). Diese Gliederung bildet das Gerüst der gesamten Fayolschen Konzeption. Nach diesen sechs Funktionen unterteilt er den Plan des Unternehmens, bestimmt er die Leitungsorgane und bewertet er die Fähigkeit des Personals entsprechend der Leitungshierarchie. Eines der wesentlichsten Anliegen Fayols besteht - entsprechend der Überschrift zum 1. Kapitel seines Buches - darin, die „Notwendigkeit und Möglichkeit eines Verwaltungsunterrichts" zu begründen. In einer Quantifizierung der verschiedenen Fähigkeiten schätzte Fayol ein, daß der Arbeiter zu 85 Prozent technische Fähigkeiten und zu jeweils 5 Prozent Fähigkeiten in der Administration, im Rechnungswesen und im Sicherheitswesen besitzen müsse. In dem Maße, wie man nun „in den Rangstufen fortschreitet, steigt die verhältnismäßige Bedeutung der administrativen Befähigung, während die der technischen Befähigung sich verringert". Ein Generaldirektor müsse demnach zu 50 Prozent administrative Fähigkeiten besitzen, während er für die anderen fünf Funktionen nur jeweils 10 Prozent seiner Befähigung benötige.

Einen wichtigen Bestandteil der Fayolschen Konzeption bilden die zunächst im Militärwesen entstandenen Organisationsvorstellungen, die er zu den noch heute geläufigen Modellen der Linien- und der Stabslinienorganisation zusammenfaßt. Fayol arbeitete auch die verschiedenen Phasen eines Führungsprozesses heraus und versuchte, den Inhalt der einzelnen Phasen (Vorausplanung, Organisation, Auftragserteilung, Zuordnung und Kontrolle) zu definieren. Weiterhin erhielten die ebenfalls heute noch gültigen pragmatischen Organisationsprinzipien durch ihn ihre erste Formulierung.

Hohes Interesse verdienen auch die Ausführungen Fayols zur Unternehmensplanung, denen er die Maxime „Leiten heißt vorausplanen" voranstellt. Fayol schilderte die Planungspraxis in dem von ihm geleiteten Unternehmen, das zu Beginn des Jahrhunderts bereits 10.000 Beschäftigte hatte. Hier gab es Pläne für spezielle Zwecke sowie für verschiedene Zeitperioden - von Zehnjahresplänen über Jahres-, Monats- und Wochenpläne bis zu Tagesplänen. Zugleich galt der Grundsatz, daß „alle diese Voranschläge zu einem einzigen Plan verschmolzen (sind), der der Unternehmung als Richtungsweiser dient". Der Inhalt der Jahres- und Zehnjahrespläne gliederte sich generell entsprechend den von Fayol herausgearbeiteten sechs Grundprozessen innerhalb eines jeden Unternehmens in sechs Teile. Bei der Gestaltung der Zehnjahrespläne wurden bereits Elemente einer gleitenden Planung angewendet. Der Zehnjahresplan wurde jedes Jahr auf den Jahresplan abgestimmt und nach fünf Jahren völlig neu ausgearbeitet.

Die unmittelbare Weiterentwicklung der „administrativen Lehre" Fayols wurde vor allem in den USA durch Luther Gulick und durch den ehemaligen englischen Generalstäbler Lyndall F. Urwick betrieben. Diese Weiterentwicklung richtete sich besonders auf eine Präzisierung und detaillierte Beschreibung der Führungsfunktionen (Voraussage, Planung, Organisation, Befehl, Koordination, Kontrolle). Im weiteren Verlauf entstand daraus die „Management Process School" als spezielle Richtung der Managementlehre.

Eugen Schmalenbach und die Betriebswirtschaftslehre

Im deutschsprachigen Raum lassen sich „wissenschaftliche Aussagen über Management erst bedeutend später feststellen als im angelsächsischen. In der Frühzeit der Betriebswirtschaftslehre stehen nicht ökonomische und organisatorische Probleme der industriellen Massenfertigung im Vordergrund, sondern Probleme der Rechnungslegung"[6]. Die Arbeit auf diesem Gebiet hat durchaus wertvolle Resultate erbracht, wie die Entdeckung des „toten Punktes" (später in den USA als „Break-even-Analyse" weiterentwickelt) durch Johann Friedrich Schär und Friedrich Leitner (1910) oder die Erarbeitung eines einheitlichen Kontenrahmens durch Eugen Schmalenbach (1927). Auf das Bedürfnis nach einer umfassenden „Lehre von der Unternehmensführung" reagierte die akademische Betriebswirtschaftslehre im wesentlichen erst nach dem II. Weltkrieg, vor allem seit dem Anfang der 60er Jahre.

---

[6]Stähle, W.: Management. München 1980, S. 113

Auf dem Gebiet der Leitung und Organisation gab es allerdings sowohl von Betriebswirten als auch von Technikern, Betriebsberatern und Praktikern auch in früheren Jahren bemerkenswerte Arbeiten. Zu Beginn des Jahrhunderts erschienen zum Beispiel viele interessante Arbeiten zur „Organisation des Fabrikbetriebes" (R. Stern, 1911; G. Erlacher, 1913; W. Grull, 1914).

Der Unternehmensberater Fritz Nordsieck erarbeitete später ein detailliertes System der Aufbau- und Ablauforganisation.

Die praktische Wirksamkeit der deutschen Betriebswirtschaftslehre wurde über lange Zeit durch eine Dominanz wissenschaftsmethodologischer Fragen behindert. Bereits im Jahre 1912 entbrannte über die „Wertfreiheit" der betriebswirtschaftlichen Forschung eine heftige Diskussion, die als „1. Methodenstreit der Betriebswirtschaftslehre" in die Geschichte des Faches einging. Eugen Schmalenbach bekannte damals: „Das privatwirtschaftliche Gewinnstreben, genannt Profitmacherei, ist eine wichtige Sache; wenn es ein Fach gibt, das sich mit wissenschaftlichem Ernst dieser Sache widmet, so halte ich das für ein gutes Fach".[7] Eugen Schmalenbach gilt als der bedeutendste Vertreter der Betriebswirtschaftslehre, wobei er diese Geltung gerade der ausgesprochen pragmatischen Orientierung verdankt. Er hat mit seiner dynamischen Bilanztheorie, seinen Äußerungen über fixe und variable Kosten, der Schaffung des Kontenrahmens, seinen Arbeiten über die Beteiligungsfinanzierung und mit vielen anderen Leistungen den praktischen Fortschritt der Unternehmensführung maßgeblich beeinflußt. So bildeten die Arbeiten Schmalenbachs den Ausgangspunkt des in der gesamten gewerblichen Wirtschaft 1937 eingeführten einheitlichen Kontenrahmens. Auch die im gleichen Jahr erlassenen Buchhaltungsrichtlinien und die zwei Jahre später aufgestellten Grundsätze der Kostenrechnung beruhten auf den Vorarbeiten Schmalenbachs. Von dem 1942 innerhalb der Schmalenbach-Gesellschaft gegründeten „Arbeitskreis Dr. Krähe" wurde ein „Grundplan der Dienststellengliederung" ausgearbeitet, der zur verbindlichen Verordnung für alle Industriebetriebe erklärt wurde.

Heute gliedert sich die Schmalenbach-Gesellschaft in 12 Arbeitskreise zu deren Mitgliedern auch Professoren der Betriebswirtschaft, in der Mehrzahl jedoch Vertreter fast aller deutschen Großunternehmen zählen. Weit in die Zukunft hinein wirkte Schmalenbach mit seinem Werk „Pretiale Wirtschaftslenkung". Die Grundidee bestand darin, ein Unternehmen in verschiedene Abteilungen und Teilbetriebe zu zerlegen und diese wie selbständige Unternehmen wirtschaften zu lassen. Dadurch sollten im Unternehmen interne Märkte entstehen und die einzelnen Abteilungen dann wie im Rahmen eines marktwirtschaftlichen Systems agieren. Ziel Schmalenbachs war es, Flexibilität und unternehmerisches Handeln in den Großunternehmen zu befördern. Ziel und Inhalt der „Pretialen Betriebslenkung" ließen sich heute übereinstimmend mit solchen modernen Begriffen wie Dezentralisierung und Profit-Center beschreiben.

---

[7]Hirai, Y.: Quellenbuch der Betriebswirtschaftslehre. Berlin 1925, S. 71

Verhaltenswissenschaftliche Experimente, Methoden und Theorien

In den 20er Jahren häuften sich in verschiedenen Ländern die Untersuchungen zu psychologischen und soziologischen Aspekten des Arbeitsprozesses. Den Ausgangspunkt bildete wie beim Taylorismus die Leistungszurückhaltung der Arbeiter. In zahlreichen Experimenten wurde das Verhalten der Arbeiter, insbesondere ihre Reaktion auf neue Arbeitsbedingungen, materielle und ideelle Anreize und andere analysiert. Das Erkenntnisziel bestand dabei vornehmlich im Suchen und Erfassen von solchen Anreizen und Einflußfaktoren, die zu einer höheren Produktivität der Arbeiter führen.

Zu Beginn dieses Jahrhunderts sah Taylor in der Lohnhöhe den alles entscheidenden Anreiz für die Leistungssteigerung. Für die sich neben und nach dem Taylorsystem entwickelnde Psychotechnik bestand das Ziel in der „Grob- und Feinpassung" der Arbeiter an den Arbeitsplatz, in der Ausnutzung auch der „kleinsten Befähigung" oder kurz gesagt in der „Menschenökonomie". Das Herangehen der Psychotechnik an diese „Menschenökonomie" geschah „in keiner anderen Absicht, als man etwa die Lager einer Welle untersucht"[8].

Mit den Experimenten der Human-Relations-Bewegung in den USA erreichte das pragmatisch-behavioristische Denken einen ausgesprochenen Höhepunkt. In langjährigen Versuchen wurden viele verschiedene Einflußfaktoren wie Beleuchtung, Arbeitszeit, Pausenregime und Prämien in ihrer leistungssteigernden Wirkung erprobt. Das wichtigste Resultat dieser langwierigen Experimente bestand in der „Entdeckung" des Menschen als soziales Wesen und darin, „daß Personen lediglich durch den Umstand, daß man sich mit ihnen beschäftigte, zu Leistungsverbesserungen gebracht wurden"[9].

Die erste größere Untersuchung dieser Art umfaßte den Zeitraum 1923/24 (Philadelphia-Experiment), die folgende dauerte von 1924 bis 1929 und mit Unterbrechungen bis 1939 (Hawthorne-Experiment). Das Philadelphia-Experiment wurde in einer Spinnerei durchgeführt: Die Fluktuationsrate lag hier bei 250 Prozent. Allein durch die Einführung von Ruhepausen und die dadurch mögliche Kontaktaufnahme zwischen den Arbeitern gelang es, die Produktivität zu erhöhen und die Fluktuationen einzuschränken. Die Hawthorne-Experimente in der Western Electric Co. umfaßten eine Vielzahl von Versuchen und Analysen: Veränderungen der Arbeitsplatzbeleuchtung, der Pausen, der Arbeitszeit, des Lohnsystems, der Verpflegung sowie das Interview- und Beratungsprogramm. In beiden Experimenten ging man zunächst von bekannten psycho-technischen Verfahren aus. Das Vorgehen entsprach streng

---

[8]Eliasberg, W.: Die Psychotechnik und die Motivationsstufen der Arbeit. In: Industriesoziologie I. Neuwied 1966, S. 48

[9]Volpert, W.: Psychologie der Ware Arbeitskraft. In: Kritik der bürgerlichen Psychologie. Frankfurt/M. 1973, S. 227

dem Reiz-Reaktions-Schema der Verhaltenswissenschaft. Die Experimente führten zunächst zu dem erstaunlichen Resultat, daß sich nach jeder Veränderung die Leistung erhöhte. Als jedoch nach der völligen Zurücknahme aller Verbesserungen die Leistung weiter stieg, schien dies allen bisherigen Erkenntnissen zu widersprechen. Erst später fand man heraus, daß nicht die Veränderungen der Beleuchtung, der Pausen usw. zu einer wachsenden Leistung geführt hatte, sondern die Berücksichtigung sozialer Faktoren.

Die Untersuchungen standen unter der Leitung von Elton Mayo, einem Professor für Industrial Research an der Harvard Business School. Die Experimente in dem im Chicagoer Stadtteil Hawthorne gelegenen Hauptwerk der Western Electric wurden von diesem Unternehmen und der Rockefeller-Stiftung finanziert. Zu der Forschungsgruppe gehörten sowohl Führungskräfte der Western Electric wie William G. Dickson als auch weitere Wissenschaftler der Harvard-Universität wie T. N. Whitehead und Fritz J. Roethlisberger.

Während der Untersuchungen und in Auswertung ihrer Ergebnisse hatte sich bei Mayo und seinen Mitarbeitern die Meinung herausgebildet, daß die Ursache der Leistungssteigerung nicht hauptsächlich in Vergünstigungen und in verkürzter Arbeitszeit zu suchen sei, sondern darin, daß es während der jahrelangen Experimente und infolge des unmittelbaren Kontakts und der Einflußnahme auf die Arbeiter gelungen war, eine „Integration" der Arbeiter in das Unternehmen und seine Ziele zu vollziehen. Nicht allein materielle Verbesserungen, sondern die Einwirkung auf die Geisteshaltung der Arbeiter im Sinne einer harmonischen Interessengleichheit mit der Betriebsleitung hätte eine veränderte Arbeitsatmosphäre, eine Art Teamgeist erzeugt, was schließlich zu dem verbesserten Leistungseffekt geführt habe. In diesem Sinne schrieb Roethlisberger: „Man hatte mit den neuen Testbedingungen für ein sogenanntes ‚kontrolliertes Experiment' die soziale Lage im Prüfraum vollständig umgewandelt. Ganz bewußt hatte sich eine Änderung vollzogen, die sich als viel ausschlaggebender erwies als die geplanten Neuerungen: das übliche Verhältnis von Vorgesetzten und Untergebenen war grundlegend umgestaltet worden. Daraus erklärte sich die positive Haltung der Arbeiterinnen und ihre höhere Arbeitsleistung."[10]

Die Untersuchungen der Aktionen, Beziehungen und Kontakte innerhalb und zwischen verschiedenen sozialen Menschengruppen führten zur „Entdeckung" der Kategorie „Gruppe" im Betrieb und insbesondere der informellen Organisation des Betriebslebens. Zugleich wurde offenkundig, daß die Zusammenarbeit und die Arbeitsfreude der Produzenten im Betrieb nicht nur ein technisches und betriebsorganisatorisches Problem darstellte und schon gar nicht dem Zufall überlassen werden konnte.

Die Verbreitung der Erkenntnisse und des Instrumentariums der Human-Relations-Bewegung geschah in Deutschland erst nach dem II. Weltkrieg, vor allem in den

---

[10]Roethlisberger, F. J.: Betriebsführung und Arbeitsmoral. Köln und Opladen 1954, S. 18

50er und auch noch in den 60er Jahren. Das Bedürfnis nach verhaltenswissenschaftlichen Managementmethoden entstand jedoch in Deutschland ebenso und auch etwa zur gleichen Zeit wie in den USA. Die Orientierung auf die angewandte Psychologie ist in dieser Zeit verbunden mit einem allgemeinen Aufschwung der psychologischen Forschung und dem Entstehen spezieller Richtungen, wie dem Behaviorismus (Watson), der Psychoanalyse (Freud), der Massenpsychologie (Le Bon) und der Tiefenpsychologie (Adler, Jung). Als angewandte Psychologie bildete sich am Anfang des Jahrhunderts die Psychotechnik heraus. Ihr Begründer, der Deutschamerikaner Hugo Münsterberg, formulierte in ausdrücklicher Anlehnung an Taylor die zentrale Aufgabe: „Was kann getan werden, um alle Faktoren auszuschalten, die seine (des Arbeiters - d. V.) Leistungsfähigkeit vermindern ... und was bleibt zu tun übrig, um seine Leistung zu steigern?"[11] Die Methoden der Psychotechnik, besonders die Verfahren zur Eignungsprüfung, fanden während und nach dem I. Weltkrieg eine rasche Verbreitung. „Frankreich, England, Italien hatten ihre Flieger, Deutschland seine Chauffeure, Amerika sein gesamtes Heer - 1 ¾ Millionen Menschen - mittels psychologischer Verfahren auslesen lassen. Und gleich nach dem Kriege wurden die gewonnenen Methoden und Erfahrungen in der aufwärtsstrebenden Industrie eingeführt und damit so gute Ergebnisse erzielt, daß ein Betrieb nach dem anderen - die AEG voran - seine Lehrlinge und seine Facharbeiter nach dem neuen Verfahren begutachten ließ."[12]

Der Aufschwung der Verhaltenswissenschaften äußerte sich in Deutschland unter anderem in der Gründung des „Instituts für Betriebssoziologie" im Jahre 1928. Die Anfänge der deutschen Betriebssoziologie sind besonders mit den Namen Götz Briefs, Willy Hellpach, Walter Jost, Eugen Rosenstock verbunden. Hervorzuheben sind insbesondere die Arbeiten von Hellpach und Rosenstock über die Bildung von autonomen Gruppen im Industriebetrieb. Große Bedeutung erlangten auch die Untersuchungen von Hendrik de Man über die Arbeitsfreude. In den USA erreichten die Ideen der Human-Relations-Bewegung in den 40er und 50er Jahren ihre größte Verbreitung. Dies war zugleich mit einem beträchtlichen Aufschwung der verhaltensorientierten Managementwissenschaft verbunden, die sich in der Folgezeit in zwei Richtungen aufspaltete. Während die eine das Betrachtungsfeld erweitert und in einem systemorientierten Ansatz mündet, bilden neue Erkenntnisse über die Motivation des einzelnen Arbeiters den Inhalt der anderen, vor allem mit dem Werk von Frederick Herzberg verbundenen Richtung.

Während Taylor im Lohn das einzige Mittel zur Leistungsstimulierung der Arbeiter sah, wurde von den Human-Relations-Vertretern die Arbeitsumwelt im weitesten Sinne, einschließlich des sozialen Klimas, in den Mittelpunkt gerückt. Für Herzberg bildet dagegen die Arbeit selbst, insbesondere der Arbeitsinhalt, den entscheidenden Faktor für die Motivation zu einer hohen Leistung. Neben den Forschungen und Erkenntnissen von Frederick Herzberg erreichten auch die Arbeiten von Renis Likert, Douglas McGregor und Saul Gellermann eine große Verbreitung. Ihre Aussa-

---
[11]Münsterberg, H.: Grundzüge der Psychotechnik. Leipzig 1914, S. 379
[12]Baumgarten, F.: Die soziale Seite der Psychotechnik. Jena 1931, S. 3

gen haben jedoch mehr einen orientierenden Charakter, verbunden mit einer partiellen Kritik an überkommenen, den veränderten Bedingungen nicht mehr gerecht werdenden Methoden der Menschenführung.

Auf der Grundlage umfangreicher Studien schlußfolgerte Herzberg, daß Zufriedenheit und Unzufriedenheit bei der Arbeit keine Gegensätze, sondern voneinander getrennte und von verschiedenen Faktoren bewirkte Prozesse darstellen. Diejenigen Faktoren, die zu einer hohen Arbeitszufriedenheit führen, nennt Herzberg „Motivatoren" und stellt diese in eine direkte Beziehung zu dem Bedürfnis nach Entfaltung der Persönlichkeit. Die Motivatoren, das heißt alle jene Faktoren, die den Menschen in der Arbeit „glücklich machen", resultieren letztlich aus der Arbeit selbst, insbesondere aus dem konkreten Arbeitsinhalt. Im Gegensatz dazu sei die Arbeitsunzufriedenheit im wesentlichen abhängig von den sogenannten „Hygienefaktoren", das heißt von den äußeren Bedingungen, der Umwelt oder dem Milieu der Arbeit. Herzberg zählt hierzu: Lohn, Prämie, betriebliche Sozialleistungen, äußere Gestaltung der Arbeitsbedingungen, Firmenpolitik, zwischenmenschliche Beziehungen, Sicherheit und andere. Die Befriedigung solcher Bedürfnisse führe nur zu einer Minimierung der Unzufriedenheit und nicht zugleich zu einer Maximierung der Zufriedenheit.

Bei seinen Analysen stützt sich Herzberg auf das von Abraham H. Maslow entwickelte hierarchische Bedürfnismodell. Der Grundgedanke dieses Modells besteht in der Einteilung der menschlichen Bedürfnisse in fünf Ebenen und in der Annahme, daß diese Ebenen in einer bestimmten Rangfolge aufeinander aufbauen. In Verbindung mit diesem Modell verweist Maslow darauf, daß sich bisher die Motivation der Arbeiter ausschließlich auf die niederen Bedürfnisebenen richtete. Aus verschiedenen Ursachen komme es aber immer mehr darauf an, die Bedürfnisse der höchsten Kategorie zu beachten und aktiv als Motivatoren zu gebrauchen. Dabei zielten diese Motivatoren in typischer Weise nicht auf die Arbeitsumgebung oder den Arbeitenden in dieser Umgebung, sondern auf die Arbeit selbst. Herzbergs Motivations-Hygiene-Theorie bildete in den 70er Jahren die wesentliche konzeptionelle Grundlage für die unter der Losung „Humanisierung der Arbeit" vorgenommenen praktischen Veränderungen in der Arbeitsorganisation. In der Folgezeit entstanden zwar eine Vielzahl anderer, vor allem verfeinerter Motivationsmodelle, der Grundansatz von Maslow und Herzberg aber prägt weiter die Diskussion und liegt letztlich auch den aktuellen praktischen Versuchen zugrunde, die Kreativität der arbeitenden Menschen tatsächlich als entscheidenden Erfolgsfaktor im Unternehmen anzusetzen.

Von der Systemtheorie zum Erfolgsrezept

Die verhaltenswissenschaftlichen Forschungen führten in den 30er und 40er Jahren an der Harvard Business School zu ersten Ansätzen eines systemorientierten Herangehens. Die entscheidenden Anstöße gaben Chester Barnard mit seinem 1938 erschienenen Werk „The Functions of the Executive" und Herbert A. Simon mit seiner 1945 vorgelegten Dissertation, die zwei Jahre später unter dem Titel „Administrative Behavior" veröffentlicht wurde. Barnard war zu dieser Zeit Präsident der AT&T-Tochtergesellschaft New Jersey Bell Telephone und hielt an der Harvard-Universität Vorlesungen. Er versuchte, seine praktischen Erfahrungen mit den neuesten Ergebnissen der Human-Relations-Forschung zu verbinden. Simons Forschungen wurden wiederum unmittelbar durch die Ideen Barnards angeregt, der dessen „Administrative Behavior" als „bedeutende Pionierarbeit" würdigte.

Das Herangehen Barnards und Simons war durch einen wesentlich komplexeren und erweiterten Ansatz bestimmt. Beeinflußt sowohl von den Ideen Fayols als auch von denen der Human-Relations-Bewegung ging Barnard von einer ganzheitlichen Betrachtung des Unternehmens aus. Er definierte das Unternehmen als „soziales System" und untersuchte die innere Struktur dieses Systems sowie dessen Wechselwirkung mit der Umwelt.

Simon plädierte nachdrücklich dafür, den Entscheidungsprozeß als Kern der Führungspraxis und damit auch der Managementwissenschaft aufzufassen. Mit seinem Erstlingswerk legte Simon - so Barnard im Vorwort - die Grundlagen für eine „Social Science of Formal Organization and Administration". In den 60er Jahren baute Simon sein Konzept zusammen mit Richard M. Cyert und James G. March zu einer „Behavioral Theory of the Firm" aus. 1978 erhielt Simon für sein Gesamtwerk den Nobelpreis für Wirtschaftswissenschaften.

Der systemorientierte Ansatz beeinflußte auch erheblich die verhaltenswissenschaftlichen Analysen. Betrachteten Taylor und die Psychotechniker den Arbeiter und sein Verhalten nur isoliert, so wurde in der Human-Relations-Bewegung vorrangig sein Verhalten als Mitglied einer Gruppe untersucht. Jetzt stand der Arbeiter in seiner Beziehung zum gesamten Unternehmen bzw. zu einer Organisation im Vordergrund der verhaltenswissenschaftlichen Forschung. Die Theorien der „Human Relations" wandelten sich damit zur Lehre vom „Organizational Behavior". Wesentliche Ansätze dieser Richtung stammen von Chris Argyris, George C. Homans, Peter M. Blau und anderen. Später bildeten die Konzeptionen vom „Organisationsverhalten", neben Beiträgen anderer Disziplinen, integrierte Bestandteile eines umfassenden theoretischen Rahmens, dessen Kategorien vor allem aus der Systemtheorie stammten.

Die Konzeption vom Organisationsverhalten basierte auf der Prämisse, daß die Leistung einer kooperierenden Gruppe von Menschen von ihrer Einstellung zum Ziel ihrer Tätigkeit maßgeblich beeinflußt wird. Wesentliche Kategorien des theoretischen Gerüsts waren deshalb: Organisationsziel, Organisationsgleichgewicht, Rollenkonflikt, Entscheidung und andere. Als praktisch anwendbares Ergebnis entstand aus diesen Überlegungen das Verfahren der Organisationsentwicklung (Organizational Development). Der Grundgedanke des Verfahrens besteht darin, die Organisation als flexibles, lernendes und gestaltendes System aufzufassen, das sich aus sich heraus und ohne externe Vorwarnungen fortentwickelt. Die Organisationsentwicklung richtet sich damit auf die ständige innere Erneuerung der Organisation und ihre Adaption an die Umwelt. Dabei werden die technischen, ökonomischen und sozialen Prozesse im Zusammenhang betrachtet. Die hauptsächlichen Veränderungen betreffen jedoch die Menschen selbst und ihre Beziehungen untereinander, das heißt das Organisationsklima und die Organisationskultur. Im Idealfall ist die Organisation ein sich selbst regulierendes System, in dem die Organisationsmitglieder kooperativ und initiativreich permanent für die Erneuerung sorgen. Die Hauptmethoden dieses Verfahrens bestehen deshalb in der Ausbildung und dem gruppendynamischen Training der jeweiligen Mitarbeiter.

Die systemorientierte Managementlehre war in den 50er und 60er Jahren Bestandteil einer allgemein vorherrschenden Durchdringung vieler Wissenschaftsdisziplinen mit dem Gedankengut der Kybernetik. Die entscheidenden Einflüsse gingen aus von Ludwig von Bertalanffy (Allgemeine Systemtheorie), Norbert Wiener (Kybernetik) und Claude Shannon (Informationstheorie). Auf dieser Grundlage betrachtete die systemorientierte Managementlehre alle möglichen gesellschaftlichen Institutionen (Krankenhäuser, Betriebe, Vereine, Kirche, Parteien und andere) und faßte diese unter der Kategorie „Organisation" zusammen. Die spezifischen Unterschiede zwischen diesen Institutionen wurden bewußt vernachlässigt und nur die Gemeinsamkeiten untersucht. Die Funktion des Systemdenkens bestand in diesem Zusammenhang weniger in der Analyse konkreter sozialer Prozesse, als vielmehr in der Erarbeitung eines abstrakt-formalen Begriffs- und Kategoriengebäudes. Dieses theoretische und methodologische Gerüst ermöglichte es, verschiedene Wissenschaftsdisziplinen von der mathematischen Entscheidungstheorie, über die Motivations- und Konfliktpsychologie bis zur Politologie in einem zwar hochabstrakten, aber relativ homogenen Bezugsrahmen zu verbinden.

Das systematische Herangehen schuf nicht einen formalen Ansatz für eine umfassende, integrierte Führungswissenschaft; die Verständlichkeit und Nutzbarkeit für die Wirtschaftspraxis war jedoch sehr gering. Spätestens Ende der 70er Jahre machte sich Ernüchterung breit, und der Ruf nach pragmatischen Konzepten verstärkte sich. Vor allem in Folge der ersten tieferen Rezessionsphase nach dem II. Weltkrieg war die „Ernüchterung groß, als sich zeigte, daß das Unternehmen doch nicht als perfekter Regelkreis konstruiert werden kann, der sich selbständig den Bedingungen des Marktes anpaßt"[13]. Auch die Einschätzung der in den 60er und 70er Jahren angebotenen Managementkonzepte konstatiert: Die diversen Methoden und Modelle „haben zweifellos positive Veränderungen bewirkt, haben die Unternehmensorganisationen partiell effektiver gemacht, Entscheidungsabläufe beschleunigt, Kommunikationswege verkürzt, Mitarbeiter wenigstens vorübergehend engagierter werden lassen; doch das Ergebnis steht in deutlichem Mißverhältnis, zum Einsatz der Mittel und zu den Erwartungen der Unternehmensleitungen"[14].

Auch in den USA äußerte sich das Unbehagen in kritischen Betrachtungen. Einzelne Autoren charakterisierten die Situation als „Dschungel der Managementtheorie" oder als „akademischen Turmbau zu Babel". Die Hauptkritik richtete sich auch hier an die

---

[13]Manager Magazin. Hamburg, Heft 11/1979, S. 74
[14]Ebenda, S. 72

ungenügende praktische Wirksamkeit und die ausufernde Vielfalt des auf dem Markt befindlichen systematisierten Managementwissens.

Die Hauptrichtung der akademischen Managementwissenschaft seit den 70er Jahren kann unter dem Begriff „situatives Herangehen" zusammengefaßt werden. Im Unterschied zur Systemtheorie schließt der situative Ansatz zwangsläufig eine empirische Forschung ein. So versucht diese Methode zum Beispiel auf dem Gebiet der Unternehmensorganisation die „Unterschiede in den realen Organisationsstrukturen zurückzuführen auf Unterschiede in den Situationen, in denen sich die jeweiligen Organisationen befinden"[15].

So stellte Alfred Chandler in seinem 1962 erschienenen Werk „Strategy and Structure" fest, daß die Organisationsstrukturen von Großunternehmen wie General Motors, Du Pont oder Ford primär durch die wechselnden Anforderungen des Marktes bestimmt werden. Das Ergebnis seiner Untersuchungen gipfelte in der mittlerweile berühmt gewordenen Zusammenfassung: „Structure follows Strategy". Die Aussagen von Chandler wurden in der Folgezeit durch detailliertere Analysen, insbesondere durch die Arbeiten von Paul Lawrence und Jay Lorsch, untersetzt und bestätigt.

Das Bedürfnis der Wirtschaftspraxis nach anwendbaren Konzepten für eine erfolgreiche Unternehmensführung kann die akademische Managementwissenschaft auch gegenwärtig nur teilweise befriedigen. Wie in der Vergangenheit durch Abbe, Fayol oder Ford so bilden auch heute die Erfahrungsberichte hervorragender Unternehmer und Führungskräfte eine entscheidende Quelle praktikablen Führungswissens. Gerade in den letzten Jahren wurden die Bestsellerlisten der durchaus reichlichen Managementliteratur von Biografien erfolgreicher Manager dominiert. Stellvertretend für viele andere seien hier nur genannt: Jan G. Carlzon (SAS), Harold Geneen (ITT), Andrew S. Grove (Intel), Lee A. Iacocca (Ford/Chrysler), Akio Morita (Sony) und John Sculley (Apple).

Zu Klassikern dieses Genres avancierten in den 60er Jahren die Werke von Alfred P. Sloan und Thomas J. Watson jun. Unter Sloans jahrzehntelanger Führung entwickelte sich General Motors zum größten Unternehmen der Welt. Bereits Anfang der 20er Jahre führte er Organisationsformen (Dezentralisierung, Profit-Center), Marketinginstrumente (Marktforschung, Qualitätswettbewerb) und Führungsmethoden (Bonus-System) ein, die sich bei anderen Großunternehmen später - bei manchen erst nach 30 bis 40 Jahren - allgemein durchsetzten.

Thomas J. Watson führte IBM in der Pionier- und Aufschwungphase der Computerindustrie zum unumstritten beherrschenden Unternehmen der Branche. Vor allem im Marketing und in der Personalpolitik setzte Watson solche Maßstäbe, daß internationale Experten IBM in der Zeit zwischen den 60er und 80er Jahren als erfolgreichstes und am besten geführtes Unternehmen der Welt bewerteten.

---

[15]Kieser, A./Kubicek, H.: Organisation. Berlin/New York 1977

Praktisch anwendbares Managementwissen stammt in zunehmendem Maße von Unternehmensberatern bzw. Unternehmensberatungen. Bereits Frederick W. Taylor arbeitete als freier Berater. 1925 gründete James McKinsey die nach ihm benannte Beratungsgesellschaft, die heute zu den weltweit größten Consultingfirmen zählt. Um diese Zeit begann auch Mary Parker Follet ihre Tätigkeit als erste Unternehmensberaterin.

Als berühmtesten Einzelberater nach dem II. Weltkrieg kann man zweifellos Peter F. Drucker bezeichnen. Bereits Anfang der 50er Jahre legte er seine Auffassungen über modernes Management dar, von denen die meisten Aussagen unverändert gültig sind. Nicht ohne Grund wird Drucker heute international als der große Management-Philosoph apostrophiert.

Ebenfalls Anfang der 50er Jahre verfaßte John Diebold sein bahnbrechendes Werk „Die automatische Fabrik". Ihm gelang es, die qualitativen Wandlungen der technologischen Entwicklung zu erkennen und damit die Grundstrukturen der Fabrik der Zukunft richtig vorauszusehen. Während allgemein die Meinung vorherrschte, daß die „Einzweckmaschinen mit der Zeit unseren Verbrauch decken werden", plädierte Diebold dafür, die „Hauptaufmerksamkeit dem Problem der Automation bei der Herstellung einzelner Erzeugnisse zuzuwenden". 1954 gründete er die Beratungsfirma Diebold Group Inc., die heute zu den international führenden Unternehmen in der EDV- und Organisationsberatung gehört.

Wenn es eines Beweises für die große Nachfrage nach praxisnahem Managementwissen bedurft hätte, so wäre er spätestens mit dem Erscheinen des Buches „In Search of Excellence" 1982 erbracht worden. Die Startauflage von 15.000 Stück war eine Fehlplanung. Innerhalb von 3 Jahren wurden schließlich über 5 Millionen Exemplare verkauft. Die Autoren Thomas J. Peters und Robert H. Waterman, beide Mitarbeiter der Unternehmensberatung McKinsey, hatten die 43 bestgeführten US-Unternehmen und die dort vorherrschenden Managementmethoden untersucht. In Auswertung ihrer Analyse kamen sie zu dem Schluß, daß der Erfolg dieser Unternehmen auf acht durchgängig beobachteten Kriterien beruhte.

Die enorme Verbreitung des Buches führte in den folgenden Jahren zu einem regelrechten Boom an pragmatischen Managementkonzepten und in der Propagierung von Erfolgsrezepten. In der Wirkung und Originalität blieb das Werk von Peters und Waterman bisher unerreicht, so daß es sicherlich zu recht als aktuellster Klassiker in die Geschichte des Managements einbezogen werden kann.

Die Vorläufer:
Von der Manufaktur zur Fabrik

Robert Owen

Andrew Ure

Charles Babbage

Ernst Abbe

Einheit und Zusammenarbeit ALLER zum
Wohle jedes EINZELNEN.

Robert Owen (1771 bis 1858)

Biographie

„Genau wie Sie bin auch ich ein Fabrikant um geldlichen Gewinnes willen", hatte Owen einst in einem Aufruf an seine Mitunternehmer eingeräumt. Aber die Umstände, welche die Produktion solchen Gewinnes erheischten, mußten seiner Ansicht nach menschenwürdige sein. Eine Bedingung, die dem von seinen Zeitgenossen ebenso geachteten wie gehaßten englischen Sozialreformer zunehmend zum Hauptinhalt seines Lebens wurde.

Am 14. Mai 1771 als Sohn einer Handwerkerfamilie im nordwalisischen Newtown geboren, schlug der begabte und lesehungrige Robert bereits mit 12 Jahren den Weg zur wirtschaftlichen Selbständigkeit ein. In den bis 1789 währenden Lehr- und Arbeitsjahren im Textileinzelhandel von Stanford, London und Manchester erwarb er sich das Rüstzeug für einen ersten Start in der eigenständigen Verarbeitung von Baumwollrohgespinst. Er begann mit drei Arbeitskräften und vier einfachen Maschinen.

Schon bald darauf jedoch wurde er zum Leiter einer 500 Arbeiter beschäftigenden Feinspinnerei in Manchester bestellt, die er zu einer der modernsten Fertigungsstätten entwickelte. 1791 ließ Owen hier als erster amerikanische Baumwolle auf neuen Maschinen verspinnen. Eine Fügung machte ihn schließlich zum Herrn einer der bedeutendsten Textilfabriken Schottlands, der in New Lanark. Er heiratete 1799 die Tochter ihres Eigentümers und übernahm Anfang 1800 die Leitung des Betriebes.

In seiner neuen Stellung sorgte Owen durch technische und organisatorische Neuerungen nicht nur für eine erstaunliche Produktionssteigerung und Erhöhung des Gewinns, sondern gestaltete mit zunehmend experimentellen Ambitionen auch die Lebensbedingungen der Gemeinde New Lanark und ihrer nahezu 1.800 Einwohner. Auf diese Weise gelang es ihm zum Beispiel, ein viermonatiges Baumwolle-Embargo der USA durchzustehen und seine Arbeiter auch während der Produktionsstillegung zu löhnen.

Seine ersten Erfahrungen beim Aufbau von New Lanark hielt Owen in seinen Essays „Eine neue Auffassung von der Gesellschaft" fest. Daneben leistete er, auch in offiziellem Auftrag, tiefgründige gesellschaftsanalytische Arbeit, so zu den Auswirkungen des Fabriksystems, zur Lage der Kinder und zum Problem der Armut. Dabei zielten seine zwar vielbeachteten, aber auf Ablehnung stoßenden Vorschläge mehr und mehr auf eine Verbindung neuer Siedlungsstrukturen und gewerkschaftlich-genossenschaftlicher Produktionsweisen. In Owens 1820 und 1821 verfaßten theoretischen Arbeiten - „Bericht an die Grafschaft Lanark" und „Das soziale System" - mündeten diese Auffassungen in den Entwurf einer privateigentumslosen Gesellschaft.

In all diesen Jahren genoß Owen in England und später auch im Ausland hohes Ansehen. Er pflegte enge Kontakte zu Angehörigen des englischen Hochadels, zu amerikanischen Staatspräsidenten und vielen Gelehrten, so zu Pierre Simon Laplace, Alexander v. Humboldt und Simonde de Sismondi. Die französische Akademie dankte ihm in aller Form für seinen „Bericht an die Grafschaft Lanark", der zusammen mit anderen Schriften Owens ins Französische und Deutsche übersetzt worden war. Den Haß der anglikanischen Kirche zog er sich indes zu, als er der Religion eine Mitschuld an der Verelendung der Bevölkerung anlastete. Der Klerus suchte daraufhin sein öffentliches Auftreten zu verhindern.

Praktische Siedlungsversuche unternahm Owen in den Jahren 1823 bis 1828 auch im US-amerikanischen Staat Indiana. Unter Mitwirkung seines Sohnes Dale und bedeutender Wissenschaftler entwickelte er in zwei Anläufen die Mustergemeinde „New Harmony", eine sich selbst verwaltende und gemeinschaftlich produzierende Siedlung. Während sich die Experimentalkommune bereits 1828 - letztlich erfolglos - wieder auflöste, existierten die in ihrem Rahmen geschaffenen wissenschaftlichen Institute, so für Geologie, Geographie und Zoologie, noch bis in die 60er Jahre des 19. Jahrhunderts weiter.

In den letzten drei Lebensjahrzehnten, die Owen nach dem Scheitern von „New Harmony" wieder in England verbrachte, wirkte der umstrittene Sozialreformer vor allem über weitere Schriften und eine intensive Vortragstätigkeit. Dabei gab er Pläne für neue Siedlungsexperimente nie ganz auf. Der sich entwickelnden Arbeiterbewegung indes stand Owen Zeit seines Lebens verständnislos gegenüber. Er starb am 17. November 1858 in seiner Heimatstadt Newtown.

Werkverzeichnis (Auswahl)

A New View of Society. London 1813/1814

Observations on the Effect of the Manufacturing Systems. London 1815

Lectures on an entive New State of Society. London 1830

The Book of the New Moral World. London 1836-1844

Das soziale System. Über ein neues Gesellschaftssystem. Über das Eigentum. Leipzig 1988*

Eine neue Auffassung von der Gesellschaft. Ausgewählte Texte. Berlin 1989*

* Quelle der im Lexikon enthaltenen Zitate

Schriften über Robert Owen (Auswahl)

Booth, A. J.: Robert Owen, the Founder of Socialism in England. London 1869

Butt, J. (Hrsg.): Robert Owen, Prince of Cotton Spinners. Newton abbot 1971

Cole, G. D. H.: Robert Owen. London 1925

Cole, M.: Robert Owen of New Lanark. 1771-1858. London 1953

Dolléans, E.: Robert Owen 1771 - 1858. Paris 1905

Dommanget, M.: Robert Owen. Paris 1956

Harrison, J. F. C.: The quest for the new moral world. R. Owen and the Owenites in Britain and America. London 1969

Harrison, J. F. C. (Hrsg.): Utopianism and Education. R. Owen and the Owenites, New York 1969

Holyoake, G. J.: Life and Last Days of Robert Owen of New Lanark. London 1859

Liebknecht, W.: Robert Owen, sein Leben und sozialpolitisches Wirken: zwei ausgegrabene Skizzen. Nürnberg 1892

Morton, A. L.: The Life and Ideas of Robert Owen. (Introduction and selections from Owen`s writings.) London 1962

Pollard, S. Salt, J. (Hrsg.): Robert Owen. Prophet of the poor. Essays in Honour of the 200th Anniversary of His Birth. London 1971

Sargant, W. L.: Robert Owen and His Social Philosophy. London 1860

Simon, H.: Robert Owen, sein Leben und seine Bedeutung für die Gegenwart, Jena 1905

Lexikon

Folgen der Arbeitsteilung

Die, die daran gewöhnt sind, alles innerhalb der Grenzen einer bestimmten Beschäftigung - der Landwirtschaft oder des Handwerks oder des Handels oder der Fabriken oder einiger gelehrter Berufe - zu betrachten, haben infolgedessen ihren Verstand derartig eingeengt, daß sie größtenteils unfähig sind, allgemeine Maßnahmen, in denen ihr bestimmtes Handwerk oder Geschäft nur einen kleinen Teil des Ganzen darstellt, zu begreifen. Bei ihnen erlangt die jeweilige Kunst oder Beschäftigung, mit der jeder befaßt ist, für den einzelnen eine solche Bedeutung, daß sie wie Aarons Stab alle anderen niederhält; und folglich wird nur ein sehr beschränkter Verstand geformt. Diese beklagenswerte Einengung des menschlichen Geistes ist eine unvermeidliche und zwangsläufige Folge der gegenwärtigen Arbeitsteilung und der herrschenden allgemeinen Ordnung der Gesellschaft.

„Geistiges Erz"

Es wird bemerkt werden, daß wir die Fähigkeiten der Bevölkerung als Eigentum bezeichnen und, wenn unsere Gesetzgeber weise gewesen wären, hätten sie lange vorher gewußt, daß diese Fähigkeiten die reichste Goldgrube sind, die der Mensch je entdeckt hat, nein vielmehr, daß sie geistiges Erz enthalten, welches weit reicher und unendlich wertvoller als alles Gold und Silber ist, einschließlich aller Edelsteine, die je gefunden wurden oder die eventuell noch in allen vier Himmelsrichtungen gefunden werden können. Und daß, wenn diese Gesetzgeber in die Lage versetzt würden, dieses geistige Erz zu verarbeiten, sie zu ihrem Schrecken feststellen würden, welch enorme Opfer an Reichtum, Gesundheit, Bequemlichkeit und Glück sie durch die Ausbeutung der gemeinen Gold- und Silberminen gebracht haben, anstatt das geistige Erz zu fördern; und bis zu welchem Ausmaß sie dadurch die besten Fähigkeiten und Gefühle der menschlichen Natur behindert, verringert oder abgetötet haben. Unter solch fehlerhaften Auffassungen bei der Suche oder Schaffung von Reichtum, und bei diesen falschen Anschauungen über die Leitung der Menschen, ihn zu vergrößern, wird gegenwärtig das Eigentum der Gesellschaft produziert. Es ist nach Menge und Qualität nicht ein Hundertstel dessen, was mit Leichtigkeit und weit mehr Glück zum allgemeinen Vorteil für die Menschheit geschaffen werden könnte.

Humanisierung der Arbeit

Der neue Reichtum, den ein Individuum durch vergleichsweise leichte und stets gesunde Beschäftigung unter den hier vorgeschlagenen Verhältnissen schaffen kann, ist in der Tat unberechenbar. Er würde ihm gigantische Kräfte verleihen im Vergleich zu jenen, über die die arbeitende oder jede andere Klasse gegenwärtig verfügt. Allen rein tierischen, mechanischen Arbeiten, bei denen der Mensch nur einem Pflug folgen oder Rasen wenden könnte oder ein unbedeutendes Teil eines unbedeutenden Fabrikerzeugnisses oder wertlosen Artikels, auf den die Gesellschaft besser verzichten könnte, herstellen könnte, wird sofort ein Ende gesetzt. Anstelle des kränklichen Nadelzuspitzers, Nagelkopfmachers, Anstücklers oder Bauerntölpels, der ohne Verstand oder vernünftige Überlegung sinnlos den Boden anstarrt oder staunend um sich blickt, würde eine arbeitende Klasse entstehen, die voller Energie und nützlichem Wissen ist, die über Gewohnheiten, praktische Kenntnisse, Manieren und Anlagen verfügt, die den Geringsten weit über den Besten einer von den Verhältnissen einer vergangenen oder bestehenden Gesellschaft geformten Klasse erheben würde.

Robert Owen

Ideale soziale Gemeinschaft

Es ist notwendig, eine Ordnung sozialer Verhältnisse zu schaffen, durch die die Menschheit ohne Schwierigkeiten und mit Sicherheit alle gewünschten Ziele des Lebens erreichen und die Rückkehr jener Übel, unter denen sie bisher gelitten hat, wirksam verhindern kann. Es gibt nur eine Möglichkeit, wie der Mensch auf ewig all das Glück besitzen kann, dessen sich seine Natur erfreuen kann: Sie besteht in der Einheit und Zusammenarbeit ALLER zum Wohle jedes EINZELNEN. Solange die Menschheit in Ansammlungen in großen Städten oder losgelöst von ihren Artgenossen in einzelnen Familien lebt, von denen jede unterschiedliche und gegenteilige Interessen verfolgt, kann sich im Zustand der Gesellschaft keine entscheidende Verbesserung vollziehen. Zur Nutzung aller Vorteile der Zusammenarbeit (cooperation) müssen die Menschen in kleinen Gemeinschaften oder Großfamilien zusammengeschlossen werden, deren Mitglieder durch das Band eines gemeinsamen Interesses verbunden sein sollen, durch dasselbe Band der Einheit, das jede Gemeinschaft mit jeder anderen auf gleichen Grundsätzen beruhenden Gemeinschaft verbindet. Die in einer Gemeinschaft zusammenzuschließende Zahl von Mitgliedern sollte sich innerhalb bestimmter Grenzen bewegen; falls sie zu groß ist, könnten die Übel von Städten, überbevölkerte Unterkünfte, eine schädliche Atmosphäre, ungesunde Beschäftigungen und andere Unannehmlichkeiten, nicht vermieden werden. Wenn die Zahl andererseits unter einer bestimmten Größenordnung liegt, könnten nicht alle Vorteile der Zusammenarbeit (combination) verwirklicht werden.

Im Ergebnis eingehender Überlegungen zu diesem Thema wird vorgeschlagen, daß jede Gemeinschaft entsprechend den jeweiligen Verhältnissen aus 500 bis 2.000 Personen bestehen sollte. Die Form eines großen Vierecks oder Parallelogramms scheint für die hauswirtschaftlichen Einrichtungen der Gemeinschaft am geeignetsten, wobei die Unterkünfte die Seiten des Vierecks einnehmen und die öffentlichen Gebäude in der Mitte angeordnet werden.

Dieser Plan vereint in sich alle Vorteile einer Stadt- und Landsiedlung ohne die Unannehmlichkeiten, die beiden anhaften, und gestattet die besten, einfachsten und wirtschaftlichsten Vorkehrungen für Heizung, Belüftung, Beleuchtung und Reinigung, für die Zubereitung und Einnahme von Speisen, für Ausbildung und Erholung sowie alle hauswirtschaftlichen Aufgaben. Es sind Skizzen angefertigt worden, die einen allgemeinen Überblick über den Plan sowie die Einzelheiten der wichtigsten Teile des Plans vermitteln werden und nach denen überall in der Welt Arbeiter (workmen) ähnliche Verhältnisse schaffen können, wobei sie alle Verbesserungen anbringen, zu denen die Erfahrung möglicherweise anregt. Zur Versorgung ihrer Mitglieder mit einem Vorrat an den besten und gesündesten Nahrungsmitteln müssen die Genossenschaften von einer ausreichenden Bodenfläche umgeben sein. Genaue Experimente, die über mehrere Jahre durchgeführt wurden, haben zufriedenstellend bewiesen, daß ein relativ kleines Stück Land die Bedürfnisse dieser Bevölkerung ausreichend befriedigen wird, wenn die Kräfte des Bodens unter einem geeigneten System der Kultivierung in angemessener Weise erschlossen werden.

In geringer Entfernung von den Gärten, welche die Parallelogramme umgeben, können Handwerk- und Manufakturwerkstätten, Wasch- und Trockenhäuser, Speicher und Lagerräume angeordnet werden. Mit Hilfe von Verschönerungen, die durch entsprechend angeordnete Bäume erreicht werden, kann dieser ganze Zusammenhang an fast jedem Standort geschaffen werden, um eine lebendige, heitere Landschaft von großer ländlicher Schönheit zu bieten.

Job rotation

Alle werden der Reihe nach eine oder mehrere Arbeiten in den Fabriken und Werkstätten ergreifen, wobei jede Verbesserung, die die Wissenschaft bieten kann, ihre Arbeit erleichtern wird. Alle sind abwechselnd in den Fabriken und dann in den Gärten und auf den Feldern beschäftigt.

Bis jetzt war es allgemein üblich, eine peinlich genaue Arbeitsteilung und Trennung der Interessen zu empfehlen. Heute wird es jedoch klar, daß diese peinlich genaue Arbeitsteilung und Trennung der Interessen nur eine andere Bezeichnung für Armut, Unwissenheit, Verschwendung, allgemeinen Haß in der ganzen Gesellschaft, für Verbrechen, Elend und große körperliche wie geistige Schwäche bedeutet.

Kombination der Produktionsfaktoren

Zur allzeitigen Produktion der größtmöglichen Menge wertvollsten Reichtums - in kürzester Zeit, mit geringstem Arbeits- und Kapitalaufwand und mit den in begrenztem Maße allein durch die Jahreszeiten bedingten Schwankungen sowie mit größter Freude und größtem Nutzen für die Produzenten und Konsumenten - ist es erforderlich, daß für ein bestimmtes Stück Land Arbeit, Fertigkeiten, Kapital und Bewohner vereint werden. Diese Dinge sollten von jenen miteinander verbunden und gelenkt werden, die die Gesetze Gottes verstanden haben, so daß sie in der Lage sind, die Menschen freundschaftlich zu vereinen, und die die Grundsätze der Gesellschaft kennen, so daß sie befähigt werden können, die Dinge für die Schaffung von Reichtum im richtigen Verhältnis zu verbinden und so auf wirksame Weise die gewünschten Ergebnisse zu erzielen.

Leitung von Genossenschaften

Jene von den mittleren und arbeitenden Klassen auf völlige Übereinstimmung der Interessen gegründeten Einrichtungen sollten von ihnen selbst geleitet werden, und zwar nach Grundsätzen, die Uneinigkeit, Interessengegensätze, Neid oder andere der allgemeinen und vulgären Leidenschaften, die ein Streit um die Macht mit Bestimmtheit bewirkt, verhindern werden. Ihre Angelegenheiten sollten von einem Ausschuß behandelt werden, der sich aus allen Mitgliedern der Genossenschaft zusammensetzt, die einer bestimmten Altersgruppe angehören, zum Beispiel aus den

Mitgliedern im Alter zwischen 35 und 45 Jahren oder jenen zwischen 40 und 50 Jahren. Sicherlich werden die Erstgenannten besser den jugendlichen Tatendrang mit der Erfahrung des Alters vereinen als die Letztgenannten; jedoch ist es von zweitrangiger Bedeutung, welche Altersgruppe festgelegt wird. Innerhalb kurzer Zeit werden diese Genossenschaften bei all ihren Arbeiten mit einer Leichtigkeit voranschreiten, daß die Arbeit der Anleitung zu reiner Erholung wird; und da die leitenden Parteien in einigen Jahren wieder die angeleiteten sein werden, müssen sie sich ständig vor Augen halten, daß sie künftig selbst die guten oder schlechten Auswirkungen der während ihrer Leitungstätigkeit getroffenen Maßnahmen zu spüren bekommen werden.

Logistik

Jedoch dürfen nicht nur Vorkehrungen getroffen werden, um alle Arten Reichtums auf beste Weise an geeigneten Orten aufzubewahren, sondern auch, um sie mit geringster Verschwendung und geringstem Verlust in Quantität oder Qualität sowie auch bezüglich der Zeit und Kosten, die sich aus dem Transport von seinem Produktionsort zur Konsumtion ergeben, verteilen zu lassen. Die Zeitverschwendung sowie der Mengenverlust und die Qualitätsminderung, zu denen es kommt, weil der Reichtum aufgeteilt und unterteilt und zunächst zu einem Ort und dann zu einem anderen geschickt wird, erhöhen die Arbeit der Produzenten durch viele nachfolgende Veränderungen um ein Drittel, wenn nicht um die Hälfte, um mehr, als für eine wohl organisierte Produktion benötigt wurde.

Lohnpolitik

Jeder Fabrikunternehmer ist bestrebt, billig arbeiten zu lassen, und da er ständig seine ganze Kraft für die Verwirklichung dieses Zieles einsetzt, sind seiner Meinung nach niedrige Löhne für seinen Erfolg unumgänglich. Dem einen oder anderen Fabrikunternehmer ist jedes Mittel recht, die Lohne so niedrig wie möglich zu halten, und wenn auch nur einer damit Erfolg hat, müssen die anderen zu ihrem eigenen Schutz folgen. Wenn man die Angelegenheit genau betrachtet, hätten die Fabrikunternehmer kein Übel mehr zu fürchten als niedrige Arbeitslöhne oder die fehlenden Mittel, um für die arbeitenden Klassen angemessenes Wohlergehen schaffen zu können. Denn sie sind, da sie zahlenmäßig stark sind, der größte Konsument aller Waren; und es zeigt sich immer wieder, daß das Land erblüht, wenn hohe Löhne gezahlt werden. Sind sie niedrig, leiden alle Klassen, von der obersten bis zur untersten, darunter, am meisten jedoch das Produktionsinteresse, denn zuerst muß für das Essen gesorgt werden, und nur der Rest des Lohns des Arbeiters kann für andere Waren ausgegeben werden. Deshalb sind die Fabrikunternehmer im wesentlichen daran interessiert, daß der Arbeiter einen hohen Lohn erhält und daß ihm die erforderliche Zeit und Belehrung über seine Verwendbarkeit gewährt wird, um ihn mit Umsicht ausgeben zu können, was bei den gegenwärtig bestehenden Unsitten nicht möglich ist.

Menschenführung

Die Führung zur Unterstützung der Formung des Menschen zu einem vernünftigen Wesen wird sich von der Führung unterscheiden, wenn der Mensch so geformt sein wird. Bei der erstgenannten muß es sich um eine aktive Führung handeln, um den vernunftlosen Geist und Zustand des Menschen in einen vernünftigen umzuwandeln. Bei der zweiten um eine achtsame und beobachtende Führung, um meines Erachtens unvernünftige Wesen, die sich irgendwann einschleichen, um die Ordnung und Harmonie einer besseren Lebensweise zu stören, daran zu hindern.

Die erste muß eine Führung sein, der die Ursachen für Gut und Böse bekannt sind, eine Führung voller Willenskraft und Entschlossenheit, um das Böse zu überwinden und zu beseitigen und das Gute einzuführen. Sie muß ständig aufmerksam die Prozesse der alten und neuen Welt mit dem Geist der Gerechtigkeit verfolgen, der sich aus genauer Kenntnis der menschlichen Natur ableitet, um einen Zusammenprall der beiden zu vermeiden und den Übergang von der einen zur anderen im kürzesten praktisch möglichen Zeitraum, der sich mit der Erhaltung des Wohlwollens zwischen den Angehörigen der beiden vereinbart, zu bewirken.

Die erste Führung muß so listig wie eine Schlange und so harmlos wie eine Taube sein. Sie muß listig sein, um schnell die Ursachen zu erkennen und zu verstehen, die gegenwärtig die gesamte Gesellschaft mit Übeln überziehen, und zu wissen, wie jene Ursachen mit dem geringsten Schaden für alle Gruppen auf höchst einfache Weise beseitigt werden können.

Neuerungen

Der Verfasser ist sich bewußt, daß der Mensch von Natur aus Abscheu dagegen hegt, seit langem bestehende wichtige Verfahrensweisen zu ändern, und daß eine solche Neuerung, so nutzbringend ihr Ziel auch sein mag, in vielen Fällen erst erfolgt, wenn sie der Gesellschaft durch zwingende Notwendigkeit aufgedrängt wird.

Optimale Siedlungsgröße

800 bis 1.200 Personen werden sich als günstigste Möglichkeit zur Bildung von landwirtschaftlichen Siedlungen erweisen; und wenn keine schwerwiegenden örtlichen Gründe dagegensprechen, sollten nur so viele ständige Einrichtungen vorhanden sein, wie zur vollständigen Unterbringung jener Personenzahl erforderlich sind.

Siedlungen dieses Umfanges, die sich in gebührender Entfernung von anderen ähnlichen Siedlungen in der Nachbarschaft befinden, werden in geeigneter Weise in sich all die Vorteile vereinen, die Stadt- und Landwohnsitze gegenwärtig bieten, ohne eines der zahlreichen Übel, die zwangsläufig beiden Siedlungsformen anhaften.

Pflichten der Führung

Eine vernünftige Führung wird über die reichlichsten Mittel verfügen, um für jeden einzelnen Zweck die besten Informationen zusammenzutragen und sich in die Lage zu bringen zu erkennen, welche die vorteilhafteste Weise der Produktion und Verteilung von Reichtum ist, und den allgemeinen und individuellen Charakter zu formen sowie im In- und Ausland höchst nutzbringend für alle die Führung auszuüben. Und die vornehmlichste Pflicht der Führung besteht in erster Linie darin, diese Bereiche so zu überwachen und zu lenken, daß sie nach vernünftigen Grundsätzen aufgebaut und in allen Distrikten ihrer Führung in einer staatsmännischen und geschäftstüchtigen Art und Weise verwirklicht werden.

Produktivität

Ein von allen politischen Ökonomisten anerkannter Grundsatz besagt, daß - es im Interesse der Gesellschaft ist, mit geringstem Aufwand an Handarbeit und bei größter Bequemlichkeit für die Produzenten den größtmöglichen Produktionsumfang zu erzielen, der für jeden einzelnen Menschen von großem Nutzen und Wert ist. Und wenn dieser Grundsatz mit der der Welt jetzt durch die wissenschaftliche Kraft zur Verfügung stehenenden Hilfe umsichtig verwirklicht wird, kann überall in der Welt, wo es vielleicht erforderlich ist, soviel Reichtum geschaffen werden, daß er für sämtliche nützliche Zwecke mehr als ausreicht.

Produktivkraft durch Zusammenarbeit

Jeder räumt sofort die Überlegenheit einer gut organisierten und mit allem Kriegsmaterial reichlich ausgestatteten Armee ein gegenüber der gleichen Anzahl von Individuen, die auf sich gestellt und ohne Ausbildung sind und nicht über Waffen oder für den Kampf notwendige Dinge verfügen und von denen jedes einzelne Individuum gezwungen ist, nicht nur ohne Hilfe, sondern auch behindert durch seine Kameraden für sich selbst zu denken, zu handeln und zu sorgen. Die von derselben Anzahl von Individuen unter diesen gegensätzlichen Verhältnissen zu erbringenden unterschiedlichen Ergebnisse lassen kaum einen Vergleich zu. Einheit und Zusammenarbeit im Krieg vertausendfachen offensichtlich die Kraft des Individuums. Besteht auch nur die Spur eines Grunds dafür, daß sie nicht auch im Frieden dieselben Ergebnisse erzielen sollten; warum der Grundsatz der Zusammenarbeit den Menschen nicht dieselben überlegenen Kräfte und Vorteile (und noch viel größere) bei der Schaffung, Bewahrung, Verteilung und dem Genuß des Reichtums gewähren sollte?

Reichtum der Gesellschaft

Der Verfasser wandte seine Aufmerksamkeit der Möglichkeit zu, Systeme zu ersinnen, mit deren Hilfe die gesamte Bevölkerung an den Vorteilen teilhaben könnte, die durch die Erhöhung der wissenschaftlichen Produktivkraft erreichbar sind. Und mit Befriedigung kann er der Versammlung mitteilen, daß ihn schwerwiegende Gründe zu der Annahme veranlassen, daß derartige Systeme realisierbar sind. Seine Ansicht zu diesem bedeutsamen Teil der Frage gründet sich auf folgende Gedanken:

Erstens, anerkanntermaßen trägt wissenschaftliche oder künstliche (artificial) Unterstützung zur Erhöhung der Produktivkraft des Menschen bei, wobei seine natürlichen Bedürfnisse dieselben bleiben; und in dem Maße wie seine Produktivkräfte zunehmen, wird er weniger abhängig von seiner Körperkraft und den vielen damit verbundenen Zufälligkeiten.

Zweitens, jeder Zuwachs der wissenschaftlichen oder maschinellen und chemischen Kraft führt zu größerem Reichtum; und es ergibt sich demgemäß, daß die unmittelbare Ursache für den gegenwärtigen Beschäftigungsmangel für die arbeitenden Klassen in einem Produktionsüberschuß für alle Arten von Reichtum besteht; durch den unter den bestehenden Verhältnissen im Handel alle Märkte der Welt übersättigt sind.

Drittens, falls es möglich wäre, Märkte zu erschließen, könnte der Reichtum der Gesellschaft noch unermeßlich vergrößert werden, was die Zahl der Arbeitssuchenden und die weitaus größere Zahl der aus Unwissenheit uneffektiv Beschäftigten, jedoch noch mehr die Mittel beweisen, die wir besitzen, um unsere wissenschaftlichen Produktivkräfte unbegrenzt zu erhöhen.

Viertens, der Beschäftigungsmangel der arbeitenden Klassen kann nicht einem Mangel an Reichtum oder Kapital oder einem Mangel an den großen Zuwachsraten zum gegenwärtig vorhandenen Reichtum oder Kapital schaffenden Mitteln entspringen, sondern ergibt sich aus einem Fehler in der Art der Verteilung dieses außerordentlichen Zuwachses an neuem Kapital in der gesamten Gesellschaft oder, kommerziell ausgedrückt, aus dem Fehlen eines Marktes oder den dem Umfang der Produktionsmittel entsprechenden Austauschmöglichkeiten.

Strukturen der höheren Gesellschaft

Zur Gestaltung dieser einfachen und höheren Gesellschaftsstruktur werden wir, wenn eine höhere Gesellschaft gestaltet werden wird und die Menschen veranlaßt werden, klug und folgerichtig zu denken und zu handeln und sich zu vernünftigen Wesen zu entwickeln, sofort alle bestehenden Einteilungen, Institutionen und Vorkehrungen fallen lassen, die zu kompliziert und unsinnig sind, um Beachtung zu verdienen. Das gesamte Leben wird in vier Bereichen zusammengefaßt werden, und diese werden in jedem einzelnen Fall in einzelnen Einrichtungen im richtigen Verhältnis vereint werden; und diese einzelnen Einrichtungen werden, wie bei der Eisenbahn, allmählich die alten Vorkehrungen ablösen, jedoch ohne mit ihrem Voranschreiten einem Teil der bestehenden Gesellschaft Verlust oder Unordnung zuzufügen.

Diese vier Bereiche werden in der Produktion von Reichtum, seiner Verteilung, der Gestaltung des Charakters und der Leitung bestehen. Und diese vier Bereiche werden in jeder Einrichtung im richtigen Verhältnis eng miteinander verbunden sein und in dieser Kombination einzelne Gemeinschaften bilden. Diese Gemeinschaften werden überwiegend von allen anderen ähnlichen Gemeinschaften unabhängig sein, wenngleich sie entsprechend der Entfernung eng oder weniger eng in höchst freundschaftlicher Weise durch häufigen Verkehr und gegenseitigen Austausch dienlicher und nützlicher Leistungen miteinander verbunden sein werden...
Alle werden mit ihren Gefährten freundschaftlich vereint sein, um Reichtum zu produzieren, ihn auf die beste Weise zu verteilen, um ihren Charakter von Geburt an wohl formen zu lassen, um völlig allein zu sein, wenn die Natur Ruhe und Erholung fordert, und um ohne Schwierigkeiten und Unkosten inmitten der besten Gesellschaft zu sein, wenn der Verstand soweit entwickelt ist, um sie nutzen und genießen zu können.

Verbindung von Landwirtschaft und Industrie

Die beständig von Stubentheoretikern irregeführte Gesellschaft hat in der Praxis fast jeden möglichen Fehler begangen und wahrscheinlich keinen größeren als den, den Arbeiter von seiner Nahrung zu trennen und seine Existenz von der Arbeit und den unsicheren Lieferungen anderer abhängig zu machen, wie es bei unserem bestehenden Produktionssystem der Fall ist; und es besteht ein allgemeiner Irrtum in der Annahme, daß auch nur ein Individuum mit Hilfe eines solchen Systems besser unterhalten werden kann; im Gegenteil, die gesamte Bevölkerung, die in der Landwirtschaft beschäftigt ist, mit Fabriken als Ergänzungen, wird in einem bestimmten Bezirk noch viel mehr Menschen und mit einem viel höheren Auskommen unterhalten als es derselbe Bezirk könnte, wenn die in der Landwirtschaft arbeitende von der in den Fabriken tätigen Bevölkerung getrennt wäre.

Verteilung der Reichtümer

Die Hauptfrage, die es zu lösen gilt, ist nicht, wie ein für alle ausreichender Reichtum geschaffen werden kann, sondern wie der Überfluß an Reichtümern, der nur durch gute Organisation leicht zu schaffen ist, ohne vorzeitige Störung der in einem Land bestehenden Verhältnisse in der ganzen Gesellschaft allgemein für alle Schichten vorteilhaft verteilt werden kann.

Pindar der automatischen Fabrik.

Andrew Ure (1778 bis 1857)

Biographie

Karl Marx, der im ersten Band seines „Kapital" mit Dr. Ure polemisiert und ihm „Apotheose der großen Industrie" vorhält und ihn ironisch den „Pindar der automatischen Fabrik" nennt, muß diesem jedoch zugestehen, er fühle „die eigentümlichen Charaktere der Manufaktur schärfer heraus als frühere Ökonomen". Und obgleich sich Ure Fragen der menschlichen Produktion eigentlich nur am Rande gewidmet hat, erregten seine diesbezüglichen Ansichten die ungeteilte Aufmerksamkeit seiner Zeitgenossen.

Der spätere Chemiker und Autor wissenschaftlicher Bücher wurde am 18. Mai 1778 im schottischen Glasgow geboren. Nach dem Studium der Medizin in seiner Heimatstadt und in Edinburgh erwarb er schon als 23jähriger den Doktorgrad. Und 1804 bereits erhielt er nach dem Ausscheiden von Dr. George Birkbeck eine Berufung als Professor für Chemie und Naturphilosophie an die Glasgower Andersonsche Universität, dem späteren Andersons College. Hier beteiligte er sich aktiv an der Gründung der Glasgower Sternwarte, die er dann mehrere Jahre leitete.

Diese Tätigkeit führte Ure unter anderem nach London, wo er die Bekanntschaft mit Nevil Maskelyne, Sir Humphry Davy, William Hyde Wollaston und anderen angesehenen Persönlichkeiten machte. In jenen Jahren hielt der junge Hochschullehrer in Glasgow auch wissenschaftliche Lektionen für Arbeiter, wahrscheinlich die ersten ihrer Art in England und den Kursen ähnlich, die man zu jener Zeit an der Pariser Kunst- und Gewerbeschule durchführte.

1818 hielt Ure vor der Glasgower Literarischen Gesellschaft einen Vortrag über elektrische Experimente, die er am Körper des Mörders Clysdale kurz nach dessen Exekution vorgenommen hatte. Er schlug vor, durch Reizung des Vagus oder des Sympathicus zu versuchen, Erstickte oder Ertrunkene wiederzubeleben. Seine Versuche erregten damals großes Aufsehen.

1821 veröffentlichte er ein „Wörterbuch der Chemie", das auf dem von William Nicholson aufbaute. In seinem Artikel über „Äquivalenzen" zeigte Ure ein ausgezeichnetes Gespür im Umgang mit den wichtigen chemischen Theorien seiner Zeit. Er folgte den Auffassungen Wollastons und Davys mehr als denen Daltons und akzeptierte Berzelius Bezeichnung der Elemente, die damals nur ein Vorschlag war, aber später allgemeine Anerkennung fand. Ures „Wörterbuch der Chemie" erlebte 1835 seine vierte Auflage und diente Henry Watt zur Grundlage für dessen 1863 herausgegebenes Dictionary. Es wurde 1822-24 ins Französische und 1843 ins Deutsche übersetzt.

1822 wurde Andrew Ure zum Mitglied der Royal Society gewählt. 1829 veröffentlichte er ein „Neues Geologiesystem", in dem er die Bedeutung von Chemie und Physik für Geologen herausarbeitete, vor allem aber bestimmte zeitgenössische Theorien kritisierte und das orthodoxe System der geologischen Zeitbestimmung verteidigte.

1830 gab Ure sein Professorenamt auf und ging nach London, wo er bis zu seinem Tod als analytischer und Handelschemiker arbeitete. 1834 verpflichtete ihn das Zollministerium für entsprechende Dienste. Sein Honorar belief sich pro Analyse einer zu begutachtenden Ware auf zwei Guineen. Die Behörde ersuchte ihn auch, Methoden zu überprüfen, mit denen der Zuckergehalt von Zuckerrohrsaft bestimmt werden konnte. Für diese, zwei Jahre in Anspruch nehmende Arbeit erhielt er 800 Liter dieses Safts zum Lohn.

1835 veröffentlichte Ure seine „Philosophie der Produzenten" (Philosophy of Manufactures), in der er sich mit den Bedingungen der Fabrikarbeiter befaßt, und ein Jahr später die Schrift „Die Baumwollmanufakturen Großbritanniens"(Nachauflagen beider Bücher 1861). 1839 brachte er ein Kunst-, Fertigungs- und Bergwerkslexikon heraus, das mehrere Auflagen erlebte und ins Deutsche übersetzt wurde.

Außer den erwähnten Büchern brachte er 1813 „Eine neue systematische Tabelle der Medizin" und 1850 eine Schrift über die Londoner Malariaepedemie heraus.

Ure war ordentliches Mitglied der Königlichen Astronomischen Gesellschaft und Ehrenmitglied der Geologischen Gesellschaft. Der Katalog der Royal Society führt 53 Schriften Ures auf, in denen er sich mit Physik, reiner und angewandter Chemie befaßt. Die bleibende Bedeutung dieses Mannes ergibt sich wesentlich auch aus der Einführung von populärwissenschaftlichen Vorträgen, die trotz ihres oft komplizierten Gehalts klar, verständlich und interessant waren.

Andrew Ure starb am 2. Januar 1857 und wurde auf dem Londoner Highate-Friedhof beigesetzt.

Werkverzeichnis (Auswahl)

Handwörterbuch der praktischen Chemie angewendet auf die anderen Zweige der Naturkunde, wie auf Künste und Gewerbe, Weimar 1825 (engl. 1821)

Neues System der Geologie, Weimar 1830 (engl. 1829)

Das Fabrikwesen in wissenschaftlicher, moralischer und commerzieller Hinsicht, Leipzig 1835 (Philosophy of Manufactures, London 1835)*

Dictonary of Arts, Manufactures and Mines, London 1835

* Quelle der im Lexikon enthaltenen Zitate

Schriften über Andrew Ure

Ward, J. T.: The Factory Movement, London 1962

Lexikon

Arbeitervereine

Es ist eine der wichtigsten Wahrheiten, welche sich aus der Zergliederung der Manufakturindustrie ergibt, daß Vereine Verschwörungen der Arbeiter gegen ihre eigenen Interessen sind und stets in dem Selbstmorde der Körperschaft enden, was um so schneller erfolgt, je strenger oder besser der Verein organisiert ist. Schon das Wort „Verein" macht das Kapital stutzig und fordert den Scharfsinn auf, den Zweck desselben zu hindern. Läßt man den Strom der Arbeit ruhig in seinen Ufern hingleiten, so geht alles gut, dämmt man ihn mit Gewalt auf, so kommt er eine Zeit lang ins Stocken und führt dann eine verderbliche Überschwemmung herbei. Gäbe es keine Vereine, so würde Wechsel der Beschäftigung und die Substitution der automatischen statt der Handarbeit zum Schaden der Arbeiter selten so mit einem Male erfolgen.

Arbeitskämpfe

Ohne die gewaltsamen Kollisionen und Unterbrechungen, welche aus irrigen Ansichten der Arbeiter entstanden, würde sich das Fabrikwesen noch schneller und noch vorteilhafter für alle, die dabei beschäftigt sind, entwickelt und noch häufiger Beispiele gezeigt haben, in denen geschickte Arbeiter wohlhabende Besitzer wurden. Jedes Mißverständnis, jede Unruhe treibt das Kapital entweder ganz zurück oder hindert es eine Zeit lang, in die Kanäle der Geschäfte zu fließen, worin sich Unruhen zeigen.

Arbeitslohn

Das Fabrikwesen ist, statt dem Wohlsein der arbeitenden Bevölkerung nachteilig zu sein, ihr großes Palladium, denn je komplizierter und ausgedehnter die Maschinerie bei einer Manufaktur ist, um so weniger läßt sich fürchten, daß die dabei beschäftigten Arbeiter durch ausländische Konkurrenz benachteiligt werden, und um so mehr findet der Besitzer sich veranlaßt und befähigt, die Arbeitslöhne seiner Leute hoch zu halten. Der Hauptgrund, warum die Löhne so hoch sind, ist, daß sie einen kleinen Teil des Wertes des Fabrikats bilden, und der geizige Fabrikherr, der sie zu sehr herabsetzte, die Arbeiter nachlässig machen und dadurch der Qualität der Arbeit mehr schaden würde, als die Ersparung in den Löhnen austrüge. Der kluge Besitzer einer Feinspinnerei sträubt sich stets, den Verdienst seiner Spinner zu verringern und setzt ihn nie herab, wenn er nicht durch die Not dazu gezwungen wird, denn in je niedrigerem Verhältnisse die Arbeitslöhne zu dem Werte der Waren stehen, um so höher wird, im Allgemeinen gesprochen, die Arbeit bezahlt.

Aufseher

Mehrere Personen, welche ein großes Vermögen in Fabriken anlegen, sind in hohem Grade die Opfer von Aufsehern geworden, welche stets geneigt sind, ihren nachteiligen oder verkehrten Scharfsinn durch die Einführung eines verwickelten, statt eines einfachen und weniger prahlenden Mechanismus zu zeigen. Es sind mir nicht wenige Fälle bekannt geworden, in denen ein vollständiges System guter Maschinen, welche vortreffliche Arbeit lieferten, aus einer Baumwollenfabrik verwiesen und durch ein anderes bei weitem kostspieligeres ersetzt wurde, das aber weniger produktive Kraft besaß und sich weniger zu der Arbeit eignete, als das frühere, wenn es geschickt geleitet wurde. Dieser Wechsel mit den Maschinen hört in manchen Anstalten gar nicht auf, stört wesentlich und oftmals unnötig den Gang des Werks und ist fast immer die Folge einer unklugen Wahl im Anfange und dann einer dauerhaften Änderungssucht, - Umstände, worüber der Eigentümer aus Unbekanntschaft mit der Konstruktion einer guten Maschine nicht immer die gehörige Kontrolle zu führen wagen kann. Es gibt ohne Zweifel viele Fabrikaufseher, welche durch Urteilskraft, Kenntnis und Rechtschaffenheit völlig geeignet sind, die gesunden kommerziellen Ansichten des Fabrikbesitzers zu unterstützen und das Geschäft in einen vorteilhaften Gang zu bringen. Diese praktischen Männer sind die Seele unseres Fabrikwesens. Durch einen verkehrten und eingebildeten Aufseher aber wird der Besitzer sicherlich in einen solchen mechanischen Tanz hineingerissen, der ihn ganz schwindelig macht, wenn er nicht ein klares Verständnis der Arkana des Geschäfts durch ein bedächtiges Studium der Zusammensetzung und Leistung jeder Maschine in seiner Fabrik erlangt hat.

Aus- und Weiterbildung

Der härteste Vorwurf, der England gemacht werden kann, ist, daß es seine niederen Klassen ohne allen Unterricht aufwachsen läßt und für die höhern Stände nicht für bessern Unterricht sorgt. Während der Mangel an Unterricht bei den niedern Ständen die Quelle der Brandstiftung und des Ungehorsams in den Ackerbau treibenden Bezirken ist, die über lang oder kurz traurige Ausbrüche in jeder andern Provinz verursachen wird, ist die mangelhafte oder fehlerhafte Erziehung der höhern Stände die fruchtbare Mutter der immer wiederkehrenden politischen und legislativen Fehler, unter deren Folgen ein minder kräftiges Volk, als die Mittelklassen in Großbritannien, sich nicht würde haben erhalten können. Die Großen, als die verzogenen Kinder des Staats, mögen sich an ihren Spieldingen, den Bändern und Sternen, als der Bezeichnung ihrer Kaste, erfreuen, es mag ihnen gestattet sein, ihre Jugendjahre in dem Vergnügen hinzubringen, griechische und lateinische Werke zu skandieren, wenn sie sich nur nicht einbilden, ohne alle Kenntnis von Wissenschaft, Kunst und Gewerbe, die Angelegenheiten des Staates nach ihrem Willen ordnen zu können.

Fabrikgesetzgebung

Bei den neueren Diskussionen über unsere Fabriken ist wohl nichts merkwürdiger, als die grobe Unwissenheit unserer in anderen Dingen wohl unterrichteten hochgestellten Gesetzgeber und Staatswirte in Hinsicht auf jene staunenswerten Manufakturen oder Fabriken, welche so lange den Lenkern des Königreichs die Mittel zum Kriege und einer großen Masse des Volks einen bequemen Unterhalt gegeben, welche in der Tat diese Insel zur Schiedsrichterin vieler Nationen und selbst zur Wohltäterin der ganzen Erde gemacht haben. Bis nicht diese Unwissenheit vertrieben ist, kann man keine gesunde Gesetzgebung über Fabrikinteressen erwarten.

Factorei

Unter dem Worte „Factorei" versteht man das vereinigte Zusammenwirken mehrerer Klassen Arbeiter, Erwachsener und Kinder, in Beaufsichtigung, Speisung etc. eines Maschinensystems, das fortwährend von einer Zentralkraft in Bewegung gesetzt wird. Diese Definition umfaßt die Baumwollen-, Flachs-, Seiden-, Wollenspinnereien und schließt aber solche Anstalten aus, in denen der Mechanismus keine zusammenhängende Reihe bildet, oder nicht von einer bewegenden Kraft abhängt. Beispiele dieser letzteren Art findet man in Eisenwerken, Färbereien, Seifensiedereien, Gießereien etc. Einige Schriftsteller haben unter dem Worte „Factorei" alle großen Anstalten verstanden, worin eine Anzahl von Personen nach einem gemeinsamen Ziele der Kunst hinarbeiten, und müssen deshalb auch die Brauereien, Brantweinbrennereien, so wie die Werkstätten der Tischler, Drechsler, Böttcher mit zu den Factoreien oder Fabriken rechnen. Nach meiner Meinung ist mit diesem Worte im engsten Sinne die Idee eines großen Automaten verbunden, der aus verschiedenen Mechanismen und verständigen Gliedern besteht, die in ununterbrochener Vereinigung für die Hervorbringung eines Gegenstandes arbeiten und sämtlich einer sich selbst regelnden bewegenden Kraft unterworfen sind.

Geschickte Arbeit

Der Grundsatz des Fabrik- oder Factoreisystems geht dahin, der Handgeschicklichkeit mechanische Kunst, und der Verteilung der Arbeit unter die Arbeiter die Trennung eines Verfahrens oder Prozesses in seine wesentlich konstituierenden Bestandteile zu substituieren. Bei der Handarbeit war größere oder geringere Geschicklichkeit gewöhnlich das teuerste Element der Produktion - materiam superabat opus; nach dem automatischen Plane aber wird geschickte Arbeit allmälich überflüssig und mit der Zeit ganz durch bloße Maschinenaufseher ersetzt werden. Nach der Unvollkommenheit der menschlichen Natur kann es sich wohl treffen, daß der geschickteste Arbeiter um so eigenwilliger und unlenksamer ist, und deshalb am wenigsten für ein mechanisches System taugt, wo er durch gelegentliche Unregelmäßigkeiten dem Ganzen den größten Schaden tun könnte. Es ist also das hohe Ziel des neueren Manufakturisten, durch Vereinigung von Kapital und Wissenschaft die Aufgabe seiner Arbeitsleute auf Aufmerksamkeit und Gewandheit allein zu beschränken, - Fähigkeiten, welche bei jungen Leuten und Kindern sehr bald zur Vollkommenheit gebracht werden können.

Gewinn

Des fortdauernden Nutzens wegen müssen die Manufakturisten mit kleinem Gewinne verkaufen, und es verrät Kurzsichtigkeit, nach großem Gewinne zu suchen; die Kenntnis und selbst das Gerücht davon bringt stets viele Personen in das Geschäft und dadurch erfahren die Waren eine gewaltsame Preiserniedrigung. Der geringe Gewinn treibt zu Fleiß, Sparsamkeit und Verschwiegenheit an, denn eine gut geleitete Fabrik kann sehr gewinnreich sein bei mäßigem Kapitale, das oft umgesetzt wird.

Handelsstreit

Unsere Zeit zeichnet sich vor jeder vorhergehenden durch einen allgemeinen Unternehmungsgeist in Künsten und Manufakturen aus. Die Völker haben sich endlich überzeugt, daß der Krieg stets ein Verlierspiel ist, ihre Schwerter und Flinten deshalb in Fabrikgeräte verwandelt und bekämpfen einander nun in dem unblutigen, aber noch immer furchtbaren Handelsstreite. Sie senden nicht mehr Truppen aus, um auf fernen Feldern Schlachten zu schlagen, sondern Fabrikate, um die ihrer sonstigen Waffengegner vor sich herzutreiben und Besitz von fremden Märkten zu nehmen. Die Mittel eines Nebenbuhlers in der Heimat dadurch zu schwächen, daß man auswärts seine Waren heruntersetzt, ist das System der neuen Kriegskunst, und alle Sehnen und Nerven des Volkes werden angespannt, um das Ziel derselben zu erreichen.

Hand- und Maschinenarbeit

Die Segnungen, welche die physikalisch-mechanische Wissenschaft der Gesellschaft gebracht hat und die Mittel zur Verbesserung des Zustandes der Menschheit, welche sie noch immer besitzt, sind bis jetzt nicht genug gewürdigt worden, während man sie auf der anderen Seite beschuldigt, den reichen Kapitalisten ein Mittel an die Hand zu geben, die Armen zu drücken, und den Arbeiter zu schnellerer Arbeit zu nötigen. Es ist z. B. gesagt worden, die Dampfmaschine treibe den Maschinen- oder Kraftstuhl (power loom) mit solcher Schnelligkeit, daß die dabei beschäftigten Weber denselben schnellen Schritt in ihrer Arbeit gehen müßten, während der Handweber, frei von einem solchen ruhelosen Antreiber, nach Bequemlichkeit seinen Schützen werfen könne etc. In diesen beiden Fällen ist aber der Unterschied nicht zu übersehen, daß in der Fabrik jeder Teil des Stuhls so eingerichtet ist, daß die treibende Kraft dem dabei Beschäftigten fast nichts zu tun übrig läßt, wenigstens nichts, was körperliche Anstrengung erfordert, während er dennoch einen guten sicheren Lohn und überdies eine gesunde Werkstätte umsonst erhält, wogegen der Handweber, der alles durch Muskelanstrengung verrichten muß, die Arbeit mühsam findet, dem zu Folge unzählige kurze Pausen macht, die einzeln von keiner Bedeutung, zusammen aber sehr wichtig sind, deshalb einen verhältnismäßig niedrigen Lohn verdient und dabei noch durch armselige Nahrung und seine feuchte schlechte Stube seine Gesundheit einbüßt.

Humanisierung der Arbeit

Das beständige Ziel und die stete Wirkung wissenschaftlicher Verbesserungen in den Fabriken sind philantropisch, denn sie streben dahin, die Arbeiter der Beschäftigung mit solchen kleinen Gegenständen zu entheben, welche den Geist erschöpfen und das Auge ermüden, oder ihnen dauernde Anstrengung zu ersparen, welche den Körper schwächt oder verkrüppelt. Bei jedem weiteren Fortschritte in dem Fabrikwesen wird die Menschenfreundlichkeit der Wissenschaft sich deutlich zeigen.

Industrie- und Unternehmungsgeist

Die Einführung neuer Maschinen in einer Manufaktur, welche Handarbeit verdrängen, wird durch das Patentsystem gemäßigt, welches sie eine Zeit lang auf einem Monopolpreise hält und dadurch ihre schnelle Verbreitung hindert. Die unmittelbaren Ursachen ihrer großen Vermehrung in Großbritannien kann man dem allgemeinen Industrie- und Unternehmungsgeiste eines freien und aufgeklärten Volkes zuschreiben, das unbeschränkten Gebrauch von seinen Talenten in der Verwendung eines ungeheuren Kapitals machen kann, den Grundsatz der Zergliederung der Arbeit aufs Äußerste treibt, alle Hilfsmittel wissenschaftlicher Untersuchungen und mechanischen Scharfsinns in Anspruch nimmt, und endlich alle Vorteile benutzt, welche der Besuch fremder Länder geben kann, nicht bloß um neue Handelsverbindungen anzuknüpfen und alte zu festigen, sondern auch um eine genaue Kenntnis von den Bedürfnissen, dem Geschmacke, den Gewohnheiten, den Entdeckungen und Verbesserungen, den Erzeugnissen und Fabriken anderer ziviler Nationen zu erlangen.

So bringen wir Tatsachen und Ideen nach Hause, so vervollkommnen wir unsere alten Anstalten und fügen unserem einheimischen Stamme neue Zweige an, öffnen zu gleicher Zeit dem Absatze unserer Manufaktur- und Handelsindustrie neue Märkte und machen uns fähig, sie auf die beste und wohlfeilste Weise versehen zu können. Durch diese Mittel allein und vorzüglich durch die Einwirkung des Maschinenwesens auf Verbesserung der Qualität und wohlfeilere Herstellung unserer verschiedenen Ausfuhrartikel hat sich trotz einer ungeheuren Abgabenbelastung und einem hohen Getreidepreise unser Handel und Manufakturwesen in solchem Grade vermehrt, daß sie die sanguinischsten Berechnungen der fähigsten Staatsökonomen übertreffen, welche über die Zukunft der Menschheit nachgedacht und gesprochen haben.

Kinderarbeit

Ich habe viele Fabriken besucht, sowohl in Manchester als in der Umgegend, mehrere Monate hindurch, bin oft unerwartet und allein zu verschiedenen Tageszeiten in die Spinnsäle gekommen, habe aber nicht ein einziges Beispiel von körperlicher Züchtigung eines Kindes gesehen, ebenso wenig wie ich Kinder verdrießlich oder mißmutig gefunden habe. Sie schienen immer flink und aufgeräumt zu sein, Vergnügen an der leichten Arbeit zu finden, und sich der ihrem Alter natürlichen Beweglichkeit zu freuen. Der Schauplatz der Industrie war, weit entfernt traurige Gefühle zu erregen, immer erheiternd. Man konnte nur mit Vergnügen sehen, mit welcher Geschwindigkeit sie die abgerissenen Fäden vereinigten, wenn der Mulewagen von dem festen Walzenbaume zurückzuweichen begann, und wie sie bei Muße, nach einem kurzen Gebrauche ihrer kleinen Finger, sich irgend eine Unterhaltung machten, bis das Ziehen und Aufwinden wieder zu Ende war. Die Arbeit dieser Kinder schien einem Spiele zu gleichen, worin sie durch Übung eine angenehme Fertigkeit erhalten hatten. Sie kannten ihre Geschicklichkeit und freuten sich, wenn sie dieselbe einem Fremden zeigen konnten. Verließen sie Abends die Fabrik, so zeigten sie durchaus keine Erschöpfung, denn sie fingen sogleich wieder an, auf dem nahen Spielplatze herumzuspringen wie Kinder, die aus der Schule kommen.

Organismus der Manufaktur

Der Zweck der Manufakturen ist der, die Naturprodukte auf die wohlfeilste und unfehlbarste Weise in Gegenstände der Notwendigkeit oder des Luxus umzuwandeln. Alle haben drei Prinzipien der Wirkung oder drei organische Systeme: das mechanische, moralische und kommerzielle, die nicht unpassend mit dem Muskel-, Nerven- und Blutsysteme eines Tieres verglichen werden können. Sie haben auch dreierlei Interessen zu fördern, das des Arbeiters, des Herrn und des Staates, und ihre Vollkommenheit müssen sie in der gehörigen Entwicklung und Pflege eines jeden derselben suchen. Das mechanische Wesen sollte immer der moralischen Einrichtung untergeordnet sein und beide sollten zu der Blüte des Handels zusammenwirken. Zu ihrer Lebensfähigkeit tragen drei verschiedene Kräfte bei, - Arbeit, Wissenschaft und Kapital, - die erste zum Bewegen, die zweite zum Leiten und die dritte zur Erhaltung. Ist das Ganze im Einklange, so bilden sie einen Körper, der fähig ist, seine mannigfaltigen Funktionen durch eine innere selbstleitende Kraft, wie die des organischen Lebens, zu verrichten.

Philosophie der Manufaktur

Manufakturware ist ein Wort, das mit der Zeit eine seiner eigentlichen und ursprünglichen ganz entgegengesetzten Bedeutung erhalten hat, denn gegenwärtig bezeichnet es eben so wie Fabrikware jedes Produkt der Zunft, welches durch Maschinen ohne Beihilfe oder mit nur geringer Beihilfe der menschlichen Hand gemacht wird, so daß die vollkommenste Manufaktur die ist, welche gar keine Handarbeit nötig hat. Die Philosophie der Manufakturen ist also eine Auseinandersetzung der allgemeinen Grundsätze, nach denen die produktive Industrie durch selbstwirkende Maschinen geleitet werden sollte. Der Zweck einer Manufaktur oder Fabrik nun ist, das Gewebe, die Form oder Zusammensetzung von Naturgegenständen durch mechanische oder chemische Kräfte zu verändern, die entweder einzeln oder vereint oder nach einander wirken. Die automatischen dem allgemeinen Handel dienenden Künste können deshalb in mechanische oder chemische unterschieden werden, je nachdem sie die äußere Form oder die innere Beschaffenheit des bearbeiteten Stoffs verändern. Jedes dieser beiden Systeme kann sich mit einer unendlichen Menge von Gegenständen beschäftigen, aber alle diese lassen sich passend in animalische, vegetabilische und mineralische klassifizieren ...

In einer Baumwollenspinnerei kann man die Vollendung der automatischen Industrie sehen; hier haben die Elementarkräfte Millionen komplizierter Organe beleben und Holz und Metall mit verständiger Tatkraft begaben müssen. Wie die Philosophie der schönen Künste, der Poesie, Malerei und Musik am besten in ihren Meisterstücken studiert werden kann, so wird auch die Philosophie der Manufakturen in dieser ihrer edelsten Schöpfung am besten erkannt werden.

Segnungen der Dampfmaschine

Wir haben bereits erwähnt, daß die Arbeit in einer von Kraft getriebenen Fabrik nicht unausgesetzt ist, eben weil sie zugleich mit der nimmer fehlenden Freundin des Arbeiters, der Dampfmaschine, verrichtet wird. Es ist gezeigt worden, daß in einer Fabrik diejenigen die mühsamsten und beschwerlichsten Beschäftigungen sind, welche mit der Kraft nicht in Verbindung stehen, so daß das Mittel, dem Arbeiter vergleichsweise Muße zu geben, das ist, ihm eine Dampfmaschine beizugeben. Man vergleiche die Arbeit eines Eisendrehers an einer der in Manchester jetzt so gewöhnlichen selbstwirkenden Bank und die an einer anderen, welche durch einen Kraftriemen getrieben wird, wie in London, wo die Schneidewerkzeuge in der Hand gehalten und durch die Kraft der Arme und die Geschicklichkeit der Finger geleitet werden. Ist im ersteren Falle der Mechanismus einmal geordnet, so hat der Arbeiter durchaus weiter nichts zu tun als zuzusehen und über die Prinzipien seines Geschäfts nachzudenken, da die Maschine ihre Arbeit meisterlich macht und dann zur Ruhe kommt, indem sie sich selbst außer Gang setzt.

Andrew Ure

Verkürzung der Arbeitszeit

Aus welchem Grunde oder unter welchem Vorwande Arbeiter, die durch Dampf- oder Wasserkraft unterstützt werden, einen Anspruch auf das eigentümliche Vorrecht machen können, täglich nur zehn Stunden zu arbeiten, läßt sich nicht leicht einsehen. Sie vergleichen ihre Anstrengung mit jener der, vergleichsweise, kleinen Klasse von Handwerkern, wie der Zimmerleute, der Maurer, Ziegelstreicher etc., welche, sagen sie, nur von sechs Uhr früh bis Abends sechs Uhr arbeiten und zweimal eine Stunde zum Essen frei haben - einer Klasse, welche sich von den Fabrikarbeitern dadurch ganz unterscheidet, daß ihre Arbeit ganz durch Muskelanstrengung und nach einer langen Lehrzeit getan wird. Aber was denken denn die Fabrikarbeiter von der zahlreichen Klasse Hausarbeiter, wie der Strumpfwirker, der Leinweber, der Wollkämmer, der Spitzenmacher und vieler andern, welche zwölf bis sechzehn Stunden täglich, und sehr angestrengt, arbeiten und dabei kaum das nackte Leben hinbringen, dies häufig von sehr frühem Alter an und in einem für den Körper nachteiligen und den Geist abstumpfenden Zustande der Einschließung? Auch übersehen diese eigennützigen Leute, daß sie durch Herabsetzung der Arbeitszeit auf zehn Stunden eine noch weit größere Anzahl Bewerber nach ihrem Geschäfte ziehen und dadurch die Arbeitslöhne herabdrücken würden.

Vorbildwirkung

„Wie der Herr so der Diener", ist ein Sprichwort, das seine Anwendung ebensowohl in öffentlichen Werken als in den Familien findet. Der Fabrikherr, der ein feines Gefühl von Reinheit im Herzen und Leben hat, sein eigenes Interesse recht versteht und für das Wohlsein seiner Leute gewissenhaft besorgt ist, wird gewiß jede ausführbare Maßregel anwenden, um die Aufführung derselben auf eine höhere Stufe zu bringen. Ist er dagegen lax in seinen Grundsätzen, und bekümmert sich um seine Leute weiter nicht, als daß sie ihre Arbeit pünktlich tun, so wird er die Folge davon bald in der nachlässigen Arbeit und in dem Mangel an persönlicher Achtung sehen. Jeder Fabrikherr sollte zu seinem eigenen Vorteile sowohl als aus Pflicht das göttliche Gebot üben, seinen Nächsten zu lieben wie sich selbst, denn wenn er dies tut, wird er ein ganz neues Leben über sein Geschäft verbreiten.

Vorteile der Maschinenarbeit

Man konnte nur mit Bedauern bemerken, wie häufig die ausgezeichnete Geschicklichkeit eines Arbeiters in irgend einem Gewerbe durch Aufopferung seiner Gesundheit und Bequemlichkeit erkauft werden mußte. Bei einer unveränderten Arbeit, welche unausgesetzt Aufmerksamkeit, Fleiß und Geschicklichkeit verlangte, wurde sein Auge und seine Hand fortwährend angestrengt, und geschah dies eine Zeit lang nicht, so erlitt entweder der Arbeitgebende oder der Arbeiter beträchtlichen Schaden, je nachdem die Arbeit stück- oder tageweise berechnet wurde. Nach dem Ausgleichungsplane selbsttätiger Maschinen dagegen braucht der Arbeiter seine Fähigkeiten nur mäßig zu benutzten, er findet manche Mußeaugenblicke, die er zur Unterhaltung oder zum Nachdenken benutzen kann, ohne daß sein Herr oder er selbst dabei in Schaden kommt. Da er nur die Arbeit eines geregelten Mechanismus zu leiten hat, so wird er mit seiner Beschäftigung bald vertraut, und geht er von einer Maschine zu einer andern über, so bringt er Abwechslung in seine Arbeit und erweitert seine Ansichten, indem er über die allgemeinen Kombinationen nachdenkt, welche aus seiner und seiner Gefährten Arbeit hervorgehen. So kann die Verkrüppelung des Geistes und Körpers, welche nicht mit Unrecht der Teilung der Arbeit Schuld gegeben worden ist, in automatischen Fabriken unter gewöhnlichen Umständen nicht vorkommen.

> Das wichtigste Prinzip, von dem die Wirtschaftlichkeit einer Manufaktur abhängt, ist die Teilung von Arbeit.

Charles Babbage (1792 bis 1871)

Biographie

In erster Linie Mathematiker, gehörte der vielseitige Naturwissenschaftler zu jenen klugen Köpfen seines Landes, die sich nur gelegentlich der Ökonomie widmeten. Indes tat er dies mit bemerkenswerter analytischer Schärfe und einem Feuerwerk von Ideen. Dabei engagierte er sich für die Erkenntnis, daß die industrielle Produktion fortan einer konsequent wissenschaftlichen Herangehensweise bedürfe, ganz gleich, ob es sich um die Lösung technischer oder kommerzieller Probleme handelt.

Der am 26. Dezember 1792 in der Nähe Londons geborene Charles, Sohn des Kaufmanns und Bankiers Benjamin Babbage, soll ein kränkelndes Kind gewesen sein und seine erste Bildung recht sporadisch in diversen Privatschulen erhalten haben. Dokumentiert ist aber auch, daß er schon in frühen Jahren sein eigener Lehrer war und sich sehr bald in den Gedankengebäuden eines Leibniz und Langrages auskannte. Zur Verwunderung der Tutoren des Trinity Colleges in Cambridge, in das er dann 18jährig eintrat.

1814 promoviert er und heiratet Georgina Whitmore. Mit ihr zieht er im Jahr darauf nach London, wo er bis 1827 wohnen wird. Mit der Londoner Zeit beginnt für Babbage eine Periode großer schöpferischer Aktivität. Seine Essays, die er für die „Philosophical Transactions" verfaßt, erweisen sich als bahnbrechend für einen neuen Zweig der Analysis. Schon mit 24 Jahren genießt er wissenschaftliches Ansehen, wird 1816 zum Mitglied der Royal Society gewählt und erwirbt 1817 den akademischen Grad eines Master of Arts. Trotz alledem gelingt es ihm fürs erste nicht, eine feste Anstellung zu bekommen.

In diesen Jahren unternimmt Babbage viele Reisen, unter anderem nach Frankreich, Norditalien, aber auch nach Schottland und durch die englischen Grafschaften, wo er sich sehr aufmerksam und wißbegierig in den verschiedensten Industriebetrieben umschaut. Sein Interesse an technischen Produktionsstätten wird vor allem von seinem Vorhaben genährt, eine Rechenmaschine zu bauen, mit deren Hilfe er manuell aufwendige astronomische Tabellen aufstellen will. Der erste Entwurf dieser sogenannten Differenz-Maschine, den er 1822 vor der von ihm mitbegründeten Astronomischen Gesellschaft erläutert, löst geradezu Begeisterung aus.

Ein Jahr später beginnt er mit einem eigens ausgewählten Mechanikerteam und mit staatlicher Finanzhilfe die praktische Umsetzung seiner Idee, die viel Zeit und Mühen kosten, Probleme bereiten und dennoch eigentlich zu keinem richtigen Ende kommen wird. Begleitend dazu liefert er mit der Schrift „On the Theoretical Principles of the Machinery for calculating Tables" (1825) die theoretischen Grundlagen seiner Erfindung.

Babbage bleibt in seinen Studien und geistigen Produkten jedoch breit gefächert. Neben der Mathematik und ihrer Anwendung in der von ihm selbst mitentwickelten Rechentechnik beschäftigt er sich mit Versicherungswesen, Vulkanismus und ökonomischen Fragen der beginnenden Industrieproduktion. Letztere beleuchtet er speziell in seinem 1832 erschienenen Buch „On the Economy of Machinery and Manufactures" (dt.: „Über Maschinen- und Fabrikwesen", Berlin 1833).

1827 wird für Babbage ein schweres Jahr. Seine Frau und sein Sohn Charles sterben. Er unternimmt daraufhin eine längere Reise durch Holland, Deutschland und Italien. Hier erreicht ihn 1828 die Nachricht von seiner Berufung an das Trinity College. Er erhält eine Professur für Mathematik, die er über zehn Jahre innehat.

In diese Zeit fallen der erfolgreiche Probelauf eines ersten Teilstücks seiner Differenz-Maschine, das Zerwürfnis mit seinem Chefmechaniker, Pläne für eine neuartige „Analytische Maschine" sowie Eisenbahnbauprojekte. 1842 werden die Arbeiten an der Differenz-Maschine jedoch eingestellt. Sie verschlangen zu viele Mittel, bis dahin bereits rund 32.000 Pfund Sterling, die Hälfte davon indes Babbages private Gelder. Die gebührende Würdigung erfuhr diese Erfindung erst auf der Weltausstellung 1862. Pläne für eine Differenz-Maschine 2 entwickelte Babbage bereits 1849, doch scheiterte ihre Verwirklichung an den Finanzen. Der britische Schatzmeister lehnte schließlich jede staatliche Unterstützung ab.

Charles Babbage, der im intellektuellen Zirkel des Herzogs von Somerset verkehrte, war mit vielen seiner bedeutenden Zeitgenossen persönlich bekannt. Charles Darwin und Charles Dickens zählten zu den Stammgästen seiner Abendgesellschaften. Freundschaften verbanden ihn mit Alexander v. Humboldt und mit Michael Faraday. Er selbst galt als intensiver geistiger Arbeiter, der sich bis zur physischen Verausgabung in eine Sache vertiefen konnte. Er entwickelte dabei einen solchen Gedankenreichtum, der es nur allzu verständlich erscheinen läßt, daß er sich maßgeblich an der Gründung einer Gesellschaft für den Schutz geistigen Eigentums beteiligte. Am 18. Oktober 1871 stirbt Charles Babbage. Seine Arbeiten werden eine Zeitlang von seinem Sohn Henry fortgeführt.

Werkverzeichnis (Auswahl)

Charles Babbages vergleichende Darstellung der verschiedenen Lebens-Assecuranz-Gesellschaften. Weimar 1827 (engl. 1826)

Table of Logarithmus of the Natural Numbers from 1 to 108.000. London 1827

Über Maschinen- und Fabrikwesen. Berlin 1833 (engl. 1832)*

A Word to the Wise. London 1833

The Ninth Brigadewater Treatise. London 1837

Thoughts on the Principles of Taxation with Reference to a Property Tax. London 1848

The Exposition of 1851. London 1851

Passages from the Life of a Philosopher. London 1864

* Quelle der im Lexikon enthaltenen Zitate.

Schriften über Charles Babbage

Bell, Walter L.: Charles Babbage. Philosopher, Reformer, Inventor. Oregon 1975

Buxton, Harry W.: Memoir of the life and labours of the late Charles Babbage. Cambridge 1988

Franksen, Ok I.: Mr. Babbage`s Secret. Birkerod 1984

Halacy, Daniel S.: Charles Babbage, father of the computer. New York 1970

Hyman, Anthony: Charles Babbage: 1791 - 1871. Stuttgart 1987

Künzel, Werner: Charles Babbage, Differenz-Maschinen. Berlin 1991

Lexikon

Fundgruben des Wissens

Leider hat man bisher die Kenntnis der Verfahrensweisen in den Manufakturen für weit schwieriger gehalten, als sie ist. Sie mit dem Auge eines Fabrikanten so zu prüfen, daß man sie nach eigner Angabe wiederholen zu lassen im Stande sei, dies erfordert freilich viel Geschicklichkeit und eine vorherige Bekanntschaft mit dem Gegenstande; dagegen gehört nur gewöhnliche Bildung dazu, um die allgemeinen Grundsätze und gegenseitigen Verhältnisse jener Prozesse zu begreifen. In einem Fabriken-Lande darf von Denjenigen welche hoch in der Gesellschaft gestellt sind, billig gefordert werden, daß ihnen die Prinzipe, deren Entwickelung das Land seine Größe verdankt, nicht unbekannt seien; den Reichen werden Prozesse die mittel- oder unmittelbar die fruchtbare Quelle ihrer Besitzthümer sind, schwerlich ein gleichgültiger Gegenstand sein; Denjenigen endlich, die über ihre Zeit verfügen können, dürfte nicht leicht eine anziehendere und lehrreichere Beschäftigung empfohlen werden können, als die, sich mit den Werkstätten ihres Vaterlandes bekannt zu machen, diesen, von den höheren Klassen nur allzuoft vernachlässigten reichen Fundgruben des Wissens.

Konjunkturprognosen

Eine natürlich und fast unvermeidliche Folge der Concurrenz ist, daß bei weitem mehr produziert wird, als die Nachfrage verlangt. Dies Resultat trifft in der Regel immer nach gewissen Zeitpunkten wieder ein, und es ist für Fabrikherren, wie für Arbeiter, gleich wichtig, dem Wiedereintritt desselben vorzubeugen, oder wenigstens davon zu wissen.

Kostenstruktur

Die lebhafte Concurrenz, welche durch die Maschinenarbeit bewirkt wird, und die Anwendung des Prinzips der Theilung der Arbeit zwingen jeden Produzenten, fortwährend Acht zu haben, um verbesserte und die Kosten des Artikels, welchen er produziert, verringernde Methoden zu entdecken; wobei es von großer Wichtigkeit ist, die Kosten jedes einzelnen Prozesses, so wie die der Abnutzung der Maschine, genau zu kennen. Auch ist diese Kenntnis für Diejenigen wünschenswerth, durch deren Hände die fabrizierten Waaren ins Publikum gehen sollen, weil sie durch dieselbe in Stand gesetzt werden, den Einwürfen der Käufer zu begegnen und dem Fabrikanten leichter Abänderungen in der Facon seiner Waaren anzugeben, welche dem Geschmack oder den Vermögensumständen der Käufer besser entsprechen. Noch wichtiger ist diese Kenntnis für den Staatsmann, welcher ohne dieselbe sich ganz und gar auf Andere verlassen muß und niemals gründlich über die Wirkung einer Steuer oder den Nachtheil urtheilen kann, den sie für den Fabrikanten oder das Land haben dürfte.

Mechanisierung der Handarbeit

Wenn jeder zur Vollendung eines Artikels erforderliche Prozeß ausschließliches Geschäft eines einzelnen Individuums bleibt, so ist es viel wahrscheinlicher, daß seiner ungetheilten Aufmerksamkeit sich eine Verbesserung seiner Werkzeuge oder eine zweckmäßigere Handhabung derselben darbieten werde, als wenn eine Menge verschiedenartiger Beschäftigungen die Aufmerksamkeit beständig zerstreuen. Eine solche Verbesserung des Handwerkzeugs aber ist gewöhnlich der erste Schritt zu einer Maschine.

Monopol und Konkurrenz

Die Annahme, daß der Preis zu jeder Zeit sich nach dem Verhältnis zwischen dem vorhandenen Vorrath und der geschehenen Nachfrage richte, ist nur dann in ihrem ganzen Umfange eine richtige, wenn der sämmtliche Vorrath sich in kleinen Quantitäten in den Händen von Vielen befindet, und die Nachfrage durch das Bedürfnis einer andern Classe von Personen entsteht, von denen eine jede dieselbe kleine Portion haben will. Die Ursache ist, weil nur unter solchen Umständen eine gleichmäßige Durchschnittsberechnung sich anstellen läßt zwischen den Gesinnungen, Leidenschaften, Vorurtheilen, Meinungen und Kenntnissen der Käufer und Verkäufer. Besitzt aber ein Einzelner die Zufuhr oder den vorhandenen Vorrath ausschließlich, so wird er allerdings streben, so viel Geld als möglich daraus zu lösen; allein er wird sich bei der Preisstellung denn doch theils nach der Thatsache richten, daß ein erhöhter Preis eine verminderte Consumption bewirke, theils nach dem Wunsche, seinen Gewinn zu realisiren, ehe ein neuer Vorrath von anderswoher auf den Markt kommt. Befindet sich aber derselbe Vorrath in den Händen mehrerer Kaufleute, so entsteht ein unmittelbarer Wettstreit unter ihnen, theils aus ihren verschiedenen Ansichten über die Dauer des Vorraths, theils aus eines Jeden eigenthümlicher finanzieller Lage.

Optimale Betriebsgröße

Wenn (je nach der besonderen Beschaffenheit der Produktion einer Manufaktur) die Zahl der Prozesse, worin man dieselbe am Vortheilhaftesten abtheilen kann, und die Zahl der anzustellenden Individuen festgesetzt ist, so werden alle Fabriken, die nicht ein directes Multiplum der letzteren Zahl beschäftigen, den Artikel mit größeren Kosten produziren. Dieses Prinzip muß in großen Etablissements immer ins Auge gefaßt werden, ob es gleich fast unmöglich ist, dasselbe selbst bei der besten Theilung der Arbeit, immer ganz streng anzuwenden. Vor Allem muß natürlich die verhältnismäßige Anzahl derjenigen Personen, welche die größte Geschicklichkeit besitzen, beachtet werden. Das genaue Verhältnis, wobei eine Factorei mit 100 Arbeitern sich am Besten befindet, würde vielleicht bei einer mit 500 Arbeitern nicht das passendste sein, und die Anordnungen in beiden gestatten wahrscheinlich Abweichungen, ohne materiellen Einfluß auf die Kosten der Produktion. Aber ganz gewiß ist es, daß ein Einzelner, und beim Nadelmachen selbst fünf Einzelne, niemals hoffen dürfen, mit einem ausgedehnteren Etablissement concurriren zu können. Dies ist eine der Ursachen des großen Umfanges der Fabriken, welche mit dem Fortschreiten der Civilisation immer mehr zugenommen haben.

Preis- und Innovationskonkurrenz

Wenn der Verfertiger eines Artikels ein Fabrikant in dem ausgedehnteren Sinne dieses Wortes werden will, so muß er, außer den mechanischen Einzelheiten, von welchen eine erfolgreiche Ausführung seiner Arbeit abhängt, noch auf andere Rücksichten achten und sorgsam das ganze System seiner Fabrik dergestalt einrichten, daß die Produktion des Artikels, welchen er dem Publikum verkauft, mit so geringen Kosten als möglich verbunden sei. Achtet er nicht von selbst gleich Anfangs auf diese scheinbar fernliegenden Rücksichten, so wird der kräftige Anstoß der Concurrenz in jedem sehr cultivirten Lande ihn bald zwingen, seine Aufmerksamkeit auf die innere Oekonomie seiner Fabriken zu richten. Bei jeder Preisverminderung seiner Waare wird er eine Entschädigung in irgend einer Ersparnis bei den Bereitungs-Prozessen suchen müssen, und die Hoffnung, daß er es dahin bringen werde, wohlfeiler als sein Concurrent zu verkaufen, wird seine Erfindungskraft schärfen. Anfangs kommen die auf diese Weise erreichten Verbesserungen nur den Erfindern selbst zu gute; wenn aber eine hinlängliche Erfahrung den Werth derselben erwiesen hat, so werden sie allgemein eingeführt, bis sie ihrerseits wieder durch noch wohlfeilere Methoden verdrängt werden.

Produkt- und Preispolitik

Der Hauptzweck eines Jeden, welcher einen Verbrauchsartikel verfertigen will, ist oder sollte doch sein, denselben in einer vollkommenen Gestalt zu produzieren; aber um sich selbst den größten und dauerndsten Vortheil zu sichern, muß der Produzent durch alle in seiner Macht stehenden Mittel den neuen Luxus- oder Bedürfnisartikel, welchen er hervorbringt, den Consumenten wohlfeil zu liefern suchen. Die auf diese Weise erhaltene größere Anzahl von Käufern wird ihn einigermaaßen gegen den Eigensinn der Mode sichern, und einen viel größeren Gewinn abwerfen, obgleich jeder Einzelne weniger zu demselben beiträgt. Die Wichtigkeit, Daten zu sammeln, um den Fabrikanten in den Stand zu setzen, sich zu vergewissern, in welchem Maaße seine Kundschaft sich durch eine gegebene Preiserniedrigung vermehren wird, kann der Aufmerksamkeit des Statistikers nicht genug anempfohlen werden. In gewissen Klassen der Gesellschaft wird eine Verminderung des Preises eines Luxusartikels die Zahl der Käufer nicht sehr vermehren, wogegen in andern Klassen eine sehr geringe Reduktion den Verkauf so sehr ausdehnt, daß sie eine beträchtliche Zunahme des Gewinstes gewährt.

Produktions- und Absatzplanung

Es giebt mancherlei Untersuchungen, welche jedesmal angestellt werden sollten, bevor mit der Manufaktur irgend eines neuen Artikels der Anfang gemacht wird. Sie beziehen sich hauptsächlich auf die Ausgaben für Werkzeuge, Maschinerien, rohe Materialien und alle zur Hervorbringung derselben nöthigen Kosten; ferner auf den Umfang, welchen die wahrscheinlich entstehende Nachfrage erreicht, auf die Zeit, in welcher das cirkulirende Kapital ersetzt sein wird, und endlich auf die Schnelligkeit oder Langsamkeit, mit welcher der neue Artikel solche, die bereits im Gebrauche sind, vom Markte verdrängt.

Solidität

Den Werth der Redlichkeit, wie groß er auch in allen Verhältnissen des Lebens sei, können doch geringere Händler niemals so vollständig empfinden, als größere Kapitalisten; denn die größeren Summen Geldes, womit der Kaufmann verkehrt, veranlassen, daß Andere seine Pünktlichkeit näher untersuchen und kennen lernen. Und so kann ein geachteter Name wie ein Zusatz zum Kapital wirken, und der mit den großen Fabrikanten handelnde Kaufmann bedarf der Kosten der Verifizirung nicht, da er weiß, daß der Verlust oder auch nur der Tadel des guten Namens dem Fabrikanten größeren Nachtheil zufügen würde, als ihm aus irgend einem einzelnen Geschäfte Vortheil erwachsen kann.

Stücklohn

Durch beständige Wiederholung eines und desselben Geschäftes muß der Arbeiter nothwendig einen Grad von Geschicklichkeit und Schnelligkeit sich aneignen, welchen der mit vielen verschiedenen Prozessen Beschäftigte nie erreichen kann. Der Umstand, daß die meisten Arbeiten in Fabriken, also da, wo die Eintheilung der Arbeit oft bis ins Kleinste geht, stückweise bezahlt wird, steigert jene Schnelligkeit noch mehr.

Teilung der Arbeit

Die Theilung der Arbeit bei mechanischen, wie bei geistigen Arbeiten besteht darin, daß man genau nur soviel Geschicklichkeit und Kenntnis zu erkaufen und anzuwenden braucht, als zu jedem Prozesse nöthig ist. Wenn ein Mann durch seine Fertigkeit im Härten der Nadeln 8 bis 10 Schilling täglich verdienen kann, so wird durch die Theilung der Arbeit vermieden, irgend einen Theil seiner Zeit zum Drehen eines Rades zu benutzen, was für 6 Pence täglich gethan werden kann; ebenso vermeidet man den Verlust, der aus der Anwendung der gemeinsten arithmetischen Operationen entstehen würde.

Die Theilung der Arbeit kann nicht eher mit Erfolg ausgeführt werden, bis eine große Nachfrage nach den Produkten vorhanden ist, auch erfordert sie die Anlage eines großen Kapitals in den Gewerben, worin sie benutzt wird.

Unternehmenswachstum

Wir haben gesehen, daß die Theilung der Arbeit geeignet ist, wohlfeilere Waaren zu liefern, daß sie auf diese Weise die Nachfrage vergrößert und allmälig durch Concurrenz oder die Hoffnung wachsenden Gewinnes Veranlassung wird, große Kapitalien in ausgedehnten Factoreien anzulegen. Betrachten wir nun den Einfluß dieser Vermehrung des Kapitals in einer einzelnen Beziehung. Erstens wird es dadurch möglich, daß wichtigste Prinzip, worauf die Vorzüge der Theilung der Arbeit beruhen, bis zur äußersten Grenze zu verwirklichen; denn nicht bloß kann nun für die Ausführung jedes Prozesses, sondern auch für jedes Stadium, vom rohen Material bis zur vollendeten Arbeit, die in die Hände der Consumenten übergeht, der genaue Betrag der erforderlichen Geschicklichkeit erkauft werden. Die Menge der durch eine gegebene Anzahl von Leuten produzirten Waare vergrößert sich bedeutend durch die Ausdehnung dieses Prinzips und hieraus entspringt natürlich ein im entsprechenden Verhältnisse herabgesetzter Preis des Fabrikats.

Verbesserungsvorschläge

Fände nun ein Arbeiter den Weg zu einem kürzeren Verfahren, so wirkte er zum Vortheil aller Theilnehmer, selbst wenn sie nur einen geringeren Theil des sich ergebenden Gewinnes zögen. Um solche Entdeckungen zu befördern, wäre es wünschenswerth, dafür entweder eine Belohnung auszusetzen, welche ein sich von Zeit zu Zeit versammelnder Ausschuß nach gehöriger Prüfung bestimmt; oder, wenn sie sehr bedeutend sind, dem Entdecker die Hälfte oder zwei Dritttheile des, während des nächsten Jahres oder eines längeren Zeitraumes, daraus erzielten Gewinnes zuzusichern. Da die Vortheile solcher Verbesserungen der Fabrik offenbar Gewinn abwerfen, so springt es in die Augen, daß solch ein Antheil dem Erfinder bewilligt werden muß, der es zu seinem eigenen Interesse mache, den Vortheil der Erfindung seinen Compagnons zuzuwenden, statt auf einem andern Wege darüber zu verfügen. Das Ergebnis solcher Einrichtungen in einer Fabrik wäre:

1) daß jede darin beschäftigte Person ein direktes Interesse an ihrem Gedeihen hätte; denn das Resultat jedes Erfolges, oder jedes Ausfalles würde fast unmittelbar eine entsprechende Veränderung in ihrer wöchentlichen Einnahme zur Folge haben.

2) Jegliche bei der Fabrik beteiligte Person hätte ein unmittelbares Interesse, jeder Verschleuderung, jedem üblen Verhalten bei allen Anderen zuvorzukommen.

3) Ein Jeder würde mit Energie seine Fähigkeiten auf die Verbesserung jeder einzelnen Abtheilung des Geschäftes richten.

4) Nur Arbeiter von gutem Charakter und Befähigung fänden in solch einem Etablissement Aufnahme; denn, werden noch Hülfsarbeiter erforderlich, so würde es Aller gemeinsames Interesse sein, nur die Achtungswerthesten und Geschicktesten zuzulassen; und weit weniger leicht würde es sein, ein Dutzend Arbeiter, als einen einzelnen Fabrikbesitzer zu hintergehen.

5) Entstände irgendwie eine Überfüllung des Marktes, so würde mehr Geschicklichkeit auf die Verminderung der Produktionskosten gewandt werden, und einen Theil der Zeit der Arbeiter würde man mit Herstellung und Verbesserung ihres Geräthes besetzen, wofür ein Reservefond das Geld böte; so hemmte man für den Augenblick die Produktion und erleichterte sie zugleich für die Zukunft.

6) Ein anderer, nicht gering anzuschlagender, Vortheil wäre die gänzliche Entfernung aller wirklichen oder eingebildeten Gründe für Parteiungen. Die Grenzlinie zwischen dem Arbeiter und Kapitalisten würde so sehr zerfließen, sie würden beide so augenscheinlich ein gemeinsames Interesse haben, und gegenseitig so genau die Quellen ihres Nothstandes erkennen, daß, statt sich zu gegenseitiger Unterdrückung zu verbinden, es nur Eine Verbindung geben könnte, und zwar ein höchst thatkräftiger Verein beider Theile zur Besiegung ihrer gemeinsamen Schwierigkeiten.

Vereinigungen der Arbeitgeber und -nehmer

Oft bestehen Verbindungen unter den Arbeitern, da, wo sie in größeren Massen beisammen sind, und ebenso giebt es welche unter den Fabrikherren, die sich mit demselben Fabrikzweige beschäftigen. Diese Vereine haben verschiedene Zwecke; wünschenswerth bleibt es aber, daß die Folgen derselben von den Mitgliedern auch wohl verstanden werden, und daß die Vortheile, die aus denselben entstehen und gewiß groß sind, so viel wie möglich von den Uebeln und Fehlern getrennt werden, die sich unglücklicherweise nur zu oft einschleichen. Vereinigungen zwischen Fabrikherren und Arbeitern können mit Vortheil stattfinden, um sich über von beiden Theilen zu beachtende Regeln zu verständigen, Behufs Abschätzung des verhältnismäßigen Werthes verschiedener Gattungen der in ihrem Geschäft vorkommenden Waaren; theils wird hiedurch Zeit gespart, und anderntheils Streitigkeiten unter ihnen vorgebeugt. Sie können auch vortheilhaft dienen, um sich genau von der Anzahl der in den verschiedenen Abtheilungen einer Fabrik beschäftigten Arbeiter, der Höhe ihres Lohns, der Zahl der von ihnen benutzten Maschinen, und von andern statistischen Gegenständen zu unterrichten. Kenntnisse dieser Art sind höchst schätzbar, sowohl als Anhaltungspunkte für die dabei am meisten interessirten Parteien, als auch, um sie in Stand zu setzen, im Falle eines etwaigen Unterstützungsgesuchs beim Gouvernement, oder vorzunehmender gesetzlicher Verfügungen, mit den Details versehen zu sein; denn ohne solche kann nicht wohl über die Zweckmäßigkeit der zu treffenden Maaßregeln entschieden werden. Dergleichen Data können von denen, die thätig in irgend einen Theil des Geschäftes eingreifen, mit weit weniger Zeitopfer gesammelt werden, als von Personen, die nicht so gut unterrichtet, und auch wohl weniger dabei interessirt sind.

Verhaltensregeln in der Fabrik

Fast unter allen Classen von Arbeitern findet man bestimmte Regeln und Gesetze, nach denen sich ihre Handlungen unter einander und gegen ihre Brodtherren richten. Außer diesen Hauptregeln hat fast jede Fabrik noch ihre besonderen, die in vielen Fällen aus einem stillschweigenden Einverständnis der Parteien unter sich entstanden sind. Dergleichen Regeln sind selten Andern, als den in dem Geschäft Begriffenen bekannt; da es jedoch von Wichtigkeit ist, daß sowohl ihr Vortheil als auch ihr Nachtheil, gehörig erkannt werde, so sollen hiernächst einige Bemerkungen hierüber folgen.

Die Grundsätze, wonach solche Gesetze geprüft werden sollten, sind

Erstens: daß sie zu der Wohlfahrt aller hierbei Betheiligten beitragen.

Zweitens: daß sie Betrug hindern.

Drittens: daß sie so wenig als möglich die freie Thätigkeit eines jeden Individuums beschränken.

Vorteile des Fabrikwesens

Die dem Maschinen- und Fabrikenwesen entspringenden Vortheile sind hauptsächlich aus folgenden drei Ursachen herzuleiten: aus der durch sie bewirkten Erweiterung der menschlichen Kraft; aus der Zeitersparnis, welche dadurch erzielt wird; aus der Verwandlung scheinbar gemeiner und werthloser Substanzen in schätzbare Produkte.

Erweiterung menschlicher Kraft. Bei Erwähnung dieser ersten Ursache bieten sich wohl einem Jeden die vom Winde, vom Wasser und vom Dampf entlehnten Kräfte zunächst dar, indessen gewinnt die menschliche Kraft auch aus andern Quellen Zuwachs, durch welche es dem Einzelnen möglich wird, mit weit größerer Wirksamkeit zu arbeiten, als wenn ihm solche Unterstützung fehlten...

(Aus einem) Versuche ergiebt sich, daß die Kraft, welche erforderlich ist, um einen Stein über die rauhgemeißelte Fläche seines Bruches fortzubewegen, fast zwei Drittheilen seines Gewichts gleichkommt; ihn über eine hölzerne Fläche fortzubewegen, drei Fünftheilen; mittelst Holz und auf Holz, fünf Neuntheilen; wenn die hölzernen Oberflächen mit Seife eingerieben sind, einem Sechstheile, wenn Walzen auf der Steinfläche gebraucht werden, einem Zweiunddreißigtheile; wenn sie auf Holz gehen, einem Vierzigtheile; und wenn sie zwischen zwei hölzernen Flächen gehen, einem Funfzigtheile des Gewichts des Steins. Jeder Zuwachs an Kenntnis, jede Erfindung eines neuen Werkzeugs, vermindert die menschliche Arbeit. Der Erfinder der Walze hat ein Werkzeug erfunden, das seine Kraft verfünffachte. Der, welcher zuerst auf den Gedanken gerieth, Seife oder Fett anzuwenden, war dadurch sogleich in Stand gesetzt, ohne größere Anstrengung eine dreimal größere Wucht als vorher fortzubewegen.

Zeitersparnis ist der zweite Vortheil, welchen den Gebrauch von Maschinen in Fabriken gewährt. Diese Wirkung ist so durchgreifend und so wichtig, daß fast sämmtliche Vortheile sich unter diese eine Rubrik bringen ließen, wenn es uns um eine Verallgemeinerung zu thun wäre...

Als Beispiel der Zeitersparnis verdient hervorgehoben zu werden: die Anwendung des Schießpulvers zum Sprengen der Felsen. Eine Summe, die sich durch die Arbeit weniger Tage erwerben läßt, reicht zum Ankauf mehrerer Pfunde Pulvers hin; dieses aber zu dem erwähnten Zwecke benutzt, bringt häufig Wirkungen hervor, welche auf andere Weise, selbst mit den besten Werkzeugen, viele Monate erfordern würden...

Benutzung von Stoffen geringen Werthes. Wenn an den verbrauchten Kesseln und Zinngeräthen unsrer Küchen die Kunst des Kesselflickers schon zu Schanden wird, so sind sie immer noch nicht durchaus werthlos. Zuweilen sehen wir einen mit alten zinnenen Geräthen und abgenutzten Kasserollen beladenen Wagen durch die Straßen ziehen. Die Ladung hat ihre nützliche Laufbahn noch nicht vollendet: die minder verrosteten Theile werden in lange Streifen geschnitten, mit kleinen Löchern durchhöhlt und mit einem groben schwarzen Firniß überzogen, in welcher Gestalt der Koffermacher sie zur Befestigung der Ränder und Ecken seiner Kisten benutzt. Was dieser nicht brauchen kann, geht zu den chemischen Fabrikanten in den Vorstädten, welche mit diesem alten Metall, verbunden mit Holzessig, eine schwarze Farbe bereiten, die in den Kattundruckereien gebraucht wird.

Wachstum der produzierenden Kraft

Besteht ein Theil der Beschäftigung des Arbeiters in der Ausübung physischer Kraft, wie beim Weben und vielen ähnlichen Gewerben, so geräth der Fabrikant bald auf die Idee, daß wenn dieser Theil durch eine Dampfmaschine ausgeführt würde, derselbe Mann beim Weben zwei oder drei Stühle zugleich abwarten könnte, und, da wir angenommen, daß ein oder mehrere praktische Maschinisten angestellt worden sind, so muß die Zahl ihrer Stühle so eingerichtet werden, daß ihre Zeit vollständig durch das in Ordnung Halten der Dampfmaschine und der Stühle ausgefüllt werde. Eins der ersten Ergebnisse wird sein, daß die Stühle durch die Maschine fast zweimal so schnell, als früher, in Bewegung gesetzt werden, und da jeder Arbeiter, wenn er der körperlichen Anstrengung enthoben wird, zwei Stühle zu versehen im Stande ist, so kann nun Einer so viel weben, als früher Viere. Dieses Wachsthum der produzirenden Kraft ist jedoch größer, als das, welches wirklich zuerst eintrat, weil die Schnelligkeit einiger Theile des Webestuhls durch die Anspannung des Fadens und die Lebhaftigkeit, womit die Bewegung beginnt, beschränkt war.

Wissenschaft und Industrie

Ueberblicken wir die verschiedenen Prozesse, welche als Erläuterungen der allgemeinen Prinzipien, deren Feststellung der vornehmste Gegenstand dieses Werkes ist, dienten, so müssen wir die innige Verbindung des Gewerbe- und Fabrikenwesens im Lande mit den Fortschritten der strengeren Wissenschaften anerkennen. Je mehr wir in der Laufbahn der Verbesserungen fortschreiten, desto mehr verlangt jeder Schritt, um erfolgreich zu sein, eine noch größere Innigkeit dieser Verbindung.

Die experimentirenden Wissenschaften leiten ihre Thatsachen aus Versuchen her; die Raisonnements aber, in denen ihr wesentlicher Nutzen besteht, liegen im Gebiete dessen, was man die abstrakte, spekulative Wissenschaft nennt. Man hat gesehen, wie die Theilung der Arbeit eben so wohl auf die Schöpfungen des Geistes, als auf die der körperlichen Kräfte anwendbar ist, und hieraus folgt, daß ein Land nur dann mit der größten Wahrscheinlichkeit des Erfolges nach Verbesserung seiner Manufakturen streben kann, wenn die geübtesten Theoretiker ihre Anstrengungen mit denen der erfahrensten Praktiker verbinden, und Jeder sich zu dem hinwendet, wozu natürliche Anlage und erlangte Geschicklichkeit ihn am meisten befähigt.

Zeitersparnis

Ein Vortheil, welcher aus der Eintheilung der Arbeit entspringt, ist Zeitersparnis; denn bei jedem Uebergange von einem Geschäfte zu einem anderen geht einige Zeit verloren. Wenn Hand oder Kopf eine Zeitlang an eine Gattung Arbeit gewöhnt worden ist, so können sie, bei einem Wechsel der Arbeit, nicht gleich so wirksam sein, wie bisher. Die Muskeln der angestrengten Glieder sind biegsam, die in Ruhe gebliebenen steif geworden, so daß bei jedem Wechsel die Arbeit Anfangs langsam und ungleichmäßig von Statten geht. Durch lange Gewohnheit gewinnen die dabei in Bewegung gesetzten Muskeln die Fähigkeit weit größerer Anstrengung, als sie unter andern Umständen ertragen könnten. Dasselbe findet auch bei einem Wechsel geistiger Arbeit statt, indem die auf den neuen Gegenstand gerichtete Aufmerksamkeit Anfangs nicht so ungetheilt ist, als nachdem man erst mit demselben vertrauter geworden.

Die Organisation ist die Quelle eines Mehrertrages der Arbeit.

Ernst Abbe (1840 bis 1905)

Biographie

Es war die produktive Verbindung von Forschergeist, technisch-ökonomischem Talent und einer der Gerechtigkeit verpflichteten Seele, welche die Persönlichkeit und das Bleibende im Leben des weltberühmten deutschen Physikers und Unternehmers Ernst Abbe ausmachte.

Am 23. Januar 1840 in Eisenach geboren, studierte der begabte Sohn eines Spinnereiarbeiters von 1857 bis 1861 in Jena und später in Göttingen Mathematik, Physik und Philosophie. Er promovierte noch im Jahr des Studienabschlusses und habilitierte bereits 1863 in Jena, wo er an der Universität einen Lehrstuhl für theoretische Physik erhielt. Seit 1870 lehrte er zudem Astronomie und leitete einige Zeit die Sternwarte. Obwohl später hauptsächlich der Wirtschaft verschrieben, sah er in der Hochschule stets seine geistige Heimat.

Ausschlaggebend für sein ganzes weiteres Leben und Wirken wurde jedoch die Begegnung mit Carl Zeiß, aus der eine tiefe Freundschaft erwuchs. Zeiß, der schon seit 1846 in einem kleinen Handwerksbetrieb Mikroskope fertigte, war zu der Überzeugung gelangt, daß seine Produktion nur dann rationell und damit effektiv werden konnte, wenn sie hinreichend wissenschaftlich vorbereitet wurde. Für diese Aufgabe gewann er Abbe und machte ihn 1875 zum stillen Gesellschafter seines prosperierenden Unternehmens. Der junge Hochschullehrer, der sich bereits intensiv mit den theoretischen Grundlagen des optischen Gerätebaus beschäftigt hatte, nahm sich nun auch seiner ingenieurtechnischen Probleme an. Er entwickelte nicht nur die Theorie der mikroskopischen Abbildung, der Lichtstärke optischer Felder und der Abbildungsfehler, sondern berechnete auf ihrer Basis sämtliche Parameter der zu fertigenden Mikroskopobjektive, was man in der Branche zu dieser Zeit noch nicht für machbar hielt.

Abbe blieb aber nicht bei der wissenschaftlichen Vorbereitung stehen. Er reformierte in den Zeißschen Werkstätten zugleich die praktische Fertigungstechnik und - über die Einführung der Arbeitsteilung - auch die Produktionsorganisation. Darüber hinaus sicherte er durch die mit Dr. Otto Schott betriebene Gründung des Jenaer Glaswerks die für optische Gläser notwendige Qualität des Rohmaterials. Derart an die Jenaer Produktionsstätten gebunden, lehnte Abbe im Frühjahr 1878 sogar ein persönliches Angebot von Hermann von Helmholtz ab, eine Spezialprofessur für Optik an der Berliner Universität zu übernehmen.

Seine unternehmerischen und sozialpraktischen Aktivitäten entfaltete Abbe vor allem nach dem Tode von Carl Zeiß 1888. Mit der Gründung der Carl-Zeiß-Stiftung änderte er die Eigentumsverhältnisse der Firma in einer Weise, die den Belangen des öffentlichen, darunter auch des wissenschaftlichen Interesses und des Gemeinwohls den gebührenden Rang zuwies. Abbe war in dieser Zeit maßgebliches Mitglied der Geschäftsleitung des Werkes und zugleich Bevollmächtigter der Carl-Zeiß-Stiftung, die nach großzügiger Abfindung der Familie des verstorbenen Freundes alleiniger Inhaber der aufblühenden Firma sowie Mitinhaber des Schottschen Glaswerkes geworden war.

Abbe selbst hatte nicht nur einen erheblichen Teil seines erworbenen Vermögens, sondern auch seine Unternehmensanteile bei Zeiß und Schott der Stiftung übergeben. Dies entsprach ganz seiner Ansicht, wonach der Firmengewinn unmittelbar und mittelbar dem Zutun der verschiedensten Personen und Institutionen entspringe und somit eigentlich eher als ein dem Unternehmer anvertrautes Gut verstanden werden müsse. Abbe sah sich als Kapitalisten darum in der Pflicht, den „angesammelten Ertrag vorangegangener Arbeit als Produktionsmittel für weitere Arbeit vorzuhalten".

Seine sozialpolitischen Ansichten fanden auch Eingang in das von ihm ausgearbeitete und 1896 in Kraft gesetzte Stiftungsstatut, das neben der Einführung des Achtstundentages mit einem detaillierten „Arbeiter- und Angestelltenrecht" der arbeits- und sozialrechtlichen Ordnung seiner Zeit weit vorauseilte. Dabei ging es Abbe, wie er - auch mit mathematisch-statistischen Argumenten - immer wieder öffentlich bekannte, gleichermaßen um ethische Anliegen wie um die Effektivität der Produktion und damit die Konkurrenzfähigkeit der Firma. Nicht zuletzt zeugte davon die im Statut verankerte Beteiligung der vertraglich eingebundenen Forschungseinrichtungen, zum Beispiel der Jenaer Universität, an den Erträgen des Unternehmens.

Als Ernst Abbe 1905 in Jena, nicht zuletzt infolge jahrelanger Überarbeitung, einem schweren Leiden erlag, hatte er entscheidend dazu beigetragen, daß das Carl-Zeiß-Werk ein Großbetrieb von internationalem Ruf und die deutsche optische Industrie in der Welt führend geworden waren.

Werkverzeichnis

Gesammelte Abhandlungen. Drei Bände, Jena 1906

Schriften über Ernst Abbe (Auswahl)

Auerbach, F.: Ernst Abbe. Leipzig 1918

Czapski, S.: Ernst Abbe als Arbeitgeber. Tübingen 1907

Kühnert, H.: Der Briefwechsel zwischen Otto Schott und Ernst Abbe über das optische Glas. Jena 1946

Schomerus, F.: Die Geschichte des Jenaer Zeißwerkes 1846 - 1946. Stuttgart 1951

Thalheim, K.-C.: Sozialkritik und Sozialreform bei Abbe, Rathenau und Ford. Berlin 1929

Lexikon

Akkordarbeit

Es steht ganz fest, daß die Beschäftigung in Stückarbeit für den Unternehmer wie für den Arbeiter, also für beide Teile, vorteilhafter ist und nicht mißbräuchlich zu sein braucht. Für den Unternehmer ist sie deshalb vorteilhafter, weil unter diesem System mit denselben Mitteln und denselben Personen mehr geleistet wird, als bei Einführung des Zeitlohnes - und für die Beteiligten deshalb, weil sie die Möglichkeit haben, wenn die Einrichtungen danach sind, mit mäßiger Mehranspannung der Kräfte eine entsprechend höhere Leistung und einen Mehrertrag ihrer Arbeit zu erzielen.

Wenn ich sage: „die Einrichtungen müssen danach sein", so hat das seinen guten Grund; denn ich will nicht haben, daß man sagen kann: „Akkordarbeit ist Mordarbeit!" Das setzt also voraus, daß die Einrichtungen so beschaffen sein müssen, daß sie wirklich einen Mehrertrag der Arbeit im Akkordlohn gegenüber dem Zeitlohn sichern.

Unsere Einrichtungen gingen von jeher ihrer Absicht nach darauf hinaus, die Akkordarbeit so zu regeln, daß jeder Neueintretende die bestimmte Aussicht hat, mit gewöhnlicher Anspannung seiner Kräfte durch größere Ökonomie der Zeit, durch größere Aufmerksamkeit in derselben Zeit mehr zu verdienen, als wenn er die Arbeit im Zeitlohn verrichten müßte. Das muß also im Prinzip anerkannt werden, daß es immer so sein muß.

Anpassung der Organisationsstruktur

Die versuchte Fixierung einer bestimmten Organisation der CARL ZEISS-Stiftung nicht nur durch allgemein ausgesprochene Grundsätze, sondern auch durch Bezeichnung objektiver Kriterien für deren Anwendung, läßt meines Erachtens immer noch ziemlich weiten Spielraum für die Anpassung an wechselnde Verhältnisse. Indes verhehle ich mir durchaus nicht, daß derartige Fixierung einer Einrichtung auch gewissen Nachteilen ausgesetzt ist; und ich bin sogar vollkommen sicher, daß, wenn diese Einrichtung auch 50 Jahre lang ununterbrochen die beabsichtigten günstigen Wirkungen tatsächlich gehabt hätte, im 51 Jahr oder später gewißt einmal wenigstens vorübergehend, eine Situation eintreten muß, angesichts welcher mit dem Schein des Rechts wird gesagt werden können „welche Torheit, eine Organisation so fest zu legen!" Diesen Mangel aber teilt das Fixieren mit jeder andern Einrichtung, die man treffen möchte; und das Nichtfixieren wäre doch auch eine Einrichtung, der gegenüber kein anderer Unterschied bestehen würde, als daß zukünftiger Tadel auf das Nichtfixieren sich richten würde. In Bedenken wegen der beschränkten Anpassungsfähigkeit der Organisation kann ich also einen triftigen Einwand solange nicht erblicken, als es keinen Weg gibt, Anerkennung bestimmter Grundsätze anders für längere Dauer sicher zu stellen als durch Angabe objektiver, keinem Ermessen unterworfener Merkmale ihrer Befolgung oder Nichtbefolgung.

Arbeitgeber und Arbeitnehmer

Selbstverständlich legen die Anforderungen aller organisierten Arbeit dem einen Teil in bezug auf alles, was seine Arbeitstätigkeit betrifft, eine weitgehende Unterordnung unter den andern, zur Organisation und Leitung berufenen Teil oder dessen Organe auf und mancherlei Einschränkungen individueller Freiheit, die das geordnete Zusammenarbeiten vieler, zumal in großen Betrieben, unerläßlich macht. Hiervon abgesehen, muß aber jede unbefangene Erwägung zu dem Schluß führen: daß dieses Verhältnis, soweit der einzelne dem einzelnen gegenübersteht, ein rein bürgerliches Vertragsverhältnis geworden ist, in welchem Leistung und Gegenleistung völlig sich decken und keinerlei Rest zwischen sich lassen, der durch etwas anderes als durch Arbeit oder Bezahlung ausgeglichen werden müßte - also seitens des Arbeiters etwa durch persönliche Dankbarkeit, Unterordnung oder Rücksichtnahme außerhalb seiner Arbeitstätigkeit.

In weiten Kreis der oberen Stände - in Deutschland wenigstens - steht dieser Auffassung eine ganz andere Meinung noch entgegen, die jenes Verhältnis unter dem Schild: Arbeitgeber zu Arbeitnehmer, oder unter dem noch deutlicheren Namen „Brotherr" für den ersteren, interpretieren will als Quelle von weiteren Rechten und Ansprüchen zugunsten der Unternehmer und aus dieser ableitet eine persönliche Verpflichtung der Arbeiter zu Gehorsam und Botmäßigkeit in allen Angelegenheiten, namentlich auch hinsichtlich ihrer Betätigung bürgerlicher Rechte. - Es klingt ja so vernünftig zu sagen: „geben" ist doch mehr als „nehmen", d. h. sich geben lassen. Die Arbeiter müssen also doch denen dankbar sein, die so wohlwollend sind, ihnen Arbeitsgelegenheit zu geben - sie müssen ja sonst hungern - und sie dürfen noch nicht so schnöde sein, ihre Arbeitgeber oder Brotherren immer zu ärgern, indem sie andere Gedanken und andere Bestrebungen verfolgen wollen als jenen erwünscht und angenehm sind! - Daß auch der Arbeiter sich als „Geber" hinstellen könnte, indem er dem andern sagte: für die Arbeitsgelegenheit gebe ich Dir Unternehmungsgelegenheit, ohne welche Du ja ebenfalls nichts zu leben hättest - das vergißt man dabei.

Arbeitsteilung und Intelligenz

Die Arbeitsteilung - es wäre die reine Torheit, sie beklagen zu wollen, so bedauerlich ihre Wirkungen sind - hat zur Folge die geistige Verödung der Menschen, weil sie intelligente Personen nötigt, ihr Tagewerk auf eine einförmige Art zu verrichten, weil die Arbeit, bis auf einen ganz kleinen Bruchteil bevorzugter Arbeiten, aus sich selbst heraus gar keinen Antrieb, keine Anregung enthält, weil die Arbeiter immer nur Teile unter ihren Händen haben - und eine Arbeit, die andererseits, um vorteilhaft und zweckmäßig ausgeführt zu werden, hohe Anforderungen an die geistige Tätigkeit der Leute stellt, aber hohe Anforderungen nur in der Art, wie die Leute das zweckmäßige, geschickte Arbeiten zu erlernen haben. Die Ablieferung des täglichen Arbeitsproduktes ist unter dem Prinzip der Arbeitsteilung reine Routinesache, sie kommt zur Geltung nur in ausgetretenen Bahnen. Aber die Art, wie einer gelernt hat, die tägliche Arbeit abzuliefern, zweckmäßiger oder unzweckmäßiger, mit größerer Kräfteersparnis oder größerem Kräfteverbrauch, das ist in ganz großem Maße Sache der Intelligenz, so daß kein Arbeiter ein geschickter Arbeiter wird, wenn es nicht ein intelligenter Mann ist, weil man ihn diese Zweckmäßigkeit nicht lehren kann: er muß sie selbst erlernen können.

Diversifikation

Das Arbeitsgebiet der Firma ist bis in den Anfang des fünften Dezenniums, also bis gegen Ende der 80er Jahre hinein, fast gänzlich auf die Mikroskopie beschränkt geblieben, auch nachdem sie längst ein Großbetrieb mit fabrikatorischer Arbeitsorganisation geworden war und die Ziffer ihres Personals schon bald die 400 erreicht hatte. Nur ein kleines von jenem Gebiet abseits liegendes Feld des Instrumentenbaus ist dabei, mehr nebenher, noch gepflegt worden, durch die fortgesetzte Anfertigung solcher Instrumente, die ursprünglich für Zwecke der eigenen Arbeit und die mit ihr verknüpften Studien hergestellt worden waren.

In mehreren Rücksichten ist diese lange festgehaltene Einseitigkeit der Betätigung und die mit ihr verbundene strenge Konzentration der Interessen für die Intensität des Fortschrittes und die innere Befestigung des Ganzen zweifellos wohltätig gewesen. Ebenso wichtig aber ist es zweifellos für die Sicherung und die Fortentwicklung des Ganzen, daß jene Beschränkung des Arbeitsfeldes auch noch zur rechten Zeit hat aufgehoben werden können. Denn auf die Dauer hätte sie nicht fortbestehen dürfen, ohne die Zukunft des Instituts ernstlich in Frage zu stellen. Schon unter dem Gesichtspunkt des wirtschaftlichen Interesses und des Interesses der zahlreichen Personen, die allmählich von dem gedeihlichen Fortbestehen der Werkstätte abhängig geworden waren, mußte die eine Spezialität als eine viel zu schmale Basis für die Stabilität des Unternehmens erscheinen. Wenn es dafür eines Beweises bedürfte, so wäre auch dieser in den Erfahrungen der letzten Jahre inzwischen schon erbracht.

Aber noch unter einem ganz anderen - und wie ich glaube sogar wichtigeren - Gesichtspunkt bedeutete die enge Begrenzung des Arbeitsfeldes eine Gefahr. Innerhalb eines so beschränkten Aufgabenkreises muß zu irgend einer Zeit einmal eine Periode der Stagnation eintreten, weil Gedanken, die längere Zeit treibende Kraft betätigt haben, einmal ausgelebt und erschöpft sein werden. Was als Ganzes in eine solche Periode der Stagnation gerät, verfällt fast rettungslos innerer Verflachung und dauerndem Verlust der tieferen Triebkräfte. Nur aus einer Mannigfaltigkeit von Aufgaben, und zwar von Aufgaben, die in verschiedenen Interessen wurzeln, kann ein Unternehmen fortgesetzt die neuen Anregungen und Antriebe schöpfen, die, wenn auch einzelnes zeitweilig stagniert, doch dem Ganzen das höhere Niveau der Tätigkeit und Triebkräfte neuen Fortschritts erhalten.

Einzelleitung

Wenn ich Veranlassung genommen habe, zu sagen, daß die Firma hinsichtlich der Regelung ihrer wirtschaftlichen Interessen seit sieben Jahren eine Produktivgenossenschaft geworden ist, so habe ich ein besonderes Interesse, gleich hinzuzufügen: aber nur hinsichtlich der Regelung der wirtschaftlichen Interessen - nicht auch in Hinsicht auf die Verwaltung und Leitung. Ich achte den, der sagen wird: ich würde die Genossenschaft ganz anders leiten. Ich berufe mich aber darauf: alle die Schritte, welche seit zwanzig Jahren zum Wohle der Firma unternommen worden sind, würden niemals getan worden sein von dem gewählten Genossenschaftsvorstand einer Generalversammlung, weil es schon Schwierigkeiten genug gemacht hat, nur zwei bis vier Personen zu übereinstimmenden Entschließungen zu bringen. Alle diese Entschließungen wären nicht zustande gekommen, wenn auch nur zehn Personen dabei mitzuwirken gehabt hätten. Wir sind keine Genossenschaft in Bezug auf Verwaltung und Leitung der Aktion. Und im Vertrauen sage ich Ihnen: Seien Sie alle froh darüber!

Entgeltpolitik

Der Maßstab bei uns muß sein: Jeder, der bei uns arbeitet, muß soviel erhalten, wie er nach der Wertschätzung seiner Fähigkeiten und seiner persönlichen Leistungsfähigkeit anderwärts dafür bekommen würde - nicht soviel, wie ihm möglicherweise, wenn er Glück hat, geboten werden kann, sondern soviel, als er mit Wahrscheinlichkeit anderswo erhält, wenn er hier eben nicht bleiben will. Wie wenig uns das sympathisch sein mag - wir müssen uns danach einrichten, daß der Maßstab der Bezahlung der einzelnen dem entnommen werden muß, was die betreffende Art der Arbeitstätigkeit unter Berücksichtigung der persönlichen Befähigung ihnen Anspruch gibt, anderwärts, ohne Glück zu haben, unter den gewöhnlichen Verhältnissen erwarten.

Nun können wir aber versuchen, auf dem Boden einer derartigen Regelung möglichst allen mehr zu geben, als sie anderwärts erhalten, weil sie unserer Genossenschaft angehören. Das gibt uns dann die Sicherung, daß wir hinsichtlich aller Arbeiter nicht nur die gleichen Chancen haben wie andere Unternehmer, sondern sogar noch etwas günstigere - eben weil wir besser bezahlen. Wir können dann aber auch weiter mit Sicherheit darauf rechnen, für alle Arbeitskategorien tüchtige Kräfte zu haben.

Erfinder

In der Regel können die Erfinder mit ihren Gedanken hausieren gehen; sie werden entweder ausgelacht oder mit dilatorischen Redensarten abgetan. Es ist wie im Lotteriespiel; nur wenige haben das Glück, einen Vorteil ihrer erfinderischen Tätigkeit zu genießen. Das hängt damit zusammen - und ich weiß das aus eigener Erfahrung: wenn einer etwas ausgedacht hat, es aber nicht selbst ausführen kann, sondern es anderen anbieten muß, so ist er erstens im Nachteil durch das Angebot - er verkauft die „Katze im Sack" - und zweitens hat er den passiven Widerstand derjenigen zu besiegen, welche die Ideen benutzen sollen und welche auf dem Gebiete schon mit Erfolg gearbeitet haben. Diese haben ein natürliches Interesse daran, daß ihnen keine Konkurrenz gemacht wird. Denn, wenn etwas in den Handel gelangt, was nicht ihrer eigenen Arbeit entstammt, wird ihnen die Nahrungsquelle geschmälert. Im allgemeinen werden also diejenigen, welche im großen Maßstabe neue Sachen einführen können, diesen theoretischen Erfindungen sehr kühl gegenüberstehen. Ist aber diese Idee herausgewachsen aus der gemeinsamen Tätigkeit vieler, so hat sie auch die Mittel zur Verfügung, die eine sofortige Verwirklichung ermöglichen. Daher ist die Wurzel des Erfolges wesentlich geknüpft an dieses Zusammenarbeiten. Es werden dann aber immer mehrere da sein, welche sagen können: wenn ich nicht dabei gewesen wäre, so wäre der Erfolg nicht so zustande gekommen. Der Erfinder allein vermag nichts, die technische Arbeit ohne denselben ebenfalls nichts.

Führungsnachwuchs

Zur verantwortlichen Mitarbeit in der Leitung der Stiftungsbetriebe ist ein Fremder, der unvermittelt in den Betrieb hereingesetzt würde, gänzlich ungeeignet. Ein solcher würde, wenn er nicht ins Blaue hinein urteilen und dabei der Gefahr grober Mißgriffe sich aussetzen will, für längere Zeit, bis er eingehende Fühlung mit den Angelegenheiten gewonnen hat, nur das Sprachrohr anderer sein können. Daher ist unbedingt Geboten, die Ergänzung der Vorstände stets im Kreis derjenigen Personen zu suchen, welche als obere Beamte der betreffenden Firma - wenigstens aber des anderen Stiftungsbetriebes - schon längere Zeit tätig waren, infolgedessen mindestens einen Teil der wichtigeren Angelegenheiten des Betriebes und die Atmosphäre des Wirkungskreises aus eigener Erfahrung kennen und andererseits ihren Mitarbeitern und der Stiftungsverwaltung ebenfalls schon genügend bekannt sind.

Funktion der Gewinnquote

In dem Wirtschaftsgefüge der Optischen Werkstätten finden sich zwei Balken, auf welche wichtige Interessen ihrer Arbeiterschaft sich stützen. Der eine ist ein strenges Lohnsystem, durch welches der Unternehmer zu bestimmten Mindestleistungen auch für Zeiten ungünstiger Wirtschaftslage wirksam engagiert wird; der andere ist die finanzielle Kraft des Unternehmens, von der die Durchführung jenes Lohnsystems abhängt. Solange beide Balken zusammenhalten, hofft man, daß die Arbeiterschaft auch in schlechten Zeiten festen Boden unter den Füßen behalten und daß in Jena die bürgerliche Gemeinde dauernd von den Lasten verschont bleiben werde, die anderwärts ihr aus der Entwicklung der Großindustrie erwachsen sind. Damit aber beide Balken zusammenhalten, müssen sie verbunden sein durch einen besonderen Bolzen: das ist die Gewinnquote, die in guten Zeiten einen Teil des Arbeitseinkommens von den Schwankungen des Geschäftsganges abhängig macht. An diesem Bolzen sitzt nun auch, nach außen allein sichtbar, eine hübsche Rosette: das Erfreuliche, was der Gewinnanteil für die Beteiligten hat. Das Bedeutsame aber ist nicht die Rosette, sondern der Bolzen.

Gemeinschaftsgeist

Keine Einrichtung kann eitel Harmonie zwischen den Interessen und Wünschen aller herstellen wollen. Auch in unserer Organisation kann es sich nicht darum handeln, die natürlichen Unterschiede und Gegensätze der verschiedenen Interessen aufzuheben oder zu verdecken, sondern nur darum, im Rahmen geordneter Einrichtungen sie immer von neuem in vernünftiges Gleichgewicht zu setzen - die Interessen der einzelnen und der Gruppe zueinander und zu den dauernden Interessen der Gemeinschaft. Die Vertretung der Sonderansprüche aber darf dabei nicht das Bewußtsein dessen verlieren, daß in dem richtig verstandenen Eigeninteresse jedes einzelnen und jeder Gruppe das dauernde Interesse des Ganzen immer eine wichtige Komponente bildet - damit jeder sich sage: nur ein Narr sägt den Ast an, auf dem er selbst sitzt.

Gewinnbeteiligung

Das tatsächliche Arbeitseinkommen des Personals muß in zwei Teile zerlegt werden; der eine von diesen, der Lohn (oder Gehalt), der unwiderruflich sein soll, darf keiner Rücksicht auf aufsteigende Konjunktur oder gehobenen Geschäftsgang unterworfen sein, muß vielmehr bemessen werden können nach den normalen, durchschnittlichen Wirtschaftsbedingungen des Betriebes; der andere Teil muß sich, von der durch den Lohn gegebenen Grundlinie aus, aufsteigendem Geschäftsgang anpassen und diejenige Erhöhung des Arbeitsertrags bringen, die dem Personal als Anteil an den Vorteilen günstiger Konjunktur zukommen muß.

Dieser Gedankengang führt ohne weiteres auf die Gewinnbeteiligung, nämlich auf die Ergänzung des gewöhnlichen Lohnes durch eine vom Reinertrag abhängige Zusatzquote; denn der Reinertrag des Unternehmens gibt den einzigen objektiven Maßstab für die günstige oder weniger günstige Wirtschaftslage...

Der Gewinnanteil soll dem Arbeiter in guten Jahren durchaus nicht mehr zuwenden, als in solcher Zeit auch sonst ihm zukommen würde; Lohn plus Gewinnquote soll, der Absicht nach, nur dasselbe sein, was ohne die Einrichtung der Lohn allein ihm bringen müßte. Dennoch bedeutet die Einrichtung eine wichtige Verbesserung der wirtschaftlichen Lage der Arbeiterschaft - mittelbar, durch dasjenige, was sie ermöglicht für schlechte Jahre, für Zeiten, wo von Gewinnquoten keine Rede ist. Denn sie ermöglicht Normen der Lohnvereinbarung festzustellen, die den Arbeiter dagegen sichern, in schlechten Jahren seinen Arbeitsverdienst unter ein bestimmtes Niveau herabgedrück zu sehen. Die Gewinnbeteiligung erscheint unter diesem Gesichtspunkt als unentbehrliches Ergänzungsglied eines strengeren Lohnsystems, welches darauf abzielt, den gewöhnlichen normalen Lohn auch in Zeiten ungünstiger Wirtschaftslage als Mindestverdienst zu gewährleisten - also dem vorbeugen kann, daß auf der Rückseite jeder Welle gehobener Wirtschaftstätigkeit eine große Zahl von Existenzen mit dem Herabsinken in das Proletariat bedroht sei.

Industrie und Wissenschaft

Die Dienste, die unsere Werkstätte der Wissenschaft hat leisten können, zumal in den 80er Jahren, nachdem die bahnbrechenden Arbeiten von Robert Koch der Mikroskopie ein neues wichtiges Arbeitsfeld eröffnet hatten, sind in nicht geringem Maße durch die erhöhte quantitative Leistungsfähigkeit bedingt gewesen, welche die gewonnenen Verbesserungen und Neuerungen rasch weiten Kreisen dienstbar zu machen vermochte. Für die Unterstützung und Ausbreitung der wissenschaftlichen Bestrebungen, welche dem Mikroskop neue und besonders subtile Aufgaben zuwiesen, war es durchaus nicht gleichgültig, daß verbesserte Instrumente sehr vielen zugänglich gemacht werden konnten. Selbst der sichtliche Einfluß, den die hier erreichten Fortschritte auf die Hebung des durchschnittlichen Niveaus der Leistungen auch der Mitbewerber auf dem Arbeitsfelde in kurzer Zeit gewannen, hängt sehr von dieser Massenwirkung ab, mit welcher er sich geltend machen konnte. Denn sie hat aus bloßen Vorbildern kräftige Antriebe auch für andere gemacht, dem Fortschritt nicht nur Ansehen, sondern auch Macht verliehen.

Innovationskonkurrenz

Unser Eintreten in neue Betriebszweige mußte unvermeidlicherweise uns in Wettbewerb bringen mit anderen, denen wir bis dahin nicht als Konkurrenten gegenüberstanden. Es sollte nun dieser neue Wettbewerb niemals darin bestehen, daß wir jenen anderen etwas Terrain streitig machten, welches sie ihrerseits urbar gemacht hatten und mit Erfolg bebauten; er sollte vielmehr nur in dem Maß eintreten, als wir neues, bis dahin nicht bebautes Terrain in dem gemeinsamen Arbeitsfeld unsererseits urbar machen konnten und so dieses gemeinsame Arbeitsfeld entsprechend dem wachsenden Umfang unserer eigenen Beteiligung erweiterten. Dieser Richtschnur gemäß durften wir in neue Gebiete der praktischen Optik nur eintreten mit solchen Erzeugnissen, die, aus unserer eigenen Arbeit hervorgegangen, überhaupt nicht oder nicht in gleicher Art schon von anderen hergestellt waren. Daß wir aber andererseits diejenigen Neuerungen, die wir aus unserem Ideenkreis gewinnen, auch ganz in den Dienst der vorher dargelegten Geschäftspolitik stellen wollen, liegt nicht nur im strengsten Sinn in den Grenzen berechtigten Eigeninteresses sondern ist auch sachlich durchaus geboten.

Innovationsmanagement

Wie vielfältige Erfahrungen lehrt, hat der Fortschritt, der durch Neues möglicherweise erreicht ist, nur dann bestimmte Aussicht, wirklich sich Geltung zu verschaffen, wenn der Urheber selbst ihn zu vertreten in der Lage ist.

Kollegiale Führung

Die Funktion der Vorstände können nicht füglich je einem einzelnen in die Hand gegeben werden. Wegen der Vielfältigkeit der stets zu berücksichtigenden Interessen und stets erforderlichen Sachkenntnisse kann nur eine Mehrheit von Personen genügende Gewähr für nicht ganz einseitige Entschließungen bieten. Jede Entscheidung muß die Resultante sein aus den Einzelurteilen mehrerer gleichberechtigter, möglichst verschiedene Interessen des Betriebes vertretender Personen.

Demnach müssen die Vorstände als Kollegien konstituiert werden. Bei der Optischen Werkstätte wird, wegen der besonderen Mannigfaltigkeit der dort in Betracht kommenden Rücksichten, die Zahl der Mitwirkenden der Regel nach nicht unter Drei sein dürfen. Über vier ohne dringende Veranlassung hinauszugehen, wird überall unratsam sein wegen der unvermeindlichen Schwerfälligkeit eines vielköpfigen Kollegiums.

Managergehälter

In den Stiftungsbetrieben soll die Ungebühr nicht einreißen die in der Großindustrie vielfach zu finden ist, daß eine exorbitante Dotierung der leitenden Personen, außer allem Verhältnis zum objektiven wirtschaftlichen Wert ihrer Arbeitsleistung, in groben Kontrast tritt zu der notwendigerweise bescheidenen Entlohnung der Tätigkeit der großen Mehrzahl...

Mag immerhin infolge solcher Beschränkung gelegentlich einmal eine sonst wertvolle Kraft dem Dienst der Stiftung verloren gehen, weil sie wegen des Beispiels anderer nur gegen Gewährung ganz ungewöhnlicher Vorteile zu haben wäre die Stiftung wird doch immer auf solche Personen angewiesen bleiben, für welche die eigentliche Triebfeder des Handelns nicht in der Aussicht auf ganz besonderen materiellen Gewinn, sondern in den inneren Antrieben zur Betätigung in einem tüchtigen Wirkungskreis liegt.

Markenprodukte

Unsere Erzeugnisse haben einen höheren Verkaufswert, als gleichartige Erzeugnisse anderer Firmen, in welche dieselbe technische Arbeit hineingelegt wird, die aber doch minderwertig im Gebrauch sind, weil die Erzeugnisse unserer Organisation noch das für sich haben, daß sie Repräsentanten fortschreitender Verbesserung sind in bezug auf die Erhöhung der Leistung der Erzeugnisse. Das erhöht deren Marktwert im Verhältnis zu der in sie hineingelegten mechanischen, äußeren Arbeit. Das drückt sich darin aus, daß das, was wir machen - und manche andere auf unserem Arbeitsfelde ebenfalls - keine gewöhnliche Marktware ist, wie sie von vielen neben uns gemacht wird. Unser Erzeugnisse stehen nicht unter der allgemeinen Konkurrenz; sie genießen die besondere Wertschätzung aller derjenigen, die sie gebrauchen. Die Leistung unserer Fabrikate ist eine größere, als derjenigen, die von anderen Firmen verfertigt werden; diese können ihnen nicht dasselbe Ansehen geben. Wir haben in diesem Ansehen unserer Erzeugnisse dadurch, daß sie keine gewöhnliche Marktware sind, daß sie nur einer beschränkten, in manchen Dingen gar keiner Konkurrenz unterworfen sind, eine Quelle höheren Verkaufswertes, die ziffernmäßig nachzuweisen ist.

Mitbestimmung

Eine tiefer gehende Wirkung kann der Gewinnbeteiligung nur ganz mittelbar beigemessen werden, in denjenigen Konsequenzen, deren wegen die grundsätzlichen Gegner sie perhorreszieren: daß sie nämlich Veranlassung bieten muß zu Diskussionen zwischen Arbeiter und Unternehmer. Sobald einmal eine solche Einrichtung eingeführt ist, gewinnen die Arbeiter, wenn auch kein formelles, doch sicher ein moralisches Recht, Erklärungen und Erläuterungen zu verlangen über das Mehr oder Minder, von dem ihr Anteil abhängt; es tritt also das ein, was die Vertreter des Herrenstandpunktes nicht haben wollen: das Dreinreden, die Kritik. Meiner Ansicht nach ist das allerdings eine sehr wohltätige Wirkung, vorzüglich geeignet, die Klassengegensätze zu mildern. Indem man solche Angelegenheiten diskutiert, selbst wenn es nicht immer in den liebenswürdigsten Formen geschähe, muß jeder sich bemühen, den Standpunkt des andern zu verstehen, muß lernen, auf die Ideen des andern einzugehen. Und das leitet auch die Vertretung gegnerischer Interessen in friedliche Wege...

Nachdem in unserm hiesigen Betrieb die Gewinnbeteiligung eingeführt ist, bin ich durchaus gewärtig, daß obige Konsequenz auch bei uns einmal kommen wird. Wenn ich es erlebe, fürchten werde ich mich nicht davor; indes darf ich auch nicht sagen, daß ich mich darauf freute. Jene Wirkung wird nämlich erst eintreten, wenn einmal schlechte Jahre kommen - was doch niemand herbeiwünscht. Solange es gut geht und ein Gewinnanteil gezahlt werden kann, werden die Beteiligten stillvergnügt ihn einstecken und nichts sagen. Erst wenn er einmal ausbleibt oder geringer ausfällt wie erwartet, werden sie kommen und fragen: wie hängt das zusammen, woher rührt das? Aber gerade dann wird es gut sein, Auskunft und Erklärung geben zu müssen.

Organisierte Produktion

Gegenwärtig ist der Typus des alten Handwerksmeisters im Gewerbe und das ihm Entsprechende in Landbau, Handel und Verkehrswesen noch überall vertreten, wo Kleingewerbe irgend einer Art sich erhalten hat. Überall aber sehen wir auch diese Form der wirtschaftlichen Arbeit zurückgedrängt und deutlich in fortdauerndem Zurückweichen begriffen vor einer ganz andern, neuen Arbeitsform, gemäß welcher je eine größere oder kleinere Anzahl von Personen, jedenfalls immer ihrer viel mehr, als jemals in ihrem Gewerke selbständige Meister werden könnten, als dauernd unselbständige Arbeiter im Dienst von Unternehmern tätig sind - in besonderen Arbeitsstätten getrennt von ihren Familien, mit weitgehender Teilung der verschiedenen technischen Verrichtungen für jedes einzelne Arbeitserzeugnis und unter Benutzung elementarer Kraft sowie wertvoller Maschinen, großer Gebäude und sonstiger Einrichtungen, welche durch vorangegangene Arbeit anderer beschafft sind. Die Tätigkeit dieser Unselbständigen richtet sich bei den einzelnen nicht mehr auf Erzeugung eines in sich fertigen Ganzen, sondern nur auf Herstellung von Teilstücken welche durch vorangegangene Arbeit anderer beschafft sind. Die Tätigkeit dieser Unselbständigen richtet sich bei den einzelnen nicht mehr auf Erzeugung eines in sich fertigen Ganzen, sondern nur auf Herstellung von Teilstücken, welche nachher von andern Unselbständigen zum Ganzen zusammengefügt werden - alles nicht nach eigenen Intentionen sondern nach Plan und Vorschrift des Unternehmers der allein eine wirkliche Initiative behält, Ziel und Verfahren der Arbeit bestimmt. Dabei gesellen sich aber zur physischen Leistung und zur technischen Fertigkeit der Arbeiter ganz neue Kräfte welche teils der Unternehmer persönlich stellt teils durch andere heranbringt die gleichfalls als Unselbständige in seinem Dienst stehen. Es sind die geistigen Kräfte der Organisation, welche nicht nur die Gliederung und das richtige Zusammenwirken der einzelnen Arbeitsverrichtungen fortgesetzt ordnen und regeln sondern zugleich immer neue Antriebe schaffen, neue Aufgaben wirtschaftlicher und technischer Art aufwerfen, neue Wege ersinnen und endlich auch noch die Funktionen des Kaufmanns der Gewerkstätigkeit des Ganzen einverleiben. - Also die gemeinsame organisierte Arbeit vieler gegenüber der Einzelarbeit des alten Kleingewerbes.

Man braucht nur beides in seiner Eigenart klar sich vorzustellen um auch sofort zu wissen, warum das Kleingewerbe von dem Großbetrieb zurückgedrängt ist und vor ihm immer weiter zurückweichen muß. Nicht der Vorteil der Größe an sich macht es; der rein ökonomische Gewinn verminderter Unkosten bei größerem Betriebsumfang ist durchaus Nebensache. Die Organisation ist es welche die weit größere, durch nichts anderes zu ersetzende Überlegenheit verleiht, indem sie gänzlich verschiedene Kräfte, die nie in einer Person vereinigt sein können, die vielmehr von ganz verschiedenen Personen mit verschiedenen Fähigkeiten und verschiedener Ausbildung getragen werden, in solcher Art zum Zusammenwirken bringt, daß sie sich gegenseitig ergänzen und dadurch den wirtschaftlichen Effekt riesenhaft gesteigerter Körperkraft und geistiger Potenz hervorbringen. - Zugleich wird auch ersichtlich, daß nicht das Kapital die kapitalistische Produktion geschaffen sondern umgekehrt die fortschreitende Einbürgerung des organisierten Zusammenarbeitens vieler dem Besitz und Vermögen die Bedeutung von Kapital als Arbeitsfaktor überhaupt erst verliehen hat. Die Dampfmaschine, als Werkzeug einzelner gedacht, ist das nutzloseste Ding von der Welt, viel weniger wert als der einfache Hammer; erst als Werkzeug der gemeinsamen Arbeit vieler verzehnfacht sie deren Körperkräfte. Ehe irgend welche Maschinen für die Arbeit Wert gewinnen konnten, mußte schon Organisation da sein. Die kapitalistische Produktion ist durchaus nichts anderes als die organisierte Produktion - und umgekehrt.

Organisationsgewinn

Wenn irgend einer Geld zusammenbringt, um Maschinen und Gebäude zu kaufen, Einrichtungen schafft und dann fünfzig oder hundert Leute in seinen Dienst nimmt, um irgend eine Marktware herzustellen, für die der Markt noch aufnahmefähig ist - wenn das der Einzelunternehmer tut, entweder für sich oder in Form der Bildung einer Genossenschaft, so kann dieser den Arbeitenden sagen: dadurch, daß Ihr hier zusammenarbeitet, Kapital zur Verfügung habt, Maschinen und elementare Kraft benutzen könnt, dadurch, daß die Arbeit verteilt ist, jeder die Arbeit macht, für welche er sich am besten eignet, daß kaufmännische Verwaltung eingerichtet wird, der Absatz geregelt, kaufmännischer Vertrieb der Waren eingeführt wird, - durch all das wird der Ertrag größer, als wenn jeder nach seinen Fähigkeiten allein arbeiten wollte. Die Organisation also und das Zusammenarbeiten heterogener Elemente ist die Quelle eines Mehrwertes und Mehrertrages der Arbeit.

Es gibt einen Organisationsgewinn, der einfach daraus entspringt, daß viele zusammenarbeiten und sich gegenseitig ergänzen und gemeinsames Kapital benutzen und dadurch in 5 Tagen oder einer Woche soviel oder mehr arbeiten können, als ihnen dies einzeln, getrennt und ohne gegenseitige Unterstützung, in 9 oder 10 Tagen zu leisten möglich wäre.

Pflichttreue und Motivation

Es ist möglich gewesen, die Betriebe - von denen doch der eine schon fast 20 Jahre die Formen des Großbetriebs und seit einer Reihe von Jahren ein Personal um die 500 herum hat - immer in guter Ordnung und in friedlichem Zusammenwirken aller zu erhalten, und zwar unter gänzlichem Verzicht auf das meist für unentbehrlich angesehene Hilfsmittel der „Strafen". Diesen Grundsätzen auch, und den ihnen entsprechenden, von selbst sich ergebenden Maximen für die Regelung des Zusammenwirkens und des persönlichen Verkehrs zwischen Vorgesetzten und Untergebenen, muß ich es zuschreiben, daß die Stiftungsbetriebe, im Gegensatz zu den landläufigen Klagen über Unverläßlichkeit, Unfleiß, Interessenlosigkeit der „Untergebenen", in allen Schichten ihres Personals, vom einfachen Arbeiter bis zu den obersten Beamten, einer ganz auffällig großen Zahl von Leuten sich erfreuen dürfen, die, Muster von Pflichttreue, mit voller Hingabe und höchster Zuverlässigkeit ihren Aufgaben obliegen - darunter viele mit steifem Rückgrat, die väterliche Bevormundung sehr geringschätzig ansehen, gegen Willkür aber sehr schroff reagieren würde. Auch solche haben in die hiesige Arbeitsorganisation immer willig sich eingefügt. - Ich behaupte nun: was den hiesigen Unternehmungen jenen besonderen Vorzug verschafft hat, gehört zu den Grundlagen ihrer Existenz. Denn auf ihrem schwierigen Arbeitsfeld, welches an sich schon an die Leistung der Personen höhere Ansprüche stellt als die meisten anderen Gewerbe, kann ein Betrieb, wenn er über ganz mäßigen Umfang hinausgewachsen ist, durchaus nicht mehr auf hervorragende Tätigkeit weniger leitender Personen begründet bleiben. Schon die bloße Erhaltung eines hohen Niveaus technischer Leistung, noch viel mehr aber jeder Fortschritt in der Richtung auf neue Aufgaben, erfordern nunmehr unbedingt, daß immer sehr viele - ein Großer Teil aller Mitwirkenden - fortgesetzt mit lebhaftem Interesse, stetem Nachdenken unter eigenen Antrieben und mit weit mehr als bloß pflichtmäßigem Fleiß an der Tätigkeit des Ganzen Anteil nehmen.

Preiskonkurrenz

Es gibt glücklicherweise in Deutschland noch manche Gebiete industrieller Arbeit, auf welchen die Umstände dafür Sorge tragen, daß nicht jeder Tropf, der gern Fabrikherr sein oder von seinem Geld höhere Zinsen als mit Hypotheken und Staatspapieren gewinnen möchte, durch das witzlose Mittel der Preisunterbietung Konkurrenz treiben und damit das wirtschaftliche Niveau fortgesetzt herunterdrücken helfen kann. Auf allen diesen Gebieten machen die Großunternehmer im Durchschnitt noch sehr gute Geschäfte, trotz aller Klagen bei jeder zeitweiligen Geschäftsdepression - welche Klagen öfters nur die unerwartete Schmälerung vorheriger sehr Großer Gewinne zum Anlaß haben.

Synergieeffekte

In einem wirklich organisierten Unternehmen, welches schon eine längere Vergangenheit hinter sich hat, zumal auf einem hoch entwickelten Arbeitsgebiet, ist nicht, wie etwa bei einer Genossenschaft aus wesentlich gleichartigen Elementen, die jeden Tag zu gemeinsamer Arbeit zusammentreten könnte, der Wirtschaftsertrag des Ganzen der Hauptsache nach die bloße Summe aus den Einzelleistungen aller jeweils in ihm tätigen Personen; er ist wesentlich mehr als das, ganz abgesehen noch von der Bedeutung des mitwirkenden Kapitals als Arbeitsfaktor. Denn in solcher Organisation fängt die wirtschaftliche Arbeit nicht jedes Jahr von vorn an, wie wenn sie abhinge von einem *ad hoc* zusammengelaufenen Menschenhaufen: vielmehr wirkt in ihr kontinuierlich alles fort, was eine lange Vergangenheit an wertvollen Antrieben, besonderen Einrichtungen, planmäßiger Schulung, geregelten Verbindungen und Absatzwegen allmählich geschaffen hat. Und wie dabei einerseits der zeitliche Gesamtertrag des Ganzen immer in ganz beträchtlichem Anteil bedingt bleibt durch die Nachwirkung der Arbeit, die andere vielleicht längst Verstorbene, vor Jahrzehnten geleistet haben, werden andererseits auch in der Organisation und durch dieselbe die Mittätigen zu Leistungen befähigt, die sie, was immer ihre persönlichen Anlagen sein möchten, außerhalb der vorgefundenen Organisation niemals zustande bringen könnten, deren wirtschaftlicher Ertrag also auch nicht ausschließlich ihr eigenes Verdienst ist.

Unternehmen in Kollektivbesitz

Es ist eine fast typische Erscheinung der neueren Wirtschaftsentwicklung geworden, daß Industrieunternehmungen, wenn sie eine gewisse Größe überschritten haben, von den persönlichen Inhabern aufgegeben und - ausnahmsweise in Genossenschaften - gewöhnlich in Aktiengesellschaften oder ähnliche Formen übergeleitet werden.

Der Vorgang wird fast regelmäßig gerechtfertigt mit dem Hinweis auf die Bedenken und Gefahren, die bei großen Unternehmungen, die hohe Anforderungen an einsichtsvolle Leitung stellen, aus der Abhängigkeit von den persönlichen Eigenschaften und Fähigkeiten des zufälligen Besitzers sich ergeben und aus der Unberechenbarkeit der Umstände, die den Besitzwechsel bestimmen. Wenn man davon absieht, daß diese Umwandlung des persönlichen Besitzes in unpersönlichen Kollektivbesitz gewöhnlich ganz einseitig nur der besseren Sicherung des in den Unternehmungen investierten Kapitals dienen will und gewöhnlich auch zu ganz einseitiger Herrschaft seiner Interessen führt, und wenn man ferner absieht von dem odiosen Beigeschmack, den das Gründerwesen dadurch gewinnt, daß der glückliche Vorbesitzer fast immer seine problematischen Anwartschaften auf zukünftige Nutznießungsvorteile zum voraus kapitalisiert sehen will - ist jene Tendenz des Unpersönlichwerdens der großen Industriebetriebe eine im großen und ganzen wohl erfreuliche Erscheinung. Denn unter dem mancherlei Widersinnigen, was die heutige Wirtschaftsordnung einschließt, ist das Widersinnigste doch wohl dieses: daß das Wohl und Wehe von beliebig vielen Menschen und ein vielleicht wertvolles Stück des Nationalvermögens, das durch die Arbeit anderer geschaffen wurde, unter dem Titel der Ausübung zufälligen Eigentumsrechts in die Hand von Personen kommen kann, die vielleicht ganz unvorbereitet oder unfähig zu irgend einer verantwortlichen Tätigkeit sind.

Angesichts dieser Gefahr ist es immerhin schon ein Fortschritt, wenn die Verteilung des Eigentums auf eine große Anzahl von Personen, von denen keine viel zu sagen hat, die Wahrscheinlichkeit eröffnet, aus dem Unverstand der einen und der Klugheit der anderen dauernd ein erträgliches Mittelmaß von Verstand gesichert zu sehen.

Unternehmensethik

Die immer zunehmende Zahl derer, die in ihrer ganzen bürgerlichen und wirtschaftlichen Existenz von unserem Unternehmen abhängig wurden und die daraus in concreto ersichtliche Bedeutung, welche die Organisation der Großindustrie für die Gemeinden und für das Staatswesen gewonnen hat, mußte denen, welche zum Aufbau einer solchen Organisation mitgewirkt hatten, mehr und mehr die Verantwortung zum Bewußtsein bringen, unter die solche Mitwirkung sie stellt. Diese mußten sich sagen, daß ihre wirtschaftliche Tätigkeit, wenn auch gesetzlich sie jetzt noch fast ganz als reine Privatsache gilt, wegen ihrer einschneidenden Wirkung auf das Wohl und Wehe vieler und ihrer offenkundigen Beziehung auf allgemeine Volksinteressen, in Wahrheit schon längst eine wichtige öffentliche Funktion im großen Volksorganismus geworden ist: gewissermaßen der Auftrag, in der Organisation und Leitung der gemeinsamen Arbeit vieler mitzuarbeiten an der Organisation und Leitung der wirtschaftlichen Tätigkeit des ganzen Volkes. Damit aber ergab sich von selbst die Anerkennung der grundsätzlichen Forderung: daß die Betätigung der leitenden Funktion des Unternehmers in der Großindustrie nicht in erster Reihe unter Rücksichten des eigenen Vorteils oder des Interesses einzelner stehen dürfe, sondern in erster Reihe geübt werden müsse unter den Rücksichten, welche das soziale Interesse der staatlichen Gemeinschaft fordert.

Unter diesem obersten Gedanken hat die spezielle Richtschnur für die in unserem Kreis allmählich angebahnte Ordnung des Verhältnisses zwischen Personal und Unternehmer durch zwei Erwägungen sich bestimmt, von denen die eine auf die persönlichen Beziehungen, die andere auf das wirtschaftliche Verhältnis ausgeht. Die erste ist: Indem die neuere Wirtschaftsentwicklung unabänderlich das selbständige Kleingewerbe auf den meisten Arbeitsgebieten immer weiter zurückdrängt und damit unvermeidlich einen immer größer werdenden Teil des ganzen Volkes unter wirtschaftliche Abhängigkeit von der kleinen Minderheit der selbständig bleibenden Personen zu setzen, jene Mehrheit auch menschlich und bürgerlich unfrei zu machen und so den größeren Teil des Volkes auf eine Zwischenstufe zum Helotentum herabzudrücken. Also: Garantien gegen den Mißbrauch der wirtschaftlichen Abhängigkeit zur Beschränkung der persönlichen und bürgerlichen Freiheit der Unselbständigen durch die Unternehmer und ihre Organe.

Die zweite Erwägung ist: Indem die wirtschaftliche Unselbständigkeit für die große Mehrheit in vielen Rücksichten die Bedingungen des äußeren Fortkommens gegenüber den Verhältnissen, die früher die kleingewerbliche Einzelarbeit darbot, verschlechtert, bedroht zum Schaden des ganzen Volkes die jetzige Wirtschaftsentwicklung die arbeitenden Volkskreise mit zunehmender Verschlechterung ihrer relativen Lebenslage, wenn ihnen nicht auch Anteil an dem wirtschaftlichen Vorzug der neuen Arbeitsform eingeräumt wird. Die Großindustrie hat aber in der Kraft der Organisation, durch welche das planmäßige und stetige Zusammenarbeiten vieler sich vom bloßen Nebeneinanderarbeiten vieler unterscheidet, eine spezifische Quelle des Mehrertrags menschlicher Tätigkeit, einen dritten Wirtschaftsfaktor neben Arbeit und Kapital, der den Wirtschaftsertrag des organisierten Ganzen erhöht über die Summe der möglichen Arbeitserträge aller mittätigen Personen in der Einzelarbeit und des marktgängigen Äquivalents der Kapitalnutzung. Also: Einrichtungen, durch welche dieser spezifische Überschuß aus der Organisation, der eigentliche Unternehmergewinn, seiner natürlichen sozialen Aufgabe dienstbar wird, das wirtschaftliche Niveau der in organisierter Arbeit tätigen Personen höher zu stellen, als es in selbständiger kleingewerblicher Arbeit sein könnte.

Verkürzung der Arbeitszeit

Alles was darauf ausgeht, die Leistungsfähigkeit des Deutschen Volkes zu heben - und Deutschland darf sich rühmen, daß es in Hinsicht auf die Intelligenz seiner arbeitenden Volksschichten keinem anderen Lande nachsteht, aber Intelligenz ohne Betätigung ist Gold im Schoß der Erde - alles was darauf ausgeht, dieses große geistige Kapital wirtschaftlich in Betätigung zu stellen, das muß unter die Parole sich stellen; möglichste Verkürzung der Arbeitszeit in der Industrie, möglichste Verminderung der Kraftvergeudung infolge Leergang durch Verlängerung der Ruhezeit.

Und wenn es nun nach meinen früheren Darlegungen richtig ist, daß man sagen darf, für den weitaus größten Teil der industriellen Arbeiter ist mit 9 Stunden das Optimum noch nicht erreicht und mit 8 Stunden noch nicht überschritten, so muß für die Zukunft die Parole aller sein, denen daran liegt, das wirtschaftliche Leben Deutschlands zu heben, Drittelung des Tages: 8 Stunden Unternehmerdienst - 8 Stunden Schlaf - 8 Stunden Mensch sein.

Vor- und Nachteile der Arbeitsteilung

Die Veränderungen, welche die fortschreitende Ausbreitung der neuen Produktionsform bisher im Volksleben hervorgebracht hat und immer weiter hervorzubringen in sichere Aussicht stellt, sind zum Teil durchaus unerfreulicher Art. Das wichtigste ethische Moment in aller Arbeit, die Freude am Schaffen selbst, die daraus entspringt, daß man seine Arbeit wachsen und allmählich ein Ganzes werden sieht ist dem unselbständigen Arbeiter infolge der Arbeitsteilung stark verkümmert. Nicht mehr lebendige Anschauung nur verstandesmäßige Überlegung kann ihm noch zum Bewußtsein bringen, daß auch er an einem Ganzen arbeitet, welches, von anderen vollendet, einen wirklichen Wert haben wird. Aus einer Quelle unmittelbarer Lebensfreude wird also für sehr viele die Arbeit zur pflichtmäßigen Erfüllung eines Arbeitsvertrages gemacht. Dazu kommt noch der Verlust der wohltätigen Anregungen, welche die Möglichkeit eigener Initiative gewährt, und das Gefühl persönlicher Unfreiheit aus der strengen zeitlichen Gebundenheit der Arbeit und aus der notwendigen Unterordnung unter andere Personen, welche die Arbeit zu leiten haben. Die Arbeitsteilung hat aber auch noch unbestreitbare direkte Nachteile, oder doch Gefahren, im Gefolge. Die größere Einförmigkeit der Arbeit der einzelnen, der Mangel öfteren Wechsels der Verrichtungen, macht die Tätigkeit viel ermüdender, und kann sie, zumal wenn noch die sehr gesteigerte Anspannung der Aufmerksamkeit bei der Arbeit mit Maschinen hinzukommt, zu einer Ursache geistiger Abstumpfung machen. Die Einseitigkeit der Beschäftigung aber, welche für lange Zeit immer dieselben Organe in Anspruch nimmt, ist geeignet, offensichtliche Nachteile für das körperliche Wohl hervorzubringen.

Auf der anderen Seite ist jedoch gerade die Arbeitsteilung, nicht nur hinsichtlich der ganz ungleichartigen Funktionen geistiger und körperlicher Tätigkeit, sondern auch innerhalb des Gebietes der rein technische Verrichtungen, der wichtigste Hebel wirtschaftlichen Fortschritts in aller gewerblichen Tätigkeit. Denn die Beschränkung des Erlernens und der Übung auf einen engeren Kreis von Verrichtungen steigert für diese Verrichtungen Fertigkeit und Geschicklichkeit in hohem Maße. Zehn einseitig geschulte Personen, die sich in ihrer Arbeit gegenseitig gut ergänzen, leisten nicht nur viel mehr, sondern auch viel besseres als zehn andere, sonst gleiche, die vielseitiger ausgebildet und geübt sind, wofern der Gegenstand sehr verschiedenartige Verrichtungen erfordert...

Die technische Arbeitsteilung steigert also nicht nur quantitativ die Leistungsfähigkeit der Arbeit, sondern sie erhöht auch das qualitative Niveau der Leistung. Veranschlagt man hierzu nun noch die Bedeutung, welche die Teilung der physischen und der geistigen Funktionen in der organisierten wirtschaftlichen Arbeit dadurch gewinnt, daß sie eine ständige, geregelte Mitwirkung besonders geschulter technischer und kaufmännischer, geeignetenfalls auch wissenschaftlicher Kräfte herbeiführt; und rechnet man endlich noch hinzu den unmittelbar ersichtlichen Vorteil, den die Organisation hat in der möglichen und tatsächlichen Benutzung des Kapitals als Arbeitsmittel, so kann kein Zweifel daran bleiben, daß die neue Arbeitsform einen ganz außerordentlichen Fortschritt an der Wirtschaftstätigkeit der Völker eingeleitet hat und weiterzuführen berufen ist.

Vorstandsmitglieder

Die Tätigkeit der Vorstandsmitglieder darf grundsätzlich nicht auf Erteilung von Anordnungen, Beaufsichtigung, Vollziehung von Unterschriften u. dergl. beschränkt sein. Sie müssen vielmehr fortgesetzt an regelmäßiger Mitarbeit in den wichtigen Angelegenheiten interner wissenschaftlicher, technischer oder kaufmännischer Funktion wie die anderen Beamten ihrer Firma sich beteiligen, wenn auch naturgemäß in beschränkterem Umfang als diese. Andernfalls würden sie die lebendige Fühlung mit der praktischen Aktion ihres Betriebes bald verlieren und der Gefahr formalistischer Behandlung der Angelegenheiten mehr und mehr verfallen.

Die relativ wenigen Personen im Beamtenkreis der Stiftungsbetriebe, auf welche der besondere Auftrag zur Vertretung einer Firma und zur Leitung ihrer Angelegenheiten entfällt, können nun, wie tüchtig und leistungsfähig sie sein mögen, auf Erfolg ihrer Tätigkeit nur dann rechnen, wenn sie der bereitwilligen Unterstützung einer größeren Zahl ebenbürtiger Mitarbeiter sicher sind, vor welchen sie selbst im allgemeinen nichts weiter voraus haben werden, als die sozusagen zufällige Qualifikation gerade für die besonderen Funktionen, die ihnen aufgetragen sind, denen gegenüber aber die Tätigkeit der andern als durchaus gleichwertig zu erachten ist.

Es wäre deshalb völlig unangemessen und im Erfolg geradezu schädlich, wenn die Funktion der Vorstandsmitglieder diese besonders herausheben wollte aus dem

Kreis ihrer nächsten Mitarbeiter. Der Auftrag darf also keinerlei Überordnung von Person zu Person begründen. Die notwendig gebotene Unterordnung aller unter die verantwortliche Leitung hat ausschließlich Unterordnung unter das Kollegium als solches zu sein, dem auch jedes seiner Mitglieder für seine Person hinsichtlich seiner gesamten Tätigkeit ganz ebenso unterstehen muß wie alle andern und die einzige Ehre, welche dieser Auftrag den davon Betroffenen als Äquivalent für größere Verantwortung und unruhigere Tätigkeit bringt, muß bleiben: durch die Institutionen der CARL ZEISS-Stiftung unter die Vermutung gestellt zu sein, daß nur sehr tüchtigen und sehr vertrauenswürdigen Leuten derartige Pflichten und derartige Rechte anvertraut werden können.

Zeit- und Stücklohn

Ich habe mich seit langer Zeit schon an den Gedanken gewöhnt, daß man anzunehmen hat, daß, wenn jemand gleichartige Arbeit im Zeitlohn macht, der Antrieb zur Arbeit ein geringerer ist, und daß ein Akkordarbeiter ohne besondere Anstrengung es dahin bringt, in fünf Tagen soviel fertig zu machen als ein Arbeiter im Zeitlohn in sechs Tagen. Ich würde das jedem zugeben, der versichert, das durch gute Ausnutzung der Zeit erreicht zu haben, ohne daß man von ihm während der Zeitlohnarbeit sagen kann, er faulenzt. Wenn aber einer sagt: Ich bringe unter den gleichen Bedingungen in vier Tagen soviel fertig als ein anderer im Zeitlohn in sechs Tagen, so würde ich ihm sagen: Lieber Freund! Entweder Du bist einer von denen, auf welche das Wort „Akkordarbeit ist Mordarbeit" Anwendung findet - Du läßt dich verleiten, Deinen Körper ungebührlich zu schinden und dem können wir nicht Vorschub leisten - oder Du meinst, wenn Du im Zeitlohn arbeitest, dürftest Du nach Belieben faulenzen! Das wollen wir uns auch nicht gefallen lassen. Denn wenn einer im Zeitlohn arbeitet, ist er auch verpflichtet, angemessen und gebührend fleißig zu sein, da wir zum Vergnügen niemand in die Werkstatt stellen. Zu dieser Betätigung im Zeitlohn gehört ebenfalls gebührender Fleiß und pflichtmäßige Erfüllung des Arbeitsvertrages.

Zwischen dieser Betätigung im Zeitlohn, dem Pflichtmäßigen, und im Akkordlohn, der Mehrleistung, muß irgend ein Verhältnis sein und ich bin der Meinung, daß man das einigermaßen richtig schätzen wird im günstigsten Sinne für den Arbeitenden, wenn man sagt: es muß einer, wenn er im Akkord arbeitet, mindestens 20 Prozent mehr verdienen können, als wenn er unter sonst gleichen Bedingungen dauernd im Zeitlohn arbeiten muß. Aber nun wohl gemerkt: 20 Proz. von dem Zeitlohn, den man ihm geben müßte, wenn er dauernd gleichartige Arbeit im Zeitlohn zu leisten hätte.

Scientific Management: Die Entstehung der Managementlehre

An die Stelle des Menschen muß das System gestellt werden.

Frederick Winslow Taylor (1856 bis 1915)

Biographie

Es war die nahezu revolutionierend wirkende Erkenntnis dieses Mannes, daß man die Zeit, die eine bestimmte Arbeit erfordert, im voraus mit hinreichender Genauigkeit bestimmen kann. Und offenbar hat ihm die Härte eines für seine jungen Jahre selbstgewählten Arbeitslebens zu dieser Einsicht und ihren Konsequenzen verholfen.

Am 20. Mai 1856 als zweiter Sohn einer angesehenen Rechtsanwaltsfamilie in Philadelphia geboren, konnte der junge Frederick eines Augenleidens wegen nicht den vom Vater vorgezeichneten Weg eines Anwalts einschlagen. Nach gediegener Schulbildung, darunter mehrere Jahre in verschiedenen Ländern Europas, sowie bereits bestandener Aufnahmeprüfung für Harvard entschließt sich Taylor, achtzehnjährig, in einer kleinen Pumpenwerkstatt seiner Vaterstadt das Handwerk eines Modellmachers und Maschinenbauers zu erlernen. Da er infolge der Wirtschaftsmisere nach der Lehre keine entsprechende Stelle findet, verdingt er sich 1878 bei der Medvale Steel Company. Hier arbeitet er sich von einer Hilfskraft zum Techniker hoch. Seine in der Regel fast 11stündigen, doch oft weit ausgedehnteren Werktage werden von einem nächtlichen Ingenieurstudium begleitet, das er 1883 mit dem Diplom des Institut of Technology in Hoboken abschließt.

In all diesen Jahren kommt Taylor zu der Überzeugung, daß die Arbeiter, mit denen er zu tun hat, im allgemeinen viel zu wenig leisten, sowohl willentlich als auch aufgrund unrationeller Organisation und Technik. Zugleich erlebt er bei Medvale die Bemühungen eines der Hauptaktionäre dieser Firma, des angesehenen Maschinenbauers William Sellers, um rationelle Lösungen und das Durchsetzungsvermögen eines fachlich geschulten Managements, das bereits damals die gesamte Fabrik auf Stücklohn umstellte.

In diesem Sinne wirkte Taylor bereits ab 1890 als Generaldirektor (General Manager) der Manufactoring Investment Company in Philadelphia, die bedeutende Papierfabriken in den Staaten Maine und Wisconsin unterhielt. Ganz der Erprobung seiner Optimierungsideen konnte er sich jedoch erst drei Jahre später widmen, nachdem er sich am Ort als freiberuflicher Unternehmensberater niedergelassen hatte. Sowohl auf technischem als auch auf kaufmännischem Gebiet entwarf er Rationalisierungsstrategien und entwickelte Instrumentarien für eine durchgehende, für Fertigungsplanung, Arbeitsvorbereitung und Leistungskontrolle erforderliche Datenerfassung. Ein relativ kurzes, aber bedeutsames technisches Intermezzo begann für

Taylor 1898, als er in die Bethlehem Steel Company als Berater eintrat. Hier gelang ihm gemeinsam mit seinem Kollegen J. M. White die Erfindung des Schnelldrehstahls, die damals seinen Anwendern - nach Berechnungen amerikanischer Ingenieure - einen jährlichen Bonus von mindestens 50 Millionen Dollar einbrachte und auf der Pariser Weltausstellung von 1900 mit einer Goldmedaille gewürdigt wurde. Ein Jahr später zieht sich Taylor endgültig aus dem aktiven Berufsleben zurück und konzentriert sich ganz auf die Propagierung seiner Ideen. Eine erste Zusammenfassung seiner betriebswirtschaftlichen Gedanken erscheint 1903 mit der Veröffentlichung seines berühmt gewordenen Referats „Shop Management". Seine Schriften werden später auch in viele europäische Sprachen übersetzt. Die Taylorsche Lehre blieb nicht ohne, mitunter heftige, sogar übelwollende Kritik. In der Debatte darum setzte 1911 das Repräsentantenhaus sogar einen Untersuchungsausschuß ein. Dennoch kam es unter dem Einfluß Taylors in den darauffolgenden Jahren in den USA zu einer ausgesprochenen Effektivitätswelle.

Trotz all der großen Tragweite des Taylorschen Gedankenguts zog jedoch die Entwicklung der amerikanischen Industrie auf ihre Weise an dem berühmten Rationalisator vorbei. Ein Theoretiker der „production line" wurde er nicht mehr. Als Henry Ford 1913 sein erstes Fließband in Gang setzte, war Frederick Taylor bereits 57 Jahre alt. Zwei Jahre später, am 21. März 1915, starb er in Philadelphia, unerwartet, an einer Lungenentzündung.

Werkverzeichnis (Auswahl)

Die Betriebsleitung - insbesondere der Werkstätten. Berlin 1912 (engl. 1903)*

Die Grundsätze wissenschaftlicher Betriebsführung. Berlin 1913 (engl. 1911)

Concrete Costs (mit S. E. Thompson). New York 1912

* Quelle der im Lexikon enthaltenen Zitate

Schriften über Frederick W. Taylor (Auswahl)

Copley, F.: Frederick W. Taylor - The Father of Scientific Management. New York 1923

Witte, I.: Taylor, Gilbreth, Ford. Berlin 1924

Drury, H.: Wissenschaftliche Betriebsführung - eine geschichtliche und kritische Würdigung des Taylor-Systems. Berlin 1922

Frenz, G.: Kritik des Taylor-Systems. Berlin 1920

Kakar, S.: Frederick Taylor. Cambridge 1970

Seubert, R.: Aus der Praxis des Taylor-Systems. Berlin 1914

Lexikon

Ansporn für die Arbeiter

Wenn die Betriebsleiter auch nur einige Aussicht haben wollen, die volle Kraft ihrer Arbeiter für sich zu interessieren, so müssen sie ihnen einen besonderen Ansporn geben über das hinaus, was ihnen durchschnittlich in ihrem Handwerk geboten wird. Dies kann auf verschiedene Weise geschehen, z. B. durch die Aussicht auf rasche Beförderung oder schnelles Vorwärtskommen; durch höhere Löhne, entweder in der Form von ausgiebigen Stücklöhnen oder in Form einer besonderen Vergütung oder Prämie für gute und schnelle Arbeit; durch kürzere Arbeitsstunden, bessere Lebens- und Arbeitsbedingungen, als durchschnittlich vorhanden sind, usw. vor allem aber sollte mit diesem besonderen Ansporn die persönliche Wertschätzung des Arbeiters und die enge Fühlungnahme mit ihm Hand in Hand gehen. Letzteres kann nur der Ausdruck eines ehrlichen und warmen Interesses an der Wohlfahrt der Untergebenen sein. Nur durch solch einen speziellen Ansporn kann der Arbeitgeber hoffen, wenigstens annähernd die Initiative seiner Arbeiter für sich zu gewinnen.

Arbeitsbummelei bei Akkordlohn

Es ist nur natürlich, daß das systematische Zurückhalten in der Arbeitsgeschwindigkeit bei der Akkordlöhnung in höchster Blüte steht; nachdem bei einem Arbeiter nach harter und angestrengter Arbeit der Akkordlohn auf die Hälfte oder ein Drittel heruntergesetzt ist, wird sich wahrscheinlich der feste Vorsatz bei ihm einwurzeln, durch künstliches Zurückhalten jeder weiteren Heruntersetzung entgegenzuwirken. Zum Schaden des Charakters des Arbeiters schließt der Vorsatz zum Bummeln bei der Arbeit einen vorbedachten Versuch in sich, seine Vorgesetzten zu täuschen und irre zu führen, und so werden aufrichtige Naturen zu heuchlerischen. Der Unternehmer wird bald als Widersacher, wenn nicht als Feind angesehen, und das gegenseitige Vertrauen zwischen Arbeitgeber und Arbeitnehmer und das Gefühl der Gemeinsamkeit der Interessen wird sehr bald verschwinden. Das feindselige Gefühl gegen die Werksleitung beim Akkordsystem seitens der Arbeiter wird in manchen Fällen so ausgeprägt, daß jedem vernünftigen, von der Leitung kommenden Vorschlag mit Mißtrauen begegnet wird, und das Bremsen bei der Art nimmt einen derartigen Grad an, daß die Leute sich abmühen, die Leistungen der von ihnen bedienten Maschinen einzuschränken, selbst wenn eine vergrößerte Leistung ihnen keine Mehrarbeit verursacht.

Arbeitsnormung

Es scheint fast unnötig, noch einmal auf die Vorteile der Normalisierung nicht allein der Werkzeuge und Vorrichtungen, sondern auch der Arbeiten, welche häufiger vorkommen, hinzuweisen. Indessen gibt es nicht wenige Betriebsleiter, welche die Normalisierung der Arbeitsweisen nicht nur für unnötig, sondern sogar für schädlich halten mit der Begründung, daß es besser sei, den Arbeiter nach seiner Gewöhnung und seinem eigenen besten Dafürhalten arbeiten zu lassen. Wenn der Arbeiter dann auch für den Erfolg verantwortlich gemacht wird, so ließe sich die eben geäußerte Ansicht verteidigen. Unglücklicherweise wird aber in neunundneunzig von hundert Fällen derartigen Verfahrens die strikte Verantwortlichkeit des Arbeiters nicht durchgeführt, wenn nicht gerade die Güte der Arbeit auf den tiefsten Stand gesunken ist oder das Ausbringen erschreckend gering geworden ist.

Ausnahmeprinzip

Die Anwendung des sogenannten „Ausnahmeverfahrens" kommt mit Recht immer mehr in Aufnahme; wie manche anderen Teile der Kunst der Betriebsleitung kommt dieses Verfahren nur in vereinzelten Fällen zur Erscheinung und wird meistens nicht als ein Grundsatz anerkannt, der ganz allgemeine Einführung verdient. Es ist hier kein ungewöhnlicher, aber ein trauriger Anblick, den Betriebsleiter vor seinem Schreibtische sitzend in ein Meer von Briefen, Zetteln und Berichten versunken zu sehen, welche alle mit der Unterschrift oder doch mit der Zeichnung des Leiters versehen werden müssen. Er glaubt nach Erledigung des Haufens völlig über alles unterrichtet zu sein. Im Ausnahmeverfahren herrscht genau der entgegengesetzte Grundsatz. Hier soll der Leiter nur die vergleichenden Übersichten über alle Dinge, die im Betriebe vorkommen, bekommen und auch erst, nachdem sie von einem Assistenten sehr sorgfältig geprüft und die Ausnahmen gegenüber dem Durchschnitt, besonders gute und besonders schlechte Leistungen für sich, hervorgehoben worden sind. So ist er in wenigen Minuten völlig orientiert und kann über die Geschäftsleitung in großen Zügen nachdenken bzw. den Charakter und die Tätigkeit der die wichtigsten Posten besetzenden Persönlichkeiten studieren. Weitere Beispiele der Anwendung des Ausnahmeverfahrens seien später gegeben.

Disziplin

Ohne eine gewisse Disziplin kommt man leider bei der Betriebsleitung nicht aus, es ist aber wichtig, daß auch hierbei, wie bei allen übrigen Dingen in der Kunst der Werkleistung, ein ganz bestimmtes und sorgfältig ausgearbeitetes Verfahren herrscht, wobei auf die Verschiedenheit des Charakters und der Veranlagung der Leute Rücksichtigt zu nehmen ist. Ein großer Teil der Arbeiter bedarf keiner Disziplin in gewöhnlichem Sinne des Wortes; die Leute sind so gewissenhaft und von so ausgeprägtem Rechtsgefühl, daß wenige Worte der Erklärung oder eine gütliche Ermahnung ausreichen, um sie auf dem Wege der Ordnung zu halten. Man fange daher in allen Fällen mit Ermahnung in freundlicher Weise an und wiederhole diese solange, bis es augenscheinlich wird, daß eine milde Behandlung nicht die gewünschte Wirkung hat. Gewisse Elemente der Arbeiterschaft sind grobschrötig und dickfällig und meistens geneigt, eine milde Behandlung als Furchtsamkeit oder

Schwäche der Leitung auszulegen. Bei diesen Leuten muß die Strenge in Wort und Tat so lange gesteigert werden, bis der gewünschte Erfolg erzielt ist. Bis zu diesem Punkte sollten die verschiedenen Methoden zur Aufrechterhaltung der Disziplin alle gleich sein; die Frage ist nur, was eintreten soll, wenn Worte, ob milde oder strenge, nichts mehr fruchten? Entlassung ist das letzte und wirksamste Mittel; zwischen diesem äußersten Schritt und der Ermahnung sind jedoch noch Abstufungen wünschenswert. Von diesen sind folgende gebräuchlich:

1. Lohnabzüge.
2. Aussperrung von der Arbeit für längere oder kürzere Zeit.
3. Geldstrafen.
4. Austeilung von Ordnungsmarken und Anwendung der Mittel 1-3, wenn diese Marken eine gewisse Anzahl pro Woche überschreiten.

Funktionsmeister

Das Funktionssystem gipfelt in dem Bestreben, jedem Aufsichtsorgan vom Betriebsleiter bis zum Meister hinunter nur so viele Pflichten aufzuerlegen, wie er wirklich erfüllen kann; wenn möglich sollte jeder nur eine Haupttätigkeit ausüben. Während in der gewöhnlichen Organisation die Arbeiter in Gruppen eingeteilt, stets nur einem Meister unterstehen, von welchem sie alle Befehle und Anweisungen erhalten, sind sie in dem neuen System mehreren Meistern gleichzeitig unterstellt, von denen jeder für sich nur für ganz bestimmt abgegrenzte Gebiete verantwortlich ist und nur in diesen mit den Arbeitern unterhandelt. Die Arbeiter empfangen ihre Befehle und Unterweisungen in größeren Fabriken beispielsweise von acht verschiedenen Meistern, von denen sich vier zur Beaufsichtigung und Anleitung der Arbeiter stets in der Werkstatt aufhalten. Die anderen vier sitzen im Arbeitsbureau, sie arbeiten die schriftlichen Anweisungen für die Arbeiter aus und empfangen die Aufschreibungen der Leute über verfahrene Arbeitszeiten usw. Die Zeit, welche der einzelne Meister bei den Arbeitern zubringt, ist ganz verschieden und hängt von den besonderen Tätigkeiten ab; einige von ihnen werden bei dem einzelnen Mann vielleicht nur ein- bis zweimal täglich auf einige Minuten verweilen, andere beschäftigen sich länger und häufiger mit jedem Arbeiter.

Auch die Anzahl der Funktionsmeister ist verschieden. Ein Meister, dessen besondere Tätigkeit nur ein ganz kurzes Verweilen bei jedem Arbeiter erfordert, wird die ganze Werkstätte in seinem Gebiete leiten können, während z. B. die Hauptmeister, welche die Arbeitsverteilung und den Aufspann der Stücke regeln, mehrere an der Zahl sein müssen.

Gerechter Lohn

Es scheint höchst ungerecht, wenn man die nackte Tatsache hört, daß ein tüchtiger Roheisenverlader, der so geschult worden ist, daß er 3,6mal soviel Eisenbarren verlädt als ein ungeschulter, eine Lohnerhöhung von nur 60 % erhält. Indes ist es nicht recht, ein abschließendes Urteil zu fällen, bevor alle Momente gewürdigt sind. Im ersten Augenblick scheinen nur zwei Parteien in Frage zu kommen, die Arbeitnehmer und die Arbeitgeber. Dabei würde jedoch die dritte große Partei, das ganze Volk, übersehen werden - die Verbraucher, die die Produkte der beiden ersten kaufen und schließlich die Löhne der Arbeiter und den Nutzen der Arbeitgeber bezahlen müssen. Die Rechte des Volkes sind stärker als die der Arbeiter oder Kapitalisten. Und diese große dritte Partei sollte ihren angemessenen Anteil an jedem Fortschritt haben. Tatsächlich zeigt ein Blick auf die Entwicklung der Industrie, daß am Ende das ganze Volk den größeren Teil des Nutzens erhält, den technische Verbesserungen mit sich bringen. In den letzten 100 Jahren ist z. B. die Einführung von Maschinen als Ersatz für Handarbeit der einflußreichste Faktor zur Erhöhung der Produktion und zu größerem Wohlstand der ganzen zivilisierten Welt gewesen. Ohne Zweifel hat den größten Nutzen aus dieser Neuordnung die Allgemeinheit - der Konsument gezogen. Dieselben Resultate werden die Folge der Einführung wissenschaftlicher Verwaltungs- und Arbeitsmethoden (Scientific Management) sein, genau so sicher, wie sie die Folge der Einführung der Maschinenarbeit waren.

Gewinnbeteiligung

Wenn eine Belohnung oder Prämie ihren Zweck, die Leute zu ihrer besten Leistung anzufeuern, nicht verfehlen soll, muß sie unmittelbar nach Beendigung der Arbeit, für die sie gegeben wird, dem Arbeiter zuteil werden. Denn leider sorgen die meisten nur für die nächste Woche oder höchstens den nächsten Monat und würden sich kaum für eine Belohnung anstrengen, die sie erst in ferner Zukunft erhalten sollen. Das ist einer der Hauptgründe, warum eine Beteiligung der Arbeiter am Gewinn, durch Verkauf von Aktien an sie oder durch Zahlung einer Dividende im Verhältnis zur Höhe ihres Lohnes, im günstigsten Falle nur eine mäßige Wirkung auf ihren Ehrgeiz ausübt.

Grundsätze der Werkstättenleitung

Der Verfasser hat bereits hervorgehoben, daß als höchstes Ziel für die richtige Werkstättenleitung die Vereinigung von hohen Löhnen mit niedrigen Gestehungskosten gelten muß. Er ist der Meinung, daß dieses Ziel am leichtesten durch Anwendung folgender Grundsätze erreicht werden kann:

I. Ein großes tägliches Arbeitspensum. Jedermann soll täglich seine genau vorgeschriebene und abgegrenzte, nicht bequem zu vollendende Arbeit erhalten.

II. Gleichmäßige und geregelte Arbeitsbedingungen. Die Vollendung der täglichen hohen Arbeitsleistung muß durch gute Einrichtungen und Regelung aller Arbeitsbedingungen mit Gewißheit zu ermöglichen sein.

III. Hohe Löhnung bei hoher Arbeitsleistung. Die Arbeiter sollen bei angestrengter Arbeit und guter Leistung auch gut verdienen.

IV. Einbuße an Lohn bei Minderleistung. Der Arbeiter soll die Gewißheit haben, daß er bei Nachlassen in der Leistung der Geschädigte ist. Wenn eine Werkstatt schon ein gewisses Stadium der neuen Organisation erreicht hat, sollte noch ein fünfter Grundsatz hinzukommen:

V. Das tägliche Arbeitspensum sollte so hoch bemessen werden, daß es nur durch einen erstklassigen Arbeiter vollbracht werden kann.

Grundsätze von Reorganisationen

Bevor man in die Änderung der Organisation einer Werkstätte eintritt, sollten folgende Dinge sorgsam überlegt bzw. beachtet werden:
1. ob das gewählte Verfahren für die besonderen Verhältnisse passend ist;
2. daß jede Änderung Geld kostet und in manchen Fällen sogar recht viele Mittel aufzuwenden sind, ehe die Organisation ganz durchgeführt ist und geringere Herstellungskosten zu erkennen sind;
3. daß jede grundlegende Änderung zu ihrer völligen Durchführung Zeit benötigt;
4. daß die Änderungen schrittweise und in ganz bestimmter, vorher überlegter Reihenfolge vorzunehmen sind, will man nicht Gefahr laufen, daß eine erhebliche Verschlechterung in der Güte der Erzeugnisse oder ernstliche Streitigkeiten mit den Arbeitern sowie Ausstände usw. eintreten.

Das einmal gewählte System sollte stets mit eisernem Willen Schritt für Schritt ohne Zurückweichen oder Rückgängigmachen einer gegebenen Weisung durchgeführt werden. Nichts erzwingt sich mehr Achtung bei allen Beteiligten als die streng durchdachte Aufeinanderfolge der Schritte, welche für die gesamte Ordnung notwendig sind.

Interessen der Arbeitgeber und -nehmer

Fast allgemein hört man die Ansicht vertreten, daß die grundlegenden Interessen des Arbeitgebers und Arbeitnehmers sich unvereinbar gegenüberstehen. Im Gegensatz hierzu liegt einer auf wissenschaftlicher Grundlage aufgebauten Verwaltung als Fundament die unumstößliche Überzeugung zugrunde, daß die wahren Interessen beider Parteien ganz in derselben Richtung liegen, daß Prosperität des Arbeitgebers auf lange Jahre hinaus nur bei gleichzeitiger Prosperität des Arbeitnehmers bestehen kann und umgekehrt; es muß möglich sein, gleichzeitig dem Arbeiter seinen höchsten Wunsch - nach höherem Lohne - und dem Arbeitgeber sein Verlangen - nach geringen Herstellungskosten seiner Waren - zu erfüllen.

Kontraktarbeit

Bei häufig sich wiederholenden umfangreicheren Arbeiten kann der Versuch von Erfolg begleitet sein, die ganze Arbeit mit einem dazu fähigen Arbeiter vertraglich abzuschließen, welcher dann die nötigen Hilfskräfte auf seine Kosten anstellt.

In der Regel sind solche Verträge um so mehr am Platze, je weniger Leute dabei gebraucht werden, und je weniger sich die Arbeit im einzelnen verändert, und zwar deswegen, weil der vertragsschließende Vorarbeiter zwecks höheren Verdienstes keine Mühen scheut, um die Arbeitszeit abzukürzen und bei häufig sich wiederholenden Arbeiten es vorzieht, gering bezahlte Arbeitsleute anzulernen und diese anstatt der teueren Handwerker zu verwenden.

Kunst der Leitung

Die Kunst der Leitung ist ausgedrückt worden als „die Kenntnis dessen, was man die Untergebenen tun lassen will, verbunden mit dem Bestreben, sie es in der besten und billigsten Weise vollbringen zu lassen". Wenn auch kein Ausdruck eine Kunst vollständig umschreiben kann, so unterliegt es doch keinem Zweifel, daß in der Regelung der persönlichen Verhältnisse zwischen Arbeitgeber und Arbeitnehmer der bei weitem wichtigste Teil dieser Kunst zu suchen ist; ist dieses nach allen Seiten beleuchtet, so kann das übrige unberücksichtigt bleiben.

Leistungsunterschiede

Die Möglichkeit der Vereinigung von hohen Löhnen und niedrigen Herstellungskosten beruht hauptsächlich in dem Unterschiede der Arbeitsmenge, die ein erstklassiger Arbeiter unter günstigen Umständen leisten kann, gegenüber der im Mittel tatsächlich geleisteten Arbeit. Daß ein solcher Unterschied besteht, weiß jeder Unternehmer, daß aber im Mittel zwei- bis viermal so viel geleistet werden kann, als durchschnittlich geleistet wird, das wissen nur diejenigen, welche durch ein gründliches und wissenschaftliches Studium die Fähigkeiten der Leute und die Leistungen der maschinellen Einrichtungen kennen gelernt haben. Verfasser hat den gewaltigen Unterschied zwischen der erstklassigen und mittleren Leistung fast in allen ihm bekannt gewordenen Industriezweigen gefunden, und er hatte in Gemeinschaft mit seinen Freunden Gelegenheit, in ungewöhnlich viele Betriebe hineinzusehen und diesen Gegenstand auf das gründlichste und folgerichtig zu studieren.

Leistungszurückhaltung

Das stillschweigende oder offene Übereinkommen der Arbeiter, sich um die Arbeit zu drücken, d. h. absichtlich so langsam zu arbeiten, daß ja nicht eine wirklich ehrliche Tagesleistung zustande kommt („soldiering" nennt es der Amerikaner, „hanging it out" der Engländer, „ca canae" der Schotte), ist in industriellen Unternehmungen fast allgemein gang und gäbe und besonders im Bauhandwerk recht üblich. Ich glaube mit der Behauptung, daß dieses „Sich-um-die-Arbeit-Drücken", wie es bei uns meistens genannt wird, das größte Übel darstelle, an dem gegenwärtig die arbeitende Bevölkerung in Amerika und England krankt, keinen Widerspruch fürchten zu müssen.

Wenn man dieses „Sich-Drücken" in jeglicher Form ausmerzen und die Beziehungen zwischen Arbeitnehmer und Arbeitgeber so gestalten könnte, daß jeder Arbeiter in freundschaftlicher, enger Fühlung und mit Unterstützung der Leitung möglichst vorteilhaft und schnell arbeitet, so würde sich im Durchschnitt die Produktion jeder Maschine und jedes Arbeiters annähernd verdoppeln.

Leitung und Geschäftserfolg

Als eine sehr bemerkenswerte Tatsache kann der Verfasser das augenscheinliche Fehlen eines Zusammenhanges zwischen guter Betriebsleitung und dem finanziellen Erfolg vieler, wenn nicht der meisten Unternehmungen bezeichnen. Manche Fabrik mit guter Leitung macht keine Geschäfte, während andere mit mangelhafter Organisation gut Gewinne erzielen. Wir Betriebsleute vergessen leicht, daß der geschäftliche Erfolg noch von manchen anderen Punkten außer dem guter Werkstättenleitung abhängt; ich nenne als solche: Lage des Werkes, geldliche Grundlage, Einrichtung der Verkaufsabteilung, Leistungsfähigkeit des technischen Bureaus, der Anlage und Einrichtungen, Ausnutzung guter Patente oder Monopole.

Wenn auch zweifellos die Wahl einer zweckmäßigen Organisation von erheblicher Bedeutung ist, so darf der Umstand nicht vergessen werden, daß kein Werk besser eingerichtet zu sein braucht als die Unternehmungen gleicher Art.

Am härtesten werden bezüglich ihrer Organisation diejenigen Werke geprüft, welche im schärfsten Wettbewerbskampfe stehen, und bei deren Herstellungskosten die Löhne einen Hauptfaktor bilden; in solchen Fabriken kann man, wenn sie blühen, eine gute Werkstättenleitung voraussetzen.

Lohnanreiz

Die nicht minder interessante Tatsache, auf welcher die Erreichung niedriger Herstellungskosten bei hohen Löhnen beruht, ist die Freudigkeit, mit welcher die Arbeiter in Voraussicht eines Mehrgewinns von 30 bis 100 % ihre Höchstleistung hergeben. Der genaue Grad des Mehrverdienstes, bei welchem die Hergabe ihrer

Höchstleistung von den Leuten erwartet werden kann, darf nicht theoretisch erörtert noch im Direktionszimmer oder durch Beschluß von Gewerkschaften festgelegt werden. Nur durch langwierige Versuche und Proben konnte dieser in der menschlichen Natur begründete Einfluß ermittelt werden. Der Verfasser fand, daß in gewöhnlichen Betrieben, in denen nicht besondere Handfertigkeit oder ungewöhnliche Anstrengung verlangt wird, daß höchste Ausbringen bei einer Lohnerhöhung von etwa 30 % über den Durchschnitt erreicht werden kann. Für gewöhnliche Tagesarbeit, die zwar keine besondere Geistesanstrengung oder Geschicklichkeit, aber ungewöhnliche körperliche Arbeit und Anstrengung verursacht, sind 50 bis 60 % Mehrlohn erforderlich. Bei Arbeitern, von denen große Geschicklichkeit und einige Denkarbeit verlangt wird, so z. B. vom Bedienungsmann einer größeren Werkzeugmaschine, erhöht sich die Rate auf 70 bis 80 % Mehrlohn, und endlich bei Arbeiten, welche Eingelerntsein, Geschicklichkeit, Geistesgegenwart bei körperlicher Anstrengung erfordern, z. B. die Bedienung eines größeren Dampfhammers für die verschiedensten Arbeiten, muß der Lohn um 80 bis 100 % über den bestehenden Satz heraufgesetzt werden.

Für derartige Lohnsätze sind eine Menge guter Leute zu finden; wenn aber versucht werden sollte, die gleiche hohe Leistung bei weniger gesteigertem Lohn zu erhalten, wird man bald ein Zurückkehren der Leute zu den alten Bedingungen bemerken. Die Arbeiter wollen nicht ihr Ganzes hergeben, ohne einer sehr guten und dauernden Bezahlung sicher zu sein.

Mitarbeiterführung

In der Leitung der Leute dürfen die persönlichen Momente, das Band zwischen Arbeiter und Vorgesetzten, nicht fehlen, und selbst die Vorurteile der Arbeiter sollten dabei nicht unberücksichtigt bleiben. Der mit Handschuhen durch die Werkstätten gehende Leiter, voll Furcht, sich die Kleider oder Hände zu beschmutzen, sich mit den Leuten nur in herablassender Weise unterhaltend, wird über die wirklichen Gedanken und Gefühle seiner Arbeiter nie unterrichtet werden. Man sollte stets in der Unterhaltung auf die Eigenheit der Leute eingehen und in Ausdrücken reden, die ihnen geläufig sind, und sie aufmuntern, ihre Beschwerden innerhalb und außerhalb der Arbeit offen vorzubringen. Sie lassen sich auch viel eher tadeln von einem Meister, der ein Herz für seine Arbeiter hat und Interesse an ihren Freuden und Leiden nimmt, als von einem Meister, der Tag für Tag ohne ein Wort zu sagen, an ihnen vorbeigeht und die arbeitenden Menschen als Maschinen ansieht. Die Gelegenheit der offenen Aussprache für die Arbeiter und das wohlwollende Eingehen der Betriebsleiter auf deren Wünsche, soweit sie nicht den Interessen des Werkes zuwiderlaufen, ist die beste Bürgschaft für Erhaltung des guten Einvernehmens und das beste Bollwerk gegen Ausstände und Drangsal durch die Arbeitervereinigungen. Es sind nicht so sehr die ausgedehnten Wohlfahrtseinrichtungen (so gut sie an und für sich sind) als vielmehr die kleinen Beweise persönlichen Wohlwollens, welche die Leute sehr schätzen und ein freundschaftliches Verhältnis zwischen Untergebenen und Vorgesetzten schaffen. Die moralische Wirkung unseres Systems ist ganz augenscheinlich. Das Gefühl der rechten Behandlung macht die Leute freier, männlicher und aufrichtiger; sie arbeiten mit mehr Lust und sind gegen sich und ihre Vorgesetzten höflicher. Sie sind nicht, wie bei den älteren Systemen, durch Ungerechtigkeit verbittert und voll unfreundlicher Gefühle gegen ihre Brotherren.

Pflichten der Verwaltungsorgane

Die neuen Pflichten der Verwaltungsorgane lassen sich in vier Hauptgruppen einteilen:
Erstens: Die Leiter entwickeln ein System, eine Wissenschaft für jedes einzelne Arbeitselement, die an die Stelle der alten Faustregel-Methode tritt.
Zweitens: Auf Grund eines wissenschaftlichen Studiums wählen sie die passendsten Leute aus, schulen sie, lehren sie und bilden sie weiter, anstatt, wie früher, den Arbeitern selbst die Wahl ihrer Tätigkeit und ihre Weiterbildung zu überlassen.
Drittens: Sie arbeiten in herzlichem Einvernehmen mit den Arbeitern; so können sie sicher sein, daß alle Arbeit nach den Grundsätzen der Wissenschaft, die sie aufgebaut haben, geschieht.
Viertens: Arbeit und Verantwortung verteilen sich fast gleichmäßig auf Leitung und Arbeiter. Die Leitung nimmt alle Arbeit, für die sie sich besser eignet als der Arbeiter, auf ihre Schulter, während bisher fast die ganze Arbeit und der größte Teil der Verantwortung auf die Arbeiter gewälzt wurde.

Produktive und unproduktive Arbeiter

Es ist eine bei Werksleitern allgemein verbreitete Ansicht, daß eine Fabrik um so wirtschaftlicher arbeitet, je geringer die Zahl der sogenannten unproduktiven Arbeiter und Beamten im Verhältnis zu den produktiv arbeitenden Facharbeitern ist. Eine Prüfung der am günstigsten arbeitenden Fabrik ergibt jedoch, daß das Gegenteil richtig ist. Verfasser machte vor einigen Jahren über diesen Punkt eine vergleichende Studie in drei sehr großen Werken von annähernd gleichartiger Erzeugung. Eine Fabrik war in Frankreich, eine in Deutschland und eine in den Vereinigten Staaten. Die völlig voneinander unabhängig entwickelten Werke hatten bis dahin eine Feststellung über den Prozentsatz der unproduktiven Elemente noch nicht vorgenommen.

Als „Unproduktive" seien alle Angestellten mit Ausnahme der Arbeiter, die mit ihren Händen arbeiten, angenommen. In Deutschland und Frankreich kamen auf sechs bis sieben produktive Arbeiter ein Unproduktiver, in Amerika auf fast genau sieben Arbeiter. In anderen notorisch schlecht geleiteten Fabriken der gleichen Gattung kamen elf Produktive auf einen Unproduktiven. Diese Werke hatten sämtlich Gießereien, Schmieden, Walzwerke und mechanische Werkstätten, welche erstklassige Maschinen lieferten und daher ein geschultes Ingenieurpersonal unterhalten mußten. In Fabriken mit gleichförmigem einfachen Produkt wird selbstverständlich die Zahl der produktiven eine verhältnismäßig größere sein. Nach diesen Feststellungen braucht sich ein Werksleiter nicht zu beunruhigen, wenn die Zahl seiner

„Unproduktiven" wächst, vorausgesetzt, daß sie voll beschäftigt sind und in richtiger Weise arbeiten.

Projektmanagement

Die erste nach Wahl der Organisationsform vorzunehmende Handlung wird die Gewinnung eines Organisators für die Einführung der Neuordnung sein, und der Leiter kann froh sein, wenn er einen mit dieser Arbeit vertrauten, zuverlässigen Mann bekommt, und scheue daher keine Kosten, um ihn zu gewinnen. Denn die Arbeit ist keineswegs eine leichte und dankbare und stellt an die Nerven und Arbeitskraft, an die Erfahrung und den Takt des Mannes die höchsten Anforderungen. Der Betriebsleiter selbst sollte sich frei von der tätigen Mitarbeit während der Einführungszeit halten. Während die Veränderungen vor sich gehen, verwende er seine ganze Energie auf die Erhaltung der Produktion in dem noch unter dem alten System arbeitenden Teile der Werkstätte. Es wird sehr häufig der Fehler gemacht, daß der Werkstättenleiter und seine Assistenten alle Neuerungen und Verbesserungen während ihrer knapp bemessenen Zeit selbst anordnen und einführen wollen. Diese Bestrebungen sind meist von Mißerfolg begleitet. Die Obliegenheiten und Befehlsbereiche des Werkstättenleiters und seiner Organe einerseits und die des Organisators andererseits sollten von vornherein streng abgegrenzt sein, und es darf nicht vergessen werden, daß Verantwortlichkeit nur da verlangt werden kann, wo gleichzeitig Bestimmungsrecht mitgegeben wird.

Prosperität und Ergiebigkeit

Auch bei einem verwickelten Fabrikationsunternehmen kann logischerweise die größte dauernde Prosperität des Arbeiters und des Arbeitgebers nur dadurch herbeigeführt werden, daß die zu leistende Arbeit mit dem geringsten Aufwande: an menschlicher Arbeitskraft, an Rohstoffen, an Kosten für die Überlassung des benötigten Kapitals für Maschinen, Gebäude usw. geleistet wird. Oder, mit anderen Worten, die größte Prosperität ist das Resultat einer möglichst ökonomischen Ausnutzung des Arbeiters und der Maschinen, d. h. Arbeiter und Maschine müssen ihre höchste Ergiebigkeit, ihren höchsten Nutzeffekt erreicht haben. Denn wenn Ihre Arbeiter und Maschinen täglich nicht mehr produzieren als die der Nachbarn, so wird die Konkurrenz natürlich verhindern, daß Sie ihren Arbeitern höhere Löhne zahlen als ihr Konkurrent den seinen. Und was für die Möglichkeit höherer Löhnen bei zwei engen Konkurrenzfirmen gilt, das gilt auch für ganze Landesbezirke und sogar für konkurrierende Völker. Mit einem Worte, die größte Prosperität kann nur die Folgeerscheinung größter Ergiebigkeit sein.

Schulung von „erstklassigen" Menschen

Das Verlangen nach besseren, für den speziellen Fall geeigneteren Personen, nach dem rechten Mann am rechten Platz, von den Generaldirektoren der großen Gesellschaften angefangen bis zu den Dienstboten im Haushalte, war niemals lebhafter als gerade jetzt. Und mehr als je zuvor übersteigt die Nachfrage nach sachkundigen und tüchtigen Menschen das Angebot. Jeder verlangt nach einem „zum Gebrauch fertigen", für seinen besonderen Zweck geeigneten Mann, den ein anderer eingearbeitet hat. Doch erst wenn das volle Verständnis dafür allgemein vorhanden sein wird, daß unsere Pflicht sowohl als unser eigener Vorteil darin liegt, durch systematisches Zusammenarbeiten Menschen zu schulen und so zur Schaffung von „tauglichen Menschen" mitzuhelfen, anstatt nach jemanden zu jagen, den ein anderer geschult hat - erst dann werden wir auf dem richtigen Wege zur besten Ausnutzung aller Kräfte der Nation sein. Die bisher vorherrschende Auffassung ist recht klar in den Worten ausgedrückt: „Die Großen der Industrie werden geboren, nicht erzogen". Man war der Ansicht, wenn man nur den richtigen Mann fände, so könne die Art der Führung des Geschäftes ruhig ihm überlassen bleiben. In Zukunft wird man verstehen lernen, daß „erstklassige" Menschen sowohl richtig geschult als auch von der Natur dazu geschaffen sein müssen.

Umwandlung der gültigen Auffassung

Der Übergang von Faustregeln zum wissenschaftlich-methodischen Betrieb (Scientific Management) verlangt jedoch nicht nur ein Studium der „richtigen", angemessenen Herstellungszeit für die einzelnen Arbeiten und eine entsprechende Umgestaltung der Arbeitsgeräte sondern auch eine vollständige Umgestaltung der Auffassung der Arbeiter über ihre Stellung zur Arbeit und zum Arbeitgeber. Die Verbesserungen an den Maschinen, die zur Erzielung eines großen Gewinns nötig sind, das peinlich genaue Studium - fast möchte ich es minutiös nennen - der angemessenen Arbeitszeiten mittels einer Stopp- oder Stechuhr lassen sich verhältnismäßig schnell durchführen. Aber eine Umwandlung in der geistigen Auffassung und in den althergebrachten Gewohnheiten von 300 oder mehr Arbeitern läßt sich nur allmählich erzielen. Es braucht dazu eine lange Reihe von praktischen Vorführungen, die schließlich jedem Mann den beträchtlichen Vorteil veranschaulichen, der ihm aus ehrlicher Zusammenarbeit mit den Leitern des Werkes erwächst.

Ursachen der Leistungszurückhaltung

Die Lässigkeit und der gemeinsame Widerstand gegen rasches Arbeiten haben zwei Ursachen; erstens entspringen sie dem Instinkt und der Neigung der Leute, die Dinge leicht zu nehmen; zweitens aus dem mehr verwickelten, durch den Einfluß der Genossen eingepflanzten Gedankengang, welcher der systematische Widerstand genannt sein mag. Zweifellos ist der Durchschnittsmensch zu einem schlaffen und langsamen Tempo in allen Dingen geneigt, aus welchem er nur durch Besinnen auf sich selbst, durch Beispiel anderer oder durch äußeren Druck herausgebracht werden kann. Gewiß gibt es Leute von ungewöhnlichem Fleiße und seltener Energie, welche rasch im Leben vorwärts schreiten, und welche auch wohl mal gegen ihr persönliches Interesse hart arbeiten. Diese bilden eine Ausnahme und bestätigen damit nur die Regel über die Neigung und das Gebahren der Mehrheit.

Verwissenschaftlichung der Leitung

Die moderne Ingenieurtätigkeit kann fast eine exakte Wissenschaft genannt werden, da Jahr für Jahr das Arbeiten nach ganz bestimmten wissenschaftlich-begründeten Regeln das frühere auf Faustregeln aufgebaute Arbeiten aus dem Felde schlägt. Der Verfasser ist der Meinung, daß mit der Zeit die Kunst der Werkstättenleitung auch eine ähnliche Wandlung durchmachen wird, daß auch hierin anstelle der mehr durch das Gefühl und die Erfahrung einzelner Leiter geschaffenen Regeln und Normen allgemein gültige und auf wissenschaftlicher Untersuchung beruhende Grundsätze treten werden, wenn auch stets für die jeweilig vorliegenden Verhältnisse gesondert verfahren werden muß.

Vorteile eines Tagespensums

Es unterliegt keinem Zweifel, daß der Durchschnittsmensch sich auf eine höhere Stufe stellt, wenn entweder er selbst oder andere ihm bestimmte Zeitpunkte für die Fertigstellung seiner Arbeit stellen; und zwar müssen diese Zeitabschnitte mit bestimmter Arbeitsaufgabe um so kleiner bemessen sein, auf je geringerer Bildungsstufe der Ausführende steht. Ein weiterer Vorteil der täglich abgemessenen Arbeitsaufgabe liegt bei industriellen Unternehmungen in der unmittelbaren Kontrolle über die Arbeitsleistung jedes einzelnen Mannes. Viele gehen bei dem gewöhnlichen Akkordsystem ihren Schlendrian bei der Arbeit weiter, gleichgültig, ob ihre Leistung eine große oder kleine ist; den wenigsten jedoch ist unter Annahme des neuen Verfahrens eine tägliche Notierung ihrer Minderleistung gegenüber der aufgegebenen Menge angenehm. Es liegt also ein nicht zu unterschätzender Ansporn in den durch das neue Lohnverfahren eingeführten bestimmten täglichen Arbeitsaufgaben gegenüber dem Akkordsystem, bei welchem nichts weiter als der Lohnbetrag festgesetzt ist. Hand in Hand mit der Einführung des Tagespensums müssen Maßnahmen getroffen werden, um die durchschnittliche Erfüllung der vorgeschriebenen Tagesleistung möglichst zu erzwingen.

Wirkungen des „Scientific Management"

Die allgemeine Annahme von Arbeits- und Betriebsmethoden und überhaupt das Denken auf wissenschaftlicher Grundlage (Scientific Management) würde künftig sofort die Produktivität der meisten Menschen, die materiell, schöpferisch tätig sind, verdoppeln. Man denke nur, was dies für das ganze Land bedeutet! Man denke an den Zuwachs, der dadurch sowohl an unsern täglichen Lebensbedürfnissen wie an Luxusgegenständen vorhanden sein würde. Man denke, welche Möglichkeiten sich damit eröffnen, die Arbeitsstunden, falls es wünschenswert erscheinen sollte, zu verkürzen, welche Zunahme an Gelegenheiten zur Erhöhung von Bildung und Kultur und zur Erholung damit geschaffen würde. Aber während aus dieser erhöhten Produktion die ganze Welt Nutzen zieht; werden Fabrikant und Arbeiter sich weit mehr für den Gewinn interessieren, der ihnen und ihrer unmittelbaren Umgebung zuteil wird. Wissenschaftlich-methodischer Betrieb wird für die Arbeitgeber und Arbeitnehmer, welche ihn kultivieren - und besonders für diejenigen, welche als erste diesen Schritt tun - die Beseitigung fast aller Ursachen zu Streit und Uneinigkeit bedeuten. Was eine angemessene Tagesleistung darstellt, wird eine Frage für wissenschaftliche Untersuchungen, statt ein Gegenstand zu sein, über den man handelt und feilscht. Das „Sich-Drücken" oder Zurückhalten mit der Arbeit wird aufhören, weil kein Grund mehr dafür vorhanden sein wird. Die bedeutende Erhöhung der Löhne, welche diese Verwaltungs- und Betriebsart auszeichnet, wird zum großen Teil die Lohnfrage als Streikquelle ausschalten. Mehr als alle anderen Ursachen wird aber das enge, innige Zusammenarbeiten, die fortwährende persönliche Fühlungnahme zwischen den beiden Lagern darauf hinwirken, Reibungen und Unzufriedenheit zu verringern. Denn nicht leicht können zwei Menschen mit gleichen Interessen, die Seite an Seite auf das gleiche Ziel hinarbeiten, dauernd im Streite liegen.

Wissenschaft statt Faustregeln

Betriebs- und Arbeitsmethoden auf wissenschaftlicher Grundlage verlangen nicht notwendigerweise große Erfindungen oder die Entdeckung von neuen epochemachenden Tatsachen. Sie verlangen jedoch eine Kombination einzelner Momente, wie sie früher nicht existierte, nämlich: altererbtes Wissen so gesammelt, analysiert, gruppiert und in Gesetze und Regeln gebracht, daß eine richtige Wissenschaft daraus wird; dazu ein vollständiger Wechsel in der Auffassung von Pflicht, Arbeit und Verantwortlichkeit bei den Arbeitern sowohl wie bei der Leitung: eine neue Verteilung der Pflichten zwischen den beiden Parteien und ein inniges Zusammenarbeiten in einem Umfange, wie es unter dem alten Betriebssystem unmöglich ist. Und in vielen Fällen könnte selbst das alles ohne die Hilfe des Mechanismus, welcher sich allmählich herausgebildet hat, nicht existieren. Nicht die einzelnen Faktoren oder Elemente, sondern vielmehr diese ganze Kombination machen das neue System aus, das man also mit folgenden Schlagworten charakterisieren kann: Wissenschaft, keine Faustregeln!

- Harmonisches Zusammenarbeiten, nicht Uneinigkeit und Gegensätze.
- Arbeitsteilung und Handinhandarbeiten, nicht individuelle Selbständigkeit.
- Maximale Produktion an Stelle von beschränkter Produktion.
- Weiterbildung jedes einzelnen zur größten Leistungsfähigkeit, vorteilhaftesten Kraftverwertung (efficienca) und höchsten Prosperität.

Ohne Leistungsfähigkeit in der Führung ist die Leistungsfähigkeit des Arbeiters zwecklos.

Henry Lawrence Gantt (1861 bis 1919)

Biographie

Obwohl dieser Mann zu seiner Zeit geradezu als Autorität in der Gestaltung effektiver Entlohnungsmethoden galt und gewiß um deren Bedeutung wußte, hielt er Produktivitätsentwicklung weniger abhängig von raffinierten Lohnsystemen und auch nicht allein vom Fortgang der Technik, sondern in erster Linie von einer kooperativen Beziehung zwischen Arbeitgebern und Arbeitnehmern. Soziale Spannungen in Produktionsstätten betrachtete er als Quellen betriebswirtschaftlichen Verlusts und ersann deshalb immer aufs neue Mittel und Wege, sie abzubauen.

Als Henry L. Gantt 1861 in dem zu den Gründerstaaten der USA zählenden Maryland geboren wurde, lebten seine Eltern als Farmer noch in wohlhabenden Verhältnissen. Doch nur wenig später brachte der Bürgerkrieg die Familie ins wirtschaftliche Aus, und der begabte Sohn mußte sich schon mit zwölf Jahren ökonomisch „abnabeln". Er trat in eine Kadettenanstalt ein, die ihre Zöglinge zugleich in landwirtschaftlichen Berufen ausbildete. Bereits hier zeichnete er sich durch überdurchschnittliche Leistungen aus, und die anspruchsvollen ethischen Normen dieser Einrichtung prägten nachhaltig seine Einstellung zum Leben und zur Gesellschaft.

1880 hätte der junge Henry ein Universitätsstudium aufnehmen können, doch entschied er sich für einen anderen Bildungsweg. Er selbst erteilte ein paar Jahre Unterricht als Gewerbelehrer in Mechanik, Naturwissenschaften und einigen praktischen Fächern. Nebenbei bildete er sich weiter und machte am Stevens-Institut als Externer seinen Ingenieur.

Entscheidend für Gantts weiteres Leben wurde indes seine Bekanntschaft mit Frederick Taylor im Jahre 1887. Taylor war damals technischer Leiter der Medvale Steel Company und stellte Gantt als seinen Assistenten ein. Es entspann sich eine fruchtbare Zusammenarbeit, vor allem im Hinblick auf eine rationellere Nutzung von Betriebsmitteln. Auch gemeinsame technische Erfindungen resultieren aus jener Zeit. Nicht zuletzt wurde dabei die gesamte Problematik der wissenschaftlichen Betriebsführung ausgelotet. Als Taylor aus dem Unternehmen ausschied, wirkte Gantt als Leiter von Fertigungsplanung und Arbeitsvorbereitung zunächst ganz in dessen Sinne weiter und schuf sich damit gewissermaßen das Fundament für sein späteres wissenschaftliches Wirken.

1893 verläßt auch Gantt die Medvale Steel und ist nacheinander in verschiedenen Firmen in führenden Positionen tätig. Dabei pflegt er weiterhin seine kreativen Verbindungen zu Taylor.

Neun Jahre später erst vollzieht Gantt selbst den letzten Schritt ins Scientific Management. Er macht sich als Unternehmensberater selbständig. Allgemeine Beachtung in diesem Metier hatte er bereits vorher durch seine wissenschaftlichen Arbeiten zum Leistungslohn (A Bonus-System of Rewarding Labour) gefunden. Die von ihm entwickelte Tagesleistungskarte, ein Vorläufer der später berühmt gewordenen „Gantt-Chart", trug damals wesentlich zu einer wissenschaftlichen Arbeitsvorbereitung und kontinuierlichen Fertigungsplanung bei.

Bei seiner eingangs erwähnten Ausrichtung auf die soziale Seite der wissenschaftlichen Betriebsführung blieb Gantt keineswegs nur in der Theorie. Als Berater weigerte er sich konsequent, für Unternehmen tätig zu sein, die seine Erkenntnisse zu Lasten der Arbeiter und Angestellten anwenden wollten. So zog er vor der Übernahme eines Beratungsauftrags stets Erkundigungen darüber ein, ob die betreffende Unternehmensleitung mit seiner grundsätzlichen sozialen Orientierung übereinstimmte und die anstehenden Rationalisierungen auch in diesem Sinne realisieren würde. Nicht selten übernahm er dann die Beratung nicht.

Als einer der ersten unter den amerikanischen Management-Beratern erkannte Gantt die Wichtigkeit einer systematischen Weiterbildung der Arbeitnehmer, und zwar sowohl im Hinblick auf die Wirtschaftlichkeit der Betriebe wie auch auf deren geistiges und damit auch soziales Klima. In „Modern Methods of Training Workman" beschreibt er seine Konzeption und Erfahrungen auf diesem Gebiet. Es ist wesentlich seinem persönlichen Engagement in dieser Sache zu verdanken, daß in breiten amerikanischen Unternehmerkreisen die innerbetriebliche Weiterbildung als Bestandteil von Führungsarbeit anerkannt wurde.

Die Notwendigkeit ständiger Fortbildung sah Gantt auch bei den Führungskräften. Deshalb übernahm er 1916 den Vorsitz einer Gesellschaft, die die Entwicklung der Führungsqualitäten von Managern auf ihre Fahnen geschrieben hatte und sich in ihren Fortbildungskursen unter anderem auf Fehleranalysen aus den Führungsetagen amerikanischer Firmen stützte.

Henry Gantt, der durch seine Beratertätigkeit für einflußreichste Firmen, aber auch für die amerikanische Bundesregierung sehr wohlhabend geworden war, blieb sein Leben lang ein bescheidener Mann, der dem Luxus und jedem „demonstrativen Konsum" abhold waren. Er starb 1919 für seine Zeitgenossen völlig unerwartet und viel zu früh, mitten in intensiver Arbeit an neuen Richtungen seiner Lebensaufgabe. Zehn Jahre nach seinem Tode stiftete die „Amerikanische Gesellschaft der Maschinenbauingenieure" eine Medaille für Verdienste im Scientific Management, die seinen Namen trägt.

Werkverzeichnis (Auswahl)

Works, Wages and Profits. Engineering Magazine Company 1910

Industrial Leadership. Yale University Press 1916

Organisation der Arbeit. Berlin 1922* (engl. 1919)

Gewöhnung an Fleiß und Zusammenarbeit als Ziel der Arbeitserziehung. In: Meister der Rationalisierung. Düsseldorf/Wien 1963 (engl. 1908)*

* Quelle der im Lexikon enthaltenen Zitate

Schriften über Henry L. Gantt

Alford, C. P.: Henry Lawrence Gantt: Leader in Industry. New York 1934

Gantt on Management. Guidelines for Today`s Executive. New York 1961

Lexikon

Ausbildung

Jedes System des Managements, welches keine richtigen Vorkehrungen für die Versorgung des Betriebes mit Werk- und Rohstoffen treffen würde, würde als ungewöhnlich bummlig verurteilt werden. In nicht zu ferner Zeit wird ein Management, welches keine Vorkehrungen für die Ausbildung von Arbeitskräften trifft, als nicht viel besser gelten. Denn nur durch gezielte Ausbildung vermag eine Organisation ihren Bestand auf die Dauer zu sichern.

Läßt man es damit genug sein, daß man gelernte Arbeitskräfte aus dem Überschuß anderer Werke heranzieht, so bedeutet dies in der Regel, daß man sich mit zweitklassigen Kräften begnügen will und den Wert gut ausgebildeter, fähiger Mitarbeiter gar nicht versteht. Daß nur wenige Werke ihre Leute methodisch ausbilden, bedeutet nicht unbedingt, daß die Manager mit diesem Zustand zufrieden sind. Eher bedeutet es, daß sie kein Ausbildungssystem kennen, welches in ihren Werken in zufriedenstellender Weise eingerichtet werden kann.

Demokratie in der Industrie

Die Leitung in der Industrie beruht oft auf Günstlingstum oder Vorrechten anstatt auf Fähigkeit. Dadurch wird die Gesundung und die normale Entwicklung der Industrie verhindert, die ihre höchste Entwicklung nur erreichen kann, wenn allen gleiche

Möglichkeiten offen stehen, und wenn jedes Verdienst gleichmäßig sich auf die geleisteten Dienste verteilt. Mit anderen Worten: wenn in die Industrie der Grundsatz der Demokratie seinen Einzug hält.

Einheit von Führung und Prüfung

Bessere Ergebnisse können erzielt werden, wenn die Männer, die die Arbeiter führen, auch die Arbeit prüfen, und nicht nur dem Arbeiter zeigen, wo er es falsch macht, sondern wie er seine Fehler verbessern kann, als wenn die Prüfung vergleichsweise unwissenden Leuten überlassen wird, die nach festgelegten Gesetzen zu arbeiten haben. Der Versuch, Unterricht und Prüfung in eines Mannes Hand zu vereinigen, hat den größten Beifall der Arbeiter gefunden und das Ergebnis war „bessere Arbeit und weniger Ausschuß!"

Diese Art ist genau entgegengesetzt der sonst üblichen Praxis, wo Unterricht und Prüfung in zwei von einander scharf getrennten Tätigkeiten bestanden, von denen die erstere einen Sachverständigen erforderte und die letztere einen viel weniger und daher billigeren Mann.

Faktor Mensch

Es ist zweifellos wahr, daß die Leistungsfähigkeitsmethoden, die in unserem Lande in den letzten 20 Jahren so sehr beliebt gewesen sind, dabei versagt haben, das hervorzubringen, was man von ihnen erwartete.

Der Grund scheint zu sein, daß wir im weiten Umfange den Menschen als Faktor unberücksichtigt gelassen haben und nicht darauf achteten, Vorteile aus der Fähigkeit und dem Wunsch des gewöhnlichen Mannes zu ziehen, zu lernen und seine Stellung zu verbessern. Außerdem sind diese Methoden der Leistungsfähigkeit in einer Art gebraucht worden, die sehr selbstherrlich war.

Fluktuation

Es ist klar erwiesen, daß wertlose Arbeiter viel eher zum Abwandern neigen als gute Arbeiter. Die natürliche Folge davon ist, daß, wenn wir wünschen müssen, die Arbeiter beständiger zu machen, wir zunächst bessere Arbeiter aus ihnen machen müssen. Unsere Erfahrung lehrt, daß diese Schlußfolgerung richtig ist.

Viele unserer großen industriellen Werke schätzen, daß die Kosten, einen neuen Angestellten einzuarbeiten, sehr hoch sind, sie belaufen sich auf ungefähr 35 Dollar. Wir sind schon damit zufrieden, wenn nur ein Bruchteil dieses Betrages ausgegeben wird, um den weniger wertvollen Arbeiter zu erziehen und dadurch die Abwanderung stark zu vermindern.

Führen statt antreiben

In der Vergangenheit ging es immer darum, „anzutreiben". Aber die Epoche der Gewalt muß der Epoche des Wissens Platz machen, und der Weg der Zukunft wird darin bestehen, zu belehren und zu führen - und das zum Vorteil von allen, die es angeht. Das Zukunftsbild, daß die Arbeiter ganz allgemein sich danach drängen, die Ergebnisse wissenschaftlicher Untersuchungen auszuführen, muß man als den Traum von einem tausendjährigen Reich beiseitelassen. Aber die bisherigen Ergebnisse zeigen, daß nichts dieses tausendjährige Reich besser herbeiführen könnte als die Ausbildung von Arbeitern zu den Gewohnheiten des Fleißes und der Zusammenarbeit. Ein Studium der Prinzipien einer erfolgreichen Ausbildung in diesem Sinne wird auch den Skeptischsten davon überzeugen, daß ihre Ausführung zu guten Ergebnissen führen muß.

Führung und Leistung

Ohne Leistungsfähigkeit in der Führung ist die Leistungsfähigkeit des Arbeiters zwecklos, sogar, wenn es möglich ist, sie hoch zu steigern. Mit einer leistungsfähigen Verwaltung ist die Schwierigkeit gering, die Arbeiter zur Leistungsfähigkeit zu erziehen. Ich habe dies so oft gesehen und so klar, daß für mich ein Zweifel daran überhaupt nicht bestehen kann. Unser schlimmster Mangel ist die Untüchtigkeit an hohen Stellen. Solange das so bleibt, wie es ist, wird kein noch so hoher Grad der Leistungsfähigkeit in der Arbeiterschaft viel helfen.

Führungseigenschaften

Nachdem wir durch die Erfahrung gezeigt haben, daß es möglich ist, eine Werkstatt demokratisch zu betreiben, und daß der Gedanke, jeden Mann froh zu machen und ihn ordnungsgemäß zu belohnen, nicht völlig unsinnig ist, fragen wir natürlich, wie weit hinauf in die Verwaltung wir diesen Grundsatz tragen können. Die Welt glaubt noch, daß Fachgrößen zu Rate gezogen werden müssen und hat eine sehr schwache Vorstellung davon, was wir „Inneres" oder „Ansehen" nennen, das ein Mensch besitzt, der weiß, was er zu tun und wie er es zu tun hat, und der nicht so sehr darauf aus ist, daß man ihm folgt, als daß er vorangeht. Die Frage, wer die Eigenschaften einer leitenden Persönlichkeit besitzt, ist viel umfassender als die, wer Betriebsingenieur oder Vorarbeiter sein soll. Denn er muß darauf achten, daß Arbeit vorliegt, daß Rohstoff für die Arbeit vorhanden ist, Arbeiter da sind, die die Arbeit leisten, außerdem zahllose andere Dinge, die über den Gesichtskreis des Vorarbeiters hinauswachsen.

Ingenieure als Leiter

Soweit unsere wirtschaftliche Macht sich in Zukunft auf die Erzeugung gründen wird, müssen wir unsere Art zu arbeiten so rasch wie möglich abändern und zwar mit dem Endziel, diejenigen, die die wirklichen Erzeuger sind, an die Spitze zu stellen. Damit das geschieht, müssen Meinungen den Tatsachen weichen und Worte den Taten, und der Ingenieur, der ein Mann weniger Meinungen und vieler Tatsachen, weniger Worte und vieler Taten ist, sollte mit der Führerschaft betraut werden und so den ihm zukommenden Platz in unserem wirtschaftlichen Leben erhalten. Man darf jedoch nicht vergessen, daß der Ingenieur sich mit zwei ganz verschiedenen Aufgaben zu beschäftigen hat, einmal seine Maschinen zu entwerfen und zu bauen und zweitens mit ihnen zu arbeiten.

Früher wandte er seine Aufmerksamkeit mehr der ersten Aufgabe zu. Es war an sich eine durchaus natürliche und notwendige Folge der Verhältnisse; denn die verschiedenen Ingenieur-Bauwerke waren vergleichsmäßig wenig zahlreich und arbeiteten in einer einfachen Art und unabhängig von einander. Jetzt jedoch bei der Menge von Maschinen aller Arten hängt die Arbeitsweise der einen häufig eng von derjenigen einer anderen ab, sogar in ein und derselben Fabrik. Außerdem hängt das Arbeiten einer Fabrik immer von dem erfolgreichen Arbeiten einer Anzahl anderer Fabriken ab. Weil erst durch diesen engen Zusammenhang die wirkliche Arbeit zustande kommt, oder noch besser gesagt, Erzeugnisse hergestellt werden, so ist das Arbeitsprogramm viel ausgedehnter geworden; denn die Arbeitsweise einer großen Zahl von Fabriken in Harmonie miteinander zu bringen, stellt eine viel schwierigere Aufgabe dar, als nur eine Übereinstimmung in den Arbeiten der Maschinen einer einzigen Fabrik zu erzielen. Jedoch nur dort, wo die Fabriken unter einer einheitlichen Leitung stehen, konnte ein unmittelbarer Versuch in dieser Art der Kontrolle der einen durch die andere gemacht werden.

Sicherlich hat die Beziehung zwischen der Forderung nach und der Hilfe für das Erzeugnis, ergänzt durch den Wunsch, möglichst großen Nutzen zu erzielen, eine gewisse Art von Kontrolleinrichtung geschaffen, die aber gewöhnlich mehr auf Meinung als auf Tatsachen sich gründete und im allgemeinen nur ausgeübt wird, um den größtmöglichen Verdienst zu erzielen, statt mit dem Zweck, möglichst hohe Arbeitsleistung zu erreichen. Nochmals sei die augenscheinliche Tatsache hervorgehoben, daß große Bezüge fortgesetzt nur durch entsprechende Arbeitsleistung erzielt werden können und daß die größte Arbeitsleistung einzig und allein erreicht werden kann, wenn ihre Ausführung auf Sachkenntnis gegründet ist. Wenn aber dem so ist, so muß logischerweise der Leiter für ein solches Unternehmen der Ingenieur sein, der nicht nur eine grundlegende Sachkenntnis mitbringt, sondern dessen Ausbildung und Erfahrung ihn dazu anleiten, sich nur auf Tatsachen zu verlassen.

Interesse an der Arbeit

Es ist ja eine bekannte Tatsache, daß Arbeit, an der wir interessiert sind, und die unsere Aufmerksamkeit mühelos fesselt, uns weit weniger anstrengt, als wenn wir uns zu einer Arbeit zwingen müssen. Die Aufgabe, zu deren Durchführung uns eine Vergütung lockt, ruft dieses Interesse hervor und fesselt unsere Aufmerksamkeit: mit dem stets gleichen Ergebnis von mehr und besserer Arbeit und zufriedeneren Arbeitern.

Kosten und Geschäftsgebaren

Der Gedanke, der vor wenigen Jahren so sehr in den Vordergrund trat, daß im industriellen Leben „Geld" der wichtigste Faktor ist und daß, wenn man nur genug Geld habe, alles andere nicht von so großer Bedeutung sein würde, verliert langsam seine Bedeutung. Denn es wird allmählich klar, daß der Umfang eines Geschäfts nicht so wichtig ist, wie der Geist, in dem es geleitet wird, wenn wir diesen Geist auf dem Gedanken beruhen lassen, daß die Kosten eines Gegenstandes regelmäßig nur die Kosten einschließen können, die während seiner Herstellung notwendigerweise entweder mittelbar oder unmittelbar entstanden sind. Dann werden wir finden, daß unsere Kosten viel niedriger sind, als wir dachten, und daß wir manches tun können, das uns auf Grund unserer alten Anschauungen unmöglich zu sein schien.

Die so lange von uns festgehaltene Anschauung von den Kosten, nämlich der Umsatz einer Fabrik, möge er noch so klein sein, müsse die ganzen Ausgaben tragen, wenn sie auch noch groß wären, trägt die Verantwortung für viele Verwirrung auf dem Gebiet der Kostenrechnung und verleitet uns daher zu ungesunder Geschäftsgebarung. Wenn wir dagegen uns den Gedanken zu eigen machen, daß die Erzeugnisse nur den Teil der mittelbaren Ausgaben zu tragen haben, dessen sie bei ihrer Herstellung bedürfen, so werden unsere Selbstkosten nicht nur niedriger werden, sondern verhältnismäßig weit mehr beständig. Denn die meist veränderlichen Teile der Selbstkosten eines Gegenstandes bei der gewöhnlichen Art der Berechnung sind der Rest gewesen, der sich fast umgekehrt veränderte wie die Menge der Erzeugnisse. Dieser Posten wird wesentlich beständiger, wenn jener Rest auf die normale Leistungsfähigkeit der Fabrik bezogen ist. Natürlich vermindert eine Methode der Preisgestaltung die Ausgaben selbst nicht, aber sie kann zeigen, wohin die Kosten eigentlich gehören, und kann einen richtigeren Begriff von der Geschäftslage geben.

Kostenplanung

Früher beruhte bei allen Selbstkostenberechnungen der Betrag der allgemeinen Kosten, die auf das Erzeugnis abgeladen wurden, sobald nicht einfach überhaupt der Rest von nicht verrechneten Kosten ohne weiteres eingeschlossen wurde, mehr oder weniger in seiner ganzen Höhe auf Schätzung. Nach der Theorie, die wir jetzt aufgestellt haben, kann von Schätzung nicht mehr die Rede sein, sondern mit einer Genauigkeit können wir diese Kosten bestimmen, die von der Geschäftskenntnis des Fabrikanten abhängt. Verfolgt man diesen Gedanken, so muß man doch zugeben, daß es für einen Fabrikanten möglich sein sollte, genau zu berechnen, was für eine Anlage und Ausrüstung er besitzen muß und was für einen Stamm von Angestellten und Arbeitern, um ein gegebenes Erzeugnis hervorzubringen. Wenn das genau gemacht wird, so können auch die genauen Kosten eines Erzeugnisses vorausgesagt werden. Eine derartige Arbeit kann nicht durch einen Buchhalter ohne genaue Geschäftskenntnis gelöst werden, sondern ist in der Hauptsache eine Frage für den Ingenieur, dessen Material- und Arbeitskenntnisse für seine Lösung besonders in Frage kommen.

Kostenrechnung und Wirtschaftlichkeit

Die meisten Selbstkostenberechnungen und die Annahmen, auf denen sie beruhen, sind von Buchhaltern aufgestellt worden und bauen sich auf mit Rücksicht auf diejenigen, die das Kapital hergeliehen haben. Sie gehen darauf aus, an den Arbeiten der Fabrik Kritik zu üben und sie für alle Nachteile, die sich bei dem Geschäft herausstellen können, verantwortlich zu machen. Hierbei haben sie einen geradezu wunderbaren Erfolg gehabt, hauptsächlich weil die angewandten Methoden dem Vorstand des Unternehmens gar nicht die Möglichkeit gaben, seine Ansicht von der Sache darzulegen. Einer der ersten Grundsätze bei der Preisbildung muß sein, den Vorstand des Unternehmens in den Stand zu setzen, sich darüber klar zu werden, daß er, mag er nun die Arbeit so oder so ausführen lassen, dafür verantwortlich ist, es so wirtschaftlich wie nur irgend möglich anzuordnen, ein Grundsatz, der bei der Mehrzahl der heute noch in Gebrauch befindlichen Selbstkostenberechnungen nicht berücksichtigt ist. Manche Buchhalter, die den Versuch machen, dies zu zeigen, brauchen so lange dazu, um ihre Zahlen zu erhalten, daß sie für den gedachten Zweck völlig wertlos sind, da die Möglichkeit, sich ihrer zu bedienen, vorbeigegangen ist, ehe man ihre Ergebnisse zur Verfügung hatte.

Mittelbare und unmittelbare Kosten

Die Fabrikanten erkennen im allgemeinen die außerordentliche Bedeutung an, die in der Erkennung der tatsächlichen Kosten ihrer Erzeugnisse liegt. Aber nur wenige haben eine Selbstkostenberechnung, der sie nach jeder Richtung hin vertrauen können. Während es möglich ist, die Kosten für Rohstoffe und Arbeit ganz genau zu erlangen, die unmittelbar bei der Herstellung irgend eines Gegenstandes aufgewendet werden, und die verschiedensten Arten der Berechnung bekannt sind, die dieses Ergebnis in vollkommener Form ermöglichen, scheint es noch keine allgemein gebräuchliche Art und Weise zu geben, den Teil der Kosten zu verteilen, die bald als mittelbare Ausgaben, bald als Lasten, bald als Rest bezeichnet werden, eine Art der Kostenverteilung, die ein volles Vertrauen verdienen könnte, daß sie ohne weiteres in richtiger Form vorgenommen ist.

Soziale Verantwortung

Das Geschäftsleben muß mit sozialer Verantwortlichkeit getränkt werden und sich zuerst der Arbeit widmen, oder die Allgemeinheit wird schließlich den Versuch machen, es zu überwältigen, um es in den Dienst ihrer Interessen zu stellen.

Unternehmenswert

Wenn man die Bedeutung einer Organisation betrachtet, dann bemerkt man, daß es nicht so sehr an der Persönlichkeit der leitenden Männer liegt, die sterben, oder ihre Stellung wechseln können, als an den bleibenden Ergebnissen der von ihnen ausgeübten Erziehung und der von ihnen eingeführten Methoden, die mit dem Geschäft fortschreiten, und daher ein dauerndes Gut und nicht ein zufälliges Geschenk sind. Wir haben die Autorität von keinem geringeren als Andrew Carnegie für uns bei der Behauptung, daß seine Organisationen höhere Bedeutung für ihn hatten als seine Fabriken selbst. Bevor wir genau den Wert einer arbeitenden Fabrik bestimmen können, müssen wir also Mittel ausfindig machen, die Bedeutung der Organisation, die in ihr lebt, zu messen, die ein untrennbarer Bestandteil bei der Einschätzung industriellen Eigentums und ebenso etwas tatsächliches ist, wie der mehr faßbare Ziegelstein und Mörtel, aus dem die Gebäude aufgebaut sind.

Vorgesetzte als Diener

In einer Werkstatt, in der jeder Arbeiter sein Ziel hat, kümmert sind in der Regel ein Mann, den wir als einen Gang Boss, einen Gruppenleiter, bezeichnen, um eine Gruppe von Arbeitern, indem er für den Zufluß von Arbeit und Werkzeug und den Abfluß der gefertigten Stücke sorgt. Ein solcher Mann erhält für jeden Arbeiter, der einen Bonus bekommt, gleichfalls einen Bonus und einen Extrabonus, wenn seine gesamte Gruppe ihre Bonusse verdient. Die Folge ist, daß der Boss in Wirklichkeit der Diener der Arbeiter und nur dem Namen nach ihr Boss ist, solange die Arbeiter ihre Ziele erreichen. Er wird nur zum Boss, wenn ein Arbeiter sein Ziel nicht erreicht. Der pekuniäre Schaden für den Gang Boss, wenn ein Arbeiter seinen Bonus nicht verdient, ist derart groß, daß er dann den armen Mann niemals aus den Augen läßt und ihm hilft, wie er nur kann! Wenn er aber feststellt, daß der Mann unbelehrbar ist, so benutzt er seinen Einfluß, um einen besseren Mann an dessen Stelle zu bekommen.

Wirkliche Führer

Unter den gegenwärtigen Bedingungen wird der Versuch, auf den Arbeiter dahin zu wirken, daß er etwas tut, was er nicht versteht, zum Scheitern verurteilt sein, sogar wenn er will, daß man in dieser Form auf ihn einwirkt, was aber durchaus nicht mehr der Fall ist. Denn er hat gelernt, daß wahre Demokratie etwas mehr ist als das Vorrecht, eine Meinung auszusprechen. Wir sind also in die neuartigen wirtschaftlichen Verhältnisse, ob wir wollen oder nicht wollen, hineingezwungen, und wir werden bald herausfinden, daß nur diejenigen, die wissen, was sie tun und wie es getan werden muß, die genügende Gefolgschaft erhalten, um ihren Bestrebungen zum Ziele zu verhelfen. Mit anderen Worten: Die Bedingungen, unter denen sich das industrielle und geschäftliche Leben abspielen muß, um unser verwickeltes System neuzeitlicher Zivilisation zum Erfolg zu führen, können nur von wirklichen Führern erfüllt werden, Männern, die die Arbeit der treibenden Kräfte verstehen, und deren höchstes Streben es ist, solche Arbeit, wie der Staat sie braucht, zu leisten. Um sich solche Führer zu sichern, muß man ihnen den vollen Lohn für die Arbeit, die sie leisten, zahlen.

Das Führen ist ein Lebensstudium für jeden, der mit anderen Menschen zusammenarbeitet.

Frank Bunker Gilbreth (1868 bis 1924)

Biographie

In jeder überflüssigen Bewegung eines Arbeitenden sah er unzulässige Vergeudung von Zeit und Energie und letztlich die Ursache für vorzeitige Ermüdung. Der praktische wie theoretische Kampf gegen solcherart Verschwendung prägte das nur 56 Jahre währende Leben des amerikanischen Arbeitswissenschaftlers Frank B. Gilbreth.

Am 7. Juli 1868 in Fairfield, Maine, geboren, verlor er schon 1871 seinen Vater, einen Handelsmann und Farmer, und mußte deshalb frühzeitig mit für den Unterhalt der Familie sorgen. Noch nicht 17 Jahre alt, beendete er die English High School und bestand die Aufnahmeprüfung des Massachusetts Institut of Technology, an dem er sich zum Bauingenieur ausbilden lassen wollte. Unter dem Einfluß seines als Bauunternehmer tätigen Sonntagsschullehrers und aus dem Bestreben heraus, der Mutter möglichst bald nicht mehr auf der Tasche zu liegen, entschied sich Frank, sein Berufsziel auf dem Wege über die praktische Maurerlehre anzusteuern. Bereits in den Lehrjahren, die er besonderer Geschicklichkeit wegen vorzeitig absolvierte, analysierte er - zum Verdruß seines Poliers - die Bewegungsabläufe beim Mauern und entwickelte zeitsparende Verbesserungen. Ein von ihm erdachtes Baugerüst, das es den Arbeitern ermöglichte, Steine und Mörtel stets in der Höhe der wachsenden Mauer zu greifen, wurde vom Mechanics Institut preisgekrönt.

Obwohl bereits mit unternehmenswichtigen Aufgaben betraut und zum Meister und Aufseher befördert, verläßt Gilbreth 1895 seinen Betrieb im guten Einvernehmen und gründet ein eigenes Bauunternehmen in Boston. Die hier von ihm durchgesetzte Schnell- und Qualitätsarbeit sichert nicht nur Ansehen und Ausdehnung seiner Firma in ganz Amerika und darüber hinaus (er unterhält unter anderem ein eigenes Büro in London), sondern bietet ihm zugleich ein dankbares Experimentierfeld für seine immer bewußter vorgestellten Rationalisierungsideen. Dabei legt er zunehmend das Schwergewicht auf Bedingungen, unter denen der Arbeiter seine Kraft sinnvoll und bei relativ geringem Verschleiß einsetzen konnte. Wichtig für Gilbreths Weg waren dabei Begegnungen und Verbindungen mit anderen Pionieren der wissenschaftlichen Betriebsführung, so mit Henry Gantt, mit dem ihn bald eine enge Freundschaft verband, mit Harrington Emerson und nicht zuletzt mit Frederick Taylor, dem er sowohl mit Hochachtung als auch - im Hinblick auf dessen Meßverfahren - recht kritisch gegenüberstand.

Als die Entwicklung seiner Baufirma ihr Zenit überschritten hatte, gab Gilbreth das praktische Unternehmertum auf und widmete sich fortan ausschließlich der wissenschaftlichen Betriebsführung. Dazu siedelte er mit seiner kinderreichen Familie in die Universitätsstadt Providence auf Rhode Island um, wo auch sein erster und wichtigster Kunde, die Maschinenbaufirma New England Butt Company zu Hause war.

In Providence richtete er mehrere arbeitswissenschaftliche Laboratorien ein (eines sogar in seinem Wohnhaus), in denen er Arbeits- und Organisationsabläufe aus den verschiedensten Branchen analysierte und optimierte. Aufträge hierfür kamen nicht nur aus einer Vielzahl von Industriebetrieben, sondern auch von Krankenhäusern, ja sogar von renommierten Golfspielern. Ferner organisierte er Sommerschulen für wissenschaftliche Betriebsführung, die von Hochschullehrern der größten Universitäten des Landes besucht wurden.

Nach dem Tode Taylors 1915 wurde Gilbreth die führende Autorität Amerikas auf dem Gebiet der Arbeitswissenschaft und der praktischen Betriebswirtschaft. Seine Verdienste wurden 1920 von der Universität von Maine mit der Verleihung der Ehrendoktorwürde anerkannt.

In den Jahren des I. Weltkrieges hatte man Gilbreth als Major of Engineers in den Generalstab der Streitkräfte geholt. Auch hier widmete er sich der Rationalisierung. Sein besonderes Interesse galt, in enger Gemeinschaftsarbeit mit seiner Frau, der Wiederertüchtigung Kriegsbeschädigter.

Am 14. Juni 1924 starb Frank B. Gilbreth in Montclair, New Jersey, überraschend an einem Herzschlag. Seine Arbeit wurde noch etliche Jahre von seiner Frau Lillian fortgeführt. Gilbreth hatte viele Freunde und begeisterte Anhänger, aber auch Gegner, zum Teil erbitterte, sowohl unter den Parteigängern Taylors als auch unter jenen, die beiden gleichermaßen vorwarfen, einer verstärkten Ausbeutung der Arbeitnehmer Vorschub geleistet zu haben.

Werkverzeichnis (Auswahl)

Bewegungsstudien. Berlin 1921 (engl. 1911)

Das ABC der wissenschaftlichen Betriebsführung. Berlin 1917 (engl. 1912)*

Verwaltungspsychologie. Berlin 1921 (eng. 1914)*

Ermüdungsstudium. Berlin 1921 (engl. 1916)

Angewandte Bewegungsstudien. Berlin 1920 (eng. 1917)

* Quelle der im Lexikon enthaltenen Zitate

Schriften über F. B. Gilbreth

Witte, I.: Taylor, Gilbreth, Ford. München 1925

Gilbreth, L. M.: Das Leben des amerikanischen Organisators F. B. Gilbreth. Stuttgart 1925

Gilbreth, F. B./Gilbreth Carey, E.: Im Dutzend billiger. Reinbek bei Hamburg 1974

Gilbreth, F. B./Gilbreth Carey, E.: Aus Kindern werden Leute. Frankfurt am Main 1954

Lexikon

Arbeiter und Unternehmer

Bei allem Streben nach Zusammenarbeit von Arbeiter und Unternehmer darf man nie vergessen, daß ihr gegenseitiges Verhältnis letzten Endes doch auf rein geschäftlicher Grundlage basiert. Es ist ein Unrecht des Unternehmers, wenn er bei Überstunden an den guten Willen des Angestellten appelliert und die Mehrarbeit bei dringenden Aufträgen als selbstverständlich von ihm erwartet. Leistung und Gegenleistung sollen genau gegeneinander abgewogen sein und an diesem Grundsatz nie gerüttelt werden. Eine wissenschaftliche Betriebsführung ist nur bei strengster Einhaltung dieses Satzes möglich. Für jede Leistung muß der Arbeiter entsprechend entlohnt werden. Geht seine Leistung über das vorgeschriebene Pensum hinaus, so muß auch der Lohn den Normallohn und die Prämie übersteigen.

Arbeiter als Maschine

Die wissenschaftliche Betriebsführung will die Arbeiter so genau wie Maschinen arbeiten lassen, insofern als sie sich ganz genau an die als beste erwiesene Methode halten müssen; jede geistige Arbeit wird gesondert verrichtet und dem Arbeiter die Wahl der Arbeitsmethode gar nicht selbst überlassen. Er kann die Leistungsfähigkeit aller Arbeitsweisen in der Regel ja gar nicht einschätzen. Erst wenn er die richtige und augenblicklich leistungsfähigste Arbeitsmethode beherrscht, wird er allmählich ökonomische Bewegungen von unökonomischen unterscheiden lernen.

Grundbedingung ist dabei allerdings, daß er die Normalmethode wirklich meistert. Vorher darf er sich mit solchen Fragen gar nicht befassen. Zuerst wird ihm die richtige Arbeitsweise gelehrt und dann erst die Qualität der Arbeit berücksichtigt. Es ist dabei sehr wichtig, daß die Leute von Anfang an die richtigen Bewegungen ausführen, da sie dann an jede neue Arbeit mit ganz anderen Gesichtspunkten herantreten. Was kümmert es den Arbeiter dabei, ob er eine „Maschine" ist oder nicht. Die Unternehmung übernimmt seine Einschulung, und er fährt besser dabei und verdient mehr als früher. Das ist ihm die Hauptsache.

Arbeitsfreude

Das ist ja gerade der Sinn der wissenschaftlichen Betriebsführung, daß jeder seiner körperlichen und geistigen Befähigung nach beschäftigt wird und daß bei der ganzen Ausbildung auf diese spezielle Befähigung Rücksicht genommen wird. Jeder muß an seiner Arbeit Freude haben. Geht die Freude verloren, dann muß die Arbeit sofort gewechselt werden, denn diese Freude an der Arbeit ist eine Hauptbedingung des Systems.

Arbeitsverteiler

Der beste Arbeitsverteiler bei sonst gleichen Voraussetzungen ist der Mann, der am findigsten ist, über die meisten Erfahrungen verfügt und ein guter Beobachter ist. Das Beobachten ist eine Kunst, die ständige Aufmerksamkeit fordert. Je länger und je mehr er beobachtet, desto mehr Einzelheiten und Variablen wird er gewahr, die das Problem beeinflussen. Der unausgebildete Beobachter kann nicht erwarten, mit einem, der über ein besonderes Talent verfügt und außerdem in dieser Arbeit ausgebildet ist, in Wettbewerb treten zu können. Durch praktische Erfahrungen im Veranschaulichen erhöht sich die Fähigkeit der konstruktiven Vorstellungskraft. Wer diese in hohem Maße besitzt, ist besonders für die Arbeitsverteilung geeignet. Gutes Beobachten stützt sich auf ein Studium grundlegender Elemente. Die Arbeitsverteilung muß vor Beginn der Fabrikation die vorliegende Arbeit in allen Einzelheiten überblicken, sie analysieren, und die beste und zweckmäßigste Reihenfolge festsetzen können. Das Bewegungsstudium greift tief in diese Funktion ein.

Automatische Bewegungen

Früher glaubte man eine Arbeit möglichst abwechslungsreich gestalten zu müssen, da man jeden Wechsel für geistige Erholung hielt. Von dieser Idee ist man längst abgekommen. Dagegen trifft diese Behauptung sicher zuweilen in äußerlichen Momenten zu; und ein solcher äußerlicher Wechsel wird auch auf der Arbeitsanleitungskarte vorgesehen. Immer handelt es sich dabei aber nur um Äußerlichkeiten, nicht um die Arbeit selbst. Ein Beispiel hierfür mag der Buchhalter am Schreibpult sein, der bei seiner Arbeit am Stehpult zwischen Stehen und Sitzen wechselt, was ihm bei jedem Wechsel eine gewisse Erleichterung bringt. Die Arbeit selbst aber wird von diesem Wechsel nicht beeinflußt.

Es ist eine alte Erfahrungstatsache, daß eine Arbeit weniger ermüdet, wenn sie automatisch vor sich geht, wenn einer eben so lange dieselben Bewegungen ausführt, daß er sich gar nicht mehr überlegen braucht. Der Erwachsene fühlt beim Knöpfen beispielsweise keinerlei Anstrengung mehr. Die Finger besorgen das von selbst. Kleinen Kindern dagegen ist dies eine höchst komplizierte Arbeit, bei der sie ihre ganze Kraft einsetzen müssen. Die Arbeit ist ihnen neu und ungewohnt und veranlaßt deshalb eine ihnen ganz neue Geistesarbeit. Das Gehirn wird in Mitleidenschaft gezogen, weil die Arbeit neu ist; denn zu jeder neuen Bewegung gehört eine neue Gehirntätigkeit, die bei öfterer Wiederholung ins Unbewußte sinkt. Daher muß jeder Arbeiter mit der Zeit zu automatischen Bewegungen kommen. Nur daß er bis jetzt erst nach langer Erfahrung und praktischer Übung die sogenannte „Fingerfertigkeit" erreicht, wobei diese Fingerfertigkeit nicht einmal immer die richtige war. Auf alle Fälle erlernte sie der Arbeiter nur durch eigene praktische Erfahrung; er mußte also die ganze Vorarbeit selbst leisten. Dabei ging viel wertvolle Zeit verloren. Die wissenschaftliche Betriebsführung macht dagegen diese Erfahrung einmal für alle, um dann auf Grund dieser Erfahrungen den Arbeiter von vornherein die ökonomischsten und raschesten Bewegungen zu lehren.

Beförderung

Wissenschaftliche Betriebsführung (W. B.) sorgt in ganz systematischer Weise für die Beförderung aller Angestellten. Für jeden Arbeiter gibt es unter W. B. die Möglichkeit, den seinen höchsten Fähigkeiten entsprechenden Posten auszufüllen. Die Beförderung ist hier nicht eine sprunghafte, sondern sie erfolgt ganz allmählich, um dem Arbeiter zu gestatten, sich erst mit seinen neuen Pflichten ganz vertraut zu machen, ehe an eine höhere Stelle gedacht wird. Eine zu plötzliche Beförderung kann sehr leicht entmutigend wirken. Der mögliche Weg der Beförderung jedes Arbeiters oder Angestellten sollte schriftlich festgelegt sein, ähnlich wie die Fortschrittskarten den Fortgang der Arbeit im voraus festlegen. In den meisten Fällen wird jedes Unternehmen allen seinen Angestellten die ihren Fähigkeiten am besten entsprechenden Stellen im eigenen Betriebe vermitteln können. Wo das aber nicht der Fall ist - und auch solche Fälle kommen vor -, da wird der im richtigen Geist geleitete Betrieb den betreffenden Angestellten zu geeigneten Stellen außerhalb der eigenen Firma verhelfen.

Belohnung

Die Belohnung zeichnet sich unter W. B. aus,

a) indem sie positiver Art ist. Sie muß dem Arbeiter einen ganz festumrissenen greifbaren Vorteil bieten; sie darf ihm als Belohnung nicht nur irgend etwas, was ihm bisher hinderlich war, entfernen. Der große Vorteil dieser positiven Form der Belohnung ist die Weckung und Erhaltung der Aufmerksamkeit;

b) indem sie im voraus festgelegt ist. Der Arbeiter muß, wenn er mit seiner Arbeit beginnt, genau wissen, welche Belohnung er für die Ausführung der Arbeit in der vorgeschriebenen Art und Weise erhält. Vorteil: Die Aufmerksamkeit bleibt konzentriert bei der Arbeit, da sowohl Arbeiter wie Leitung im voraus wissen, welche Belohnung ausgesetzt ist;

c) indem sie durchaus persönlicher Art ist. Sie muß für den betreffenden Arbeiter und für die betreffende Arbeit bestimmt sein. Vorteil: Der Wert der Persönlichkeit wird betont und seine Individualität gefördert;

d) indem sie unwandelbar fest bleibt. Der Arbeiter muß genau das erhalten, was ihm zu Beginn der Arbeit versprochen wurde. Und er muß das bestimmte Gefühl haben, daß die Leitung die Belohnung auch tatsächlich auszahlen wird. Vorteil: Die einmal festgesetzte Belohnung bleibt für alle Arbeiten der gleichen Art bestehen. Die Zeit für eine jedesmalige neue Ermittlung der Belohnung, für entsprechende Verhandlungen mit den Arbeitern usw. wird auf diese Weise gespart;

e) indem sie sofort wirksam wird. Sobald die Arbeit erledigt ist, muß der Arbeiter wissen, ob er sich die Belohnung verdient hat; sie muß ihm auch sofort zur Verfügung stehen. Für manche Arbeiter wird gerade dieses sofortige, d. h. das tägliche oder wöchentliche Auszahlen der Prämien den Hauptreiz bei der Arbeit bilden. Bei einer länger hinausgeschobenen Zahlung der Belohnung wird das Interesse oft sehr schnell erlahmen. Bei anderen, hochstehenden Arbeitern wird oft die Kenntnis, daß ihnen eine Prämie zusteht, genügen; auf ein sofortiges Auszahlen wird in diesen Fällen kein unmittelbarer Wert gelegt werden.

Berufsgeheimnisse

Der Arbeiter wird immer mehr dazu bereit sein, seine Kenntnisse auf andere zu übertragen. Ist es ihm klar geworden, daß ein Weitergeben seiner Berufsgeheimnisse keinen Verlust seiner Stelle noch eine Verminderung seines Lohnes durch eine Schar von Konkurrenten nach sich ziehen, sondern im Gegenteil seine Bezüge erhöhen und seine Beförderung beschleunigen wird, so wird er bereit und willens sein, seine besten Verfahren normalisieren zu lassen.

Der Wunsch, das Geheimnis seines Erfolges oder seine Arbeitsverfahren für sich zu behalten, ist durchaus natürlich. Nur wenn, wie es bei W. B. der Fall ist, der Besitzer eines solchen Geheimnisses eine angemessene Belohnung und Anerkennung für seine Geschicklichkeit, sowie eine Stellung erhält, wo er als gut bezahlter Lehrer andere mit seinem Verfahren vertraut machen soll, gibt er sein Geheimnis preis. W. B. verschafft ihm diese Lehrgelegenheit, sorgt dafür, daß seine Verdienste allgemein anerkannt werden. All das wird ihm denselben Ansporn zur Arbeit geben, wie es früher das Bewußtsein tat, daß er über ein Arbeitsgeheimnis verfüge.

Gründe für die Verwaltungspsychologie

1. Das Leiten, das Führen ist ein Lebensstudium für jeden, der mit andern Menschen zusammenarbeitet. Jeder einzelne von uns muß entweder leiten oder er wird geleitet oder beides trifft bei ihm zu; wie dem auch sei, er wird solange nicht mit höchstem Erfolge arbeiten können, bis ihm die Grundsätze und Gesetze, nach denen er führt oder geführt wird und die tief in das Gebiet der Psychologie eingreifen, völlig vertraut sind.

2. Eine Kenntnis der Grundsätze des Leitens ist das Wichtigste und Wertvollste, was ein Mensch für seine Lebensarbeit überhaupt mitbekommen kann, auch wenn er später nur sich selbst zu leiten hat. Eine solche Kenntnis ist wertvoll, praktisch und auch in materieller Hinsicht von Bedeutung.

3. Diese Kenntnisse stehen zur Zeit jedem zur Verfügung. Die Stellen, die sie besitzen, sind gern bereit, sie all denen zu vermitteln, die sich für sie interessieren und die bereit sind, diese so erworbenen Kenntnisse weiterzuleiten. Lehrbücher sind vorhanden. Jedem, der auf diesem Gebiet arbeiten will, wird immer in reichlichem Maße Gelegenheit gegeben sein, sich befriedigend zu betätigen.

4. Die Psychologie der Verwaltung, oder das psychische Element im Arbeitsprozeß ist nur ein Teil oder eine Variable des Gesamtproblems der Betriebsführung; sie ist eine der vielen, beinahe unzähligen Variablen.

5. Dieser Teilabschnitt - das psychische Element - ist besonders dazu angetan, die Aufmerksamkeit des Anfängers aber auch des Vorgeschritteneren zu fesseln, und das Interesse für das Gesamtproblem der Betriebswissenschaften zu wecken.

Industrieller Frieden

Die bei Funktionalisierung verlangte Arbeit erhöht die Aufmerksamkeit des Arbeiters und hält sein Interesse wach. Der wichtigste und wertvollste Umschwung in der Stellungnahme des Arbeiters ist indessen seine veränderte Haltung gegenüber dem Meister und dem Arbeitgeber. Aus „natürlichen Feinden" sind Mitarbeiter geworden, die ein und demselben Ziele zustreben, nämlich der Zusammenarbeit zwecks Erhöhung der Ausbeute und Löhne und Verminderung der Kosten. Diese veränderte Stellungnahme führt zu einer Anerkennung des in der Ausbildung liegenden Wertes und zu einer Förderung des industriellen Friedens.

Leistungsmessung

Gegen die Messungen ist mitunter der Einwand erhoben worden, daß dabei ein Unterschied zwischen dem Leistungsfähigen und dem weniger Leistungsfähigen gemacht wird, der doch dieselben Lebensbedürfnisse hat und zur Erhaltung seiner

Familie ebensoviel braucht. Wenn man das Gefühlsmoment im Augenblick außer acht läßt, das ganz zweifellos Berücksichtigung verdient, und nur die logische Seite betrachtet, so muß zugegeben werden, daß dem Schwächeren keineswegs damit gedient ist, wenn seine Leistungen überschätzt werden. Es kommt der Tag, da beim Verkauf der Arbeitskraft die Menge der Tagesarbeit ebenso genau gemessen werden wird, wie es beim Verkauf von Zucker oder Mehl geschieht. Es wird der Tag kommen, da die Öffentlichkeit darauf bestehen wird, daß die Ausbeute auch der schwächeren Arbeiter gemessen und dabei festgestellt wird, ob es sich um wirkliche Schwäche oder Unfähigkeit zur Ausführung der betreffenden Arbeit oder um Faulheit handelt. Handelt es sich wirklich um Schwäche, so wird ihm angemessene Hilfe zuteil werden. Auf diese Art wird der Schwache von dem faulen Starken und jenem unterschieden werden, der eine für ihn nicht geeignete Arbeit verrichtet. Auf jeden Fall sollte auf der Vornahme von Messungen bestanden werden, um festzustellen, ob die Starken auch ihren vollen Anteil an der Arbeit verrichten, oder ob sie die Ursache sind, daß sich die Schwächeren überanstrengen müssen.

Menschlicher Faktor

Die Betriebswissenschaft hat durch die Praxis bewiesen, daß der ausschlaggebende Faktor für eine erfolgreiche Betriebsführung nicht die Arbeit sondern der Arbeiter ist; daß ein hoher Wirkungsgrad der Arbeit nur durch besondere Beachtung des Menschen, also des menschlichen Elementes zu erzielen ist, und auch hier nur durch eine entsprechende Gestaltung der Ausrüstung, der Materialien und der Arbeitsverfahren, um den Arbeiter instand zu setzen, sein Bestes zu leisten. Sie hat ferner klar gezeigt, daß die geistige Haltung des Arbeiters der ausschlaggebende Faktor für seine Leistungsfähigkeit ist und hat durch entsprechende Unterweisung den Arbeiter in die Lage gebracht, seinen höchsten Fähigkeiten entsprechend zu arbeiten.

Messung der Einzelleistung

Durch die Trennung der Einzelleistung wird nicht nur die Arbeit des Einzelnen ersichtlich, sondern gleichzeitig die Arbeit der anderen; jeder Arbeiter ist dadurch in der Lage, festzustellen, welcher seiner Mitarbeiter ihn z. B. durch nicht rechtzeitige Herbeischaffung von Materialien in seiner eigenen Arbeit aufgehalten hat usw. Der Arbeiter hat nicht nur die Möglichkeit, sich ganz auf seine Arbeit zu konzentrieren, sondern es wird ihm jeglicher Ansporn zur Ausübung seines Willens und Wunsches zur Arbeit gewährt. Seine Aufmerksamkeit wird auf die Tatsache gelenkt, daß von ihm als Einzelner erwartet wird, daß er sein Bestes leistet. Dabei helfen ihm der moralische Ansporn der Verantwortung und des Wettbewerbes und der geistige Ansporn der Entscheidung. Er hat daneben die Gewißheit, ein Ganzes zu sein, nicht einer von vielen. Diese Gelegenheit, eine Persönlichkeit zu sein, steht im Gegensatz zu der über W. B. herrschenden Meinung, daß sie Menschen in Maschinen verwandle. Wird die Ausbeute des Einzelnen festgestellt, so erzeugt dieser Umstand ein Gefühl der Ständigkeit, es ist eine Anerkennung guter Leistungen. Ein dem menschlichen Geiste zugrundeliegender Zug ist es, den Erfolg festzuhalten, und die Erfüllung und Nutzbarmachung dieses Wunsches bedeutet für W. B. einen großen Gewinn. Die Möglichkeit geistiger Entwicklung erhöht sich noch, wenn der Arbeiter diese Feststellungen seiner Ausbeute selbst vornimmt. Dadurch wird seine Aufmerksamkeit und sein Interesse gehoben, und er wird sich der Bedeutung dieser Feststellung und ihres Wertes voll bewußt. Wenn auch eine von anderer Seite vorgenommene und ihm zugänglich gemachte Aufstellung seiner Leistung wahrscheinlich ebenfalls zur Erhöhung seiner Leistungen und entsprechend zur Erhöhung seines Lohnes führen würde, so wird diese Steigerung noch zunehmen, sobald er die Feststellungen selbst vornimmt und jederzeit weiß und besonders darauf achtet, wie er dasteht.

Personalauswahl

Gegenwärtig muß sich die W. B. in den meisten Fällen darauf beschränken, die Anforderungen einer bestimmten Arbeit festzustellen und dann jenen Mann auszuwählen, der sich nach den angestellten Beobachtungen am besten dazu eignet. Bei einer genauen Kenntnis der Erfordernisse der Arbeit und der Variablen der Arbeiter trägt selbst eine flüchtige Beobachtung oft viel dazu bei, um den richtigen Mann auszuwählen. Das Ergebnis einer solchen Auswahl des Arbeiters ist nicht nur bessere Arbeit, sondern fördert auch, was vom psychologischen Standpunkt noch wichtiger ist, die Entwicklung seiner Individualität. Es wird oft vergessen, daß Arbeit an sich erzieherisch wirkt und daß der Arbeiter in der für ihn passenden Beschäftigung immer besondere Geschicklichkeit entwickeln wird.

Traditionelle Betriebsführung

Bei traditioneller Betriebsführung befindet sich die Leitung, wenigstens in der Theorie, in den Händen eines Mannes, eines fähigen mit allen Zweigen des Geschäftes vertrauten Vorstehers. Die Machtbefugnisse und die Verantwortung sind klar und eindeutig festgelegt. Jeder Einzelne im Betrieb steht in unmittelbarer Verbindung nur mit dem über ihm Stehenden. Mag ein Mann für einen oder mehrere ihm Unterstehende die Verantwortung tragen, so hat er doch nur einen Vorgesetzten, dem er allein verantwortlich ist.

Verbesserungsvorschläge

Nachweise über Vorschläge - d. h. Nachweise über entwickelte Initiative - sind die bereits bei vorgeschrittener traditioneller Betriebsführung allen Arbeitern gelieferten sog. Vorschlagskarten, die zur schriftlichen Aufzeichnung neuer Gedanken über vorzunehmende Verbesserungen benutzt werden. Diese Anregungen werden geprüft, und wenn sie gut sind, auch prämiiert. Bei W. B. sind solche Vorschläge von ganz besonderem Wert, denn, wie schon ausgeführt wurde, stützen sie sich auf

Normen und bedeuten, falls angenommen, nicht nur eine wirkliche, sondern auch eine dauernde Verbesserung. Ihr größter Wert liegt darin, daß dem Arbeiter eine besondere Anregung zur Arbeit gegeben wird, daß die Leiter auf diese Weise Kenntnis über die rührigsten Arbeiter ihres Betriebes erhalten und daß der Geist der Zusammenarbeit durch sie besonders gefördert wird. Der Arbeiter bekommt nicht nur eine Prämie, sondern es wird auch innerhalb des Betriebes bekannt gemacht, welcher Arbeiter eine wertvolle Anregung unterbreitet hat. Das an sich ist schon ein deutliches Zeiten dafür, daß der betreffende Arbeiter über besondere Fähigkeiten verfügt; sein Interesse wird geweckt, seine Aufmerksamkeit wird noch mehr auf die Arbeit gerichtet sein, und er wird sich daran gewöhnen, Initiative zu entwickeln.

Wissenschaftliche Betriebsführung

In früheren Zeiten war eine erfolgreiche Betriebsführung eine Kunst, die sich nicht auf Messungen stützte. W. B. dagegen ist eine Kunst, die sich auf Wissenschaft stützt, - auf Gesetze, die von Messungen abgeleitet wurden. Betriebsführung an sich bleibt aber immer dasselbe, - die Fähigkeit, jedwede Tätigkeit zu leiten. Bis vor kurzem verstand man im allgemeinen unter Betriebsführung und auch unter W. B. den leitenden Teil der Organisation und übersah dabei fast ganz den ebenso oder gar noch wichtigeren Teil, nämlich die besten Interessen der Geleiteten. Nachdem inzwischen aber die Tatsache erkannt wurde, daß unter Betriebsführung die Beziehungen zwischen Leitung und Geleiteten zu verstehen sind, ist die volle Bedeutung W. B. erst klar geworden.

Das moderne Unternehmen braucht Führer, statt Führungssysteme!

Henry Ford (1863 bis 1947)

Biographie

Die Persönlichkeit Henry Fords und das von ihm gegründete Unternehmen sind auf das engste mit der Herausbildung und raschen Entwicklung der amerikanischen Automobilindustrie verbunden. Von den anfänglich sehr zahlreichen Gründungsunternehmern dieses neuen Industriezweiges erkannte Ford als erster die günstigen Möglichkeiten für die Produktion und den Absatz eines unkomplizierten und billigen Massenautos.

Henry Ford wurde am 30. Juli 1863 auf einer Farm bei Dearborn/Michigan geboren. Schon als Kind besaß er auf dem Bauernhof seiner Eltern eine eigene Werkstatt. Während der Lehrzeit las er erstmals in einer englischen Zeitschrift über den Otto-Motor. Er erweiterte seine Werkstatt und widmete sich in der Folgezeit, auch neben seiner Tätigkeit bei einer Elektrizitätsgesellschaft, dem Bau von Verbrennungsmotoren. Im Frühjahr 1893 war es dann soweit: Das erste und in Detroit lange Zeit einzige funktionstüchtige Automobil fuhr durch die Straßen - gesteuert von seinem Erbauer Henry Ford.

Aber erst zehn Jahre später begann mit der Gründung der „Ford Motor Company" die eigentliche Serienproduktion von Automobilen. Acht verschiedene Modelle entstanden in den folgenden Jahren. Sie alle dienten mehr oder weniger zur Vorbereitung auf das Modell T, das ab 1908 als einziges Modell in Massenstückzahlen produziert wurde. Am 15. Dezember 1915 erreichte der Ausstoß die Ein-Millionen-Marke. Den absoluten Höhepunkt bildete das Jahr 1923, in dem über zwei Millionen Blech-Lizzies, wie das Modell T im Volksmund genannt wurde, die Produktionshallen verließen. Am Ende betrug die Gesamtstückzahl 15 Millionen.

Die Produktionserfolge der Ford Motor Company beruhten vor allem auf der konsequenten Durchsetzung der Massenproduktion, des Fließbandprinzips, einer hohen Arbeitsintensität und einer großen Fertigungstiefe. Die standardisierte Massenproduktion eines Einheitsmodells wird durch einen berühmt gewordenen Ausspruch Fords treffend charakterisiert: „Bei mir können Sie ein Auto in jeder beliebigen Farbe kaufen, vorausgesetzt die Farbe ist schwarz!".

Der Siegeszug des „Fordismus" beeinflußte in den 20er und 30er Jahren das geistige Leben in den USA und in den anderen Industrieländern tiefgreifend. Davon zeugen zahlreiche Werke der Weltliteratur aus dieser Zeit. So entwirft Aldous Huxley in seiner Anti-Utopie „Schöne neue Welt" das Bild einer Gesellschaft, beherrscht von dem gottähnlichen Henry Ford, die durch Massenmanipulierung und die Aufgabe aller ethischen Werte gekennzeichnet ist. Den Aufstieg von Henry Ford und die Grundsätze des Fordismus beschreibt John Doe Passoe in seiner Trilogie „USA" als exemplarische Beispiele für die Widersprüchlichkeit und den Zerfall der Industriegesellschaft. Upton Sinclair widmet sich in seinem Roman „Das laufende Band" den Auswirkungen der Fordschen Produktionsorganisation auf den arbeitenden Menschen.

Der Anteil des Ford-Konzerns an der amerikanischen Automobilproduktion betrug 1915 53 Prozent. 1921 stieg er auf über 60 Prozent, und 1924 lag er wieder bei rund 50 Prozent. Von da an ging es jedoch bergab. Der große Konkurrent General Motors, dessen Marktanteil in den genannten Jahren zwischen 9 und 19 Prozent schwankte, überflügelte Ford bereits im Jahre 1926. Hier erreichte General Motors einen Anteil von 34 Prozent, während der von Ford auf 33 Prozent sank. Ende der 20er Jahre bestritt der Ford-Konzern nur noch 15 Prozent der amerikanischen Automobilproduktion. Der Kampf dieser beiden Unternehmen um Marktanteile gilt bis heute als Modellfall für den Wettstreit zweier Managementsysteme; standen sich hier doch sehr unterschiedliche Prinzipien der Unternehmensorganisation, der Produktpolitik, des Marketing und der Personalführung gegenüber (vgl. Alfred Sloan)

Der Unternehmensgründer Henry Ford trat bereits 1918 zugunsten seines Sohnes Edsel als Präsident der Ford Motor Company zurück, behielt jedoch tatsächlich die Fäden in der Hand. Nach dem plötzlichen Tod des Sohnes übernahm der 80jährige Henry Ford 1943 wieder die Präsidentschaft des Unternehmens. Er starb am 7. April 1947.

Werkverzeichnis

Mein Leben und Werk. Leipzig o. J.

Das große Heute, das größere Morgen. Leipzig 1926*

Und trotzdem vorwärts! Leipzig 1930*

Mein Freund Edison. Leipzig 1931

* Quelle der im Lexikon enthaltenen Zitate

Schriften über Henry Ford

Friedrich, A.: Henry Ford - der König der Autos und Herrscher über die Seelen. Berlin 1924

Saager, A.: Henry Ford, Werken - Wirken, ein Charakterbild. Stuttgart 1924

Witte, I.: Taylor, Gilbreth, Ford. Berlin 1924

Gottl-Ottlilienfeld, F. v.: Fordismus? Verlag G. Fischer, Jena 1925

Rieppel, P.: Ford-Betriebe, Ford-Methoden. München/Berlin 1925

Honermeier, E.: Die Ford Motor Company. Leipzig 1925

Marquis, A.: Henry Ford. Zwei Jahrzehnte persönlicher Erlebnisse und Mitarbeiterschaft. Dresden 1927

Nevine, P.: Ford - The Time, the Man, the Company. New York 1954

Sponeel, H.: Henry Ford. Gütersloh 1960

Herndon, B.: Die Ford-Dynastie. München 1970

Lexikon

Abfallose Produktion

Die Heilung eines kranken Körpers ist ein Erfolg, aber ein größerer Erfolg besteht in der Verhütung einer Krankheit. Den bei der Produktion entstehenden Abfall aufsammeln und wieder verarbeiten bedeutet einen Dienst im Interesse der Allgemeinheit. Aber der größere Dienst liegt darin, die Arbeit so planvoll durchzuführen, daß kein Abfall entsteht.

Aktive Geschäftsführung

Es gibt passive und es gibt aktive Geschäftsführung. Die erste beobachtet nur, was geschieht, aber die zweite übt eine wirkliche Leitung aus. Eine positive zentralisierte Kontrolle, die stets bessere Entwürfe und bessere Herstellungsmethoden verlangt, ist die einzige tatsächliche Geschäftsführung. Wenn man nur dasitzt und zusieht, wie die Dinge sich abspielen, dann kann überhaupt nicht von einer Leitung gesprochen werden.

Anpassungsfähigkeit der Massenproduktion

Starre Massenerzeugung von der als Massenfabrikation bekannten Art läuft sich rasch tot, denn sie verletzt das vornehmste Prinzip einer Produktion in großem Maßstabe, welches darin besteht, daß der Fabrikant ständig Konstruktion und Qualität der herausgebrachten Waren verbessern muß. Das ist das unerbittliche Gesetz der Produktion, das sich wieder und wieder als richtig erwiesen hat. Nur ganz wenige der Standardartikel, die es vor zwanzig Jahren gab, sind heute noch Standardartikel. Weshalb? Diese älteren Artikel wurden nur zu Standardartikeln, weil sie damals den Bedürfnissen des Volkes entsprachen. Sie wurden gekauft, weil man wußte, daß sie stets erstklassig waren, aber sie waren nur erstklassig, weil sie ständig verbessert wurden - obwohl man vielleicht der Verbesserung selten Erwähnung tat. Falls aber, nachdem der Ruf der betreffenden Artikel gesichert war, jene, die den Ruf begründet hatten, sich ausruhen oder von Männern ersetzt werden, die sich damit begnügen, das Produkt hinzunehmen, wie sie es vorfanden und sich auf den guten Ruf verlassen, dann beginnt ein Fäulnisprozeß. Das Produkt gleitet stetig in den Hintergrund, und ein anderes Erzeugnis nimmt seinen Platz ein. Kein Produkt bleibt ständig ein Standardartikel. Der Standard muß gewahrt werden.

Arbeitgeber und Arbeitnehmer

Das Verhältnis zwischen Arbeitgeber und Angestellten hat nicht das leiseste mit Sentimentalität zu tun, und die künstliche Kultivierung eines Freundschaftsgefühls dient nur dazu, die wirklichen Ziele zu verdunkeln. Ein kunstvoll gemachter Versuch, eine freundschaftliche Stimmung zu erzeugen, zielt gewöhnlich darauf ab, irgendeine tiefe Quelle von Mißgefühl zu verbergen. Kameradschaftliches Empfinden erwächst von selbst aus den bestehenden Verhältnissen oder überhaupt nicht. Die Auszahlung und die Empfangnahme von Geld ist die Auszahlung und Empfangnahme von Geld. Wenn das Geld nicht verdient wird, kann es nicht bezahlt werden, und es sollte auch nicht bezahlt werden, selbst wenn es bezahlt werden könnte. Wenn es aber verdient wird, dann besteht weder für den Angestellten ein Grund, für die Auszahlung dessen, worauf er berechtigten Anspruch hat, dankbar zu sein, noch für den Arbeitgeber, sich wegen der Bezahlung in selbstgefälligem Stolz zu wiegen.

Basisnähe der Führung

Es bringt dem Leiter eines Unternehmens keinen Nutzen, wenn er nur über den Geschäftsgang unterrichtet wird, oder wenn so viele Berichte auf ihn eindringen, daß ihm keine Zeit bleibt, selbständig zu urteilen. Die vitalen Vorgänge in einem Unternehmen muß man ständig verfolgen, damit etwa erforderliche Verbesserungen sofort durchgeführt werden können. Diese Korrekturen brauchen nicht sogleich angewandt zu werden, manchmal ist es zur Schulung der Arbeiter nützlicher, sich ruhig das Pferd stehlen zu lassen - vorausgesetzt, daß man den Diebstahl beobachtet und das Tier zur richtigen Zeit wieder einfängt. Es ist ein Zeichen kluger Geschäftsführung, manchmal stumm zuzusehen, wie ein Zustand sich verschlimmert, um weitere Schwächen in einer Organisation aufzudecken und jene Persönlichkeiten festzustellen, welche ein feines Gefühl für bestehende Verhältnisse besitzen. Ewig an kleinen Fehlern herumflicken, kann zu einer Verschwendung der Aufmerksamkeit und der Energie führen, die für größere Aufgaben erforderlich sind. Es kann nützlich sein, falsche Fäden als Ariadnefäden zur Aufdeckung weiterer Irrtümer zu benutzen, das ist aber unter jeder Form einer Aktionärspolitik unmöglich. Die Hauptsache ist, daß die Leitung mit Männern, die wissen, was vor sich geht, in engster Fühlung steht.

Demokratie im Geschäftsleben

Daher ist Demokratie im Geschäftsleben kein erstrebenswertes Ideal, falls darunter verstanden wird, daß die Geschäftspolitik durch die Abstimmung einer großen Anzahl Leute bestimmt werden soll, die alle nicht wissen, was vor sich geht. Nach meiner Auffassung besteht die Demokratie der Geschäftsführung darin, daß Fähigkeit anerkannt wird und der Weg zum Aufstieg jedem einzelnen entsprechend seiner Fähigkeit offensteht. Dann können wir mit gutem Grund überzeugt sein, daß die Arbeiten von jenen verrichtet werden, die zu ihrer Leistung am geeignetsten sind, und daß jeder einzelne entsprechend seinen Verdiensten als Arbeiter und nicht als Schwätzer belohnt werden wird.

Niemand kann durch gutes Zureden ein Automobil veranlassen, zu laufen, aber gerade dazu scheint die Anwendung des demokratischen Ideals auf die Industrie zu führen und nicht zu einer Anerkennung von Verdienst und Leistung.

Dezentrale Führung

Man kann es als Regel aufstellen (und Regeln haben stets Ausnahmen), daß ein Dutzend Gesellschaften, von denen jede ein separates Produkt herstellt, besser getrennt als zu einer einzigen großen Gesellschaft vereint arbeiten. Die vereinigte Gesellschaft kann nie all die Einheiten so gut leiten, wie jede Einheit sich selber zu leiten vermag.

Echte Unternehmer

Ein Mann ist kaum als Unternehmer zu bezeichnen, wenn er ein Produkt nicht besser und nicht schlechter als eine Konkurrenten herstellt, die üblichen Löhne zahlt und zu den Marktpreisen verkauft. Ihm gehört vielleicht seine Fabrik, aber ihm gehört nicht sein Unternehmen. Um eine Politik der Dienstleistung auszuüben, muß ein Unternehmen eine Führung besitzen, die willig ist, zu arbeiten und zu denken. Dann wird Dienstleistung in jedem Teil des Unternehmens zu spüren sein. Ein solches Unternehmen wird das Produkt und seine Herstellung bestimmen, zu seinen eigenen Preisen verkaufen und seine eigenen Löhne bezahlen. Unvermeidlich wird es seine eigenen Finanzen beherrschen. Und nur wenn die Finanzen eines Unternehmens das Resultat seines eigenen Fortschritts sind - gleichgültig, wie seine Lage zu sein scheint -, entwickelt es sich vorwärts statt rückwärts.

Effizienz

Gäbe es ein Mittel, um zehn Prozent Zeit zu sparen oder die Resultate um zehn Prozent zu erhöhen, so bedeutete die Nichtanwendung dieses Mittels eine zehnprozentige Steuer (auf alle Produktion).

Fabrikorganisation

Keine Fabrik ist groß genug, um gleichzeitig zwei Artikel fabrizieren zu können. Ein Betrieb muß ausschließlich auf ein bestimmtes Produkt eingestellt sein, wenn wirklich sparsam gewirtschaftet werden soll.

Führung statt Führungssysteme

Es gibt kein Arbeitssystem, mit dessen Hilfe ein Unternehmen zu allen Zeiten geleitet werden kann. Das Beste, was sich tun läßt, ist, einen Plan aufzuzeichnen, der zeigt, was heute geschieht; morgen, nachdem man etwas dazugelernt hat, muß vielleicht ein neuer Plan in Kraft treten. Das moderne Unternehmen segelt auf unbekanntem Meer. Es braucht Führer, statt Führungssysteme - Führer, denen ihr Wissen, ihr Verständnis, ihre Befähigung, die Zeichen der Zeit zu lesen, Autorität verleiht. Führung als System sind nur die angesammelten Präzedenzfälle, welche frühere Führer unter ganz bestimmten Bedingungen aufstellten; die Bedingungen haben sich gewandelt: die Präzedenzfälle besitzen fürderhin keine Gültigkeit mehr. Heute erfordert das Geschäft nicht, daß man Präzedenzfällen folgt, sondern Präzedenzfälle schafft.

Gefahren guten Geschäftsgangs

Gerade bei gutem Wetter muß die Leitung klug und auf der Hut sein. Nichts gefährdet die Moral einer geschäftlichen Organisation so stark wie eine Reihe von Erfolgen. Dann macht sich die Neigung geltend, das Unternehmen laufen zu lassen und lediglich die Aufträge auszuführen, während die Führer behaglich ihre Triumphe feiern. Die Gefahr ist nicht offenkundig, aber sie lauert bereits im Geheimen. Es ist die gleiche Gefahr, die nach Beendigung der Training- und Spielsaison einer Fußballmannschaft droht: die Organisation wird schlaff. Der kluge Geschäftsführer wird gerade in sogenannten guten Zeiten häufiger die Runde machen, weil in guten Zeiten das Saatkorn für schlechte Zeiten gesät wird. Das ist eine Tatsache, die sich der Geschäftswelt ständig aufdrängt, aber bisher nicht beachtet worden ist.

Zu Zeiten guten Geschäftsganges wird der kluge Führer die Zügel seiner Organisation genau so straff führen, wie beim Einsetzen schlechterer Zeiten. Er wird zum Beispiel die Preise herabsetzen, nicht um die Verkäufe zu fördern (das ist selten das wirklich wichtige Ergebnis), sondern um seine Organisation zu zwingen, bessere Methoden zu ersinnen. Mit Vorbedacht wird er, wenn auch die Käufer zufrieden sind, einen verbesserten Artikel auf den Markt bringen, nicht weil das Publikum ihn verlangt (das Publikum tut das sehr selten), sondern weil er weiß, daß er sich nicht leisten kann, seine Organisation verschlampen zu lassen. Die Gesundheit jener schöpferischen, produktiven Organisation gilt ihm mehr, als der Aktienmarkt oder das Feuerwerk spekulativer Schachergeschäfte. Gleich dem Kapitän denkt der kluge Führer in erster Linie an das Schiff -das heißt an die Organisation. Gutes Wetter bedeutet für ihn nicht Mußezeit. Tatsächlich wird gerade bei gutem Wetter das geschäftliche Schiff leck.

Innovationsprozeß

Wir alle wissen, daß ein Mann oder eine Gesellschaft, die sich jede neue Erfindung, die herauskommt, zu eigen macht, stets in der Lage ist, sich irgendwohin auf den Weg zu machen, aber nie ganz bereit ist, zu marschieren. Es besteht ein Unterschied zwischen der Einführung einer Sache, einfach, weil sie neu ist, und der Einführung, weil sie besser ist. Die amerikanischen Industriekapitäne - in erster Linie trifft das für die Automobilindustrie zu - sind stets geneigt, fast ohne Rücksicht auf die Kosten, eine neue Erfindung aufzugreifen, sobald erwiesen ist, daß sie eine Verbesserung darstellt. In den Ford-Werken betrachten wir eine Verbesserung nur als einen Schritt vorwärts, aber niemals als die Verwirklichung der Vollkommenheit. Alles, was die Möglichkeit einer weiteren Verbesserung zu bieten scheint, wird ausprobiert. Man betrachte eine fünfjährige Periode, und am Ende dieser Zeit werden keine Teile, keine Maschinen, keine Methoden in unseren Industrien die gleichen sein wie zu Anfang; ja, manche werden sich während dieser Zeit wiederholt verändert haben. Doch für jede Veränderung, die wir vornehmen, haben wir wahrscheinlich nach sorgfältiger Prüfung hundert oder auch tausend Vorschläge verworfen.

Kleine Unternehmen

Der Glaube, daß ein Industriestaat seine Industrien konzentrieren muß, ist nach meiner Ansicht unbegründet. Das ist nur in einem Zwischenstadium der Entwicklung nötig. Je mehr wir in der Industrie vorwärtskommen und lernen, Artikel mit auswechselbaren Teilen herzustellen, um so mehr werden sich die Produktionsverhältnisse verbessern. Und die für die Arbeiter besten Verhältnisse sind auch, vom Produktionsstandpunkt aus betrachtet, die besten. Eine Riesenfabrik läßt sich nicht an einem kleinen Flusse errichten. Man kann aber eine kleine Fabrik an einem kleinen Fluß errichten, und eine Vereinigung kleiner Fabriken, von denen jede nur einen Teil herstellt, wird das ganze Verfahren billiger machen, als wenn alles in einem einzigen Riesenbetrieb erzeugt würde.

Konkurrenzdenken

Eine allgemeine Täuschung in der sogenannten Verkäuferkunst besteht in dem Verkauf gegen einen Konkurrenten, statt in Verkäufen für das Publikum. Sobald ich einen Geschäftsmann sorgenvoll über seine sogenannten Konkurrenten schwatzen höre, weiß ich, daß er sein eigenes Geschäft nicht leitet, sondern sich durch die Wirkung, die seine Rivalen auf sein Denken ausüben, leiten läßt. Ein Unternehmen, das der Dienstleistung geweiht ist, besitzt weder Rivalen noch Konkurrenten. Ein Geschäft, das, durch Furcht oder Eifersucht angetrieben, seine Ideen aus anderen

Unternehmen schöpft und diese einfach nachäfft, ruht auf keiner gesunden Grundlage. Wiederholt habe ich betont, daß die Zeit, die man auf das Studium seiner Konkurrenten verwendet, nutzlos vergeudete Zeit ist. Man kann die Zeit weit nutzbringender verwenden, indem man sein eigenes Erzeugnis und die Bedürfnisse der Öffentlichkeit sorgfältig studiert.

Kontrolle

In dem Laboratorium in Dearborn haben wir eine Abteilung, deren einzige Pflicht es ist, durch die Werkstätten zu gehen und alles, was ihr auffällt, zu notieren, damit es in Dearborn nachgeprüft werden kann. Unser Unternehmen würde nicht korrekt arbeiten, wenn nicht alles bis zu den winzigsten Einzelheiten genau dem Plan und den Anweisungen entsprechend durchgeführt würde, und obwohl in jedem Stadium der Produktion jede nur erdenkliche Nachprüfung vorgenommen wird, haben wir diese fliegende Schwadron aufgestellt als weitere und unabhängige Kontrollabteilung, und auch die fliegende Schwadron selber wird häufig kontrolliert.

Kontrolle der Gewinne

Wir lernen allmählich, daß ein Unternehmen, um erfolgreich zu arbeiten - was nur mit anderen Worten höchste Dienstleistung bedeutet -, in der Lage sein muß, nicht nur seine Preise und seine Löhne, sondern auch seine Gewinne zu kontrollieren, und daß hierin die oberste Pflicht der Leitung besteht. Eine gänzlich neue Auffassung des Geschäftslebens in all seinen Beziehungen bereitet sich vor. Wir entwachsen allmählich dem kleinen Geschäft mit seinen kleinen Ideen.

Kundenorientierung

Der Fabrikant ist mit seinen Kunden durchaus nicht fertig, wenn der Verkauf perfekt geworden ist. Ihre Beziehungen haben im Gegenteil erst begonnen. Beim Automobil bedeutet der Verkauf übrigens eine Art von Einführung. Leistet der Wagen dem Käufer keine guten Dienste, so wäre es für den Fabrikanten besser, er hätte niemals eine Einführung gehabt, da er in diesem Falle die ungünstigste aller Reklamen besitzt - einen unzufriedenen Kunden.

Langlebige Produkte

Der Plan, mit dem ich mich damals trug, für den wir aber noch nicht reif genug waren, um ihn in die Tat umzusetzen, war, ein bestimmtes Modell zu bauen, bei dem jeder einzelne Teil herausgenommen und durch einen eventuell künftig vervollkommneten Teil ersetzt werden konnte, so daß ein Wagen niemals veraltete. Es ist mein Ehrgeiz, jeden Maschinenteil, jeden Dauerartikel, den ich herausbringe, so stark und gut zu arbeiten, daß niemand ihn von rechtswegen zu ersetzen braucht. Jede gute Maschine müßte eigentlich so dauerhaft sein wie eine gute Uhr.

Löhne und Preise

Die große Aufgabe, die heute den Führern der Industrie entgegentritt, besteht darin, genügend Einsicht in die Prozesse der Industrie zu gewinnen, um die Maschinen des Landes in Gang zu halten, nicht nur bei einer Hausse, sondern in stetiger zunehmender Art, so daß Wohlstand allmählich das ganze Land durchflutet. Eine der Methoden zur Erreichung dieses Ziels besteht im Hochhalten der Löhne und im Niedrighalten der Preise, denn dadurch geben wir nicht nur den Leuten das Geld, um zu kaufen, sondern gleichzeitig infolge der niedrigen Preise die Möglichkeit, mehr zu kaufen. Steigende Löhne bei gleichzeitig steigenden Preisen sind für den Wohlstand eine bedeutungslose Geste, während Herabsetzung der Löhne bei gleichzeitiger Herabsetzung der Preise überhaupt nichts verändert. Sinkende Löhne und steigende Preise sind die rascheste und sicherste Methode, schlechte Zeiten zu verewigen. Steigende Löhne und gleichzeitig fallende Preise verlangen erheblich mehr als gute Absicht. Sie erfordern jede Unze Hirn, die man aufbringen kann, denn die Gewinngrenzen sind so eng gezogen, daß der Gewinn restlos verschwinden wird, falls nicht jeder Führer und Direktor genau wie jeder Handarbeiter seinen ganzen Scharfsinn beisteuert.

Loslösung von Traditionen

Es ist gar nicht so einfach, sich von der Tradition zu lösen. Aus diesem Grunde lassen wir stets all unsere neuen Arbeiten von Männern leiten, die vorher keine Erkenntnisse auf dem betreffenden Gebiet besaßen und daher auch keine Gelegenheit hatten, mit den Unmöglichkeiten auf vertrauten Fuß zu kommen. Technische Sachverständige ziehen wir zwar zu Rat, sooft deren Hilfe nötig erscheint, aber keine Operation wird je von einem Techniker geleitet, denn ein Techniker kennt stets zu viel Dinge, die sich nicht verwirklichen lassen. Unsere unvermeidliche Antwort auf „Unmöglich" lautet: „Gehen Sie hin und tun Sie es".

Make or buy

Wenn unsere Lieferanten es ablehnen, zu Preisen zu arbeiten, die uns nach genauer Prüfung angemessen erscheinen, dann stellen wir den betreffenden Artikel selbst her. Bei der großen Zahl von Menschen, deren Lebensunterhalt von uns abhängt, dürfen wir unter keinen Umständen das Risiko einer Unterbrechung der Produktion durch Streiks in irgendeiner Fabrik laufen, die nicht unserer Kontrolle untersteht. In zahlreichen Fällen haben wir deswegen bis auf die Ursprungsquellen zurückgegriffen. In anderen Fällen fabrizieren wir von einem Produkt gerade genug, um uns völlig mit dessen Herstellung vertraut zu machen und im Notfalle in der Lage zu sein, das fragliche Erzeugnis selbst herzustellen. Bisweilen tun wir dies auch lediglich zur Nachprüfung des Preises, den wir bezahlen müssen.

Massenproduktion

Mein ganzes Streben war damals und ist auch heute noch darauf gerichtet, einen einzigen Wagen - ein Universalmodell - herauszubringen. Jahraus, jahrein war es mein Bemühen, bei ständigem Preisabbau diesen Wagen zu verbessern, zu verfeinern und zu vervollkommnen. Der Universalwagen mußte sich durch folgende Eigenschaften auszeichnen:

1. Erstklassiges Material zur dauerhaftesten und ausgiebigsten Benutzung.
2. Einfachheit - denn die Masse besteht nicht aus Mechanikern.
3. Ausreichende Motorkraft.
4. Absolute Zuverlässigkeit - da der Wagen den verschiedensten Ansprüchen gerecht werden und auf guten und schlechten Wegen fahren muß.
5. Leichtigkeit.
6. Fahrsicherheit.
7. Je schwerer der Motor, um so höher der Benzin-, Öl- und Fettverbrauch. Je leichter das Gewicht, um so geringer die Betriebskosten.

Menschenleere Fabrik

Wer sich über das Herannahen des Tages Sorgen macht, an dem die gesamte Industrie auf einer so restlosen maschinellen Basis steht, daß für Arbeiter in dem Plan kein Raum bleibt, der zerbricht sich den Kopf über eine Lächerlichkeit. Es gibt eine ganze Anzahl letzter Ereignisse, über die wir uns keine Sorge zu machen brauchen. Früher beschäftigte man sich viel mit der Frage, was wohl geschehen würde, wenn die Sonne plötzlich keine Wärme mehr ausstrahlte. Das wäre ein Unglück; aber sich darüber Sorge zu machen, ist zwecklos, denn wir können nichts dagegen unternehmen.

Menschliches Urteil

Das Ziel jedes Unternehmens muß die Verrichtung einer nützlichen Arbeit auf sparsamstem Wege sein. Kein Geschäft läuft von selber. Es gibt keine Methoden oder Formen, die menschliches Urteil und Führertum ersetzen können. Ohne umfassende Kenntnis von dem, was beurteilt werden soll, kann man nicht urteilen. Eine Führung ist unmöglich, wenn der Führer nicht weiß, was er führt. Das Führertum muß sich in einer Person verkörpern, und daher muß einer Persönlichkeit das letzte und entscheidende Urteil zustehen.

Monopol

Die großen Konzerne werden von vielen Leuten immer noch mit Mißtrauen betrachtet - obwohl die heutigen Konzerne um das Vielfache größer sind als die Gesellschaften, welche dieses bange Mißtrauen erregten. Heute wissen wir, daß ein Monopol aus dem einfachen Grunde unmöglich ist, weil jedes Monopol, das sich nicht auf Dienstleistung gründet, den Todeskeim in sich trägt. Es stößt mit der Zeit die Kunden zurück, das hat sich wieder und wieder bewahrheitet. Zentralisierung kann zu einem Monopol entarten; richtige Zentralisierung jedoch bedeutet höhere Dienstleistung.

Organisationsfetischismus

Das größte Übel und Hindernis, das es bei einem Arbeitszusammenschluß einer großen Anzahl Menschen zu bekämpfen gilt, sind ein Übermaß von Organisation und die daraus resultierende Verzopfung. Für mein Gefühl gibt es keine gefährlichere Veranlagung als die des sogenannten „Organisationsgenies". Gewöhnlich führt sie zu der Erschaffung eines riesigen Schemas, das nach Art der Familienstammbäume Verzweigung und Verästelung der Autorität bis in ihre letzten Glieder darstellt. Der ganze Stamm ist mit hübschen runden Beeren behangen, die sämtliche den Namen einer Persönlichkeit oder eines Amtes führen. Jeder hat einen Titel und gewisse Funktionen zu versehen, die sich streng auf Umfang und Wirkungskreis seiner Beere beschränken.

Produktverbesserung

Für ein gutes Erzeugnis ist der Markt nie übersättigt, um so rascher dagegen für ein schlechtes. Gleichgültig, wie vollkommen eine Ware zuerst auch sein mag, sie bleibt nicht auf der Höhe, falls ihr Standard nicht ständig verbessert wird. Das bedeutet nicht, daß alle paar Wochen oder Monate neue und überraschende Umänderungen vorgenommen werden müssen, denn das ist bei einem Erzeugnis, das von Anfang an so gut wie nur möglich hergestellt wurde, ausgeschlossen. Es ist nicht unbedingt ein Erfordernis, jede Veränderung einer guten Geschäftspraxis öffentlich bekanntzugeben. Man sichert sich die Zuneigung der Öffentlichkeit, indem man in aller Stille Veränderungen durchführt, dank deren das betreffende Produkt ständig vollkommener wird, denn dann erlangt die betreffende Ware allmählich den Ruf, daß sie stets den Bedürfnissen des Käufers entspricht. Das Publikum verlangt selten von sich aus Änderungen. Aber die Öffentlichkeit wandelt sich selber unbewußt, und nur der Artikel findet allgemein eine freundliche Aufnahme, der von der Geschäftsleitung dauernd vervollkommnet wird.

Recycling

Fast alles besitzt eine erste und eine zweite - und wahrscheinlich noch manche weitere Verwendungsmöglichkeiten, bevor es auf den Abfallhaufen gehört. Aber selbst der Müllhaufen brauchte nicht der Abschluß zu sein. Eher sollte er eine Verteilungsstelle für Materialien darstellen, die wieder zur Verarbeitung kommen. Unser Volk hat die Frage der Wiederverwendung noch nicht ernstlich in Angriff genommen, wahrscheinlich, weil ein großer Teil der verarbeiteten Materialien nicht gut genug war, um eine zweite Verwendung einträglich zu machen. Dann fehlt es auch an einer leistungsfähigen Organisation, die Wiederverarbeitung als nationale Tat zu betreiben. Wenn ein Automobil aufgehört hat, als Transportmitteln einen Wert zu besitzen, bleibt es trotzdem noch eine wertvolle Sammlung von Metallteilen. Wenn wir es nicht nur als Strandgut betrachten würden, sondern versuchten, neue Verwendungsmöglichkeiten für die zahlreichen Teile zu finden, die selbst in dem ältesten Auto genau so gut wie neue Teile sind, dann würden wir damit eine neue Quelle des Reichtums erschließen.

Regeln der Fließbandarbeit

Die bei der Montage befolgten Grundregeln lauten:

1. Ordne Werkzeuge wie Arbeiter in der Reihenfolge der bevorstehenden Verrichtungen, so daß jeder Teil während des Prozesses der Zusammensetzung einen möglichst geringen Weg zurückzulegen hat.

2. Bediene dich der Gleitbahnen oder anderer Transportmittel, damit der Arbeiter nach vollendeter Verrichtung den Teil, an dem er gearbeitet hat, stets an dem gleichen Fleck - der sich selbstverständlich an der handlichsten Stelle befinden muß - fallen lassen kann. Wenn möglich, nutze die Schwerkraft aus, um den betreffenden Teil dem nächsten Arbeiter zuzuführen.

3. Bediene dich der Montagebahnen, um die zusammenzusetzenden Teile in handlichen Zwischenräumen an- und abfahren zu lassen.

Das Nettoresultat aus der Befolgung dieser Grundregeln ist eine Verminderung der Ansprüche an die Denktätigkeit des Arbeitenden und eine Reduzierung seiner Bewegungen auf das Mindestmaß. Nach Möglichkeit hat er ein und dieselbe Sache mit nur ein und derselben Bewegung zu verrichten.

Regionale Dezentralisierung

Das wirkliche Ideal ist eine vollständige Dezentralisation, bei der die meisten Fabriken klein und so gelegen sind, daß die Arbeiter Bauern und Industriearbeiter zugleich sein können. Das würde nicht nur für die einzelnen Menschen eine größere Unabhängigkeit schaffen, sondern gleichzeitig auch Waren und Nahrungsmittel verbilligen. Die heutige Unterscheidung zwischen Industrie und Landwirtschaft ist etwas Vorübergehendes, bedingt durch die beschränkten Gebiete, in denen früher Energie zur Verfügung stand. Wenn Kraft mittels elektrischer Leitungen überall hingeleitet wird, dann fallen diese Grenzen für die Industrie und die bei ihr tätigen Arbeiter. Die Industriestadt ist lediglich eine vergängliche Phase der Industrie. Allmählich wird die Geschäftsführung lernen, Vorteil aus ihren größeren Möglichkeiten zu ziehen.

Richtiger Verkaufspreis

Der richtige Verkaufspreis ist immer der niedrigste Preis, zu dem, unter Berücksichtigung aller Verhältnisse, der betreffende Artikel hergestellt werden kann, und da Erfahrung in der Herstellung und vermehrte Produktion zu einer Verringerung der Gestehungskosten führen, läßt sich auch der Verkaufspreis in der Regel ständig verbilligen. Es ist die Pflicht eines Fabrikanten, ständig die Preise herab- und die Löhne heraufzusetzen. Es handelt sich dabei nicht nur um eine Pflicht der Öffentlichkeit gegenüber. Der Fabrikant ist sich das selber schuldig, denn nur auf diese Weise vermag er sein Unternehmen zu kontrollieren. Anscheinend herrscht über diese Frage noch große Unklarheit.

Selbstzufriedenheit

Sobald ein Vorarbeiter oder ein Oberaufseher zu glauben beginnt, er leiste vollkommene Arbeit, versetzen wir ihn in eine Abteilung, von der er gar nichts versteht, und stellen für ihn einen Mann ein, der nichts von des ersten Mannes Arbeit kennt. Beide Leute müssen jetzt wieder ihre ganze Kraft einsetzen, um die neue Abteilung, in die sie versetzt sind, hochzubringen, und fast stets gelingt ihnen das auch. Selbstzufriedenheit ist höchst gefährlich - sie besagt durchaus nicht, daß ein Mann sich einen genügenden Grundstock von Kenntnissen erworben hat; sie deutet nur darauf hin, daß er sein Denken neuer Erkenntnis verschließt und zufrieden ist, dort stehenzubleiben, wo er steht.

Technologien

Während sich die meisten Fabrikanten eher zu einer Änderung des Produktes als ihrer Produktionsmethoden entschließen, verfolgen wir den gerade entgegengesetzten Weg.

An unseren Produktionsmethoden haben wir die größten Änderungen vorgenommen. Diese stehen niemals still. Ich glaube, keine einzige Verrichtung bei der Herstellung unserer Wagen ist die gleiche geblieben wie damals, als wir den ersten Wagen nach unserem gegenwärtigen Modell konstruierten. Das ist der Grund, weshalb wir so billig produzieren.

Unaufdringliche Führung

Nach unserer Auffassung ist Industrie in der Hauptsache eine Frage der Verwaltung, und Verwaltung und Führerschaft sind für uns genau das gleiche. Für jede Art Leitung, die Befehle brüllt und sich überall einmischt, statt die Leute bei ihrer Arbeit anzuleiten, haben wir kein Verständnis. Wirkliche Führung ist unaufdringlich. Stets ist es unser Ziel, Material und maschinelle Einrichtung in Ordnung zu halten und die Arbeitsmethoden so zu vereinfachen, daß Befehle überhaupt kaum noch notwendig sind. Wenn die Leitung nicht schon auf dem Zeichenbrett beginnt, wird sie sich auch nie in der Werkstatt durchsetzen.

Unseriöse Verkaufspraktiken

Jedes Geschäft ist unsicher, das versucht, dem Volke seine Produkte aufzudrängen, oder das versucht, Verkäufe mit Kunden zu tätigen, die bereits reichlich versorgt sind. Jedes Unternehmen, das sein Erzeugnis unter falschen Vorspiegelungen ankündigt, befindet sich in größter Gefahr. Diese falschen Vorspiegelungen können zahlreiche Formen annehmen. Am häufigsten versuchen diese Herren, das Erzeugnis eines Konkurrenten herabzusetzen, in der Hoffnung, die Käufer werden dann mehr Geld zur Verfügung haben, um das eigene Produkt zu kaufen. Diese Praktiken entspringen alle dem gleichen Gedanken, das Volk könne nur eine bestimmte Summe ausgeben, und ein Geschäft sei ein Kampf, um sich zuerst in den Besitz einer begrenzten Anzahl von Dollar zu setzen. Das ist überhaupt kein Geschäft und kann nicht von Dauer sein. Wenn die sogenannten Verkaufsaufwendungen für ein Produkt im Verhältnis zu seinem Preis hoch sind, dann ist etwas an dem Produkt nicht in Ordnung.

Unternehmensbewertung

Jede Schätzung des Wertes eines Geschäftes, die auf dessen Besitz oder dessen Einrichtungen beruht, ist praktisch wertlos. Niemand käme es in den Sinn, Zimmerleute entsprechend den Werkzeugkästen, die sie besitzen, zu entlohnen.

Ein industrielles Unternehmen ist nur soviel wert wie sein Erzeugnis, und nur wenn das Erzeugnis ständig verbessert wird, wird es ständig von dem Publikum gekauft werden. Das ist eine Binsenwahrheit, die aber häufig vernachlässigt zu werden scheint, denn sonst könnten nicht so zahlreiche Gesellschaften zu finanziellen Zwecken lediglich auf Grund ihrer früheren Bilanzen bewertet werden. Eine erfolgreiche Vergangenheit setzt voraus, daß gewisse wertvolle Erfahrungen gesammelt worden sind. Aber wenn die betreffende Gesellschaft ihre tatkräftige Führung verliert - die Männer, welche die Erfolge erzielten -, dann muß die betreffende Gesellschaft, gleichgültig, wie groß ihr Besitz ist, ihren Weg ganz von neuem beginnen, falls die neuen Direktoren nicht imstande sind, sich die früheren Erfahrungen nutzbar zu machen.

Unternehmenserfolg

Der ständige Erfolg irgendeines Unternehmens ist nicht das Resultat einer Reihe glücklicher Zufälle. Ein einfacher Glückszufall kann eine Gesellschaft eine Zeitlang erfolgreich erscheinen lassen, aber mit dem Heranreifen eines Unternehmens dürfen in ihm keine unkontrollierten Faktoren stecken. Gewisse äußere Faktoren, wie Krieg oder politische Einmischungen, können den Fortschritt abbiegen oder hemmen, sonst jedoch kann und muß ein Unternehmen im weitesten Maße sein eigener Herr sein. Falls ein Dutzend der größten Gesellschaften unseres Landes in bestimmten lebenswichtigen Fragen gemeinsam handeln würde, dann wäre es möglich, schwere Zeiten, die nicht der Notwendigkeit entspringen, sondern durch Abweichung von den Grundsätzen der Dienstleistung und vor allem von dem Grundsatz, immer Werte zu liefern, entstehen, zu verhindern. Das erste Zeichen des Herannahens schwerer Zeiten zeigt sich, sobald der Wohlstand so groß erscheint, daß kurzsichtige Fabrikanten entweder die Qualität verschlechtern oder, was üblicher ist, die Preise in der Hoffnung heraufsetzen, Vorteile aus einem urteilslosen Publikum zu ziehen. Die Leute, die dieses tun, sind die ersten, die Schutz suchen und über schwere Zeiten jammern, sobald das Publikum entdeckt, daß es betrogen wird, und seine Einkäufe einstellt.

Unternehmensgröße

Die Frage der Größe wird häufig in Hinblick auf die Geschäftsführung aufgeworfen. Fragen werden gestellt. Wie groß ist zu groß? Wie groß darf eine Fabrik werden, ohne der Möglichkeit wirkungsvoller Leitung verlustig zu gehen? Und die Antwort ist immer die nämliche: Wenige Unternehmen können zu groß werden; alle gesunden Geschäfte vergrößern sich ständig; der Versuch, die mögliche Ausdehnung der Geschäftsführung durch geographische Grenzen abzumessen, beruht auf einem Trugschluß. Bisher wissen wir jedenfalls noch nicht, wo die Grenzen wirksamer Geschäftsführung liegen. Wir haben noch nicht gesehen, daß irgendwelche Unternehmen sich nicht unter einer einzelnen Geschäftsleitung in großem Stile ausdehnen ließen. Sie sind in ihrer Dienstleistung zu persönlich und passen sich jedem Ort zu sehr an, um national zu sein. Als ganzes betrachtet, bilden sie ein sehr großes Unternehmen, aber das Bedürfnis nach lokaler Geschäftsführung kann nur durch lokale Geschäftsführung erstellt werden.

Unternehmensziel

Wenn das Hauptziel irgendeines Unternehmens die Ausschüttung einer bestimmten Dividende ist, dann ist das betreffende Geschäft dem sicheren Untergang geweiht. Die Gewinne müssen sich von selber dadurch ergeben, daß man gute Arbeit leistet, oder sie werden sich überhaupt nicht einstellen.

Unternehmenszweck

Der Zweck jedes Unternehmens besteht in der Befriedigung menschlicher Bedürfnisse. Sobald dieser Zweck erreicht ist, hat das Unternehmen im Augenblick seine Aufgabe erfüllt. Wenn sich die menschlichen Bedürfnisse verändern - und sie verändern sich ständig -, dann ist das Unternehmen, falls es sich nicht den neuen Bedürfnissen anpaßt, erledigt. Ein Fortbestehen wäre eine wirtschaftliche Verschwendung. Eine Aufgabe jedes Unternehmens, seine wichtigste Aufgabe, besteht in der Dienstleistung. Sobald es nur eine genau bekannte und scharf umrissene Dienstleistung gibt, hat ein Unternehmen seine Grenzen erreicht. Solange sich jedoch die Dienstleistung steigern läßt, bestehen Möglichkeiten zur Vergrößerung.

Verfahrensverbesserung

Jeder, der eine große Fabrik errichtet, um ein bestimmtes Produkt herzustellen, und dann glaubt, es seien keine künftigen Abänderungen am Plan, am Material oder an den Produktionsmethoden erforderlich, wird in erstaunlich kurzer Zeit eine Überproduktion bemerken, und dann schwatzt der betreffende Besitzer von einer Übersättigung des Marktes.

Verkürzung der Durchlaufzeit

1921, zur Zeit, als die Geschäftstätigkeit unseres Landes so gut wie ins Stocken geraten war, hatten wir gewisse dringende Zahlungen im Gesamtbetrage von 58 Millionen Dollar zu leisten, besaßen aber nur 20 Millionen Dollar auf der Bank...

Wir bohrten uns in unser Geschäft hinein und holten aus dem Geschäft an Bargeld 52.700.000 Dollar heraus, indem wir unsere ganze Aufmerksamkeit nur auf ein einziges Element richteten - auf das Element der Zeit.

Unser Vorgehen bestand kurz in folgendem: Auf Grund einer Produktion von viertausend Autos täglich hatten wir, um keine Unterbrechung der Produktion befürchten zu müssen, Rohmaterial im Werte von ungefähr sechzig Millionen Dollar auf Lager. Normalerweise beanspruchte es zweiundzwanzig Tage, Rohmaterial in den fertigen Wagen umzuwandeln. Wir kürzten diese Zeit auf vierzehn Tage oder etwa um ein Drittel, wodurch theoretisch ein Kapital von 20.000.000 Dollar frei wurde. Tatsächlich gelang es uns, sogar 24.700.000 Dollar freizumachen, da wir auch in unser Inventar ziemlich unbarmherzig eingriffen. Dann setzten wir unsere Fertigwaren eilig in Umlauf und brachten weitere 28 Millionen Dollar herein. Auf diese Weise erledigten wir, ohne borgen zu müssen, unsere Verpflichtungen - das war wichtig, aber von viel höherer Bedeutung war die Erkenntnis, welch riesiges Gewicht toten Geldes wir in unserem Geschäft mitgeschleppt hatten.

Zeitverschwendung

Zeitverschwendung unterscheidet sich von Materialverschwendung nur dadurch, daß diese Verschwendung unwiederbringlich ist. Die leichteste aller Verschwendungen, aber die am schwersten zu bessernde, ist die Vergeudung von Zeit, weil vertane Zeit nicht gleich verschwendetem Material den Fußboden bedeckt.

Leiten heißt vorausplanen.

Henri Fayol (1841 bis 1925)

Biographie

Henri Fayol stand als Generaldirektor drei Jahrzehnte an der Spitze eines Großunternehmens. Seine dabei gewonnenen Erfahrungen veröffentlichte er 1916 in der Schrift: „Allgemeine und industrielle Verwaltung". Damit lag erstmals eine systematische Darstellung vor, die sich den Prinzipien und Methoden des Managements eines großen Industrieunternehmens widmete. Das Werk Fayols besitzt daher für die wissenschaftliche Grundlegung der Unternehmensführung eine ähnlich herausragende Bedeutung wie das von Frederick W. Taylor.

Henri Fayol wurde am 29. Juli 1841 in Constantinopel geboren. Mit 17 Jahren studierte er an der Bergakademie von Saint-Etienne, die er zwei Jahre später als Ingenieur verließ. 1860 trat er als Angestellter bei der Société de Commetry - Fourchambault ein, in deren Diensten er während seiner gesamten Laufbahn verblieb. 1866 übernahm er die Leitung der Kohlengruben von Commentry und einige Jahre später zugleich die der Bergwerke von Montvieq und Berry.

Als Henri Fayol 1888 zum Generaldirektor berufen wurde, befand sich das Unternehmen in einer tiefen Krise. Die Vorkommen in einigen Bergwerken hatten sich erschöpft, zudem war die Gesellschaft zu einseitig auf Kohlegewinnung ausgerichtet. Fayol schloß die unrentablen Gruben, erwarb zugleich neue Werke und orientierte die Produktionsstruktur stärker auf metallurgische Erzeugnisse. 1918 übergab er seinem Nachfolger einen Konzern, der vorbildlich organisiert war, fähige Führungskräfte und Mitarbeiter besaß und eine gesunde Ertragslage aufwies.

Henri Fayol vertrat stets die Auffassung, daß dieser Erfolg nicht seiner persönlichen Begabung, sondern den von ihm verwendeten Methoden zu verdanken sei. In seinen Vorträgen und Schriften versuchte er zu begründen, daß jedermann durch eine systematische und methodische Arbeit ähnliche Leistungen vollbringen könnte. Diese Ansicht trug er erstmals 1900 auf dem internationalen Kongreß der Montanindustrie vor. Durch weitere Vorträge sowie Veröffentlichungen verbreiteten sich seine Ideen rasch und eine wachsende Zahl an Anhängern schloß sich ihnen an. Das Interesse der Anhängerschaft bewog Fayol zur Gründung des Centre d`études administratives. Auch an einigen französischen Eliteschulen wurden seine Lehren verbreitet.

Nach seinem Ausscheiden als Generaldirektor widmete er sich unter anderem der Reorganisation des Verwaltungsapparates der französischen Regierung. Mit seinen

Ratschlägen beeinflußte er die Arbeitsorganisation des französischen Ministerpräsidenten, die Neuordnung des Postwesens sowie die Verwaltung des Heeres und der Marine. Seine Lehre fand auch international Anerkennung. So konnte er sogar im Völkerbund seine Ideen darlegen. Kurz vor seinem Tode - Henri Fayol starb am 19. 11. 1925 in Paris - nahm er am II. Kongreß für wissenschaftliche Arbeitsorganisation in Brüssel teil. In der Eröffnungssitzung hielt er einen Vortrag, in dem er darlegte, daß zwischen seiner und der Lehre Frederick W. Taylors keine Gegensätze bestünden und sich beide wechselseitig stützten.

Werkverzeichnis (Auswahl)

Allgemeine und industrielle Verwaltung. München und Berlin 1929*

* Quelle der im Lexikon enthaltenen Zitate

Schriften über Henri Fayol

Baumgarten, F.: Der Fayolismus. In: Industrielle Psychotechnik, Heft 1/1927

Sedlmaier, F.: Taylorismus - Fayolismus. München 1948

Pentzlin, K. (Hrsg.): Meister der Rationalisierung. Düsseldorf/Wien 1963

Lexikon

Allgemeine Führungsgrundsätze

Die Gesundheit und das Intätigkeitsein der sozialen Gemeinschaft hängt von einer Anzahl Bedingungen ab, die man fast ununterschiedliche Prinzipien, Gesetze oder Regeln nennt. Ich bevorzuge das Wort „Prinzipien" und löse es los von jeder Vorstellung der Starrheit. Es gibt weder Starres noch Absolutes auf administrativem Gebiet, alles ist hier eine Frage des Maßes. Man kann fast niemals zweimal die gleichen Bedingungen für die Anwendung eines Prinzips finden; es gilt, die verschiedenartigen und wechselnden Umstände, die in gleicher Weise verschiedenartigen und wechselnden Menschen und viele andere veränderliche Faktoren in Rechnung zu ziehen. Prinzipien sind elastisch und geeignet, sich allen Bedürfnissen anzupassen. Man muß sich ihrer nur zu bedienen wissen. Das ist eine schwierige Kunst, die Klugheit, Erfahrung und Entschlossenheit und Sinn für Maß verlangt. Diese letzte Eigenschaft entsteht aus Takt und Erfahrung; sie gehört zu den grundlegenden des Verwalters.

Die Zahl der Verwaltungsprinzipien ist nicht begrenzt. Alle Regeln, alle administrativen Mittel, die zur Stärkung der sozialen Gemeinschaft beitragen, haben ihren Platz unter den Prinzipien, wenigstens solange die Erfahrung zeigt, daß sie dessen würdig sind. Eine Änderung im Zustand der Dinge kann auch eine Änderung der Regeln herbeiführen, die durch jenen Zustand bedingt waren.

Ich werde nun einige der Prinzipien anführen, die am meisten anzuwenden ich Gelegenheit hatte:

1. Arbeitsteilung.
2. Autorität.
3. Disziplin.
4. Einheit der Auftragserteilung.
5. Einheit der Leitung.
6. Unterordnung des Sonderinteresses unter das Interesse der Gesamtheit.
7. Entlohnung.
8. Zentralisation.
9. Rangordnung.
10. Ordnung.
11. Billigkeit.
12. Stabilität des Personals.
13. Initiative.
14. Gemeinschaftsgeist.

Arbeitsteilung

Die Arbeiter, die immer dasselbe Stück anfertigen, die Leiter, die dauernd dieselben Geschäfte besorgen, erwerben eine Geschicklichkeit, Sicherheit und Exaktheit, durch die ihre Leistung gesteigert wird. Jeder Beschäftigtenwechsel hat einen Kraftaufwand zur Anpassung im Gefolge, der die Produktion verringert.

Die Arbeitsteilung gestattet eine Verringerung der Objekte, auf welche die Aufmerksamkeit und der Kraftaufwand sich erstrecken muß, und man hat erkannt, daß sie das beste Mittel ist, die Individual- und Kollektivkräfte nutzbar zu machen. Sie kann nicht nur bei den technischen Arbeiten angewandt werden, sondern ohne Ausnahme bei allen Arbeiten, die eine mehr oder weniger große Anzahl von Personen in Bewegung setzen, und die mehrere Arten von Befähigungen erfordern. Sie hat die Spezialisierung der Funktionen und die Trennung der Gewalten zur Folge.

Obwohl die Vorteile der Arbeitsteilung allgemein anerkannt sind, und man sich keinen Fortschritt ohne die spezialisierte Arbeit der Gelehrten und Künstler vorstellen kann, hat sie doch ihre Grenzen, die uns die Erfahrung, begleitet von dem Gefühl für das richtige Maß, lehrt, nicht zu überschreiten.

Auftragserteilung

Die Kunst, Aufträge zu erteilen, beruht auf gewissen persönlichen Eigenschaften und der Kenntnis der allgemeinen Verwaltungsprinzipien. Sie offenbart sich in den kleinen wie in den großen Unternehmungen und hat, wie alle anderen Kunstfertigkeiten, ihre Grade. Die sehr große Abteilung, die gut funktioniert, und das Maximum an Ertrag abwirft, ruft allgemeine Bewunderung hervor. Auf allen Gebieten, in der Industrie, im Heerwesen, in der Politik oder anderswo fordert das Erteilen von Aufträgen innerhalb einer sehr großen Abteilung außergewöhnliche Fähigkeiten. Ich werde mich an dieser Stelle darauf beschränken, einige Regeln in Erinnerung zu bringen, die den Zweck haben, das Erteilen von Aufträgen zu erleichtern. Der mit der Auftragserteilung betraute Angestellte muß:

1. Sein Personal genau kennen;
2. die Unfähigen ausscheiden;
3. über die Dienstordnung, durch die der Arbeitnehmer mit der Unternehmung verbunden ist, gut unterrichtet sein;
4. ein gutes Beispiel geben;
5. in regelmäßigen Zeitabständen die Betriebsgemeinschaft inspizieren und dabei die synoptischen Tafeln benutzen;
6. seine hauptsächlichsten Mitarbeiter in Konferenzen um sich vereinigen, um die Einheit der Leitung und das Zusammenwirken der Kräfte vorzubereiten;
7. dafür sorgen, daß seine Zeit und Arbeitskraft nicht durch Einzelheiten vollständig in Anspruch genommen wird;
8. darauf bedacht sein, daß im Personal Geschäftigkeit, Wille zur Initiative und Hingebung vorhanden ist.

Autorität und Verantwortlichkeit

Die Autorität ist das Recht zu befehlen und die Macht, sich Gehorsam zu verschaffen. Man unterscheidet die statutarische Autorität, die, wie beim Leiter, auf seiner Funktion beruht, von der persönlichen Autorität, die sich aus der Intelligenz, dem Wissen, der Erfahrung, der Ethik des Charakters, der Gabe anzuordnen, den geleisteten Diensten usw. ergibt. Um ein guter Leiter zu sein, ist die persönliche Autorität eine unerläßliche Ergänzung der statutarischen.

Autorität kann nicht ohne Verantwortlichkeit gedacht werden; Belohnung oder Bestrafung sind die Sanktionen, die die Ausübung der Gewalt begleiten. Die Verantwortlichkeit ist eine natürliche Folge der Autorität, sie ist ihre notwendige Gegenseite. Überall, wo Autorität ausgeübt wird, entsteht Verantwortlichkeit.

Nun ist die Verantwortlichkeit im allgemeinen ebenso gefürchtet, wie die Autorität begehrt wird. Die Furcht vor der Verantwortung lähmt häufig die Initiative und vernichtet viele Eigenschaften. Ein guter Leiter muß den Mut zur Verantwortung haben und ihn in seiner Umgebung verbreiten. Die beste Garantie gegen den Mißbrauch der Autorität und die Schwächen des Leiters einer großen Unternehmung ist die Persönlichkeit und insbesondere die Ethik des Charakters des Leiters. Wir wissen aber, daß weder Anstellung noch Eigentum diesen Charakter verleihen.

Betriebliche Verbesserungen

Man weiß, daß eine Unternehmung, die nicht fortschreitet, bald ihren Rivalen gegenüber ins Hintertreffen gerät, und daß es darum notwendig ist, unaufhörlich auf allen Gebieten den Fortschritt zu erstreben. Um Verbesserungen zu verwirklichen, muß man die geeignete Methode kennen und über Urteilsfähigkeit, Zeit, Willen und finanzielle Hilfsmittel verfügen.

Die geeignete Methode besteht darin, die Tatsachen zu beobachten, zu sammeln, zu klassifizieren, zu deuten, wenn angängig, Versuche anzustellen und aus dieser Gesamtheit von Vorarbeiten Regeln abzuleiten, die durch Einwirkung des Leiters in die Geschäftspraxis eingeführt werden. Die meisten Verbesserungen, die die Betriebswissenschaft auf ihren gegenwärtigen Stand erhoben haben, sind dieser Methode zu danken, die in Wirklichkeit keine andere ist als die kartesianische. Es genügt selbstverständlich nicht, die Definition der Methode zu kennen, um fähig zu sein, sich ihrer in nützlicher Weise zu bedienen. Dazu sind außerdem natürliche Fähigkeiten notwendig, die durch die Erfahrung entwickelt werden.

Urteilsfähigkeit bedeutet hier eine hinreichend tiefgründige Kenntnis des Gebietes, auf das sich die Ermittlungen beziehen. Nun kann aber auch der am besten ausgebildete Leiter nicht in allen den verschiedenen Fragen, die die Leitung einer großen Unternehmung mit sich bringt, durchaus fachkundig sein. Da die Leiter durch die laufenden Geschäfte und die bedeutenden Angelegenheiten, die unverzüglich erledigt werden müssen, in Anspruch genommen werden, haben sie im allgemeinen nicht die Zeit, die nötig ist, um sich der Erforschung einzuführender Verbesserungen zu widmen. Dabei kann zugegeben werden, daß sie den Willen haben, die Unternehmung auf dem Stande des Fortschritts zu halten und daß die Unternehmung ihnen alle nötigen finanziellen Hilfsmittel zur Verfügung stellt. Das sind die Faktoren, die zusammenwirken müssen, um zur Auffindung einzuführender Verbesserungen in irgendeinem der vielen materiellen oder sozialen Gebilde einer großen Unternehmung zu führen. Diese gemeinsame Wirkung muß ununterbrochen auf allen Stufen und in allen Teilen der Unternehmung erstrebt werden. Es ist also notwendig, daß der Leiter (Unternehmungsleiter, Abteilungsleiter, Betriebsleiter) den wirksamen und beharrlichen, auf Verbesserungen gerichteten Willen besitzt, und daß er über die erforderlichen finanziellen Mittel verfügt, damit er nützliche Ermittlungen vornehmen kann.

Billigkeit

Warum sagen wir „Billigkeit" und nicht „Gerechtigkeit"? Gerechtigkeit ist die Verwirklichung von festgelegten Vereinbarungen. Die Vereinbarungen können nicht jeden möglichen Fall im voraus regeln; häufig ist es nötig, sie in geeigneter Weise zu interpretieren und sie in ihrer Unzulänglichkeit zu ergänzen. Damit das Personal ermutigt wird, seine Funktionen gern und mit aller Aufopferung, deren es fähig ist, auszuführen, muß es mit Wohlwollen behandelt werden. Die Billigkeit ist die Vereinigung von Wohlwollen und Gerechtigkeit.

Controlling

Die Funktion der Rechnungslegung ist der Gesichtssinn der Unternehmung. Ihr muß es möglich sein, in jedem Augenblicke zu sagen, wo man sich befindet und in welcher Richtung man sich bewegt. Sie soll über die wirtschaftliche Lage der Unternehmung genaue, klare und pünktliche Auskünfte geben. Eine gute, einfache und klare Rechnungsführung, die eine genaue Vorstellung von dem Zustand der Unternehmung gibt, ist ein wirksames Mittel in der Hand der Leitung.

Delegation

Der Leiter begeht einen schweren Fehler, wenn er auf Einzelheiten, die Untergebene ebensogut, wenn nicht besser ausführen könnten als er, viel Zeit verwendet, während wichtige Fragen der Lösung harren, weil es ihm nicht gelingt, Zeit zu erübrigen, um sich mit ihnen zu beschäftigen. Manche Menschen glauben, daß sie sich sehr nützlich machen, wenn sie sich mit den geringfügigsten Dingen beschäftigen; andere können sich nicht an den Gedanken gewöhnen, daß eine Sache gut gemacht werden könnte, wenn sie ihre Hand nicht im Spiele gehabt haben, und dieser Gedanke veranlaßt einige, ihre geschäftlichen Angelegenheiten während ihrer Abwesenheit unbearbeitet liegen zu lassen. Der Leiter darf sich nicht durch das Urteil der Menschen, die da glauben, ein hoher leitender Angestellter müsse immer den Eindruck eines vielbeschäftigten Mannes machen, stören lassen und muß darauf bedacht sein, sich die zur Bearbeitung, Leitung und Kontrolle der wichtigen Geschäftsangelegenheiten notwendige Zeit und Arbeitskraft zu bewahren. Er muß alle Arbeiten, zu deren Ausführung er nicht ausdrücklich selbst verpflichtet ist, seinen Untergebenen und dem Direktionsstab überlassen. Es wird ihm niemals zuviel Zeit und Kraft für die Fragen übrigbleiben, die dauernd seine persönliche Aufmerksamkeit erfordern. Die Mahnung, sich durch Einzelheiten nicht vollständig in Anspruch nehmen zu lassen, will nicht sagen, daß man die Einzelheiten nicht zu berücksichtigen brauche. Ein Leiter muß alles wissen, aber er kann weder alles sehen, noch alles machen. Es geht nicht an, daß die den kleinen Dingen gewidmete Sorgfalt zur Vernachlässigung der großen führt. Eine gute Organisation wird in dieser Richtung Vorsorge treffen.

Dezentrale Organisation

Auch das Pflanzenleben ist Gegenstand zahlreicher Vergleiche mit dem sozialen Leben gewesen. Die Entwicklung des Baumes geht so vor sich, daß von dem einzigen Stamm Äste ausgehen, die sich verzweigen und mit Blättern bedecken. Wie der Saft Leben in alle Äste, bis in die dünnsten Zweige bringt, so ruft die höchste Autorität Bewegung und Tätigkeit, auch in den kleinsten und entferntesten Gliedern hervor.

Die Bäume „wachsen nicht in den Himmel", auch die Größe der Gemeinschaften hat ihre Grenzen. Ist die Ursache nicht im ersten Fall in der ungenügenden Auftriebskraft des Saftes und im zweigen in der unzulänglichen administrativen Befähigung zu suchen? Eine gewisse Kraft und Stärke, die der Baum durch eigene Entwicklung nicht zu erreichen vermag, kann aus der Gruppierung, dem Nebeneinanderstehen, also dem Walde, hervorgehen. Dasselbe Ziel erreicht die Unternehmung durch Abkommen, Verkaufsstellen, Trusts und Verbände. Jede Einheit behält genügende Handlungsfreiheit und führt an die Gemeinschaft eine Beihilfe ab, die ihr zum größten Teil zurückerstattet wird. Sobald ein gewisser Größengrad, der nur schwer überschritten werden kann, erreicht ist, wird die Gruppierung durch Nebeneinanderstellen das Mittel, um mit dem geringsten Aufwand für Verwaltung mächtige Verbindungen zu bilden und starke Einheiten und Gemeinschaften zu entwickeln.

Direktionsstab

Der Direktionsstab bildet eine Reserve an physischer und geistiger Kraft, Fachkenntnis, Zeit usw., aus welcher der Leiter nach Belieben zu schöpfen vermag. Die Arbeiten des Stabes können in vier Gruppen eingeteilt werden:

1. Hilfe verschiedener Art bei der laufenden Arbeit des Leiters, wie z. B. Korrespondenz, Empfänge, Bearbeitung und Vorbereitung der Aktenstücke usw..
2. Verkehr mit den untergeordneten Abteilungen und Kontrolle.
3. Vorarbeiten für die Zukunft, Einrichtung oder Abstimmung des Wirtschaftsplanes.
4. Ermittlung vorzunehmender Verbesserungen.

Alle diese Dinge gehören zu den Aufgaben der Leitung. Das Betriebsinteresse erfordert, daß sie ausgeführt werden. Der Leiter muß diese Arbeiten also durchführen, sei es durch eigene Kraft, sei es mit Hilfe des Stabes.

Die beiden ersten Gruppen der Arbeiten werden gewöhnlich in befriedigender Weise durchgeführt, aber die Vorbereitungsarbeiten für die Zukunft und die Ermittlung vorzunehmender Verbesserungen, zwei für den Erfolg bedeutende Faktoren, werden in bedauernswürdiger Weise vernachlässigt. Es ist noch nicht zur Gewohnheit geworden, den Direktionsstab als ein Denk-, Prüf- und Beobachtungsorgan zu betrachten, dessen hauptsächliche Funktion darin besteht, unter Einwirkung des Leiters Vorbereitungen für die Zukunft zu treffen und Verbesserungsmöglichkeiten zu erforschen. Damit der Stab diesem Teil seiner Obliegenheiten gut nachkommen kann, muß er von aller Verantwortung für den Verlauf der Tätigkeit innerhalb der Abteilungen befreit sein.

Kein Teil des sozialen Organismus erfordert von seiten des Leiters mehr Aufmerksamkeit, Beurteilungskraft, Autorität und Takt als dieser. Er bildet eine Abteilung, die der Leiter im Interesse und nur im Interesse der Unternehmung einrichten muß, und die doch den Anschein hat, dem Leiter persönlich zu dienen, weil sie die Aufgabe hat, des Leiters eigene Lücken aufzufüllen. Diese Einrichtung läßt sich leicht mißbrauchen und ruft dann heftige Kritik hervor. Aus diesem Grunde verlangt man vielleicht nicht alle Dienste von ihr, die sie leisten könnte.

Disziplin

Der Zustand der Disziplin einer jeden Gemeinschaft hängt wesentlich von der Eignung des Leiters ab. Wenn ein Disziplinarfehler ans Licht kommt oder das Einvernehmen zwischen Leiter und Untergebenen zu wünschen übrigläßt, darf man sich nicht einfach damit begnügen, den schlechten Zustand der Mannschaft dafür verantwortlich zu machen; denn in den meisten Fällen hat das Übel in der Unfähigkeit der Leiter seinen Grund; wenigstens habe ich das in den verschiedenen Gegenden Frankreichs feststellen können. Ich habe überall gehorsame und selbst ergebene Arbeiter gesehen, wenn sie gut geleitet wurden.

Zusammengefaßt versteht man unter Disziplin die Achtung vor den festgelegten Vereinbarungen, die sich äußert in Gehorsam, Dienstbeflissenheit, Tätigkeit und den äußeren Zeichen der Achtung. Sie verpflichtet sowohl den höchsten Leiter, als auch den niedrigsten Arbeitnehmer. Die wirksamsten Mittel, sie herzustellen und zu erhalten, sind:

1. geeignete Leiter in allen Posten,
2. klare und billige Dienstordnungen,
3. gerechte Anwendung der Sanktionen.

Entlassungen

Damit seine Abteilung immer imstande bleibt, erfolgreich zu arbeiten, muß der Leiter jedes Mitglied, das aus irgendeinem Grunde unfähig geworden ist, seine Funktionen gut auszuführen, ausscheiden lassen oder seine Ausscheidung vorschlagen. Das ist eine unabweisliche, immer ernste und oft schwere Pflicht.

Die ganze Betriebsgemeinschaft fühlt sich durch die Wegnahme eines ihrer Glieder, insbesondere wenn es sich um ein wichtiges handelt, in Mitleidenschaft gezogen. Die Sicherheit eines jeden Angestellten würde gestört, sein Vertrauen in die Zukunft, und demzufolge sein Arbeitseifer würde sich verringern, wenn er nicht die Überzeugung hätte, daß diese Maßnahme notwendig war. Diese Überzeugung muß ihm vermittelt werden.

Für solche möglichen Fälle hat die Unternehmung geldliche Entschädigungen, ehrende Auszeichnungen und die Übertragung leichterer Arbeiten, die dem Arbeitnehmer gestatten, noch ein wenig tätigen Anteil an der Unternehmung zu nehmen, vorgesehen. Der wohlwollende und geschickte Leiter wird durch diese Mittel und durch sein Gefühl den richtigen Weg zu finden, die Eigenliebe und den Eigennutz, die er verletzen mußte, befriedigen, und gleichzeitig wird er auch das Mittel in der Hand haben, die Mitglieder der Gemeinschaft über ihre Zukunft zu beruhigen.

Dieses Beispiel zeigt, daß die Ausscheidung eines unfähigen Gliedes des Personals die höchsten moralischen Eigenschaften des Leiters erfordert, insbesondere eine Form von Mut, die mitunter schwerer fällt als der militärische Mut.

Funktionen des Führungsprozesses

Verwalten heißt vorausplanen, organisieren, Aufträge erteilen, zuordnen und kontrollieren. Vorausplanen heißt, die Zukunft erforschen und den Wirtschaftsplan aufstellen. Organisieren heißt, den zweifachen Organismus der Unternehmung, der sowohl materieller wie auch sozialer Art ist, begründen. Aufträge erteilen heißt, dafür Sorge zu tragen, daß das Personal die ihm obliegenden Aufgaben erfüllt. Zuordnen heißt verbinden, einigen, alle Tätigkeiten und Kräfte miteinander in Einklang bringen. Kontrollieren heißt, darüber wachen, daß alles gemäß den festgesetzten Regeln und gegebenen Anordnungen verläuft.

Wenn die Verwaltung so verstanden wird, so ist sie weder ein ausschließliches Vorrecht noch eine persönliche Aufgabe des Direktors oder Leiters der Unternehmung, sondern eine Funktion, die sich, wie die anderen wesentlichen Funktionen, auf das Haupt und die Glieder der Betriebsgemeinschaft verteilt.

Gemeinschaftsgeist

Die Harmonie und Einigkeit des Personals ist eine bedeutende Kraft des Unternehmens, man muß sich deshalb Mühe geben, sie herzustellen. Von den zahlreichen anwendbaren Mitteln hebe ich insbesondere ein Prinzip, das zu beachten, und zwei Gefahren, die zu vermeiden sind, hervor. Das zu beachtende Prinzip ist die Einheit der Auftragserteilung, die zu vermeidenden Gefahren sind

a) eine schlechte Interpretation des Sinnspruchs „Trennen, um zu regieren", und
b) der Mißbrauch des Schriftverkehrs.

Grundfunktionen eines Unternehmens

Alle Vorgänge, die in einem Unternehmen stattfinden, können auf folgende sechs Gruppen verteilt werden:
1. Technische Vorgänge (Erzeugung, Herstellung, Umformung).

2. Kommerzielle Vorgänge (Einkauf, Verkauf, Tausch).
3. Finanzwirtschaftliche Vorgänge (Beschaffung und Verwendung des Kapitals).
4. Sicherheitsmaßnahmen (Schutz des Vermögens und der Personen).
5. Vorgänge der Rechnungslegung (Inventur, Bilanz, Einkaufspreise, Statistik usw.).
6. Administrative Vorgänge (Vorausplanung, Organisation, Auftragserteilung, Zuordnung und Kontrolle).

In jedem Unternehmen, ob es einfach oder kompliziert, klein oder groß ist, sind diese sechs Gruppen von Vorgängen oder wesentlichen Funktionen zu finden.

Idealer Leiter

Der ideale Leiter würde derjenige sein, der, im Besitze aller für die Lösung der sich ergebenden administrativen, technischen, kommerziellen, finanziellen u. a. Probleme notwendigen Kenntnisse, sich einer genügenden körperlichen und geistigen Gesundheit und Arbeitskraft erfreut, um der ganzen auf der Direktion ruhenden Arbeitslast, die die Geschäftsverbindungen, die Anordnung und die Kontrolle mit sich bringen, gewachsen zu sein. Ein solcher Leiter mag ausnahmsweise in kleinen Unternehmungen vorhanden sein, in großen und noch weniger in ganz großen Unternehmungen werden wir ihn nicht finden. Es gibt keinen Menschen, dessen Können hinreicht, alle Fragen zu lösen, die im Betriebe einer großen Unternehmung auftauchen; es gibt auch keinen, der über die Kraft und Zeit verfügt, die die mannigfaltigen Verpflichtungen der Leitung einer großen Unternehmung erfordern.

Initiative

Die Initiative aller, die zu derjenigen des Leiters hinzutritt oder sie, wo es nötig ist, ergänzt, ist eine bedeutende Kraft der Unternehmung. Man wird ihrer besonders in schwierigen Zeitpunkten gewahr. Daher muß diese Fähigkeit soviel wie möglich angeregt und entwickelt werden. Es gehört viel Takt und eine gewisse Fähigkeit dazu, die Initiative zu ermuntern und aufrechtzuerhalten und doch die Grenzen zu beachten, die durch die Achtung vor der Autorität und Disziplin auferlegt werden. Der Leiter muß in der Lage sein, einige Opfer an Eigenliebe zu bringen, um seinen Untergebenen Befriedigungen dieser Art gewähren zu können. Ein Leiter, der es versteht, bei seinem Personal die Initiative zu wecken, ist - wenn man die übrigen Eigenschaften als gleichwertig annimmt - bedeutend wertvoller als ein anderer, der das nicht kann.

Kaufmännische Geschicklichkeit

Die Fähigkeit einzukaufen und zu verkaufen ist ebenso wichtig wie die, zu fabrizieren. Neben Scharfsinn und Entschlossenheit gehört zur kaufmännischen Geschicklichkeit eine gründliche Kenntnis des Marktes und der Stärke der Konkurrenten, die

Fähigkeit, weit in die Zukunft zu schauen und Pläne für sie zu fassen, und in großen Unternehmungen immer mehr die Fertigkeit, mit Konkurrenten Verständigungen zu erzielen.

Konferenzen

Der Leiter kann während einer Konferenz, in der seine hauptsächlichsten unmittelbaren Mitarbeiter um ihn vereinigt sind, einen Plan darlegen, die Meinung eines jeden hören, einen Entschluß fassen und sich vergewissern, daß jeder seine Anordnungen verstanden hat und weiß, welchen Anteil er an ihrer Ausführung zu nehmen hat; und das alles nimmt nur den zehnten Teil der Zeit in Anspruch, die nötig gewesen wäre, um das gleiche Resultat ohne Konferenz zu erreichen. Man kann sogar sagen, daß, wenn diese Mitarbeiter Leiter großer Abteilungen sind, die miteinander und mit dem vorgesetzten Leiter selten in Verbindung treten, wie es häufig in sehr großen Unternehmungen vorkommt, es nicht möglich ist, ohne Konferenz, selbst um den Preis von Zeitverlust und Mühe, den Grad von Sicherheit und Stärke zu erlangen, der durch die Konferenz erreicht wird.

Kontrolle

Die Kontrolle in einer Unternehmung besteht in der Nachprüfung, ob alles gemäß dem aufgestellten Plan, den erteilten Anordnungen und den anerkannten Prinzipien verläuft. Sie hat den Zweck, Fehler und Irrtümer aufzuzeigen, damit diese wieder gutgemacht werden und dafür gesorgt wird, daß sie sich nicht wiederholen. Sie erstreckt sich auf alles, auf Dinge, Personen und Handlungen.

Damit die Kontrolle wirksam sei, muß sie zur rechten Zeit vorgenommen werden und gegebenenfalls Strafmaßnahmen zur Folge haben. Es liegt auf der Hand, daß man nutzlose Arbeit geleistet hat, wenn aus einer noch so gut durchgeführten Kontrolle die Schlußfolgerungen so spät gezogen werden, daß es nicht mehr möglich ist, sie noch nutzbar zu machen. Es ist ebenfalls klar, daß die Kontrolle ohne Nutzen ist, wenn die sich ergebenden Folgerungen für das praktische Verhalten vorsätzlich vernachlässigt werden. Diese beiden Fehler werden durch eine gute Verwaltung vermieden. Eine andere zu vermeidende Gefahr ist die Vermischung der Kontrolle mit der Leitung und der ausführenden Arbeit der Abteilungen. Dieser Eingriff führt zur Zweiheit der Leitung in ihrer gefährlichsten Form; denn auf der einen Seite haben wir die Kontrolle, die keine Verantwortung hat, aber auf Grund ihrer Macht in weitem Maße schädlich wirken kann, auf der anderen haben wir die ausführende Abteilung, die nur über schwache Mittel gegen eine böswillige Kontrolle verfügt. Die Tendenz der Kontrolle, andere in ihren Rechten zu beeinträchtigen, ist besonders in den ganz großen Unternehmungen sehr häufig und kann die ernstesten Folgen haben. Um sie zu bekämpfen, ist vor allem notwendig, daß die Befugnisse der Kontrolle so genau wie möglich festgesetzt und die Grenzen bezeichnet werden, die sie nicht überschreiten darf; dann muß die höchste Autorität darüber wachen, welchen Gebrauch die Kontrolle von ihren Befugnissen macht.

Leiter von Großunternehmen

Kurz zusammengefaßt sind die wünschenswerten Eigenschaften und Kenntnisse aller Leiter großer Unternehmungen folgende:

1. Gesundheit und körperliche Rüstigkeit;
2. Intelligenz und geistige Frische;
3. Charaktereigenschaften: besonnener, fester und beharrlicher Wille; Tatkraft, Energie und, wenn erforderlich, Kühnheit, Mut zur Verantwortung, Pflichtbewußtsein, Sorge für das Gemeinwohl;
4. umfangreiche Allgemeinbildung;
5. administrative Befähigung. Diese umfaßt Vorausplanung - Die Fähigkeit, den Wirtschaftsplan aufzustellen und aufstellen zu lassen, Organisation - Die Fähigkeit, die Betriebsgemeinschaft aufzubauen, Auftragserteilung - Die Kunst, Menschen zu leiten, Zuordnung - Die Fähigkeit, zu leiten, die Tätigkeiten in Übereinstimmung zu bringen und zu bewirken, daß die Kräfte auf ein Ziel gerichtet werden, Kontrolle.
6. allgemeine Kenntnisse hinsichtlich aller wesentlichen Funktionen;
7. eine möglichst tiefgründige Sachkenntnis in dem speziellen, für die Unternehmung charakteristischen Berufsfach.

Es ist bemerkenswert, daß von diesen sieben Gruppen der für die Leiter großer Unternehmungen wünschenswerten Eigenschaften und Kenntnisse sich sechs für alle Unternehmungsgattungen aus ähnlichen Elementen zusammensetzen und nur eine, die siebente, spezielle Bedingungen einschließt, die für jede Unternehmungsgattung verschieden sind. Die gemeinsamen Elemente sind: Gesundheit, körperliche Rüstigkeit, Intelligenz, sittliche Eigenschaften, Allgemeinbildung, allgemeine Kenntnisse hinsichtlich der wesentlichen Funktionen und hohe administrative Befähigung. Die industriellen, kommerziellen, politischen, militärischen und religiösen Leiter gleicher Rangstufe gleichen sich in diesen sechs ersten Gruppen von Qualitäten; sie unterscheiden sich nur durch die berufsmäßige Qualität, die für das Unternehmen charakteristisch ist.

Managementausbildung

Während man mit Recht die größten Anstrengungen macht, technische Kenntnisse zu verbreiten und zu vervollständigen, tut man nichts oder fast nichts in unseren Gewerbeschulen, um die zukünftigen Leiter auf ihre kommerziellen, finanzwirtschaftlichen, administrativen und anderen Funktionen vorzubereiten. Selbst in dem Lehrplan der höheren Ingenieurschulen fehlt der Verwaltungsunterricht.

Liegt der Grund dieser Erscheinung darin, daß man die Bedeutung der administrativen Befähigung verkennt? Das kann nicht sein; denn wenn es sich darum handelt, einen Meister unter den Arbeitern, einen Betriebsleiter unter den Meistern oder einen Direktor unter den Ingenieuren auszuwählen, so ist es niemals, oder fast niemals, die technische Befähigung, die die Wahl bestimmt. Man vergewissert sich selbstverständlich, ob der Grad notwendiger technischer Befähigung vorhanden ist; aber nachdem das geschehen ist, gibt man unter den Bewerbern, deren technische Befähigung ziemlich gleichwertig ist, demjenigen den Vorzug, der hinsichtlich des Benehmens, des Ansehens, des Ordnungssinnes, des Organisationstalentes und anderer Eigenschaften, die Grundlagen administrativer Befähigung sind, den anderen überlegen zu sein scheint.

Der Verwaltungsunterricht muß also ganz allgemein werden, er muß ganz einfach in den Elementarschulen, etwas mehr entwickelt in den mittleren Schulen und sehr ausgebildet in den höheren Lehranstalten sein. Dieser Unterricht wird ebensowenig alle Schüler zu guten Verwaltern machen, wie der technische Unterricht alle zu ausgezeichneten Technikern macht; man kann von ihm nur die entsprechenden gleichen Ergebnisse verlangen, wie sie der technische Unterricht auf seinem Gebiete zeitigt. Und warum sollte ihm das nicht möglich sein? Es handelt sich in erster Linie darum, die Jugend zu befähigen, die Lehren der Erfahrung zu verstehen und nutzbar zu machen. Gegenwärtig steht dem Anfänger weder eine Verwaltungslehre noch eine Methode zur Verfügung, und viele bleiben in dieser Beziehung Anfänger ihr Leben lang.

Ordnung

Die Regel für die materielle Ordnung ist bekannt, sie lautet: Einen Platz für jede Sache und jede Sache an ihren Platz. Die Regel für die gesellschaftliche Ordnung ist analog: Einen Platz für jede Person und jede Person an ihrem Platz.

Organisation

Eine Unternehmung organisieren heißt, sie mit allem versehen, was zu ihrer Tätigkeit notwendig ist, nämlich Materialien, Betriebsausrüstung, Kapitalien und Personal. Man kann dieses Ganze in zwei große Gruppe einteilen, nämlich den materiellen Organismus und den sozialen Organismus. Es wird hier nur von dem letzteren die Rede sein. Von zwei Gemeinschaften gleichen Aussehens kann, je nach der Eignung der Menschen, aus denen sie zusammengesetzt sind, die eine ausgezeichnet und die andere schlecht sein. Wenn man von dem Faktor „Mensch" absehen könnte, wäre es leicht, einen sozialen Organismus zu bilden. Jeder erste beste, der eine Vorstellung hat von den Formen, die gerade in Übung sind und über das nötige Kapital verfügt, wäre dazu fähig. Aber zur Bildung einer wirksamen Gemeinschaft genügt es nicht, die Menschen zu gruppieren und die Funktionen zu verteilen, sondern man muß verstehen, den Organismus den Bedürfnissen gemäß einzurichten, die notwendigen Menschen zu finden und jeden an den Platz zu stellen, wo er die meisten Dienste leisten kann; kurz, es sind zahlreiche und ernsthafte Begabungen dazu notwendig.

Häufig vergleicht man die soziale Gemeinschaft einer Unternehmung mit einer Maschine, einer Pflanze oder einem Tier. Die Ausdrücke „Verwaltungsmaschine" oder „Verwaltungsmechanismus" vermitteln die Vorstellung eines Organismus, der auf den Impuls des Leiters reagiert und dessen einzelne, miteinander verbundene Teile sich in Bewegung setzen und auf das gleiche Ziel hinwirken. Das ist ein ausgezeichnetes Bild. Diese Ausdrücke könnten aber auch zu der Vorstellung leiten, daß der Verwaltungsmechanismus wie der maschinelle Mechanismus die Bewegungen nur mit Kraftverlust übertragen kann. Das ist eine falsche Vorstellung; denn beim Verwaltungsmechanismus kann und muß jedes Zwischenglied neue Bewegungen und Gedanken hervorbringen. In diesen Mechanismen hat jedes Zwischenglied eine Initiativkraft, die, bei guter Verwendung, den Aktionsradius des Unternehmungsleiters beträchtlich erweitern kann. Man darf die Grenze für die Bestätigung eines Verwaltungsorganismus nicht darin sehen, daß die Anfangskraft durch die Vielheit der Übertragungen abnimmt; die Grenze liegt viel eher in der Unzulänglichkeit der höchsten Autorität: die zentrifugalen Kräfte gewinnen die Oberhand, wenn die zentrale schwächer wird.

Personalauswahl

Die Personalauswahl zielt darauf ab, die Unternehmung mit den für die Bildung der sozialen Gemeinschaft notwendigen Arbeitskräften zu versehen. Sie ist eine der wichtigsten und schwierigsten Tätigkeiten und übt einen starken Einfluß auf das Schicksal der Unternehmung aus.

Die Folgen einer schlechten Wahl sind abhängig von der Rangstufe des Unternehmungsmitgliedes, sie sind im allgemeinen unbedeutend, wenn es sich um einen Arbeiter, aber immer ernster Natur, wenn es sich um einen höheren Angestellten handelt. Die Schwierigkeit der Wahl steigt mit der Rangstufe des Angestellten; denn es genügen Tage, mitunter einige Stunden, um die Eignung eines Arbeiters zu beurteilen; es sind Wochen oder Monate notwendig, um die Eignung eines Meisters kennen zu lernen, und es vergehen manchmal Jahre, bevor man sich ein genaues Bild von der Eignung des Leiters einer großen Unternehmung gemacht hat. Es ist daher von größter Wichtigkeit, in der Wahl der höheren leitenden Angestellten keinen Fehler zu begehen.

Das Problem der Personalauswahl beschäftigt alle Unternehmungen und insbesondere die großen. Die wichtigsten Tätigkeiten der Generalversammlung der Aktionäre ist die Wahl des Verwaltungsrates; dieser hat hauptsächlich dafür zu sorgen, daß das Unternehmen von einer geeigneten Generaldirektion geleitet wird, und die Auswahl der Betriebsangehörigen aller Grade ist eine der Hauptsorgen der Exekutive.

Personalentwicklung

Der Leiter kann die eigene Initiative seiner Untergebenen entwickeln, indem er ihnen das Höchstmaß an Handlungsfreiheit zugesteht, das ihre Stellung und Befähigung zuläßt, selbst auf die Gefahr hin, daß sie einige Fehler begehen, deren Bedeutung er übrigens durch eine sorgfältige Aufsicht verringern kann. Dadurch, daß er sie taktvoll leitet ohne sich an ihre Stelle zu setzen, sie im rechten Augenblick durch Lob ermutigt und hin und wieder seiner Selbstliebe zu ihrem Vorteil einige Opfer zumutet, kann er begabte Menschen zu vortrefflichen Betriebsmitgliedern machen. Wenn er darüber wacht, daß auf allen Rangstufen in dieser Weise verfahren wird, so kann er in verhältnismäßig kurzer Zeit das Personal in seiner Gesamtheit verbessern und dadurch der Unternehmung einen sehr großen Dienst erweisen.

Rangordnung

Die Rangordnung ist die Reihe von leitenden Angestellten, welche von der höchsten Autorität bis zum untersten Arbeitnehmer führt. Der Dienstweg ist der Weg, welchen die von der höchsten Autorität ausgehenden oder an sie gerichteten Nachrichten gehen, indem sie alle Stufen der Rangordnung durchlaufen. Dieser Weg ist notwendig, sowohl wegen einer sicheren Nachrichtenübermittlung, als auch wegen der Einheit der Auftragserteilung. Aber er ist nicht immer der schnellste Weg, und in den großen Unternehmen, besonders bei den staatlichen Dienststellen, mitunter fürchterlich lang. Nun gibt es viele Geschäftstätigkeiten, deren Erfolg von der schnellen Ausführung abhängt; man muß also die Achtung vor dem ordnungsgemäßigen Weg mit der Notwendigkeit, schnell zu handeln, in Einklang bringen.

Ressortgeist

Man kann in gewissen Unternehmungen die folgenden Anzeichen einer unbestreitbar mangelhaften Anordnung beobachten:

a) Die einzelne Abteilung kennt die anderen Abteilungen nicht und will sie nicht kennen, und arbeitet, ohne sich um die Nachbarabteilungen oder um das Unternehmungsganzes zu kümmern, als ob sie um ihrer selbst willen existiere.

b) Es besteht eine Scheidewand zwischen den Unterabteilungen der gleichen Abteilung, sowie auch zwischen den verschiedenen Abteilungen, und alle suchen die persönliche Verantwortung hinter einem Schriftstück, einer Anordnung oder einem Zirkular zu verschanzen.

c) Niemand denkt an das allgemeine Interesse; Initiative und Hingebung sind nicht vorhanden. Dieser für die Unternehmung unheilvolle Zustand des Personals ist nicht das Ergebnis eines vorher vorbereiteten Willensaktes, sondern muß auf die vollständig fehlende oder mangelhafte Zuordnung zurückgeführt werden. Ein bisher gutes Personal wird bald in seinen Leistungen nachlassen, wenn es nicht andauern an seine Pflichten gegenüber der Unternehmung und allen Gliedern der Betriebsgemeinschaft erinnert wird. Eines der besten Mittel, das Personal leistungsfähig zu erhalten und ihm die Erfüllung seiner Pflichten zu erleichtern, ist die Konferenz der Abteilungsleiter.

Es gibt kein besseres Verfahren als die regelmäßige Einberufung von Konferenzen, um die Einheit der Leitung und das Zusammenwirken der Kräfte zu erreichen und die verschiedenen Abteilungsleiter zur freiwilligen, auf ein gemeinsames Ziel gerichteten Mitarbeit zu veranlassen. Die Scheidewand verschwindet, wenn alle Abteilungsleiter sich in Gegenwart der höchsten Autorität aussprechen und verständigen müssen.

Stabilität des Personals

Ein Angestellter braucht Zeit, um sich in eine neue Funktion einzuarbeiten, und - wenn er die notwendigen Fähigkeiten besitzt - zu erreichen, daß er sie gut ausführt. Wenn der Angestellte sogleich nach oder schon vor der Einarbeitung an einen anderen Platz versetzt wird, so hat er keine Gelegenheit gehabt, nennenswerte Dienste zu leisten, und wenn dieser Vorgang sich dauernd wiederholt, so wird diese Funktion niemals ordentlich ausgeführt werden. Im allgemeinen kann man sagen, daß das Personal der gedeihenden Unternehmungen in seinen Stellen bleibt, das der nicht gedeihenden aber stets wechselt. Der Personalwechsel ist zugleich Grund und Folge schlechten Geschäftsganges.

Stabsabteilungen

Der Stab ist eine Gruppe von Menschen, die über die dem Generaldirektor vielleicht fehlende Kraft, Urteilsfähigkeit und Zeit verfügen; er ist eine Hilfe, eine Verstärkung, eine Art Erweiterung der Persönlichkeit des Leiters. Er ist nicht nach Rangstufen geordnet und empfängt Befehle nur vom Generaldirektor. Diese Gruppe von Arbeitskräften wird in der Armee „Stab" genannt, und ich habe diesen Namen in Ermangelung eines besseren auch hier beibehalten.

Dieses Organ ist dazu bestimmt, dem Leiter bei der Erfüllung seiner persönlichen Aufgabe Hilfe zu leisten. Wenn der Leiter imstande ist, selbst alle aus seinem Amte sich ergebenden Pflichten zu erfüllen, bedarf er des Stabes nicht, wenn aber seine Kräfte oder Kenntnisse nicht hinreichen, oder ihm die Zeit fehlt, dann ist er auf Hilfe angewiesen, und es sind die ihn unterstützenden Personen, die seinen Stab bilden. Nun gibt es aber wenige Leiter großer Unternehmungen, die gleichzeitig den ihnen obliegenden Pflichten genügen könnten, wie da sind:

1. Schriftwechsel, Empfänge, Konferenzen u. a. m.;
2. Auftragserteilung und Kontrolle;
3. Vorarbeiten aller Art, die durch die Vorbereitung des zukünftigen Planes und die Abstimmung der laufenden Pläne notwendig werden;

4. die Ermittlung von möglichen Verbesserungen, die unaufhörlich in allen Zweigen der Unternehmung eingeführt werden müssen.

Um dem Leiter ganz zur Verfügung stehen zu können und nur ihm gegenüber verantwortlich zu sein, nehmen die Angestellten des Stabes an den Arbeiten der untergeordneten Abteilungen nicht teil. Aber es steht dem nichts im Wege, daß derselbe Angestellte während des einen Teils seiner Dienstzeit dem Stabe und während des anderen irgendeiner Abteilung zugeteilt ist. Weiter ist es auch gar nicht erforderlich, daß ein Mitglied des Stabes ausschließlich diesem Unternehmen angehört, so kann z. B. ein Sachverständiger nur während einer Stunde täglich, wöchentlich oder monatlich beim Stabe mit Nutzen tätig sein. Die Zusammensetzung und Tätigkeit des Stabes kann sehr verschieden gestaltet sein. Es genügt, daß er dem Leiter vollständig zur Verfügung steht, und daß auf Grund seiner Mitwirkung die Pflichten der Direktion erfüllt werden können.

Strategische Analyse

Das Studium der Hilfsmittel, der Zukunftsmöglichkeiten und der zur Erreichung des gesetzten Zweckes anzuwendenden Mittel erfordert die Mitarbeit aller Abteilungsleiter im Rahmen ihrer Befugnisse; jeder stellt seine Erfahrung zur Verfügung und trägt das Gefühl der Verantwortung, die ihm bei der Verwirklichung des Planes zukommt. Dieses sind ausgezeichnete Vorbedingungen dafür, daß kein Hilfsmittel vernachlässigt, die Zukunftsmöglichkeiten mit Entschlossenheit und Vorsicht abgeschätzt und die Mittel zum Zwecke angepaßt werden.

Wenn man sich dessen bewußt ist, was man kann und was man will, wird der Gang der Unternehmung ruhig sein; die laufenden Geschäfte werden mit Sicherheit abgewickelt werden, und die Unternehmung wird darauf vorbereitet sein, mit ihren Kräften Überraschungen und Unglücksfällen aller Art, die sich ergeben könnten, entgegenzuwirken.

Teile und herrsche

Es ist geschickt, die feindlichen Kräfte zu entzweien, doch die eigenen Truppen zu entzweien, ist ein schwerer Fehler. Mag dieser Fehler entstehen durch ungenügende administrative Befähigung, durch unvollkommenes Erfassen der Sachlage oder durch den Egoismus, der das Gesamtinteresse dem persönlichen Interesse preisgibt, immer ist er verwerflich, weil schädlich für die Unternehmung.

Es erwirbt sich niemand ein Verdienst durch Herbeiführung einer Entzweiung unter seinen Untergebenen; denn dazu ist jedermann fähig. Dagegen gehört wirkliches Talent dazu, die Kräfte einander zuzuordnen, den Eifer anzuregen, die Fähigkeiten aller nutzbar zu machen und das Verdienst eines jeden zu entgelten, ohne Eifersucht zu erwecken und die harmonischen Beziehungen zu stören.

Vorausplanung

Die Lebensregel „gouverner, c' est prévoir", die wir mit „leiten heißt vorausplanen" übersetzen wollen, vermittelt eine Vorstellung von der Bedeutung, die der Vorausplanung in der Geschäftswelt beigemessen wird. Wenn nun auch die leitende Tätigkeit nicht mit der Vorausplanung gleichbedeutend ist, so bildet diese doch zum mindesten einen wesentlichen Teil jener Tätigkeit. Vorausplanen bedeutet hier zugleich, die Zukunft voraussehen und sie vorbereiten; dieser Begriff faßt also schon ein Handeln in sich. Die Vorausplanung kann sich bei unendlich vielen Gelegenheiten und in mannigfaltiger Weise kundtun; ihre hauptsächlichste Äußerung, ihr wahrnehmbarstes Zeichen und ihr wirksamstes Werkzeug ist der Wirtschaftsplan. Der Wirtschaftsplan umfaßt zugleich das ins Auge gefaßte Ergebnis, die zu befolgende Richtschnur, die zu durchschreitenden Stufen und die anzuwendenden Mittel. Er ist eine Art Zukunftsbild, in das die kommenden Ereignisse mit verschiedener Klarheit, entsprechend dem Bilde, das man sich von ihnen gemacht hat, eingezeichnet sind und in dem die Ereignisse je nach ihrer zeitlichen Entfernung deutlicher oder undeutlicher erscheinen. Er stellt den für eine gewisse Zeit vorausgesehenen und vorbereiteten Gang des Unternehmens dar. Über den wirklichen Wert eines Wirtschaftsplanes, d. h. über die Dienste, die er der Unternehmung leisten kann, wird man allein auf Grund der Erfahrung ein endgültiges Urteil abgeben können.

Man muß auch die Art und Weise der Anwendung in Betracht ziehen; denn der Wirtschaftsplan ist ein Werkzeug, das die Kunst der Handhabung erfordert. Jedoch gibt es einige allgemeine Merkmale, auf die man sich vorläufig einigen kann, ohne abzuwarten, bis die Erfahrung gesprochen hat. Ein solches Merkmal ist z. B. die Einheit des Planes. Es kann nur ein Plan während einer Periode zur Anwendung kommen; denn das Nebeneinander von zwei verschiedenen Plänen würde Zweiheit, Verwirrung und Unordnung bedeuten. Doch kann ein Plan in mehrere Teile zerfallen. In großen Unternehmungen findet man neben dem Hauptplan einen technischen, kommerziellen, finanzwirtschaftlichen usw. Plan oder einen Gesamtplan neben besonderen Plänen für jede Abteilung. Aber alle diese Pläne sind derart miteinander verbunden und verschmolzen, daß sie ein Ganzes bilden und jede Veränderung eines Einzelplanes sich sogleich auf den Gesamtplan überträgt. Die richtungsgebende Wirkung des Planes muß kontinuierlich sein. Die Begrenztheit menschlichen Weitblicks setzt der Dauer des Planes enge Schranken. Damit keine Unterbrechung in der richtunggebenden Wirkung eintritt, muß ein zweiter Plan ohne Zwischenraum auf den ersten, ein dritter auf den zweiten usw. folgen.

Der Plan muß genügend geschmeidig sein, um sich den Veränderungen anzupassen, die man, sei es unter dem Druck der Ereignisse oder aus anderen Gründen, vorzunehmen für angebracht hält. Sowohl vor, wie auch nach Vornahme der Änderungen muß man sich dem Plane fügen. Eine andere Eigenschaft des Planes ist die möglichst weitgehende Bestimmtheit, mit der er das Unbekannte erfaßt, durch das das Schicksal der Unternehmung beeinflußt wird. Gewöhnlich ist es möglich, den Weg für die nächste Zeit mit einem ziemlichen Grad von Genauigkeit zu bestimmen. Für die in einer späteren Zeit liegenden Betriebsvorgänge genügt eine einfache

Richtschnur; denn bevor der Zeitpunkt eintritt, da sie ausgeführt werden müssen, hat man größere Gewißheit über sie erlangt und man ist nun in der Lage, den Weg genau festzulegen. Wenn der Anteil des Unbekannten verhältnismäßig groß ist, kann der Plan keine Bestimmtheit zeigen, und das Unternehmen muß dann als ein Wagnis angesehen werden.

Einheit, Kontinuität, Geschmeidigkeit und Bestimmtheit sind die allgemeinen Merkmale eines guten Wirtschaftsplanes. Mangelnde Kontinuität der Betriebstätigkeiten und ungerechtfertigte Richtungsänderungen sind Gefahren, die dauernd die Unternehmung bedrohen, die keinen Wirtschaftsplan besitzt. Der geringste Aufwand bringt das Schiff, das nicht auf Widerstand vorbereitet ist, aus der Richtung. Wenn kritische Situationen eintreten, können unter dem Einfluß tiefgehender, aber vorübergehender Störungen Richtungsänderungen beschlossen werden, die bedauerlich sind; allein ein in ruhigen Zeiten reiflich überlegter Plan gestattet, einen klaren Blick für die Zukunft zu bewahren und nur geistige und materielle Kräfte auf die gegenwärtige Gefahr zu konzentrieren. Gerade in schwierigen Augenblicken zeigt sich die Notwendigkeit des Planes. Auch der beste Plan kann nicht alle außergewöhnlichen Ereignisse, die eintreten können, im voraus bestimmen, aber er zieht sie in Betracht und bereitet die Waffen, derer man im Augenblick der Überraschung bedarf.

Vorbildwirkung

Es ist selbstverständlich, daß jeder Leiter die Macht hat, sich Gehorsam zu verschaffen. Aber dem Unternehmen ist schlecht gedient, wenn der Gehorsam nur aus Furcht vor Nachteilen geleistet wird. Es gibt andere Mittel, um einen Gehorsam zu erreichen, der viel vorteilhaftere Wirkungen hat, der freiwillige Anstrengungen und den Willen zu eigener Initiative hervorruft. Manche Leiter erreichen Gehorsam, Geschäftigkeit, Eifer und selbst Hingebung ohne sichtbare Anstrengung, andere erreichen dieses Ziel niemals. Unter den Mitteln, die auf diesen Erfolg hinzielen, ist das Vorbild eines der wirksamsten. Wenn der Leiter das Beispiel der Pünktlichkeit gibt, so wird es niemand wagen, unpünktlich zu sein; wenn er Fleiß, Mut und Hingabe zeigt, wird man ihm nachahmen, und wenn er es richtig anzufangen versteht, so wird er erreichen, daß die Arbeit zur Freude wird. Aber auch das schlechte Beispiel pflanzt sich fort, und wenn es von oben herab gegeben wird, so übt es die ernstesten Wirkungen auf die ganze Abteilung aus. Diese Tatsache ist einer der zahllosen Gründe, die den Wunsch nach einem tüchtigen Leiter nahe legen.

Zentralisation

Die Zentralisation ist wie die Arbeitsteilung naturgegeben; sie besteht darin, daß bei jedem tierischen oder sozialem Organismus die aufgenommenen Eindrücke im Gehirne oder bei der Leitung zusammenlaufen, und daß von dem Gehirn oder der

Leitung die Befehle ausgehen, die alle Glieder des Organismus in Bewegung setzen.

Die Zentralisation ist nicht ein Verwaltungssystem, welches an sich gut oder schlecht ist, und das je nach Gutdünken der leitenden Persönlichkeiten oder nach den gegebenen Verhältnissen angenommen oder abgelehnt werden kann; sie besteht vielmehr immer mehr oder weniger. Die Frage der Zentralisation oder Dezentralisation ist einfach eine Frage des Maßes. Es handelt sich darum, die für die Unternehmung günstige Grenze zu finden.

Zuordnung

Zuordnen heißt, alle Vorgänge in einer Unternehmung miteinander in Einklang bringen, um die Tätigkeit und die Herbeiführung des Erfolges zu erleichtern. Zuordnen heißt, der materiellen und sozialen Organisation jeder Funktion die Proportionen zu geben, die sie befähigen, ihre Aufgabe sicher und in wirtschaftlicher Weise zu erfüllen; heißt, bei jedem technischen, kommerziellen, finanziellen oder anderen Vorgang die Notwendigkeiten und Folgen in Betracht ziehen, die sich daraus für die anderen Funktionen der Unternehmung ergeben; heißt, die Ausgaben den finanziellen Hilfsmitteln, die Immobilien und die Betriebsausrüstung, den aus der Fabrikation sich ergebenden Notwendigkeiten, die Vorräte dem Verbrauch und den Absatz der Produktion anpassen; heißt, sein Haus weder zu groß noch zu klein bauen, das Werkzeug seiner Verwendung, den Weg dem Fahrzeug und die Sicherheitsmaßnahmen den Gefahren anpassen; heißt, der Hauptsache vor der Nebensache den Vorzug geben; heißt mit einem Wort, Dinge und Vorgänge in den entsprechenden Proportionen halten und die Mittel dem Zweck anzupassen. Bei einer Unternehmung, in der die Zuordnung gut durchgeführt ist, wird man folgende Tatsachen feststellen:

a) Jede Abteilung arbeitet in Übereinstimmung mit den anderen: Die Lagerverwaltung weiß, was sie herbeischaffen muß, und zu welcher Zeit die Materialien benötigt werden; die Produktionsabteilung weiß, was man von ihr erwartet; der Instandsetzungsdienst hält das Material und die Betriebsausrüstung arbeitsfähig, die Finanzabteilung beschafft das notwendige Kapital, der Sicherheitsdienst sorgt für den Schutz der Güter und Personen; alle Vorgänge gehen in ordentlicher und verläßlicher Weise vonstatten.

b) In jeder Abteilung sind die Unterabteilungen genau darüber unterrichtet, welchen Anteil sie an dem gemeinsamen Werk zu nehmen haben, und wie weit sie sich gegenseitig unterstützen müssen.

c) Der Arbeitsplan der verschiedenen Abteilungen wird immer mit den Erfordernissen in Einklang gebracht.

Aufgabe des Fabrikanten ist es, immerfort darauf bedacht zu sein, seinen Betrieb zu verbessern.

Eugen Schmalenbach (1873 bis 1955)

Biographie

Schon Zeitgenossen sprachen ihm für die Betriebswirtschaftslehre eine Bedeutung zu, wie sie Adam Smith für die Nationalökonomie besessen hatte. Dabei zog der praxisliebende Professor Schmalenbach eine angewandte Kunstlehre sowie brauchbare, benötigte Verfahrensregeln der hohen Wissenschaft vor. Ein in diesem Sinne gesunder Pragmatismus rückte den bodenständigen Westfalen eher in die Nähe amerikanischer Forscher. Dies galt auch für die Lockerheit seiner Denkungsart und seinen Widerwillen gegen jede Art von „Systemen". Dennoch war er auf seine Weise zutiefst philosophisch und knüpfte das Kapital unnachgiebig an die Bedingung, Ausdruck gemeinschaftlich nützlicher Leistung zu sein.

Geboren wurde Eugen Schmalenbach am 20. August 1873 bei Halver im Sauerland, auf dem Hof seiner bäuerlichen Vorfahren, wo sein Vater eine Fabrik für Kleineisenteile unterhielt. Das Gymnasium in Elberfeld lag ihm nicht. Er verließ es bereits nach dem „Einjährigen", besuchte für einige Monate die Remscheider Fachschule für Kleineisenindustrie und trat dann eine regelrechte Lehre an: ein Jahr Werkbank in einer Barmener Maschinenfabrik, drei Jahre Kontor im väterlichen Betrieb, der nach wiederholten Umzügen der Familie nun in Velbert ansässig war. Eisenwarenfabrikant wie sein Vater wollte er werden.

Seit seinem 21. Lebensjahr war Eugen in der Schloßfabrik seines Vaters tätig, vor allem im Absatz, der ihm besonders am Herzen lag. Hier spürte er indes bald, wie sehr ihm eine solide unternehmerische Bildung fehlte. Als 1898 in Leipzig die Handelshochschule ihre Pforten öffnete, wurde der junge Schmalenbach deshalb einer ihrer ersten Studenten. Obwohl er die Vorlesungen mit großem Interesse verfolgte, war er von dem, was ihm die betriebswirtschaftliche Lehre zu geben vermochte, recht enttäuscht. So ging er nach seinem kaufmännischen Diplom wieder in die Heimat, um eine Stellung als Redakteur der Remscheider „Deutsche Metall-Industriellen-Zeitung" anzunehmen.

In diesem Blatt hatte er sich schon 1899, also noch als Student, in die wissenschaftliche Debatte um betriebswirtschaftliche Probleme eingeschaltet. Ohne Wissen seiner Professoren war hier Schmalenbachs Aufsatz „Buchführung und Kalkulation im Fabrikgeschäft" erschienen, in dem er auf die Ausgliederung der Fixkosten aus Kalkulation und Preispolitik drängte, eine gleichsam revolutionäre Forderung, die er damit Jahrzehnte früher erhob als J. N. Harris, der geistige Vater des „direct costing" in den USA.

1901 steigt Schmalenbach selbst in den Hochschullehrbetrieb ein, zunächst nochmals in Leipzig als Assistent Büchers. Zwei Jahre später wechselt er dann an die neue Kölner Handelshochschule, wo er sich mit einer Arbeit über Verrechnungspreise in der Großindustrie habilitierte. 1904 bereits Dozent, erhält er im Oktober 1906 eine Professur für Privatwirtschaftlehre und gibt eine Zeitschrift für handelswissenschaftliche Forschung heraus, für deren Inhalt er bis 1933 verantwortlich zeichnet.

Wesentlich unter dem Einfluß Schmalenbachs wird 1919 das Fach seiner Wahl in Betriebswirtschaftslehre umbenannt. Es gibt kaum einen Abschnitt dieser Disziplin, den er nicht mitgeprägt hat. Sehr früh schon, spätestens aber seit seinem Artikel „Privatwirtschaftslehre als Kunstlehre" (1911) - begreift er sie als Beispiel angewandter Wissenschaft, die sich in erster Linie mit den Fragen der Praktiker zu befassen habe. Besonders groß ist sein Beitrag zu den Bereichen Bilanzlehre, Kostenrechnung, Finanzierung und Kapitalwirtschaft sowie Organisationslehre, aber auch zur Berufsprofilierung des Wirtschaftstreuhänders.

Trotz zahlreicher Angebote aus dem In- und Ausland ist Eugen Schmalenbach seit seiner Berufung nach Köln dieser Stadt und ihrer Hochschule treu geblieben. Eine Ausnahme bildet die Nazi-Zeit, in der er angesichts der Ereignisse aus dem Dienst ausscheidet und sich in private Forschungen zurückzieht. Nach dem II. Weltkrieg folgt er ohne Zögern dem Ruf der Uni Köln und lehrt dort bis zu seiner Emeritierung 1950.

Schmalenbach, der viele akademische und gesellschaftliche Ehrungen erfuhr, war nicht nur im Hochschulwesen aktiv. 1919 wurde er Mitglied des Vorläufigen Reichswirtschaftsrates. 1920/21 wirkte er selbst als Treuhänder in einem parlamentarischen Ausschuß. 1924 beruft man ihn in den Verwaltungsrat der Deutschen Reichsbahn, und 1928 obliegt ihm das Ruhrkohlengutachten.

Schmalenbachs Frau Marianne war Jüdin. Trotz aller Widerwärtigkeiten, die die Familie deshalb während der Zeit des Faschismus durchstehen mußte, hielt er fest zu ihr. Er starb am 20. Februar 1955, 81jährig, in Köln.

Werkverzeichnis (Auswahl)

Die Verrechnungspreise in großindustriellen Betrieben. Köln 1903

Finanzierungen. Leipzig 1915

Grundlagen dynamischer Bilanzlehre. Leipzig 1919

Grundlagen der Selbstkostenrechnung und Preispolitik. Leipzig 1925

Der Kontenrahmen. Leipzig 1927

Pretiale Wirtschaftslenkung. Bremen-Horn 1947-48
1. Die optimale Geltungszahl. 1947
2. Pretiale Lenkung des Betriebes. 1948

Der freien Wirtschaft zum Gedächtnis. Köln und Opladen 1949

Das Rechnungswesen der Betriebe. Köln und Opladen. 1950

Über die Dienststellengliederung im Großbetriebe. Köln und Opladen 1959*

* Quelle der im Lexikon enthaltenen Zitate

Schriften über Eugen Schmalenbach

Eugen Schmalenbach. Der Mann - sein Werk - die Wirkung. Stuttgart, 1984

Forrester, David A.: Schmalenbach and after. Glasgow 1977

Lehmann, Wolfgang: Die dynamische Bilanz Schmalenbachs. Wiesbaden, 1963

Zimmermann, Doris: Schmalenbachs Aktivierungsgrundsätze. Frankfurt/Main, 1985

Lexikon

Anordnung und Verantwortung

Viele Schwierigkeiten können vermieden werden, wenn der Grundsatz, daß Anordnungsbereich und Verantwortungsbereich sich decken, bei allen im Betriebe tätigen Personen, welche Leitungsbefugnisse besitzen, als fester Verwaltungsgrundsatz durch wiederholte Erinnerung, Dienstanweisungen und andere Mittel im Bewußtsein erhalten wird.

Jedermann muß auch wissen, nicht nur, daß es so ist, sondern warum es so ist. In einem großen Betriebe gibt es viele Dienststellen, jede einzelne mit einem bestimmten Aufgabenkreis. Die Oberleitung muß sich darauf verlassen, daß jede Dienststelle ihre Aufgaben erfüllt. Sie muß sich auch darauf verlassen, daß der Dienststellenleiter die Aufgaben auf das Personal gut verteilt und den einzelnen Angestellten nicht Arbeiten gibt, die sie nicht leisten können. Wo sie Zweifel haben, müssen sie kontrollieren; wo sie wissen, daß ein Bearbeiter seiner Aufgabe gewachsen ist, können sie in der Kontrolle nachlassen. Wenn sie merken, daß in einem Büro durch viel Schwatzen unaufmerksam gearbeitet wird, können sie eingreifen. Wenn das Arbeitspensum eines Angestellten gering ist, können sie den Ursachen nachforschen. Unter diesen Umständen ist es nicht nur eine Billigkeitsfrage, sondern eine Notwendigkeit, daß die Oberleitung sich bei eintretenden Schadensfällen infolge von Versehen usw. nur an den Dienststellenleiter wenden und ihm den Schaden zur Last legt. Ein größerer Betrieb läßt sich in anderer Weise nicht führen.

Aufgaben der Leitung

Meine Meinung ist, daß für den Erfolg des Betriebes in erster Linie entscheidend die Marschrichtung ist, die man ihm gibt und in zweiter Linie die Art, wie der Marsch ausgeführt wird. Das erste kann, muß aber nicht Aufgabe der Oberleitung sein, das zweite ist ihre eigentliche Aufgabe.

Um das der Oberleitung gesetzte oder von ihr gewählte Ziel zu erreichen, müssen die Organe des Betriebes eingerichtet und gelenkt werden, ihre Teilfunktionen gut zu verrichten, so daß so schnell und störungslos marschiert wird, wie irgend möglich ist. Erstens müssen für notwendige Funktionen Organe vorhanden sein, und zweitens müssen sie sich im Sinne der Gesamtzwecke des Betriebes betätigen.

Bedingungen pretialer Betriebslenkung

Die Anwendbarkeit der pretialen Betriebslenkung im Betriebe ist an Bedingungen geknüpft. Sie müssen erfüllt sein, wenn die pretiale Betriebslenkung wirksam sein soll. Die Bedingungen sind folgende:

1. Die Abteilungsleiter müssen an den wertmäßigen Ergebnissen ihrer Abteilung stark interessiert sein. Das setzt zunächst voraus, daß für die einzelnen Abteilungen Erfolgsabrechnungen aufgestellt werden. Sodann ist vorauszusetzen, daß die Abteilungsleiter an diesen Ergebnissen durch Avancement oder durch Abteilungstantiemen oder sonstwie wesentlichen Anteil nehmen. Wo kein starkes Interesse ist, kann auch kein Lenkpreis Wirkung haben.

2. Die Gliederung der Abteilungen soll dort, wo Wahlfreiheit besteht, den Bedürfnissen der pretialen Betriebslenkung folgen. Was nicht für sich mit geeigneten Verrechnungspreisen für Aufwand und Leistung abrechenbar ist, entzieht sich der pretialen Betriebslenkung. Nach Möglichkeit sollen die Abteilungen so gebildet sein, daß sich ein Vergleich ermöglichen läßt. Im Zweifel sind nebeneinander geschaltete Abteilungen den hintereinander geschalteten vorzuziehen. Die Abteilungen sollen nur so groß sein, daß sie die optimale Größe erreichen, aber nicht darüber hinausgehen.

3. Die obersten Betriebsleitungen müssen sich, um die Lenkpreise wirksam zu machen, des häufigen Dreinredens enthalten. Können sie das nicht, so treten sie in Konkurrenz mit dem Lenkpreise und mindern seine Wirkung.

4. Da die Verrechnungspreise den Zweck haben, die Organe des Betriebs zu wirtschaftlicher Arbeit anzuhalten, müssen sie den Bedingungen der optimalen Geltungszahl entsprechen. Hierbei sind nicht Durchschnittswerte, sondern Grenzwerte sowohl in Gestalt von Grenzkosten als auch von Grenznutzen, anzuwenden. Nicht

der optimalen Geltungszahl entsprechende Verrechnungspreise bewirken notwendigerweise Unwirtschaftlichkeiten.

5. Die dezentrale Organisation verlangt beim Rechnungswesen die Umkehrung des Prinzips. Zentrale Organisation erlaubt ein dezentrales, dezentrale Organisation verlangt ein zentrales Rechnungswesen. Und zwar muß bei dezentraler Organisation besonders straff organisiert sein.

Besteuerung

Die Betriebe stellen dem Heer der Steuerprüfer, das bei überhoher Besteuerung nötig wird, ein Heer von Steuerhelfern und Steuerberatern entgegen. In allen Gesetzen gibt es Lücken, auch in den Steuergesetzen; und wenn man durch ein kleines Löchlein genügend oft den Finger durchsteckt, wird aus dem Löchlein ein Loch; genauso wie aus einem zuerst geringen und harmlosen Betrüglein nach längerem Gebrauch ein ausgewachsener Betrug wird. Und dabei hat der Steuerbetrüger nicht einmal ein besonders schlechtes Gewissen; denn er empfindet die überhohe Besteuerung ebenfalls als Betrug, der dadurch, daß er gesetzlich sanktioniert ist, nicht moralisch wird. Und so entsteht ein System, das man als überhohe Besteuerung, gemildert durch Steuerbetrug, bezeichnen kann.

Bürokratisierung

Die Neigung der Großbetriebe zu bürokratischer Lenkung hat die Angestellten massenweise zu Bürokraten und Beamten gemacht und ihnen den Unternehmersinn ausgetrieben. Nicht nur die unteren Angestellten, sondern in vielen Fällen auch die mittlere und obere Führungsschicht haben es verlernt, in Kosten und Leistungen zu denken. Sie halten insbesondere eisern an ihren Stellenbesetzungsplänen fest und widersetzen sich jeder Rationalisierungsmaßnahme, die eine Personaleinsparung mit sich bringt. Im Gegenteil, sie versuchen fortgesetzt, die Zahl ihrer Untergebenen zu vergrößern; denn nach ihrer Auffassung ist ein Abteilungsleiter mit 80 Untergebenen erfolgreicher und angesehener als jemand, der nur 20 Leute beschäftigt. Diese Tatsache drückt sich oft auch in ihren Jahresberichten aus, indem diese in erster Linie Rechtfertigungsberichte sind, welche die Notwendigkeit der Personalaufblähung beweisen sollen.

Delegation und Aufgaben

Die Mittel, die zur Entlastung der Oberleitung dienen, sind nicht in erster Linie in die Hand des Organisators, sondern der Oberleitung selbst gelegt. Und zwar kommt es in erster Linie darauf an, ob die Oberleitung Wert darauf legt, die oberen Dienststellen in die Hand selbständiger und verantwortlicher Abteilungsleiter zu legen, oder ob sie lieber weniger selbständige als dienstwillige Menschen um sich sieht. Es gibt

Oberleiter, die systematisch darauf bedacht sind, für die laufenden Geschäfte tüchtige Menschen zu suchen und die ihnen dann viel Freiheit lassen. Wenn man glauben sollte, daß seien die schwächeren Naturen, würde man damit einen argen Fehlschluß tun. Der Regel nach sind gerade starke Naturen mehr geneigt, tüchtigen Menschen Freiheit zu lassen, während schwache sich schwer eines Teiles ihrer Macht entäußern; sie müssen geiziger mit ihren Machtbefugnissen sein.

In vielen Betrieben findet man die Einrichtung, daß die Oberleitung sich wichtige Geschäfte, auch solche laufender Art, vorbehalten hat. Dazu gehören oft Fragen der Organisation, Revision, Finanzfragen und Personalsachen. Diese Vorbehaltung ist so zu verstehen, daß sie nicht nur wichtige Fragen zur Entscheidung sich vorbehalten hat, was auch bei anderen Sachen selbstverständlich ist, sondern daß die ganze Bearbeitung von ihr selbst oder unter ihrer unmittelbaren Leitung stattfinden soll; daß also eine Dienststelle dafür nicht vorhanden ist.

In mittleren Betrieben kann das gut sein, ebenso wie in mittleren Betrieben der Oberleiter die Zeit finden kann, eine ganze Abteilung selbst zu leiten. Je größer der Betrieb wird, desto mehr wird man zusehen müssen, die Oberleitung von laufenden Arbeiten grundsätzlich freizuhalten, so daß also an laufenden Arbeiten nichts übrig bleibt, was nicht irgendeiner Dienststelle zufällt.

Das bedeutet, daß in großen Betrieben für jede Art von Geschäften, auch für solche der oben genannten Art eine Dienststelle vorhanden sein sollte, die die laufende Arbeit bewältigt und auch bei nicht gewöhnlichen Arbeiten die Vorarbeit tut.

Einkommensschwankungen

Ein wichtiger Gesichtspunkt, der sowohl die Gewinntantiemen als auch die Leistungstantiemen angeht, ist, daß man die höheren und mittleren Angestellten grundsätzlich an Einkommensschwankungen gewöhnen sollte, damit in ihnen der Unternehmersinn erhalten bleibt. Ewig gleiche Gehälter, womöglich verbunden mit Altersversicherung usw. fördern den Beamtensinn. Angestellten und Arbeitern mit einem Einkommen, das gerade zu einem angemessenen Lebensunterhalt reicht und noch eine Kleinigkeit darüber übrig läßt, kann man nicht erhebliche Einkommensschwankungen zumuten, und es ist nötig, Krankheit, Invalidität und Alter in Rechnung zu stellen. Anders bei Angestellten mit höherem Einkommen. Will man in ihnen den Unternehmersinn wachhalten, muß man sie an nicht unbeträchtliche Schwankungen gewöhnen.

Entlastung der Oberleitung

Einige einfache Erwägungen nötigen den Organisator, den Grundsatz aufzustellen, die Oberleitung möglichst wenig mit Arbeit zu belasten. Der aufgestellte Grundsatz wird zunächst gestützt auf die Tatsache, daß die Arbeit der Oberleitung die teuerste Arbeit im Betriebe ist. Je mehr Arbeit man von der Oberleitung in die oberen Dienststellen und von den oberen Dienststellen in die unteren Dienststellen abschiebt, um so billiger werden die Kosten der Arbeitsleistung. Je mehr der Organisator dafür sorgt, daß die Dienststellen in dem Sinne möglichst automatisch arbeiten, daß Mithilfe der Oberleitung entbehrlich ist, desto kleiner kann der kostspielige Oberleitungsapparat gehalten werden und desto länger wird beim Wachstum des Betriebes die Notwendigkeit der Erweiterung der Oberleitung hinausgeschoben. Der Organisator wird dabei bedenken, daß, auch wenn er möglichst viel Arbeit nach unten drängt, für die Oberleitung immer noch viel zu tun bleibt.

Auch wenn alle Dienststellen in einem Großbetriebe fast automatisch funktionieren, geht es doch ähnlich wie in einem Maschinensaal mit automatischen Maschinen. Sie mögen so automatisch sein wie nur denkbar, man kann den Saal doch keinen Tag ohne Aufsicht lassen. Irgendwo versagt die Automatik immer mal und man muß wieder eine Schraube anziehen oder eine Schmierung vornehmen oder sonst was.

Dazu kommen die der Oberleitung vorbehaltenen wichtigen Entscheidungen. Ohne solche Vorbehalte geht es nun einmal nicht. Dazu kommen die zahlreichen Aufgaben des Außendienstes, die Besprechungen mit Großkunden, Großlieferanten, Großaktionären, Behörden, bei denen der Oberleiter entweder aus sachlichen Gründen oder weil es die Verhandlungspartner verlangen, sich nicht ausschließen kann; und dann last not least die Repräsentation einschließlich der Ehrenämter. Das kann alles zusammen schon so viel sein, daß ein Oberleiter von früh bis spät beschäftigt ist. Aber das soll er eben nicht sein. Ein Oberleiter soll übrige Zeit haben. Es gibt Berufe, die Besinnlichkeit oder Denkmuße erfordern, Ruhepausen von nicht zu kurzer Dauer, die den Gedanken Zeit zu Spaziergängen lassen und die das erfordern, was man einen ausgeruhten Kopf nennt. Der Oberleiterberuf ist ein solcher Beruf.

Freiheit der Unternehmer

Es ist verständlich, daß der Unternehmer sich an der Freiheit erfreut, aber dann, wenn zur Freiheit die Verantwortung hinzukommt, sich nach Möglichkeit zu drücken sucht. Wenn der Staat ihm seine Freiheit beschneidet, wird er unwillig und vertritt den Grundsatz, der Staat möge sich um die Wirtschaft nicht kümmern. Wenn aber die Geschäfte infolge ausländischer Konkurrenz schlecht gehen, dann schreit derselbe Unternehmer, der Staat tue sehr unrecht daran, nicht die Zölle zu erhöhen oder auf andere Weise eine lästige Konkurrenz zu beseitigen; „Schutz der nationalen Arbeit" heißt dann die vielbenutzte Vokabel, was so viel heißt, daß der nationale Verbraucher höhere Preise bezahlen muß.

Dieser Umstand, daß in der freien Wirtschaft die Unternehmer höchst unwillig werden, wenn der Staat ihnen die Freiheit beschneidet, daß sie aber den Staat um Hilfe anrufen, wenn ihnen die Freiheit schlecht bekommen ist, ist eine aus dem Egoismus der Menschen geborene Inkonsequenz, die man den Unternehmern, da sie auch Menschen sind, zugute halten muß. Gesamtwirtschaftlich schädlich werden derartige

Dinge nur dann, wenn man den Unternehmern einen zu großen Einfluß auf die Staatsführung einräumt.

Führungspersönlichkeiten

Menschen mit angeborenem Beherrschungsvermögen sind selten Vielregierer. Sie mögen Leute um sich haben, die eigene Initiative entfalten. Wenn man diese Leute mit angeborenem Herrschvermögen, die zu herrschen verstehen, auch ohne daß ihnen der liebe Gott eine gute Figur und ihr Maßschneider einen guten Anzug geliefert hat, in ihrer besonderen Art in der Nähe zu betrachten Gelegenheit hatte, so sieht man auch leicht den Grund ein, warum sie Untergebene um sich haben müssen, denen man nicht jeden Handgriff vorschreiben muß. Sie haben gewöhnlich so viel zu tun, daß sie keine Zeit haben. Und zwar gehören sie zu denen, die wirklich keine Zeit haben, nicht zu denen, die immerfort davon sprechen, daß sie keine Zeit haben.

Führungsstil und Organisation

Wenn man dem Organisator raten muß, die in einem Betriebe bestehenden Führungsgrundsätze zu nehmen wie sie sind, da es ihm ja doch regelmäßig nicht möglich ist, darauf einzuwirken, so läuft das auf den Rat hinaus, auch eine bestehende Vorliebe und ihr Gegenteil, die sich bei der Oberleitung vorfindet, als gegebene Tatsache anzuerkennen. Es braucht sich dabei nicht nur um Verwaltungsgrundsätze zu handeln. Auch der bestehende Schwerpunkt der persönlichen Tätigkeit eines Oberleiters gehört dazu...

Wer an solchen Tatsachen als Organisator vorbeigeht, macht aus der Organisation einen Konfektionsanzug, wo doch der Maßanzug der bessere wäre...

Es hat überhaupt für einen Organisator wenig Sinn, gegen den Willen der Oberleitung zu organisieren. Denn die Ausführung würde, wenn die Organisation außerhalb der Willenslinie der Oberleitung liegt, Not leiden. Und auf die Ausführung kommt mehr an als auf den Plan.

Kompetenzregelung

Kompetenzstreitigkeiten gehören nicht nur in Großbetrieben zu den üblichen Geschehnissen. Diese Streitigkeiten und Beschwerden können viel Kraft, oft besonders wertvolle Kraft verzehren und das Einvernehmen durch lange Zeit währende Verstimmungen stören und das gute Ineinandergreifen des Getriebes hemmen.

Ein Kompetenzstreit ist besonders schädlich, wenn er, statt sich explosiv auszuknacken, lange Zeit hindurch glimmt und schwelt, ohne daß oben jemand das merkt. Das ist dann eine widrige Sache.

Andererseits darf man Kompetenzstreitigkeiten nicht zu tragisch nehmen. Man kann schwer in Zweifel sein, ob es ein gutes Zeichen ist, wenn sie ganz fehlen. Der Verdacht ist berechtigt, daß es sich in solchen Fällen um einen schlafmützigen Betrieb handelt. Wo Arbeitslust und Freude an verantwortungsvoller Tätigkeit herrscht, müssen die Kompetenzansprüche zuweilen aufeinanderplatzen...

Der Organisator kommt nach meinen Eindrücken mit den Kompetenzen am besten zurecht, wenn er die Angelegenheit von der Seite der Verantwortung her ordnet. Das heißt, daß er nicht den Hauptwert auf die Bestimmung der Grenzen hinsichtlich der Kompetenzen als hinsichtlich der Verantwortung legt.

Das naheliegende organisatorische Mittel der Grenzziehungen von Kompetenzen und Verantwortungen ist die Dienstanweisung.

Eine genaue Abgrenzung der Kompetenzen durch Dienstanweisungen oder Regelungen ähnlicher Art ist leicht für laufende Arbeiten. Das sind lauter diejenigen Funktionen, bei denen ein Kompetenzstreit auch ohne förmliche Regelung selten entsteht. Die nicht leicht durch förmliche Regelung zu beseitigende Gefahr des Kompetenzstreites betrifft die nicht laufende, nicht gewöhnliche Arbeit. Eine förmliche Regelung ist nur einigermaßen aussichtsvoll, wenn die Dienstanweisung des Funktionskreises nicht durch Aufzählung, sondern durch eine allgemeine Kennzeichnung, die gleichwohl exakt sein soll, erfährt. Das ist leicht gesagt, aber zuweilen schwer durchzuführen. Immerhin muß die Arbeit des Organisators diesen Weg zu gehen versuchen.

Personenorientierte Organisation

Die Anpassung der Organisation an die vorhandenen Personen ist besonders nötig, wenn ein bestehender Betrieb umorganisiert werden soll. Man findet dann oft Zuständigkeiten vor, die nicht einer übergeordneten Planung, sondern der zufälligen Entwicklung entsprungen sind und bei denen die stärksten Persönlichkeiten sich die Zuständigkeit so zugeschnitten haben, wie sie ihnen am besten paßte. Wenn der Betrieb bei dieser Methode gut gefahren ist, sollte der Organisator nur die ärgsten Auswüchse beschneiden und nicht durch zu weitgehende Änderungen das Organisationswerk gefährden.

Man kann als allgemeine Regel hinstellen, daß der Anpassung der Organisation an die Qualitäten einzelner Personen in sehr großen Betrieben engere Grenzen gesetzt sind als in kleineren, wie überhaupt mit wachsender Betriebsgröße eine gewisse Entpersönlichung automatisch eintritt. Aber auch in sehr großen Betrieben bestehen in der Ressortbildung Abhängigkeiten von persönlichen Fähigkeiten. Besonders bei der Eingliederung kleinerer Dienststellen in größere sind Wahlmöglichkeiten gegeben; und hier kann die Berücksichtigung persönlicher Umstände für das Ganze nur von Vorteil sein.

Planwirtschaft

Man kann der Meinung sein, daß in der Wirtschaft manches am besten gedeiht, wenn man Planungsstellen gründet. Wer aber der Meinung ist, daß überall, wo gewirtschaftet wird, geplanwirtschaftet werden muß, wird erleben müssen, daß der von ihm eingesetzte Planungskopf ein Wasserkopf wird, dessen tatsächliche Leistungen nicht nur gering, sondern sogar negativ sind; er wird sich geradezu lächerlich machen.

Sortimentsbeschränkung

Die Rationalisierungsfachleute haben für das Gesundmachen kranker Betriebe eine alte Regel: Reduzierung der Sortenzahl auf die Hälfte. Damit soll gleichzeitig gesagt sein, daß die Sortenvielfalt unwirtschaftlich ist. Oft braucht man sich nur die Größenordnungen der einzelnen Sorten anzusehen, um das Unwirtschaftliche bereits zu erkennen. Beispielsweise ist es durchaus keine Seltenheit, daß etwa 10 % der hergestellten Sorten 80 % des Umsatzes bringen. Denkt man hierbei an die durch die übrigen 90 % der Sorten verursachten Mehrkosten für Betriebsausstattung, Sortenwechsel, Lagerhaltung, Werbung usw., so erkennt man in den meisten Fällen auch ohne große Rechnungen, daß dieser Zustand eine grobe Unwirtschaftlichkeit bedeutet. Man muß sich stets der Tatsache bewußt sein, daß es auch bezüglich der Sortenzahl ein Optimum gibt. Die Betriebe würden gut daran tun, dieses Optimum durch zweckentsprechende Kostenrechnungen zu bestimmen. Sicherlich würden vielen Unternehmern die Augen aufgehen, und sie kämen aus eigenem Antrieb zu einer Sortenbeschränkung.

Stellvertretung

Es gibt nicht wenig Abteilungsleiter, die ihre Stellvertreter in die wichtigeren Geschäfte nicht genug einweihen, so daß Mißstände entstehen. Entweder werden die Dinge bei Abwesenheit des Abteilungsleiters nicht richtig betrieben, oder der Abteilungsleiter unterläßt oder verschiebt eilige Reisen wegen Nichtabkömmlichkeit oder was der Störungen sonst sind. Dagegen kann die Dienstanweisung des Abteilungsleiters einwirken, indem sie dem Stellvertreter dauernde Funktionen zuweist, die ihn zur Stellvertretung befähigt machen. Die Dienstanweisung kann auch bestimmen, welche Dinge dem Stellvertreter zur Einsicht offen stehen müssen. Bei nicht genügender Unterrichtung spricht nicht selten, oft unbewußt, die Tendenz der Abteilungsleiter mit, sich unentbehrlich zu machen...

Wichtig ist auch die Frage, wie der Stellvertreter beschaffen sein soll. Es spricht einiges dafür ihn so auszuwählen, daß er als Nachfolger des Abteilungsleiters vorgesehen wird. Aber es spricht auch vieles dagegen.

Ein tüchtiger Abteilungsleiter bekommt gegen den als Nachfolger in Aussicht genommenen ihm unterstellten Abteilungsleiter leicht eine menschlich begreifliche Abneigung. Man soll dabei nicht gleich von subalterner Einstellung sprechen. Man braucht nur an Neigungen sehr großer Staatsmänner zu denken, um zu erkennen, daß hier der Vorwurf subalterner Gesinnung nicht angebracht ist...
Es geht nicht überall nach bestimmten Rezepten und man muß mit den Kräften hausen, die nun einmal da sind. Wo es geht, sollte man überlegen, einen Mann zum Stellvertreter zu machen, der den Abteilungsleiter ergänzt, ihn auch für einige Wochen gut vertreten kann, aber selbst weiß, daß er nicht Abteilungsleiter werden wird. Das gibt oft ein gutes Gespann.

Strategie und Organisation

Für die Abteilungsgliederung der Betriebe sollte der Organisator eigentlich ziemlich genau wissen, welche Entwicklungsziele die Oberleitung im Auge hat, oder besser gesagt im Herzen trägt. Davon hängt die Organisation in hohem Grade ab. Aber es ist ein schwieriger Punkt. Ein Generaldirektor pflegt sich über seine Luftschlösser nur sehr widerstrebend zu äußern. Täte er es, würde man an seiner Generaldirektoreneignung berechtigte Zweifel haben. Der Organisator muß in solchen Fällen ein guter Rater sein. Ich kann ihm dazu keine Rezepte geben; vermutlich weil ich kein guter Generaldirektor geworden wäre.

Hat das Entwicklungsziel der Oberleitung mehr die Richtung in die Tiefe der Art, daß es weniger expansiv als darauf gerichtet ist, eine Spezialität zu pflegen und in ihr das Höchste zu erreichen, so ist das etwas ganz anderes, als wenn der Oberleitung jede Expansion recht ist, wenn es nur Expansion ist. Es ist nicht Sache des Organisators, in diesen Dingen ein Mentor zu sein. Mag er seine Meinung in den guten Reden, die seine Arbeiten begleiten, zur Sprache bringen. Das eigentliche Organisationsgeschäft sollte von dem Grundsatz beherrscht bleiben: Suprema lex regis voluntas.

Überschätzung funktionaler Strukturen

In der Dienststellengliederung der Abteilungen soll man den Gliederungsgesichtspunkt der Funktion nicht übertreiben. Er hat ohne Zweifel oft eine überragende Bedeutung, aber er hat auch bestechliche Eigenschaften insofern, als die Vorteile der Funktionsmassierung oft mehr in die Augen springen als die Nachteile. Man muß bedenken, daß die Dienststellengliederung nach Funktionen zwar oft technische Vorzüge bringt, daß man aber oft wichtige geistige Zusammenhänge zerhackt. Man muß immer berücksichtigen, daß die Änderung einer bestehenden Organisation nicht nur ein Verbinden, sondern zugleich ein Trennen ist. Und es liegt nahe, daß ein Betrieb nicht dadurch gewinnt, wenn man geistige Bänder durchschneidet, um mechanische Bänder zu knüpfen. Nach meiner Meinung liegen darin, daß man diese

Gesichtspunkte vernachlässigt, die Mängel der übermäßigen Bürokratisierung, die man in Großbetrieben findet.

Unternehmenskultur

Der Geist und die Qualität der Gefolgschaft, besonders in den Verwaltungsabteilungen ist für das Organisationswerk von so großer Bedeutung, daß darüber kein Wort zu verlieren ist. Ganz besonders wichtig ist, ob sich für die Leitung unterer oder oberer Dienststellen im Personal selbst hinreichende Kräfte finden oder ob man darauf nicht rechnen kann. Je nach der Auswahl bei Einstellungen und nach der Handhabung der Avancementsverhältnisse gibt es in dieser Hinsicht große Unterschiede bei verschiedenen Betrieben. Es gibt lebende und schläfrige Betriebe. Es gibt Betriebe mit kaufmännischem und andere mit Beamtengeist. Es gibt Betriebe, in denen viele Gefolgschaftsmitglieder der Überzeugung sind, daß es nur von der Leistung abhängt, ob man mal eine kleine und danach eine große Leitungsfunktion zu erfüllen haben wird, und andere, in denen eine allgemeine Resignation herrscht und außerbetriebliche Interessen die Oberhand besitzen.

Einen gewissen Anhalt für den Organisator, der diese Dinge in einem Betrieb festzustellen sucht, gibt ihm außer der Beobachtung des Verhaltens die Feststellung, in welcher Weise bei der Besetzung mit Leitungsposten im Betriebe bisher verfahren wurde: Ob man für gehobene Dienste die dazu nötigen Leute aus dem Betriebe selbst gewinnen konnten oder von außen heranziehen mußte.

Vor- und Nachteile pretialer Betriebslenkung

Beide Verfahren, sowohl die bürokratische als auch die pretiale Betriebslenkung vergleichsweise betrachtet, haben Vorteile und Nachteile. Wir wollen hier nur die betriebswirtschaftliche Seite betrachten:

Zunächst die Vorteile.

1. Der pretiale Verwaltungsapparat ist bei der pretialen Betriebslenkung im Regelfalle kleiner, oft wesentlich kleiner als bei der bürokratischen Form.

2. Die pretiale Betriebslenkung fördert das Wertungsdenken im Betriebe.

3. Da die pretiale Betriebslenkung den nachgeordneten Betriebsleitern wesentlich größere Freiheit läßt, müssen sie selbst die bestehen Mittel und Wege zur Erfüllung ihrer Aufgabe finden. Gegeben wird nur das „Was", das „Wie" sollen sie selber suchen. Dadurch spannt man nicht nur die Arbeitskraft und das fachliche Können, sondern auch das Sorgen in den Betrieb ein. Der Betrieb bekommt für das gezahlte Gehalt nicht bloß die achtstündige Arbeitszeit geliefert, sondern auch die Stunden des Nachdenkens außerhalb der Dienststunden; die halbe Stunde des Abends vor dem Einschlafen und eine Stunde des Morgens vor dem Aufstehen, beim Anziehen,

beim Frühstück und auf dem Wege zur Fabrik. Die Folge ist, daß man höhere Gehälter zahlen kann als bei bürokratischer Betriebslenkung möglich ist.

4. Die Verlegung der Disposition von der Zentrale in die Abteilungen hat den Sinn, daß die Abteilungsleiter besser zu disponieren verstehen als die Oberleitung selbst. Das ist nicht deshalb anzunehmen, weil die Abteilungsleiter durch Veranlagung und Schulung bessere Disponenten sind, sondern weil sie den Dingen näher stehen. Dinge und Menschen, über die zu disponieren ist, umgeben den Abteilungsleiter unmittelbar. Leerlauf und Fehllauf sieht er mit eigenen Augen; ohne Zeitverlust kann er eingreifen.

5. Bei der dezentralen Organisation der Abteilungen kommt das so wichtige Prinzip der Mannigfaltigkeit besser zur Geltung als bei der zentralen Organisation. Es ist der gleiche Vorzug, der auch die freie Wirtschaft gegenüber den gelenkten Wirtschaften auszeichnet.

6. In Betrieben, bei denen die pretiale Betriebslenkung längere Zeit besteht, macht sich der Unterschied im Habitus der Abteilungsleiter geltend. Aus Beamten werden kleine Unternehmer. Das ist nicht nur ein Werk der Erziehung, sondern auch der Auswahl.

Den Vorteilen der pretialen Betriebslenkung stehen Nachteile gegenüber.

1. Ein Nachteil der pretialen Betriebslenkung ist, daß die unteren Betriebsleiter leicht unbequeme Untergebene werden. Sie sind schon an sich keine Augendiener und nehmen vor dem Chef womöglich nicht einmal die Mütze ab. Will man nun noch ihre Bewegungsfreiheit einschränken, gibt es Widerstand und Verdruß. Daher sollte man einer schwachen Oberleitung die Einführung der pretialen Betriebslenkung nicht empfehlen; es würde Schwierigkeiten geben.

2. In der pretialen Betriebslenkung kommt es leicht zu Abrechnungsstreitigkeiten. Einmal findet der untere Betriebsleiter, ein Verteilungsschlüssel sei falsch, ein andermal sind die Verrechnungspreise zu hoch, dann kommt die Monatsrechnung zu spät heraus usw. Sitzen in der Betriebsrechnung bürokratische Naturen, so werden sie leicht zur Verzweiflung getrieben. Man muß daher die Betriebsabrechnung einem Mann unterstellen, dessen Naturell dem der unteren Betriebsleiter ähnlich ist, ihnen Widerpart halten kann, aber auch nicht tödlich verletzt ist, wenn er einmal nachgeben muß.

Wesen der pretialen Betriebslenkung

Das Wesen der pretialen Betriebslenkung besteht darin, daß die Oberleitung den nachgeordneten Dienststellen weitgehende Selbständigkeit läßt und sich nur besonders wesentliche Entscheidungen vorbehält, dafür aber die Leistungen der Dienststellen bewertet, in der Regel auf Grund von Abteilungs-Erfolgsrechnungen. Bei Anwendung der pretialen Betriebslenkung mögen die Leiter der Dienststellen bis auf einige Vorbehalte tun, was sie wollen, aber sie sollen am Ende einer Rechnungsperiode ein gutes Ergebnis vorlegen. Dafür, daß nicht Abteilungsgewinne entstehen, die nicht im Sinne des Gesamtbetriebes Gewinne sind, hat die Art der Abrechnung, hat insbesondere die Wahl der Verrechnungspreise zu sorgen. Bei der bürokratischen Betriebslenkung dagegen wird den Dienststellenleitern in weitem Umfange vorgeschrieben, was sie zu tun haben. Die Fälle, in denen sie nicht selbst entscheiden, sondern fragen müssen, sind viel zahlreicher als bei pretialer Betriebslenkung. Abrechnungen der Dienststellen gibt es auch hier, aber sie dienen weniger der Beobachtung der Betriebsgebarung dieser Dienststellen und der Beurteilung der Dienststellenleiter als der Kostenrechnung und der Erfolgsrechnung im allgemeinen. Übrigens wäre es auch nicht sinnvoll, einen Dienststellenleiter für den Erfolg seiner Dienststelle verantwortlich zu machen, wen er bei seinen Maßnahmen und Unterlassungen in großem Umfange von der Oberleitung des Betriebes abhängig ist.

Zentrale und dezentrale Verwaltung

Nach meiner Meinung ist beispielsweise eine Unterscheidung von Linien- und Stabssystem von untergeordneter Bedeutung. Wenn Fayol das Liniensystem im Gegensatz zu Taylor propagiert und als besonders wesentlich hinstellt, so vermag ich ihm nicht zu folgen. Es gibt zu viele Beweise dafür, daß das Stabssystem sehr gut funktioniert hat. Aber auch wenn Fayol recht hätte, hätte er nach meiner Meinung der Frage ein zu großes Gewicht beigelegt. Er hat damit nur erreicht, daß betriebswirtschaftliche Kandidaten von gewissenhaften Prüfern gefragt werden, was der Unterschied zwischen Stab- und Liniensystem sei.

Dagegen scheint mir der Unterschied zwischen zentraler und dezentraler Verwaltung so wichtig zu sein, daß man ihn als den wesentlichsten Unterschied an die Spitze stellen muß. Und da ich die zentrale Betriebsorganisation mit bürokratischen und die dezentrale Betriebsorganisation mit pretialen Mitteln arbeiten sehe, habe ich diese Bezeichnungen gewählt. Ob man in der Betriebsorganisation nach dezentralen Grundsätzen verfahren will, ist mehr Folge als Ursache des Wirkungsgrade, den man den pretialen Mitteln zutraut.

Human Relations:
Der arbeitende Mensch und sein Verhalten

Hugo Münsterberg

Elton Mayo

Frederick Herzberg

Alles psychologisches Wissen muß verwandt werden, um die größtmögliche Nutzbringung zu erzielen.

Hugo Münsterberg (1863 bis 1950)

Biographie

Seine produktivste Zeit hatte dieser deutsche Psychologe in den Vereinigten Staaten von Amerika, und sie fiel in jene Jahre, da dort das Scientific Management großen Aufschwung nahm. Mit ihrem Anspruch auf eine höchst produktive Arbeitswelt wurde diese Bewegung für Münsterberg zu einem treibenden Schaffensmotiv und führte ihn gleichsam ins Neuland experimentalpsychologischer Forschungen, die ihn weltbekannt gemacht haben.

Hugo Münsterbergs Heimatstadt ist Danzig. Hier wurde er am 1. Juni 1863 geboren. Sein Vater, der Holzexporteur Moriz Münsterberg, galt als wohlhabend und sicherte dem Sohn eine sorgenfreie Jugend und gediegene Bildung. Dem Gymnasium folgte als er 18 Jahre alt war die Universität, zunächst in Genf, wenig später in Leipzig, wo Wilhelm Wundt lehrte. Unter dessen Einfluß wandte er sich dem Studium der Medizin zu, weniger um Arzt zu werden, denn zum Erwerb eines soliden naturwissenschaftlichen Fundaments für seine anthropologischen und psychologischen Ambitionen. Zweiundzwanzigjährig promovierte er 1885 bei Wundt zum Dr. phil., um zwei Jahre später nach weiterem Studium in Heidelberg auch den medizinischen Doktorgrad zu erwerben.

Der inzwischen verheiratete Münsterberg habilitierte sich 1888 mit einer Arbeit über die Willenshandlung und wurde Privatdozent für Philosophie an der Freiburger Universität. Bei den Studenten war der junge Universitätslehrer bald sehr beliebt, seiner rhetorischen Gabe und vielseitigen Kenntnisse halber nicht weniger als wegen einer ausgesprochenen Freundlichkeit. Zudem begeisterte er sie mit - damals in Deutschland noch seltenen - experimentalpsychologischen Versuchen, die er in einem eigens in seiner Wohnung eingerichteten Laboratorium durchführte. Die erforderliche Ausrüstung hatte er aus eigenen Mitteln angeschafft.

Entscheidend für seinen weiteren beruflichen Weg wurde 1889 eine Reise nach Paris, auf der er mit dem Spiritus rector der amerikanischen Experimentalpsychologie, William James zusammentraf. Aus dieser Begegnung letztlich resultierte dann 1892 seine Berufung zum ordentlichen Professor und Leiter des Psychologischen Laboratoriums der Harvard University in Cambridge. Obwohl Münsterberg, der zu dieser Zeit kaum englisch sprach, das Angebot annahm, sah er darin noch keinen endgültigen Wechsel. Er behielt zunächst seine Lehrberechtigung in Freiburg und kehrte nach drei Jahren auch noch einmal dorthin zurück.

Erst 1897 ging Münsterberg nach reiflicher Überlegung für immer in die USA. Nach dem Ausscheiden von James wurde er zum Führungskopf der Psychologie an der Harvard-Universität, der damals angesehensten Hochschule der Vereinigten Staaten. Seine Studentenschaft wuchs, und das von ihm geleitete wissenschaftliche Institut mit seinen über dreißig Arbeitsräumen ließ im Hinblick auf Ausstattung, Forschungsumfang und -ergebnisse alle vergleichbaren Einrichtungen auf diesem Gebiet weit hinter sich zurück.

Bereits vor dem I. Weltkrieg entwickelt hier Münsterberg mit seinen Mitarbeitern Berufseignungstests und untersucht gruppenpsychologische Probleme. Er interessiert sich für eine Anpassung der Technik an die psychologischen Verhältnisse des jeweiligen Produktionsmilieus und liefert in Ergänzung der Arbeiten von Frank Gilbreth vielfältige Ermüdungsstudien. Dabei hält er engen Kontakt zu Produktionsbetrieben und bezieht zunehmend mehr Aspekte der industriellen Fertigung in seine experimentalpsychologischen Forschungen ein. So untersucht er in seinem Buch „Wirtschaftspsychologie" Fragen der Monotonie der Arbeit und die Elemente der Leistungsbereitschaft der Arbeitenden. In den von ihm im Labor erzielten Ergebnissen sieht er die Basis für Verhaltensregeln, die letztlich der Wirtschaft helfen sollen, Reibungsverluste zu minimieren. Diesen Denkansatz erläutert er auf einer Vielzahl von Vortragsreisen.

Im Rahmen eines Professoren-Austausches verschlägt es Münsterberg 1910 nochmals für kurze Zeit nach Berlin, wo er unter anderem das Berliner Amerika-Institut mitbegründet. Es soll der Entwicklung und Pflege der deutsch-amerikanischen kulturellen Beziehungen dienen. Die ungebrochene Verbundenheit mit seiner Heimat läßt den auch sonst politisch engagierten Münsterberg bei Ausbruch des Weltkrieges mehr Verständnis für die deutsche Seite einfordern. Diese Position bringt ihm viele Anfeindungen ein und zwingt ihn schließlich zum Rücktritt.

Desungeachtet und bei schlechter werdender Gesundheit bleibt Münsterberg dennoch in der Lehre präsent. Mitten in einer seiner Vorlesungen an dem mit Harvard verbundenen Frauen-Kolleg erleidet er am 17. Dezember 1916, 53jährig, einen Herzschlag.

Werkverzeichnis (Auswahl)

Über Aufgaben und Methoden der Psychologie. Leipzig 1891

Grundzüge der Psychotechnik. Leipzig 1914*

Psychologie und Wirtschaftsleben. Leipzig 1916*

Philosophie der Werte. Leipzig 1921

* Quelle der im Lexikon enthaltenen Zitate.

Schriften über Hugo Münsterberg

Keller, P.: States of Belonging. German-American Intellectuals and the First World War. Cambridge 1979

Lexikon

Angewandte Psychologie

Im engeren Sinne muß als angewandte Psychologie nur diejenige Wissenschaft gelten, welche die Psychologie verwertet, um menschliche Aufgaben zu erfüllen. Sie soll also gewissermaßen eine psychologische Technik sein; sie soll zeigen, wie gewisse Ziele, die dem Menschen wertvoll sind, durch die Beherrschung des seelischen Mechanismus erreicht werden können. Die pädagogische oder die klinische Psychologie ist in der Tat solche Psychotechnik.

Ausschaltung von Arbeitskräften

Man hat behauptet, daß, sobald Methoden gefunden sind, mit denen die geeigneten Arbeiter schnell herausgefunden werden können, die Fabriken ihre Arbeit mit einer geringeren Zahl von Arbeitskräften bewältigen würden und die Ungeeigneteren daher grausam auf die Straße geworfen werden müßten. Auch das ist grundsätzlich falsch. Zunächst hat die Geschichte der Wirtschaft genugsam bewiesen, daß, sobald Methoden eingeführt wurden, die eine gesteigerte Leistung ermöglichen, die Ausschaltung von Arbeitskräften immer nur ein schnell vorübergehender Übergangszustand war. Die alte Arbeit kann freilich mit weniger Kräften erledigt werden, aber durch die neue Methode wächst die wirtschaftliche Unternehmung selbst so erheblich, daß bald die alte Zahl der Angestellten nicht nur wieder erreicht, sondern überschritten wird. Gewiß bedeutet auch die Einführung der Maschinen überall zunächst, daß weniger Hände nötigt waren. Tatsächlich mußten bald darauf sehr viel mehr Individuen in den Fabriken beschäftigt werden als früher bei der gewerblichen Handarbeit in der maschinenlosen Zeit. Auch die Einführung psychotechnischer Methoden würde nur vorübergehend durch die experimentelle Auslese der Geeignetsten die Gesamtzahl vermindern. Die Steigerung der Leistungsfähigkeit würde den wirtschaftlichen Betrieb so beleben, daß bald die vollen Zahlen wieder erreicht werden würden.

Nur würden dann durchweg wirklich die geeignetsten Persönlichkeiten die besonderen Leistungen verrichten, und dadurch würde der Gewinn für Arbeitgeber und Arbeitnehmer sich so steigern, daß das ganze Niveau der Arbeiterschaft gehoben würde. Vor allem aber würden jene ausgeschalteten Individuen durchaus nicht arbeitslos werden. Das Experiment, das ihre Ungeeignetheit für eine bestimmte Arbeit nachweist, würde gleichzeitig ihre Geeignetheit für bestimmte andere Aufgaben feststellen. Der Ausgangspunkt wäre durchaus nicht notwendigerweise die Forderung einer bestimmten Fabrikarbeit, für welche die geeignetsten Individuen gesucht werden, sondern ebensosehr die persönliche Gleichung eines Individuums, für das die geeignete Arbeit gesucht wird. Gerade dabei versagen die Methoden des gesunden Menschenverstandes und des Zufallsmarktes in sehr hohem Maße.

Begabte und Unbegabte

Der ungewöhnlich Begabte weiß, wo er hingehört, und der ungewöhnlich Unbegabte wird ohnehin ausgeschlossen. Es handelt sich nur um die übrigbleibenden vier Fünftel der Menschheit, deren Erfolgschance gesteigert werden kann, wenn die psychologische Gleichung erst einmal mit wissenschaftlichem Zielbewußtsein in die Lebensberechnung eingesetzt werden wird.

Berufswahl

Die Wahl des Berufes und die Wahl des Ehegenossen sind ja die zwei für das Leben bedeutsamsten Entscheidungen, die in die Hand des einzelnen gelegt sind. Wenn bei der Wahl für die Ehe die Entscheidung überaus häufig scheinbar von den hastigsten und zufälligsten Motiven abhängig gemacht wird, so gibt sich der Sozialphilosoph mit dem Glauben zufrieden, daß auch in der flüchtigen Liebesneigung ein tieferer Naturinstinkt sich ausspricht, der schließlich den biologischen Aufgaben der Ehe zweckmäßig dient. Bei der Berufswahl versagt nun aber jeder Glaube an einen biologischen Instinkt. Die Berufswahl durch flüchtige Neigungen oder Zufallsliebhabereien, durch bloße Nachahmung oder Hoffnung auf schnellen Gewinn, durch gelegentliche Empfehlung oder Bequemlichkeit hat keinerlei inneren Entschuldigungsgrund. Und doch sind gerade diese tausend Nebenmotive unwürdigster Art oft maßgebender als irgend welche ernsthaften Entscheidungsgründe. Illusorische Vorstellungen über die Aussichten eines Berufs fälschen überdies noch häufig das Bild, und so darf es denn nicht wundernehmen, daß das Gesamtergebnis in mancher Beziehung kaum wesentlich besser wird, als wenn es gänzlich dem Zufall überlassen bliebe. Selbst auf der Höhe einer Schulung bis zum Ende der Jünglingsjahre sehen wir ja häufig, wie der Abiturient sich nur auf Grund von Zufallsmotiven vielleicht entscheidet, ob er Jurist oder Mediziner werden soll. Sehr viel stärker aber zeigt sich diese reine äußerliche Bedingtheit der Wahl dort, wo nur auf der Grundlage der Volksschulbildung oder der Mittelschulbildung ein Lebenswerk aufgebaut werden soll.

Betriebspsychologen

Es gibt heute in Deutschland Fabriken, die Hunderte wissenschaftlich geschulter Chemiker bei der Arbeit haben, die es aber sicherlich als einen unwirtschaftlichen

Luxus betrachten würden, wenn sie einen jungen wissenschaftlich geschulten Psychologen in ihren Stab aufnehmen sollten. Und doch könnten seine Beobachtungen und Experimentalprüfungen vielleicht zum wirtschaftlich wichtigsten Faktor werden. Ähnliches gilt für die großen Warenhäuser, und vor allem für die großen Betriebsgesellschaften, und im engeren Rahmen wiederholt sich alles das in den kleineren Geschäftsbetrieben. Damit sind dann aber auch die Bedingungen dafür gegeben, daß sich ein selbständiger Beruf, der des konsultierenden Experimentalpsychologen, eröffnet.

Grenzen der Psychotechnik

Solange wir im Wirtschaftsleben stillschweigend voraussetzen, daß das einzige Ziel die größere und bessere Leistung ist, so sind wir sicher orientiert. Entsteht aber die Frage, ob nicht ein wichtigeres Ziel das ist, die Arbeit so zu gestalten, daß der einzelne Arbeiter seine Persönlichkeit freier und voller entfalten, oder mehr für seine Familie leben, oder sich im Gesellschaftsgefüge glücklicher fühlen kann, so kompliziert sich das Gesamtproblem, und der Psychotechniker muß sich seiner Grenzen dann deutlich bewußt werden.

Gruppenpsychologische Zuordnungen

Da ein wirtschaftlicher Beruf eine bestimmte Kombination seelischer Eigenschaften verlangt, so kann die Zuordnung einer Persönlichkeit zum Kreise derer, die für den Beruf geeignet sind, mit einer gewissen Annäherung immerhin auch schon dann erfolgen, wenn wir sie nicht als Individualität prüfen, sondern nur feststellen, daß sie einer sozialen Gruppe angehört, in der diese Eigenschaften gewohnheitsmäßig vorkommen. Daß es sich dabei nur um eine Annäherung handeln kann, ist klar, denn innerhalb der Gruppe variieren die psychischen Qualitäten so stark, daß der einzelne, der in Frage steht, zufälligerweise an der äußersten Grenze der Gruppe stehen mag und daher die erwünschten Merkmale nur in schwächstem Maße oder gar nicht besitzen mag. Vom Wirtschaftsstandpunkt werden solche gruppenpsychologischen Zuordnungen daher nur dann wirklich zuverlässig werden, wenn es sich nicht um die Anstellung einer einzelnen Person, sondern um größere Zahlen handelt, bei denen der einmal festgestellte Durchschnittswert sich mit Wahrscheinlichkeit behaupten wird.

Hebelwirkung der Motive

Die Aussicht auf gesteigerten Lohn ist für gesteigerte Arbeit wohl ein stetiger Antrieb, aber das ganze System des Akkordlohns führt leicht zu einer Selbstregulierung der Lohnverhältnisse, bei der der einzelne empfindet, daß er nur durch peinigende Überanstrengung und Abhetzung eine befriedigende Lohneinnahme erzielen kann. Diese Furcht muß wieder ungünstig auf die Leistungsfähigkeit zurückwirken und muß dem entgegengesetzten System, das nicht nach dem Arbeitsprodukt, sondern nach der Arbeitszeit den Lohn bemißt, manchen psychologischen Vorteil geben. Die Psychologie wird aber den Gesamtprozeß nicht nur wie eine einfache mechanische Hebelwirkung der Motive auffassen, sondern vor allem betonen, daß jedes Motiv über seine Normalwirkung hinaus Suggestionskraft gewinnen kann und dadurch Gegenmotive in hohem Maße unwirksam zu machen vermag. Die Suggestion, daß Zumessung des Lohns auf einer sozialen Ordnung beruhe, die grundsätzlich ungerecht ist und die den Arbeiter seiner wirklichen Früchte beraubt, ihn und die Seinen zu niederster Lebensführung zwingt, während der wirkliche Lohn für das Werk seines Schweißes mühelos denen zufließt, die niemals ihre Hände zur Arbeit gebrauchen, muß hemmend, lähmend, zerstörend auf die psychophysische Wirtschaftskraft zurückwirken. Die Suggestion dagegen, daß wahres Glück nicht von der äußeren Höhe der Lebenshaltung, sondern von der gewissenhaften Erfüllung der Lebenspflicht abhängt, und auch der geringste Arbeiter an seiner Stelle ein Vollwertiges zum Fortschritt der Menschheitskultur beiträgt, kann alle Unlust hemmen und eine Arbeitsfreudigkeit schaffen, durch die automatisch die Leistung selbst gesteigert und verbessert wird.

Individualität und Arbeiterfrage

Die groben Kategorien von fleißig und faul, geschickt und ungeschickt lassen in gewissem Sinne das zum Erfolge Wesentlichste unbeachtet. Nur wenn in den psychischen Mechanismus, in die individuellen Dispositionen, Assoziationen und Reaktionen hineingeleuchtet wird, kann es möglich sein, innere Widerstände zu überwinden und Reibungen zu vermeiden, die meisthin für Arbeitgeber und Arbeitnehmer gleichermaßen nachteilig sind. Die Erörterungen über die Arbeiterfrage operieren noch viel zu sehr mit allgemeinen Schlagworten, wenn das seelische Leben in Frage kommt, und zeigen zu geringe Einsicht in die Tatsache, daß die Individualität der entscheidende Faktor bleibt.

Leitende und abhängige Naturen

Wir kommen noch näher an die zentrale Persönlichkeit heran, wenn wir von dem für die Industrie außerordentlich wichtigen Gegensatz der leitenden und der abhängigen Naturen sprechen. Wir finden überall, daß manche Individuen gerne und natürlich Verantwortlichkeiten übernehmen und andere ebenso instinktiv aller Verantwortlichkeit aus dem Wege gehen. Dabei ist es aber den Fabrikinspektoren wohlbekannt, daß der Arbeiter, der geleitet werden muß und geleitet werden will, ein viel geschickterer und tüchtigerer und fleißigerer Arbeiter sein mag als der, welcher durch seine Dirigierfähigkeit besser zum Vorarbeiter oder Aufseher taugt. Auseinanderzuhalten davon ist der in gewissen Punkten ähnliche Gegensatz der schöpferischen und der nachahmenden Persönlichkeit. Dabei soll wiederum die nichtschöpferische Veranlagung durchaus nicht als eine minderwertige aufgefaßt werden. Es handelt sich vielmehr darum, daß jene zweite Klasse von Natur geeigneter ist, auszuführen, was die andere ersonnen hat. Die Ausführung ist aber notwendig, und jene schöpferischen Geister mögen gänzlich ungeeignet sein, selbst die Verwirklichung durchzuführen. Wenn wir diese Tendenz lediglich als nachahmend bezeichnen, so wird die negative Seite vielleicht zu stark betont. Es ist der Gegensatz, in dem der Fabrikat zum Erfinder steht.

Mangel an tüchtigen Kräften

Überall, in allen Landen und in allen Berufen, vornehmlich aber in den wirtschaftlichen, herrscht die Klage, daß Mangel an tüchtigen Kräften sei. Überall sind Stellungen frei für den richtigen Mann bei gleichzeitigem Überandrang der mittelmäßigen Kräfte. Und doch besagt das nicht im geringsten, daß es wirklich nicht genug Persönlichkeiten gibt, welche die Berufsanforderungen erfüllen können, es besagt nur, daß selbstverständlich das Resultat der Berufsausfüllung kein ideales sein kann, wenn die Einstellung der Individuen in die Berufe ohne ernsthafte Rücksicht auf die inneren persönlichen Qualitäten vollzogen wird. Die Klage, daß es an geeignetem Menschenmaterial fehlt, würde wahrscheinlich nie ganz verstummen, da mit besserer Anpassung des Materials die Ansprüche sich stetig steigern würden. Aber das wenigstens läßt sich doch mit hoher Wahrscheinlichkeit voraussagen, daß dieser Mangel an geeignetsten Kräften nicht überall so lebhaft empfunden würde, wenn das Entscheidende für die Anpassung von Persönlichkeit und Beruf, nämlich die seelische Geeignetheit, nicht so sehr außer acht gelassen würde.

Personalauswahl

Die wirtschaftliche Aufgabe, an der wir die psychotechnische Methode zuerst darlegen wollen, ist also einfach die, für irgend eine wirtschaftliche Arbeit diejenigen Persönlichkeiten herauszufinden, die durch ihre Eigenschaften besonders geeignet sind. Dabei soll das Wort Eigenschaft im weitesten und farblosesten Sinne gebraucht sein. Es soll die seelischen Anlagen umfassen, die vielleicht noch ganz unentwickelt sind und erst im weiteren Lebensgange unter dem Einfluß der Umwelt sich entfalten mögen. Und es soll gleichzeitig die gesicherten und gefestigten Wesenszüge der Persönlichkeit einschließen, also die Merkmale des individuellen Temperaments und Charakters, der Intelligenz und der Leistungsfähigkeit, des erlernten Wissens und der erworbenen Erfahrung. Alle Variationen des Willens und des Gefühls, der Sinnesempfindung und des Denkvermögens, der Aufmerksamkeit und des Gemütslebens, des Gedächtnisses und der Phantasie sind da einbegriffen. Selbstverständlich sind damit vom psychologischen Standpunkte zunächst ganz unvergleichbare Inhalte und Funktionen und Dispositionen der Persönlichkeit zusammengeworfen. Für die erste Orientierung aber mögen wir in der Tat so vorgehen, wie das praktische Leben vorzugehen gewöhnt ist. Wer sich um eine Stelle bewirbt, kommt in dem Gesamtgefüge seiner Eigenschaften in Frage, und zunächst kümmert sich niemand darum, ob der einzelne Wesenszug ererbt oder erworben ist, ob er eine individuelle Zufallsvariation darstellt oder ob er einer größeren Gruppe, etwa allen Gliedern einer bestimmten Nationalität oder Rasse gemeinsam ist.

Wir gehen aus von der einfachen Tatsache, daß die Persönlichkeiten, die in das Wirtschaftsleben eintreten, in ihren Anlagen und Fähigkeiten und Funktionen, kurz in ihren seelischen Eigenschaften eine unbegrenzte Mannigfaltigkeit darbieten. Aus dieser Mannigfaltigkeit folgt, daß die einen mehr, die anderen weniger für die besonderen wirtschaftlichen Aufgaben geeignet sind. Bei der weitgehenden Arbeitsteilung unseres modernen Wirtschaftslebens muß somit die Aufgabe entstehen, die Passenden auszusondern und die Ungeeigneten zurückzuweisen.

Sicherheit der Arbeiter

Dabei dürfen wir nicht übersehen, daß die Veränderungen der psychophysischen Leistungsfähigkeit ihre Bedeutung für die Industrie nicht nur in dem Sinne haben, daß sie die Menge und die Qualität der Arbeit beeinflussen, sondern gleichzeitig die Sicherheit des Arbeiters selbst berühren und in manchen Arbeitsgebieten die Sicherheit derer, die ihrer Aufmerksamkeit anvertraut sind. So ist es beispielsweise längst bekannt, wie die Betriebsunfälle in bestimmter Beziehung zu den Tagesstunden stehen. Überall ist in den ersten Arbeitsstunden, in denen die Ermüdung noch keine Rolle spielt, die Zahl der Unfälle klein und auch nach den größeren Pausen zeigt sich eine erhebliche Abnahme. Wenn sie tatsächlich auch am Ende der Vormittags- und Nachmittagsperiode verhältnismäßig gering ist, so scheint dies dadurch bedingt, daß mit wachsender Ermüdung, sobald das Ende der Arbeitszeit nahe ist, der Rhythmus der Tätigkeit ein viel langsamerer wird, und durch die Verlangsamung des Betriebs die Unfallgefahr vermindert wird.

Steigerung der Nutzbringung

Die Vorgänge der Arbeit, soweit sie mit dem Bewußtsein zusammenhängen, müssen in bezug auf ihre Voraussetzungen und ihre Ursachen, ihre Begleiterscheinungen und ihre Wirkungen mit der gleichen Wissenschaftlichkeit geprüft werden, und das psychologische Wissen muß für sie ebenso planmäßig technisch verwertet werden, wie die naturwissenschaftliche Technik vorgeht. Der Ausdruck Arbeiter aber darf uns da niemals nur an die niederste Menschenschicht erinnern, sondern jeder, der mitarbeitet, gleichviel an welcher Stelle, wird unter wirtschaftlichem Gesichtspunkt ein Faktor in dem ökonomischen Gesamtprozeß, und alles psychologische Wissen muß verwandt werden, um die größtmögliche Nutzbringung zu erzielen.

Diese Steigerung der Nutzbringung wird aber nicht etwa darauf beschränkt sein, daß ein Maximum der Arbeitsleistung von dem psychophysischen Apparat erzwungen wird ohne Rücksicht auf die Wohlfahrt des Leistenden. Die Erhaltung des Arbeiters selbst und die harmonische Entwicklung seiner psychischen Persönlichkeit ist, auch wenn nur der Gesichtspunkt der nationalen Wirtschaft festgehalten und von aller

Gesellschaftsethik zunächst abstrahiert wird, doch von vornherein ein notwendiger Teil der wertvollsten wirtschaftlichen Wirkung.

Tüchtige Leistungen

Alle unsere bisherigen Betrachtungen galten in diesem Sinne der einen Aufgabe, welche stets die erste im Wirtschaftsleben sein sollte und welche doch am meisten vernachlässigt worden ist. Die Aufgabe war, im Interesse des ökonomischen Erfolges sowie im Interesse der Persönlichkeitsentwicklung für jede wirtschaftliche Arbeitsleistung die geeignetste Persönlichkeit zu finden. Die individuellen Eigenschaften wurden uns unter diesem Gesichtspunkt die entscheidenden psychologischen Faktoren, und die experimentelle Psychologie sollte die Methode zeigen, um diese persönlichen Verschiedenheiten festzustellen und der Wirtschaftsmannigfaltigkeit anzupassen. Diese erste Aufgabe mag nun, wie wir es von der Zukunft erhoffen, mit allen Hilfsmitteln der Wissenschaft gelöst werden oder mag in der unzureichenden, das meiste dem Zufall überlassenden Weise erledigt werden, so wie es gestern geschah und meist noch heute geschieht. In jedem Falle aber steht eine zweite Aufgabe vor der wirtschaftlichen Gesellschaft: Wie kann vom Arbeitenden seine bestmögliche Leistung erzielt werden? In der Tat kann die wirtschaftliche Nation mit der zweiten Aufgabe nicht warten, bis die erste befriedigend gelöst ist, ja in gewissem Sinne ist die zweite Frage um so dringender, je schlechter die erste beantwortet ist. Denn wenn jede Arbeitsstellung nur von denen ausgefüllt würde, die durch ihre Eigenschaften am besten für sie angepaßt sind, so würde es viel weniger schwierig sein, von jedem tüchtige Leistungen zu gewinnen.

Verkürzung des Arbeitstages

Die unmittelbarste Berührung mit der Praxis hat die psychologische Ermüdungsfrage aber dann, wenn es sich um die Bestimmung der Arbeitszeit handelt. Die große Bewegung der letzten zwanzig Jahre, die dahin geht, den Arbeitstag zu verkürzen, hat längst erwiesen, daß der Gewinn an freier Zeit für den Arbeiter durchaus keine Schädigung für den Arbeitgeber bedeutet, wenn der Arbeitstag um etwa zehn Prozent herabgesetzt wird. Der Arbeiter kann in neun Zehntel der Zeit tatsächlich das gleiche leisten, weil die Einstellung eines neunstündigen Arbeitstages eine so viel günstigere ist als die im erschöpfenden zehnstündigen Arbeitstage.

Wirtschaftspsychologie

Wenn die Zeit kommt, in der das Wissen vom seelischen Mechanismus für die Wirtschaft ebenso ausgenutzt wird wie das Wissen von den physischen Kräften, so kann die Anwendung auch nicht auf den Arbeiter, selbst wenn das Wort im weitesten Sinne genommen wird, beschränkt bleiben. Der wirtschaftlich Genießende, der Kunde und Käufer, kommen da ebenso in Betracht wie der Verkäufer und der

Schaffende. Die Wirkung, welche etwa die Zeitungsanzeige, der Bücherumschlag oder die Verpackung auf die Phantasie ausübt, gehört da ebenso in das Bereich der Betrachtung, wie die seelische Ermüdung und Erholung bei der eigentlichen Arbeit. Überall, wo das wirtschaftliche Leben mit seelischen Wirklichkeiten in Berührung tritt, wird eine gründliche Kenntnis der psychischen Vorgänge eine psychotechnische Anwendung erlauben, durch welche gleiche wirtschaftliche Leistung mit geringerer Kraft oder mit gleicher Kraft größere Leistung erzielt wird.

Die Leitung ist in dem Maße erfolgreich, wie sie von der Gruppe als Autorität anerkannt wird.

Elton Mayo (1880 bis 1949)

Biographie

Nur wenn die moderne Zivilisation in der Lage ist, funktionierende Gemeinschaftsstrukturen zu schaffen bzw. wiederherzustellen, wird sie die Schäden reparieren können, die sie sich im Verlaufe ihres weitgehend unkontrollierten Fortschritts selbst zufügt. Mit dieser Erkenntnis Elton Mayos, die zunächst nur dem bestimmenden Einfluß des Gruppenmilieus auf die Leistung des einzelnen und die Effizienz der Organisation geschuldet war, hatte der australische Industriesoziologe seiner Zeit weit vorgegriffen.

Ursprünglich wollte der 1880 im australischen Adelaide geborene Mayo Arzt werden. Er studierte dann aber Psychologie und schloß dieses Studium so erfolgreich ab, daß man ihm bald darauf an der Queens-Land-University eine Hochschuldozentur für diese Disziplin übertrug. Hier hielt er auch Vorlesungen in Philosophie und betätigte sich nebenbei als psychotherapeutischer Praktiker. Erfahrungen, die er dabei sammelte, ließen in ihm die Überzeugung reifen, daß soziale Konflikte zum großen Teil psychisch begründet und somit psychotherapeutisch behandelbar sind. Die Beschäftigung mit Carl Gustav Jung und Sigmund Freud bestärkte ihn darin. Nicht zuletzt schienen einige Fallgeschichten aus seiner Praxis den Beweis dafür zu liefern, daß Arbeits- und politisch-ideologisches Verhalten stark verwoben waren. So führte er seine Überlegungen zu der These, wonach die Aktivisten des politischen Radikalismus „ihre eigene seelische Verwirrung auf die Gesellschaft" projizieren. Allein eine spezielle Art der Sozialpathologie sei imstande, dagegen auch im großen Rahmen Abhilfe zu schaffen. Dieser Gedanke sollte Mayos späteres, vorwiegend dem wissenschaftlichen Management gewidmetes Berufsleben entscheidend bestimmen.

Im Jahre 1922 ging Mayo in die Vereinigten Staaten, wo sich ihm an der Ostküste Möglichkeiten einer in seinem Sinne angelegten betriebspsychologischen Tätigkeit boten. Finanziert wurde er im wesentlichen von der Laura Spelman Rockefeller Memorial Foundation (LSRM). Recht erfolgreich arbeitete er als Berater der Firma „Continental Mills". Zeitgenossen rechneten Mayo damals zunächst zur sozialpsychiatrisch orientierten „Mentalhygiene-Bewegung". Diese war vorwiegend von Medizinern und Psychiatern ins Leben gerufen worden und zielte darauf ab, psychisch Kranke nicht von ihrer Arbeitswelt und von der Gesellschaft zu isolieren. Mayos Intentionen gingen indes von Anfang an weit hierüber hinaus.

1926 lernte Elton Mayo den führenden amerikanischen Wirtschafts- und Sozialwissenschaftler Dean Donham kennen. Dessen Einfluß verschaffte ihm bereits im Jahr darauf eine außerordentliche Professur für „Industrial Research" an der Harvard Business School, eine Forschungsprofessur, die aus Mitteln der Rockefellerstiftung eigens für den Australier eingerichtet worden war. Aus dieser Zeit rührt seine langjährige, bis ins Jahr 1942 reichende fruchtbare Zusammenarbeit mit Donham sowie mit dem Mediziner und Naturwissenschaftler Lawrence Henderson. Alle drei prägten damals den sogenannten Harvard-Hawthorne-Ansatz der Human-Relations-Richtung.

Die Western Electric Company in Hawthorne nämlich war für den Harvard-Professor und seine Mitstreiter über längere Zeit hinweg ein wichtiges Experimentierfeld in der Motiv- und Verhaltensforschung. Begleitend lieferte Mayo in Vorträgen und Aufsätzen tiefenpsychologisch fundierte Konzepte einer Therapie und Vorbeugung psychosozialer Konflikte. Schon bei seinem ersten Besuch in den Hawthorne-Werken im April 1928 hatte Mayo mit seinen Diagnosefähigkeiten und führungspsychologischen Argumenten großen Eindruck gemacht. Zu seinen bemerkenswertesten Neuerungen jener Jahre gehören die „mentalhygienisch aktiven Zuhörerposten", psychologisch einfühlsame Personen, deren Aufgabe vor allem darin bestand, den ihre Sorgen artikulierenden Arbeitern zuzuhören. Nicht wenige der Unternehmungen Neuenglands jedoch, in denen Mayo seine Untersuchungsmethodik zum Einsatz bringen wollte, hatten für diese Art Wissenschaftlichkeit noch nicht das notwendige Verständnis. Selbst Rockefellers Firma Colorado Fuel and Iron Co., für die er voller Enthusiasmus einen entsprechenden Auftrag übernommen hatte, verhielt sich schließlich recht zurückhaltend. Nach zwölfjähriger Arbeit indes zog Mayo in einer 1940 veröffentlichten Rückschau insgesamt eine sehr positive Bilanz der von der Harvard Business School aus geleisteten interdisziplinären Industrieforschung und würdigte dabei besonders den Anteil Donhams daran.

Die von Mayo selbst gepflegte enge Verbindung von theoretischer Forschung und praktischem Wirken machte er als Hochschullehrer auch zur Maxime für die Ausbildung seiner Studenten. Die von ihm wesentlich mitentwickelte Befragungstechnik setzte er stets ein, um konkrete betriebliche Probleme lösen zu helfen. Allerdings lehnte er immer wieder Aufträge ab, spezielle Selektionstests zu entwickeln, mit deren Hilfe leistungsschwache oder -unwillige Arbeitnehmer ausgesondert werden sollten. Die letzten Jahre seines Lebens verbrachte Elton Mayo in Großbritannien, wo er 1949 starb.

Werkverzeichnis

The Human Problems of an Industrial Civilization. New York 1933

Probleme industrieller Arbeitsbedingungen. Frankfurt/M. 1949 (engl. 1945)*

* Quelle der im Lexikon enthaltenen Zitate

Schriften über Elton Mayo

Walter-Busch, E.: Das Auge der Firma. Stuttgart 1989

Lexikon

Arbeitsmoral

Man spricht von der Moral, daß heißt von der Aufrechterhaltung einer auf Zusammenarbeit gerichteten Lebensgemeinschaft, im allgemeinen nur als von einem unberechenbaren Einfluß, einem unfaßbaren Etwas; und diese Worte dienen dann dazu, den Gedanken zu rechtfertigen, ein Studium dieser Dinge liege außerhalb der Zuständigkeit des Ingenieurs, des Wirtschafters oder der Universität. Aber die Beispiele scheinen es nicht zu rechtfertigen, daß man so verächtlich darüber hinweggeht. Ein kluges Einwirken auf die Verhältnisse - nicht ein gefühlsmäßiges, sondern einfach ein kluges Einwirken - führte sowohl in Philadelphia als auch im Prüfraum bei Hawthorne, beim Werk C und in der Abteilung des Gehilfen in Kalifornien zu Ergebnissen von einer deutlich meßbaren Ordnung. Die Erzeugung stieg, die unnötigen Verluste gingen zurück, der Absentismus und der Arbeiterwechsel nahmen ab: - würde man nicht auf jedem andern Gebiet der Wissenschaft solche Ergebnisse für einen Triumph der systematischen Forschung halten? Tatsächlich ist es so, daß alle, die diese Dinge unberechenbare Einflüsse heißen, selbst gar nicht wissen, wie man die Verbesserung der Arbeitsmoral in einer Werkabteilung systematisch betreiben könnte. Sie ärgern sich nur über jede Anspielung, die darauf abzielt, daß diese Aufgabe mit zu den eigentlichen Pflichten des Verwaltungsmannes gehöre. Diese Männer verlassen sich auf ein vertrauliches, ja sogar lustiges Gehabe, darauf, daß sie den Vornamen jedes Arbeiters kennen und ihn gebrauchen, und auf Notbehelfe, wie auf den, jedem, den sie treffen, einen „Guten Morgen" zu wünschen. Und das sind dann die gleichen Männer, die „gefühlsmäßigen" Methoden gegenüber tiefe Verachtung hegen. Wenn man ein solches Verhalten nur in einzelnen Fällen an die Stelle einer klugen Untersuchung der Verhältnisse und eines klugen Verständnisses derselben setzte, wäre das komisch; aber wenn die ganze Zivilisation des Zwanzigsten Jahrhunderts nichts Besseres vorzuweisen hat, ist das nicht mehr komisch, sondern tragisch.

Ausbildung in gesellschaftlicher Geschicklichkeit

Die Geschicklichkeiten, die der Einzelne während seiner Lehrzeit erwarb, waren von doppelter Art: einerseits waren sie mechanisch und technisch, anderseits gesellschaftlich. Schlicht gesagt lernte der Lehrling, ein guter Arbeiter zu sein, und überdies, mit seinen Kameraden und Mitarbeitern „gut auszukommen". Der Erwerb dieser zweiten Fähigkeit wurde eindeutig als ein wesentlicher Teil der Ausbildung verstanden. Es gab viele alltägliche Redensarten, die das beschrieben, wie zum Beispiel „sich abschleifen", „Hürden nehmen lernen" und so weiter, - schlichte Gleichnisse, die den Wert solcher Erfahrungen für die Gesellschaft anerkannten. Unglücklicherweise wurde dieses wichtige gesellschaftliche Lehrfach niemals besonders als ein notwendiger Teil der Erziehung des Einzelnen herausgestellt, und als sich das Tempo der technischen Entwicklung steigerte, stellte daher auch niemand die Frage, welche Folgen eine mangelnde Pflege und eine vernachlässigte Ausbildung der gesellschaftlichen Geschicklichkeit für den Einzelnen wie für die Gesellschaft haben würden. Auf den Universitäten gibt es in den chemisch-physikalischen Wissenschaften und in den technischen Fächern einen eingehenden und ausgezeichneten Unterricht: aber es ist keine Vorlesung, keine Vermittlung von Erfahrungen vorgesehen, die die gesellschaftliche Seite des Lehrlingssystems ersetzen oder fortentwickeln könnte.

Befragung von Arbeitern

Die Arbeiter wollten selbst reden, und zwar ganz ohne Hemmungen unter dem Siegel der Verschwiegenheit (das niemals verletzt wurde) und zu jemandem, der die Gesellschaft bevollmächtigt zu vertreten, oder der in seiner ganzen Haltung eine Autoritätsperson zu sein schien. Der Versuch an sich war ungewöhnlich; es gibt nur wenige Menschen auf dieser Welt, die für die Aufgabe Erfahrung gesammelt hatten, jemanden ausfindig zu machen, der klug war, aufmerksam und bereit, all dem zuzuhören, was er oder sie zu sagen hatte. Um das letzte überhaupt zu erreichen, war es notwendig, den entsprechenden Gesprächspartnern beizubringen, wie man zuhören muß, wie man es vermeidet, zu unterbrechen oder Ratschläge zu geben, und wie man ganz allgemein allem aus dem Wege geht, was eine freie Aussprache in dem besonderen Fall behindern könnte. Es wurden daher einige Leitsätze festgelegt, die den Befragern als Richtlinie dienten. Sie lauteten mehr oder weniger wie folgt:

1. Wenden Sie Ihre ganze Aufmerksamkeit der Person zu, mit der Sie sprechen, und lassen Sie Ihre Aufmerksamkeit erkennen.

2. Sprechen Sie nicht, sondern hören Sie zu.

3. Streiten Sie sich nicht; geben Sie keine Ratschläge.

4. Passen Sie darauf auf:
    a) was er sagen will,
    b) was er nicht sagen will,
    c) was er nicht ohne Hilfen sagen kann.

5. Machen Sie sich beim Zuhören versuchsweise und unbeschadet späterer Abänderungen ein Bild von dem Menschen, der vor Ihnen sitzt. Um dieses Bild zu überprüfen, fassen Sie von Zeit zu Zeit das, was er gesagt hat, zusammen und geben Sie ihm Gelegenheit, sich noch deutlicher auszudrücken (zum Beispiel:

„Habe ich Sie so richtig verstanden?"). Stellen Sie solche Fragen nur mit größter Vorsicht, und dann ausschließlich, um das Bild klarer zu machen, nicht aber um etwas hinzuzufügen oder etwas abzuändern.

6. Denken Sie daran, daß alles, was Ihnen gesagt wird, vertraulich zu behandeln ist und nicht weitererzählt werden darf.

Demokratische Führung

Bei den Demokratien gibt es keine letzte Zusammenballung der Autorität an der Spitze; theoretisch bewegt sich der Ort der Autorität von einer Stelle zur anderen, je nachdem wie es die Lage verlangt. Demokratische Regierungsformen sind allen anderen Regierungsformen, von der Monarchie bis zum Kommunismus, unendlich überlegen. Während die anderen mittelalterlich und unbeweglich sind - bestimmt durch die zentrale Autorität, gleich ob man sie König oder Gesetz nennt -, nähert sich die demokratische Form sehr weitgehend der Norm der menschlichen und gesellschaftlichen Entwicklung. Während eines nationalen Notstandes - einer wirtschaftlichen Depression, eines Krieges, einer Pestepidemie, einer Überschwemmung, einer Hungersnot - muß die Spitze Machtvollkommenheiten übernehmen, die für eine bestimmte Zeit genau so willkürlich sind wie die eines Tyrannen. Aber wenn der Notstand vorbei ist, läßt die zentrale Lenkung nach, und der Ort der Autorität wandert wieder zu den mehr am Rande liegenden Organisationen; denn die Spontanität der Zusammenarbeit entsteht immer bei Gruppen, die sich formlos an der Drehbank und ähnlichen Plätzen zusammenfinden. Die zentrale Autorität und die mehr am Rande liegende ergänzen sich auf diese Weise und vervollständigen sich: logische und zweckvolle Kontrolle von oben, spontane und auf Zusammenarbeit gerichtete Kontrolle von unten. Geschichtlich gesprochen ist für die großen Demokratien eher die Suche nach weiser Kontrolle als die nach Autorität typisch; sie stehen für den Versuch, den Ort der Entscheidung bei jeder Schwierigkeit möglichst an die Stelle zu verlegen, an der ihn die Lage erfordert. Auf diese Weise macht ein weiser Regierungsmann seine Politik, und selbst in der modernen Industrie findet man Verwaltungsleute, die so vorgehen. Die freie Meinungsäußerung der Gruppe, um die es sich jeweils handelt, ist genau so wichtig wie der logische und zweckmäßige Plan, der von den Wenigen gemacht wird, die über große technische Geschicklichkeit verfügen. Denn eine Gesellschaft muß die wirksame Anteilnahme und Zusammenarbeit jedes Einzelnen genau so sicherstellen wie den technischen Fortschritt.

Experimente im Prüfraum

Im Prüfraum begann man die Untersuchungen erstens damit, daß man versuchte, die aktive Zusammenarbeit der Arbeiterinnen sicherzustellen. Das nahm eine gewisse Zeit in Anspruch, war aber schließlich erfolgreich. Als zweites wurden Veränderungen der Arbeitsbedingungen - aber immer nur eine zur gleichen Zeit - vorgenommen: eine verschiedene Anzahl von Ruheperioden mit wechselnder Länge wurde eingelegt, ein kürzerer Arbeitstag angesetzt, eine kürzere Arbeitswoche vorgesehen, zusätzliche Verpflegung in Form einer Suppe oder einer Tasse Kaffee während der Vormittagspause gereicht. Und die Ergebnisse erschienen zufriedenstellend: die Erzeugung (die man als Index des „Sichwohlfühlens" nahm) stieg zunächst langsam, dann aber mit steigender Zuverlässigkeit. Gleichzeitig behaupteten die Arbeiterinnen, daß sie sich weniger ermüdet fühlten, und meinten, daß sie sich nicht mehr anstrengten als sonst. Gleich, ob diese Behauptungen stimmten oder nicht, zeigten sie doch in jedem Falle eine wachsende Zufriedenheit mit den allgemeinen Bedingungen im Prüfraum verglichen mit der in den anderen Räumen der Abteilung. Während der Durchführung des ganzen Programms waren die Arbeiterinnen immer wieder gefragt worden, welche Änderungen sie vorschlügen; sie äußerten schließlich ihre Gedanken und Gefühle ganz ungehindert zur Werkleitung.

Man hatte die Anordnungen so getroffen, daß die zwölfte experimentelle Veränderung eine Rückkehr zu den ursprünglichen Arbeitsbedingungen darstellen sollte, das heißt: keine Ruhepausen, kein Extrafrühstück, keine gekürzte Arbeitszeit am Tage oder in der Woche. Ferner hatte man vorgesehen, daß, nachdem die Ausgangsbedingungen zwölf Wochen lang wiederhergestellt worden waren, die Gruppe wieder zu den Bedingungen der siebenten Versuchsreihe zurückkehren sollte, das heißt zu einer viertelstündigen Vormittagspause mit Frühstück und einer zehn Minuten betragenden Nachmittagspause.

Was dabei herauskam, war folgendes: während der zwölften Versuchsreihe stieg der tägliche und wöchentliche Ausstoß bis zu einem Punkt, der höher lag als je zuvor (wenn auch die Leistung je Stunde ein wenig absank), und während der ganzen zwölf Wochen war keine Tendenz zu einem Rückgang des Ausstoßes zu erkennen. In der darauf folgenden Versuchsreihe, der Rückkehr zu den Arbeitsbedingungen der siebenten Versuchsreihe, stieg die Fertigungskurve noch höher. Die Bedingungen der dreizehnten Reihe wurden für 31 Wochen aufrechterhalten. Dieses interessante und eigentlich ergötzliche Ergebnis ist so oft besprochen worden, daß ich hier daraus kein Geheimnis zu machen brauche. In Wirklichkeit war aus sechs Einzelnen eine Gemeinschaft geworden, und diese Gemeinschaft bekannte sich vorbehaltlos und spontan zur Zusammenarbeit im Rahmen des Experiments. Die Folge war, daß sie ihrem Gefühl nach ungezwungen und ohne Hintergedanken an dem Experiment teilnahmen, und daß sie voller Befriedigung darüber waren, ohne Zwang von oben oder Begrenzung von unten arbeiten zu können. Sie waren selbst über die Folgen erstaunt, denn sie hatten das Gefühl, daß sie unter geringerem Druck als je zuvor arbeiteten.

Hier sind wir also nun auf zwei Themen gestoßen, die die äußerste Aufmerksamkeit aller Verwaltungsleute verdienen: die Organisation von Arbeitsgruppen und die freiwillige Anteilnahme solcher Gruppen an den Aufgaben und Zielen einer Organisation, soweit sie bei ihrer täglichen Arbeit direkt mit ihr in Berührung kommen.

Gemeinschaftsarbeit

Die wichtigste Tatsache, auf die die Aufmerksamkeit der Untersuchungsabteilung gelenkt wurde, war, daß die übliche Auffassung von der Verbindung zwischen Leitung und Arbeitern, wie sie zu den leitenden Angestellten eines Werkes einerseits und einer unbestimmten Anzahl von Einzelnen andererseits besteht, gänzlich falsch ist. In jedem auf die Dauer erfolgreichen Werk laufen die Beziehungen von der Leitung nicht zu Einzelnen weiter, sondern immer zu Arbeitsgruppen. In jeder Abteilung, die laufend arbeitet, haben sich die Arbeiter - ob sie es wissen oder nicht - in Gruppen zusammengeschlossen, die entsprechende Sitten, Pflichten, Routinen, ja sogar Riten haben; und die Leitung ist in demselben Maße erfolgreich (oder nicht erfolgreich), wie sie ohne Vorbehalt von der Gruppe als Autorität und führende Instanz anerkannt wird. Das zeigte sich zum Beispiel in dem Prüfraum bei Hawthorne, in dem Relais zusammengesetzt wurden. Die Leitung erzielte durch Besprechungen mit den Arbeiterinnen, durch die ausführliche Erklärung der zu unternehmenden Experimente und ihrer Gründe, durch das Eingehen auf die von den Arbeiterinnen bei bestimmten Gelegenheiten gefällten Urteile in doppelter Hinsicht einen Erfolg von größter menschlicher Bedeutung: die Mädchen wurden eine Gemeinschaft, die sich selbst lenkte, und überdies eine Gruppe, die mit ganzem Herzen mit der Leitung zusammenarbeitete. Im Prüfraum hatte man viele wichtige Ergebnisse gesammelt, - über Ruhepausen, Arbeitsstunden, Verpflegung und dergleichen; aber die wichtigste Erkenntnis bezog sich ohne Frage auf die Gemeinschaftsarbeit und die Zusammenarbeit im allgemeinen.

Gruppenzusammengehörigkeit

Für uns alle stammt das Gefühl der Sicherheit und Gewißheit immer aus der gesicherten Zusammengehörigkeit zu einer Gruppe. Ist diese Gruppenbildung erst einmal verloren, so kann kein finanzieller Gewinn, keine Sicherstellung des Arbeitsplatzes einen ausreichenden Ersatz dafür bieten. Dort, wo sich die Gruppen mit den Tätigkeiten und den technischen Verfahren unaufhörlich verändern, bemächtigt sich des Einzelnen unvermeidlich ein Gefühl der Vergeblichkeit und der Leere; dieses Gefühl tritt an die Stelle dessen, was unsere Väter als das erhebende Gefühl der Kameradschaft und Sicherheit kannten. Und ist er einmal in eine solche Lage hineingedrängt, so nimmt beim Arbeiter das Gefühl der Angst zu (das fraglos zum Teil irrational oder unbegründet ist), und er wird immer schwieriger zu behandeln, von Arbeitskameraden und Vorgesetzten. Extreme Fälle traten vielleicht bislang nur selten auf, aber wir bewegen uns immer schneller und in demselben Maße in diese Richtung, wie das Tempo des industriellen Wechsels durch die wissenschaftlichen und technischen Erfindungen zunimmt.

Organisation der Arbeitsgemeinschaft

In der Mechanik und in der Chemie weiß der moderne Ingenieur sehr woh, wie man ein Arbeitsverfahren verbessern oder einen Irrtum beseitigen kann. Aber die Bestimmung der günstigsten Arbeitsbedingungen für den Menschen wird im allgemeinen Dogma der Tradition, der reinen Vermutung oder halbphilosophischen Beweisführung überlassen. In der modernen Großindustrie gibt es drei immer wieder auftretende Probleme der Verwaltung. Diese sind:

1. Die Anwendung der Wissenschaft und der technischen Geschicklichkeit auf die Grundstoffe und Erzeugnisse,

2. die systematische Anordnung der Arbeitsverfahren,

3. die Organisation von Arbeitsgemeinschaften, das heißt: das Organisieren der dauernden Zusammenarbeit.

Bei dem letzten Problem muß man mit der Notwendigkeit rechnen, die Arbeitsgemeinschaften laufend zu reorganisieren, und zwar in demselben Maße, wie sich die zugrundeliegenden Bedingungen in einer *anpassungsfähigen* Gesellschaft ändern.

Die Anwendung der wissenschaftlichen Erkenntnisse und der technischen Geschicklichkeit erfreut sich einer außerordentlichen Beliebtheit und eines hohen Interesses und wird ununterbrochen durch Experimente gesichert. Die systematische Anordnung der Arbeitsverfahren ist in der Praxis gut entwickelt. Die Organisation der Arbeitsgemeinschaften wird dagegen fast völlig vernachlässigt. Und doch ist es so, daß die Organisation als Ganzes keine Erfolge bringen wird, wenn das Zusammenspiel dieser drei Faktoren nicht gesichert ist. Die ersten beiden machen eine Industrie, wie Chester Barnard sagt, *arbeitsfähig*, der dritte *leistungsfähig*. Denn je größer und verwickelter eine Einrichtung wird, desto mehr hängt sie von dem ungeteilten Willen zur Zusammenarbeit jedes einzelnen Mitgliedes der Gruppe ab.

Praktische Entdeckungen

Das Hawthorner Befragungsprogramm ist seit seinem Beginn im Jahre 1929 bedeutend weiterentwickelt worden. Ursprünglich unternommen, um die Zufriedenheit der Arbeiter bei ihrer Arbeit als einer Masse von Einzelnen zu studieren, ist man zu der klaren Erkenntnis gekommen, daß das Verhältnis der Arbeitsgruppen zur Leitung eines der grundlegenden Probleme der Großindustrie ist. In der Tat haben uns diese Untersuchungen erstmalig zu der Behauptung kommen lassen, die dritte Hauptaufgabe der Werkleitung müsse die Organisation der Arbeitsgemeinschaften sein, das heißt die Entwicklung und Erhaltung der Zusammenarbeit.

Zusammengefaßt müssen gewisse durchaus praktische Entdeckungen aufgezählt werden.

Erstens die frühe Endeckung, daß Unterredungen dem Einzelnen helfen, unnütze gefühlsmäßige Belastungen loszuwerden und seine Schwierigkeiten klar auszudrücken. Er wird in die Lage versetzt, sich selbst gute Ratschläge zu geben, - ein Verfahren, das weit wirksamer ist, als wenn er Ratschläge von anderen annehmen sollte.

Zweitens hat die Befragung sich als ein geeignetes Mittel erwiesen, dem Einzelnen die Verbindung mit anderen, Arbeitskameraden oder Vorgesetzten, mit denen er täglich zu tun hat, zu erleichtern und zu seiner Zufriedenheit zu ordnen.

Drittens verhilft die Befragung dem Einzelnen nicht nur zu einer besseren Zusammenarbeit innerhalb der eigenen Arbeitsgruppe, sondern entwickelt auch seinen Wunsch und seine Fähigkeit, besser mit der Leitung zusammenzuarbeiten. Das ist der Anfang einer notwendigen doppelten Loyalität: zu seiner eigenen Gruppe und zu der größeren Organisation. Es bleibt dann der Leitung überlassen, diesen Ansatz entsprechend klug auszuwerten.

Viertens hat die Befragung über alles dies hinaus in der Zukunft eine ungeahnte Bedeutung für die Ausbildung von Verwaltungsleuten. Der Befrager trägt viel zu der Verbesserung der Verbindung von unten nach oben wie von oben nach unten im Rahmen dieser vorgeschriebenen Wege bei. Er tut das erstens dadurch, daß er gefühlsmäßige Entstellungen und Übertreibungen wegräumt; und zweitens verhilft seine Arbeit offensichtlich auch dazu, die Mißstände, die hinter den verschiedenen Beschwerden liegen, klar und objektiv herauszuschälen.

Eine Arbeit dieser Art hat bei allen intelligenten und feinfühligen jungen Männern und Frauen, die sich mit ihr befassen, eine außerordentliche Wirkung auf die Entwicklung einer ausgereiften Haltung und eines klugen Beurteilungsvermögens. Das Hintansetzen des eigenen Ich, der eigenen Meinungen und Ideen, des allzumenschlichen Wunsches, anderen unerbetene Ratschläge zu geben, das Hintansetzen dieser Neigungen um eines klugen Bemühens willen, anderen zu helfen, ihre Ideen und Gefühle in Worte zu fassen, die sie selbst schwer finden können, ist an sich schon eine höchst erwünschte Erziehung. Als eine Vorbereitung zur Ausübung von Verantwortung in der Verwaltung ist sie besser als alles andere, was heute an der Universität geboten wird. Natürlich ist es notwendig, junge Männer und Frauen dazu zu erziehen, ihre Kenntnisse und Ideen in aller Klarheit darzulegen. Aber wenn sie in der Verwaltung tätig sein sollen, so ist es viel notwendiger, ihnen die Fähigkeit beizubringen, dem sorgfältig zuzuhören, was andere sagen. Nur wer weiß, wie man anderen Menschen dazu verhelfen kann, ihre Gedanken zureichend in Worte zu fassen, kann die zahlreichen Fähigkeiten entwickeln, die zu einem wirklich reifen Urteil gehören.

Letztens bleibt dann noch die Behauptung, die bereits oben aufgestellt wurde, daß sich nämlich die Befragung als eine Informationsquelle von großem objektivem Wert für die Leitung erwiesen hat.

Teamarbeit

Jede der vier Schmelzöfenbatterien wurde von einer Gemeinschaft von Arbeitern, einem „team", in drei Schichten bedient. Die ganze Gruppe wurde nach den Ergebnissen ihrer gemeinsamen 24stündigen Arbeit bezahlt; so konnte eine Schicht die Schwierigkeiten überwinden helfen, vor die sich die andere gestellt sah, und die sie meistern mußte. Das bedeutete nicht nur „Gemeinschaftsgeist" als Abstraktion; es bedeutete in der Tat, daß keine Schicht dazu neigte, am Ende ihrer Arbeitszeit nachzulassen. Wenn man einen Schmelzofen für die neue Schicht auffüllte, nützte das nicht nur der neuen Schicht, sondern auch denen, die mit der Arbeit fertig waren. Die leitenden Angestellten des Werkes stellten „die Gemeinschaftsarbeit" und „die Vermeidung jedes Abschiebens einer Arbeit auf einen anderen" als die Grundlage ihrer Zusammenarbeit hin; und diese Haltung spiegelte sich klar, wenn auch zweifellos in weniger ausgesprochener Form im ganzen Betrieb bis zum letzten Arbeiter wider.

Verwaltungsmann der Zukunft

Die moderne Zivilisation braucht dringend einen neuen Typ des Verwaltungsmannes, der sich, bildlich gesprochen, außerhalb der Verhältnisse stellen kann, die er untersucht. Der Verwaltungsmann der Zukunft muß die menschlich-gesellschaftlichen Tatsachen so begreifen können, wie sie wirklich sind, ohne Rücksicht auf seine eigenen Gefühle oder Vorurteile. Er kann diese Fähigkeit nur durch sorgfältige Ausbildung erlangen, - eine Ausbildung, in der er die notwendigen technischen Geschicklichkeiten erwerben und darüber hinaus lernen muß, wie man Arbeitsverfahren systematisch ordnet und die Zusammenarbeit organisiert. Immer wieder habe ich behauptet, daß der dritte Faktor, die Zusammenarbeit, im Augenblick und für die unmittelbare Zukunft am wichtigsten ist. Ich habe das nur deshalb getan, weil heute auf den Universitäten, in der Industrie und in der Politik gerade dieser Faktor immer übersehen wird.

Echte Motivation, eine Arbeit auszuführen, kann nur durch die Arbeit selbst erzeugt werden.

Frederick Herzberg (1923)

Biographie

„Es erfordert viel Talent, die Menschen durch Nutzung ihrer Fähigkeiten zu leiten, und da dies so ist, haben wir auch keine Leiter; was wir im großen und ganzen haben, sind Dompteure". Dieses Urteil, das Herzberg in dieser und anderer Form wiederholt artikuliert hat, klingt wenig schmeichelhaft. Dennoch ist der amerikanische Industriepsychologe und Managementexperte ein begehrter Partner der Wirtschaftspraktiker.

Frederick Herzberg wurde am 18. April 1923 in Lynn/Massachusetts, einer Hafen- und Industriestadt nordöstlich von Boston, geboren. Mit 21 Jahren, noch während seiner Studienzeit am City College of New York, heiratete er Shirley Bedell. Zwei Jahre später, nach erfolgreichem Collegeabschluß, ging er an die Universität Pittsburgh und erwarb hier seinen zweiten akademischen Grad, den Master of Science, promovierte 1950 über ein psychologisches Thema und machte ein Jahr darauf noch den Master of Public Health. Parallel zu seiner Ausbildung wirkte er als Assistent und Lektor an der Hochschule und zeitweilig als Chef einer Personalverwaltung in der Stadt Richmond/Virginia.

Nach seinem letzten Studienabschluß übernimmt er 1951 für sechs Jahre den Posten eines Forschungsdirektors bei den Psycholocical Services in Pittsburgh, ehe er 1957 seine eigentliche Hochschulkarriere beginnt: zunächst, bis 1960, als außerordentlicher, später als ordentlicher Professor für Psychologie und Dekan der psychologischen Abteilung an der Case Western Reserve University in Cleveland. Wo er ein wissenschaftliches Programm leitet, das sich mit psychologischen Problemen der Industriearbeit befaßt.

Die industriepsychologische Richtung hatte Herzberg schon bei den Psychological Services eingeschlagen. Hier interessierte er sich zunächst für Fragen der geistigen Gesundheit und stieß über diese Flanke zwangsläufig auf das Problem der Arbeitseinstellung, das für ihn persönlich zum zentralen Forschungsgegenstand werden sollte. Zusammen mit seinen Mitarbeitern durchforstete er etwa 3.000 Bücher und wissenschaftliche Artikel zu dieser Problematik. Ergebnis ist 1957 seine erste größere Publikation, die Herausgabe von „Job Attitudes: Review of Research and Opinion" - einer detaillierten Übersicht über Forschungen und wissenschaftliche Positionen zum Thema Arbeitseinstellung aus der ersten Hälfte des Jahrhunderts.

„Unterm Strich" dieser Bestandsaufnahme wurde es Herzberg klar, daß es bisher keine hinreichenden Antworten auf die Frage gab, was die Menschen zur Arbeit motiviert. Es mußte ein neues Konzept entwickelt werden, und er fand es durch seine Hinwendung zum Arbeitsinhalt, den er in bezug auf eine positive Motivation für wichtiger hält als die Arbeitsbedingungen. „Was die Menschen glücklich macht", schrieb er einmal, „ist das, was sie tun, ..., was sie unglücklich macht, ist die Art und Weise, wie sie behandelt werden". Diese Erkenntnis wird zum Hauptinhalt seines zweiten Buches, das 1959 erscheint: „The Motivation to Work". Der sieben Jahre später veröffentlichte Band „Work and the Nature of Man" bringt dann die psychologische Vertiefung seines Ansatzes. Herzbergs Publikationen erregen damals Aufsehen. Sein „job enrichment" (Arbeitsbereicherung) wird zum Schlüsselwort für Bemühungen um bessere Arbeitsmotivation. Wie stark das Interesse daran geworden war, zeigte ein Artikel, den Herzberg zu diesem Thema 1968 in der „Harvard Business Review" veröffentlichte und der 1987 von dieser erneut gedruckt wurde. Es gab davon insgesamt 1,2 Millionen Nachdruckexemplare, ein Rekord in der Geschichte der Zeitschrift.

Seit 1972 ist Frederick Herzberg „Distinguished Professor" am College of Business der Universität von Utah in Salt Lake City. Sein Terrain sind Industriepsychologie und Managementwissenschaft. Neben seiner Hochschul- und Autorentätigkeit wirkt er als Mitglied wissenschaftlicher Gremien sowie vor allem als Berater von Firmen. Bekannt aus der Literatur wurden zum Beispiel seine Aktivitäten bei der Umorganisation des US-Konzerns „American Telephone & Telegraph Company" (AT&T). Im wissenschaftlichen Diskurs finden seine Forschungsergebnisse jedoch nicht nur Zustimmung, besonders unter methodischen Aspekten. Dennoch wurde er, dessen Rat auch in Regierungsstellen, Bildungseinrichtungen und gesellschaftlichen Organisationen gefragt ist, noch 1982 von einem internationalen Management-Magazin zu den zehn bedeutendsten Autoritäten auf diesem Gebiet gezählt.

Werkverzeichnis (Auswahl)

The Motivation to Work. New York 1959 (mit B. Mausner, B. Snyderman)

Work and the Nature of Man. New York 1966

Was Mitarbeiter wirklich in Schwung bringt. Harvard Manager, Heft 2/1988 (engl. 1968)*

Managers or Animal Trainer; Management Review, Heft 7/1971*

Der weise alte Türke. Fortschrittliche Betriebsführung, Heft 1/1975*

Motivation, Arbeitsmoral und Geld. Psychologie heute, Heft 3/1975*

The Managerial Choice: To Be Efficient und To Be Human. Homewood 1976

* Quelle der im Lexikon enthaltenen Zitate

Schriften über Frederick Herzberg

Kerler, R.: Kennen Sie Herzberg? Landsberg am Lech 1992

Lexikon

Arbeitsmoral von Hochschulabsolventen

Personalchefs führen häufig Begriffe aus dem Motivationsbereich wie „echte Herausforderung", „eine Chance", „Verantwortung" im Munde, um junge Hochschulabsolventen zu gewinnen. Aber wenn der junge Absolvent in der Firma ist, stellt er fest, daß ihm dort alles andere als Gelegenheit zu „Psychological growth" geboten wird.

Untersuchungen über die innere Einstellung von Hochschulabsolventen zeigen, daß nach einem ersten Jahr der Begeisterung im Berufsleben ihre Zufriedenheit mit der Arbeit so weit sinkt, daß sie den niedrigsten Punkt überhaupt erreicht.

Obwohl der Hochschulabsolvent beim Eintritt in eine Wirtschaftslaufbahn ein relativ hohes Gehalt bekommt, ist seine Zufriedenheit am Arbeitsplatz gewöhnlich sehr gering. Es gibt andere Hochschulabsolventen, die ihr Berufsleben unter den schlimmsten Arbeitsbedingungen beginnen: sehr niedrige Bezahlung, extrem lange Arbeitszeiten, keine Altersversorgung oder andere Sozialleistungen. Sie aber sind höchst motiviert bei ihrer Arbeit. Ich meine die jungen Ärzte in der Ausbildung. Obwohl sie mit den Arbeitsbedingungen durch und durch unzufrieden sind, ist ihre Arbeitsmoral und ihre Zufriedenheit bei der Arbeit hoch. Dies, weil sie wirkliche Verantwortung für das Wohl von Menschen tragen und weil ihnen Aufgaben übertragen wurden, die es ihnen ermöglichen, sich weiterzubilden und innerlich zu wachsen. Wenn es möglich ist, Verantwortung auf einem Gebiet zu delegieren, wo es um Leben und Tod geht, dann sollte dasselbe gewiß im Wirtschaftsleben möglich sein.

Arbeitszufriedenheit und -unzufriedenheit

Die Motivations-Hygiene-Theorie wurde erstmals aufgrund einer Untersuchung entwickelt, die auffälligen Vorkommnissen im Arbeitsleben von Technikern und Buchhaltern nachging. Seitdem sind mindestens 16 weitere Untersuchungen mit unterschiedlichsten Bevölkerungsgruppen hinzugekommen. Die Ergebnisse dieser Arbeiten lassen vermuten: Solche Faktoren, die Arbeitszufriedenheit (und mithin Motivation) hervorrufen, sind völlig andere als die, die zu Unzufriedenheit mit der Arbeit führen. Wenn aber unterschiedliche Faktoren dafür in Frage kommen, ob jemand Zufriedenheit oder Unzufriedenheit bei der Arbeit verspürt, dann folgt daraus zwingend, daß die beiden Gefühle nicht im Gegensatz zueinander stehen. Das Gegenteil von Arbeitszufriedenheit ist keineswegs Arbeitsunzufriedenheit, sondern *keine* Arbeitszufriedenheit; ebenso ist das Gegenteil von Arbeitsunzufriedenheit nicht Arbeitszufriedenheit, sondern *keine* Arbeitsunzufriedenheit.

Diese Formulierung des Konzepts wirft ein semantisches Problem auf. Üblicherweise begreifen wir Zufriedenheit und Unzufriedenheit als Gegensatzpaar, was also nicht befriedigend ist, muß demnach unbefriedigend sein und vice versa. Doch um das Verhalten von Menschen am Arbeitsplatz zu verstehen, ist mehr als bloße Wortspielerei gefragt.

Wir haben es hier mit zwei unterschiedlichen Gruppen von menschlichen Bedürfnissen zu tun.

Die erste Gruppe entstammt dem Trieb, Verletzungen durch die Umwelt zu vermeiden, sowie all den Instinkten, die der Befriedigung der biologischen Grundbedürfnisse dienen. Um zum Beispiel den Hunger zu stillen, muß Geld verdient werden, und Geld wird so zu einem besonderen Antrieb.

Die zweite Bedürfnisgruppe bezieht sich auf eine singuläre menschliche Eigenheit, die Fähigkeit, etwas zu leisten und dadurch geistig zu wachsen. Diese Wachstumsbedürfnisse verlangen nach stimulierenden Aufgaben, die weiteres Wachstum erzeugen; im Arbeitsleben dienen dazu die Arbeitsinhalte. Im Gegensatz dazu gründet das Verhalten zur Schmerzvermeidung im Umfeld der Arbeit.

Die wesentlich mit der Arbeit verbundenen Wachstumsfaktoren oder *Motivatoren* sind: Leistungserfolg, Anerkennung der Leistung, die Arbeit an sich, Verantwortung und Vorwärtskommen oder Entwicklung. Die Faktoren der Unzufriedenheitsvermeidung oder „Hygiene" (KITA), die das Arbeitsleben durchdringen, sind: Unternehmenspolitik und interne Organisation, Überwachung, Betriebsklima, Arbeitsbedingungen, Bezahlung, Status und Sicherheit.

Demokratie im Betrieb

Die Verfechter der Demokratie treten für folgende Auffassung ein: Da die meisten Institutionen unseres Lebens demokratisch organisiert sind, sollten auch die Institutionen der Arbeit auf demokratischer Grundlage aufgebaut sein. Um Demokratie am Arbeitsplatz zu schaffen, müssen Maßnahmen getroffen werden, die sicherstellen, daß Arbeiter in allen Gremien eines Unternehmens vertreten sind, in denen Entscheidungen getroffen werden. Dieses Vorgehen verdient Respekt wegen der ihm zugrundeliegenden Auffassung, daß die Arbeit verbessert werden muß, um eine Übereinstimmung der zivilen und sozialen Rechte mit denen bei der Arbeit zu erreichen. In der Praxis erweist sich jedoch das Konsultationssystem zwischen Management und Belegschaft als eine komplizierte und zeitraubende Methode bei dem Versuch, Organisationsstrukturen zu verbessern. Sie hat insofern ein gewisses Verdienst, als sie die demokratischen Institutionen erweitert. Im Hinblick auf die Notwendigkeit einer raschen Veränderung jedoch kommt ihr aufgrund der Langsamkeit des Ingangbringens gesellschaftlicher Ideen bei der Gestaltung der Arbeit nur eine zweitrangige Bedeutung zu.

Echte Leiter

Es ist leichter, mit Hygienefaktoren zu leiten. Die Leiter brauchen nicht so gut zu sein. Es gehört nicht viel Grips dazu, ein Stück Zucker hochzuhalten und jemand dadurch zu veranlassen, etwas zu tun. Jeder, der einen Hund abrichtet, kennt den Trick. Aber es erfordert eine Menge Talent, die Menschen durch Nutzung ihrer Fähigkeiten zu leiten, und da dies so ist, haben wir keine Leiter; was wir im großen und ganzen haben, sind Dompteure. Viele Unternehmen sind vor echten Leitern geschützt. Damit meine ich, daß man in den meisten Unternehmen keine schöpferischen Leitungen benötigt. Man braucht dort gute Polizisten. Was die meisten Unternehmen an ihren Menschen interessiert, ist die Frage „Wie gut haben sie sich angepaßt?" und nicht die Frage „Wie schöpferisch sind sie?". Die meisten Unternehmen sind sehr einfallslos. Nur beim Absatz zeigt sich bei den Unternehmen etwas mehr Einfallsreichtum. Er ist auch in der Forschung und Entwicklung vorhanden, wird aber dort weitgehend unterdrückt. Für alles übrige wünscht sich die oberste Leitung den angepaßten Mitarbeiter.

Geld als Motivator

Viele Menschen im Arbeitsleben halten an dem alten Glauben fest, daß Lohn- und Gehaltserhöhungen den Arbeitnehmer dazu motivieren, seine Arbeitsleistung zu steigern. Erhöhte Arbeitsleistung erbringt erhöhtes Gehalt, das wiederum schafft für den Arbeitnehmer den Anreiz, sich noch mehr anzustrengen - und so weiter, und so weiter... Aber steigt die Produktivität nach Lohn- und Gehaltserhöhungen wirklich an? Wir alle kennen die Antwort: Nein, natürlich nicht. Einen Hund kann man so weit bringen, daß er bestimmte Aufgaben für Futter erledigt. Auch der Mensch wird einige Aufgaben durch Aussicht auf Belohnung erledigen. Für beide Fälle aber gilt: Wenn man den Hund oder den Menschen erneut zur Erfüllung dieser Aufgabe bewegen will, muß man auch erneut eine Belohnung bereitstellen. Hierdurch erzeugt man aber keine Motivation im eigentlichen Sinne. Echte Motivation, eine Arbeit auszuführen, kann nur durch die Arbeit selbst erzeugt werden - und nicht durch mögliche, mit dieser Arbeit verbundene Belohnungen. Der Esel, der der Mohrrübe nachläuft (und dabei den Wagen zieht) - um dieses Bild noch einmal zu gebrauchen - ist nicht wirklich *motiviert*, den Wagen zu ziehen. Er wird durch äußere Reize angetrieben. Auch PAWLOW hat in seinen berühmten Konditionierungs-Experimenten seine Versuchstiere durch äußere Reize (zumeist durch einen Glockenton) angetrieben, wenn er ein bestimmtes Verhalten bei ihnen auslösen wollte. Durch äußere Reize (Glockenton bei PAWLOWs Hunden bzw. Geld bei Arbeitnehmern) wird ein Verhalten erzeugt, daß sich im Englischen mit dem Wort „movement" gut umschreiben läßt, nicht aber mit „motivation".

Die Aussicht auf Geld kann einen Menschen zur Arbeit *antreiben,* ihn aber nicht dazu *motivieren*. Motivation heißt: ein inneres Bedürfnis haben, eine Anstrengung zu unternehmen. Äußere Reize sind dann nicht nötig, denn das Verhalten entsteht durch das dem Menschen angeborene Verlangen nach Selbstverwirklichung, durch das Verlangen, sein Potential als Individuum zu realisieren. Und dieses Bedürfnis ist genauso mächtig wie der Wunsch nach Nahrung. So wie aber das Verlangen nach Nahrung nicht durch ein Buch gestillt wird, so wird auch der Wunsch nach persönlicher Verwirklichung nicht durch eine warme Mahlzeit erfüllt.

Horizontale Aufgabenverteilung

In dem Bestreben, bestimmte Aufgaben anzureichern, vermindert das Management häufig die persönlichen Beiträge der Mitarbeiter, anstatt ihnen Wachstum im Rahmen ihrer gewohnten Tätigkeiten zu ermöglichen. Dieses Vorgehen, ich nenne es horizontale Aufgabenerweiterung (im Gegensatz zu vertikaler Aufgabenerweiterung oder Bereitstellung von Motivatoren), schuf in der Vergangenheit Probleme. Denn Aufgabenerweiterung verstärkt häufig nur die Entfremdungsgefühle bei der Arbeit. Hier einige Beispiele für diese Methode und ihre Auswirkungen.

- Durch ein höheres Produktionsziel sollen die Beschäftigten herausgefordert werden. Hat bisher ein einzelner 10.000 Muttern pro Tag festgezogen, so soll er nun versuchen, ob er sich nicht auf 20.000 steigern kann. Die implizierte Rechnung zeigt in diesem Fall, wenn man Null mit Null multipliziert, ergibt das immer noch Null.

- Man füge einer geistlosen Tätigkeit eine ebensolche Tätigkeit hinzu (gewöhnlich geht es da um irgendwelche Routinearbeiten im Büro). Bei dieser Rechnung addiert man Null zu Null.

- Man lasse innerhalb eines Arbeitsbereiches rotieren und reichere dabei einige Arbeitsplätze an, die das nötig haben. Das bedeutet etwa, eine Zeitlang Geschirr spülen und danach Bestecke putzen. Bei dieser Rechnung substituiert man eine Null mit einer anderen.

- Die schwierigsten Teile des Aufgabenbereiches werden ausgesondert, damit der Betroffene ein größeres Arbeitspensum mit einfacheren Arbeiten bewältigt. Diese herkömmliche betriebstechnische Maßnahme läuft auf Substraktion hinaus, in der Hoffnung, Addition werde sich dazugesellen.

KITA

Am sichersten und schnellsten wird jemand durch einen Tritt in den Hintern dazu gebracht, etwas zu unternehmen - ich möchte daher diese Methode auch mit KITA (kick in the ass = Tritt in den Hintern) überschreiben.

Ich besitze einen einjährigen Schnauzer. Als er noch ein Welpe war und ich ihn in Bewegung bringen wollte, da schubste ich ihn in den Rücken, und er bewegte sich vorwärts. Jetzt, wo er abgerichtet ist, brauche ich ihm nur einen Hundekuchen vor die Nase zu halten, und er kommt auf mich zu. Wer ist in diesem Fall motiviert, der Schnauzer oder ich? Der Hund will den Kuchen, aber ich will, daß er sich bewegt. Wiederum bin ich es, der motiviert ist, und der Hund ist der, der losläuft. Ich habe einzig und allein KITA frontal angewandt - ich zog, anstatt zu schieben. Die Industrie hat ein großes Angebot an Hundekuchen (Pralinen für Menschen), die sie ihren Beschäftigten vor die Nase hält, damit sie springen. Weshalb ist KITA keine Motivation? Wenn ich meinen Hund trete (ob von vorne oder hinten), dann bewegt er sich. Und wenn ich will, daß er sich noch einmal in Trab setzt, was muß ich dann tun? Ich muß ihn nochmals treten. Ebenso kann ich jemandes Batterie laden und wieder aufladen und nochmals aufladen. Aber nur wenn jemand einen eigenen Generator hat, können wir von Motivation sprechen. So jemand bedarf keiner Stimulation von außen, er selbst *will* handeln.

Merkmale einer guten Arbeit

Die Beziehung zwischen vorhandenen Fertigkeiten und der Gelegenheit, sie anzuwenden, bestimmt, in welchem Maß sich die Begabung des einzelnen zeigen kann. Wie will man jemanden dazu motivieren, gute Arbeit zu leisten, wenn es überhaupt keine gute Arbeit gibt, die er verrichten könnte?

Die „klassische" Arbeitsbereicherung erfolgt durch unmittelbare Veränderung der Arbeitsaufgabe selbst, so daß die Motivatoren wirksam werden können. Die genauen Bestandteile einer erweiterten Arbeitsaufgabe, welche diese Motivatoren enthält, variieren mit der Eigenart des einzelnen, seinem Beruf und seinen persönlichen Umständen. Trotzdem möchte ich aufgrund der Erfahrungen der letzten Jahre eine Reihe von Merkmalen nennen, die zu besseren Arbeitsaufgaben und besserer Motivation führen.

1. Unmittelbare Rückmeldung
Ein Grundprinzip der Lern- und Leistungspsychologie lautet: Für erfolgreiches Lernen und erfolgreiche Leistung ist es wesentlich, daß der Betreffende die Ergebnisse des eigenen Verhaltens erfährt.

a) Jeder sollte die Ergebnisse seiner Leistung unmittelbar erfahren und möglichst nicht durch irgendeinen Vorgesetzten, im Rahmen einer Leistungsübersicht oder durch einen bürokratischen Verwaltungsvorgang.

b) Diese Rückmeldung sollte ohne Wertung der Persönlichkeit frühzeitig erfolgen.

2. Man muß wissen, für wen man arbeitet
Ein zweites Merkmal der Arbeitsbereicherung besteht darin, den Arbeitsablauf so zu organisieren, daß jeder weiß, für wen er arbeitet, sei es nun außerhalb oder inner-

halb des Unternehmens. Allzu häufig ist dies ein Vorgesetzter - oder es müssen lediglich bestimmte bürokratische Anweisungen eingehalten werden. Das führt dazu, daß der Wert, den jeder seiner Arbeit beimißt, davon abhängt, inwieweit er sich „dem Laden angepaßt" hat. Er fragt dann nur noch: Ist der Chef zufrieden? Habe ich die Vorschriften eingehalten? Entspreche ich den betrieblichen Erwartungen und Vorstellungen?

3. Man muß dabei etwas Neues lernen können
Wesentlich für eine gute Arbeit ist es, daß der einzelne gelegentlich fühlt, daß er innerlich an ihr wächst. Alle Arbeiten sollten dem Arbeiter eine Gelegenheit bieten, etwas Zweckmäßiges und Sinnvolles zu lernen.

4. Seine Arbeit selbst einteilen können
Ein häufig anzutreffendes Merkmal erfolgreicher Arbeitsgestaltung ist die Möglichkeit, seine Arbeit selbst einzuteilen. Wenn Firmen die Arbeitsaufgaben ihrer Mitarbeiter im einzelnen festhalten, so tun sie das kaum, um die Arbeit wirksamer zu machen, sondern nur, um die Überwachung durch den Vorgesetzten zu vereinfachen. Derjenige, der eine Arbeit ausführt, weiß selbst am allerbesten, wieviel Zeit er für die verschiedenen Teilaufgaben aufwenden muß. Wenn man dem Arbeitnehmer zugesteht, die Reihenfolge seiner Arbeiten im Verlauf des Tages so zu bestimmen, wie er das für am zweckmäßigsten hält, dann fühlt er sich für die Arbeit verantwortlich - und nicht nur für die Einhaltung des Terminplanes.

5. Sich wenigstens in bestimmten Teilgebieten als alleiniger Fachmann fühlen können
In dieser Zeit der Gleichmacherei und Fließbandmentalität, da jeder danach beurteilt wird, wie er in dieses Klischee paßt, besteht das Bedürfnis nach einem Gegengewicht, nach einer persönlichen Einzigartigkeit bei der Arbeit - nach Aspekten der Arbeit, die der Arbeiter als „Sache seines persönlichen Könnens" ansehen kann.

6. Über bestimmte Mittel selbst verfügen können
Eine der schwerwiegenden Klagen der Führungskräfte ist, daß die Arbeitnehmer gleichgültig gegenüber den Kosten sind. Verantwortungsbewußte Kostenüberwachung ist jedoch nur möglich, wenn der Betreffende auch wirklich Verantwortung für die Kosten hat. Oft kann man dadurch, daß man den Mitarbeitern die Verfügungsgewalt über eine kleine Summe überträgt - daß sie also gewissermaßen ein eigenes Mini-Budget haben -, sie dazu bringen, daß sie sich für die Kosten verantwortlich fühlen.

7. Sich unmittelbar an andere wenden können
Wenn man dem Mitarbeiter die Verantwortung für die Einteilung der Arbeit und die Überwachung der Kosten überträgt, ohne ihm die Möglichkeit zu geben, sich unmittelbar mit den Zuständigen in Verbindung zu setzen, dann verlangt man von ihm doch praktisch, er soll planen, ohne die Fakten zu kennen. Das muß schiefgehen. Will man den Nutzen der Kreativität ausschöpfen, die mit dem Besorgen eigener Geschäfte im Betrieb verbunden sein kann, so sind direkte Kontakte mit anderen erforderlich.

8. Sich persönlich verantwortlich fühlen können
Je besser eine Arbeit ist, desto mehr persönliche Verantwortlichkeit fordert sie. Wenn also Führungskräfte den Erfolg der Arbeitsbereicherung beurteilen wollen, dann liefert der Grad der erreichten persönlichen Verantwortlichkeit einen ausgezeichneten Hinweis. Diese zeigt sich auf vielerlei Weise: Sie erhöht den Stolz auf die Leistung als Fachmann, das Können, auf das Gefühl, anderen geholfen zu haben; sie führt zu einer positiveren und konstruktiveren Einstellung gegenüber Irrtümern, Fehlern und unzureichender Unterweisung; sie führt zu gesteigerten kreativen Bemühungen; die einzelnen Mitarbeiter sind eher geneigt, wenig wirksame Praktiken und Richtlinien zu kritisieren; die Belegschaft ist vielseitiger interessiert; die Mitarbeiter bekommen ein feineres Gespür dafür, wenn es im Betrieb nicht mehr ganz „wie geschmiert" läuft.

Mitbestimmung

Die Befürworter der Mitbeteiligung an Entscheidungen nehmen an, das Hauptbedürfnis der Arbeitnehmer bestehe darin, an den Entscheidungen über ihre Arbeit beteiligt zu werden. Die Erfüllung dieses primären Bedürfnisses nach persönlicher Beteiligung schaffe die Motivation, die notwendig ist, wenn sie sich voll und ganz einsetzen sollen.

Den Arbeitern einen sinnvolleren Arbeitsinhalt zu geben, wird also gegenüber ihren berechtigten Bedürfnissen, bei Entscheidungen, die sie betreffen, gefragt und mit herangezogen zu werden, als zweitrangig angesehen. Natürlich werden einige Entscheidungen, an denen sie beteiligt sind, auch ihren Arbeitsinhalt betreffen, und nur in diesen Fällen können konkrete Veränderungen der Arbeitsgestaltung durch Mitsprache erreicht werden. In den meisten Fällen läßt der Vorgesetzte aber seinen Mitarbeiter spüren: „Da Sie keine verantwortliche, sinnvolle Arbeit haben, können Sie sich zwar meine einmal ansehen; aber dann gehen Sie bitte gefälligst an Ihre eigene Arbeit zurück".

Der Unterschied zwischen Mitbeteiligung an Entscheidungen und Arbeitsbereicherung ist also qualitativ. Wenn man einen Mitarbeiter zu solchen Entscheidungen befragt, gibt ihm dies noch keine Möglichkeit zu persönlicher Leistung, die er als seine eigene ansehen kann, und versperrt ihm die Chance der Selbstentfaltung bis zu dem Punkt, an dem er selbst zur Führungskraft werden könnte.

Philosophien zur Personalführung

Es gibt drei allgemeine Philosophien zur Personalführung. Die erste basiert auf Organisationstheorie, die zweite auf Betriebstechnik und die dritte auf Verhaltensforschung.

Organisationstheoretiker glauben, daß die menschlichen Bedürfnisse weder besonders irrational noch besonders vielfältig sind und sich den besonderen Gegebenheiten stets anpassen. Daher bestehe die Hauptaufgabe der Personalführung auch nur darin, je nach Lage pragmatisch vorzugehen, so wie es die Situation verlangt. Sind die Arbeitsabläufe vernünftig organisiert, argumentieren sie, dann kommt im Ergebnis die wirkungsvollste Aufgabenstrukturierung zustande, aus der sich selbstverständlich auch die günstigsten Arbeitseinstellungen ergeben.

Die Betriebstechniker halten dafür, daß Menschen mechanistisch orientiert und ökonomisch motiviert sind und daß die menschlichen Bedürfnisse am besten befriedigt werden, wenn der Einzelne in den denkbar effizientesten Arbeitsprozeß eingepaßt wird. Gutes Personalmanagement sollte deswegen das Ziel verfolgen, das bestgeeignete Anreizsystem und die entsprechenden Arbeitsbedingungen so zu kombinieren, daß der bestmögliche Gebrauch von der Maschine Mensch gemacht werden kann.

Verhaltensforscher konzentrieren sich auf gruppendynamische Gefühle, persönliche Einstellungen der einzelnen Mitarbeiter und auf das psycho-soziale Spannungsfeld des Unternehmens. Dabei wird mal das eine, mal das andere Bedürfnis angesprochen, das mit den verschiedenen Hygiene- oder Motivationsfaktoren zusammenhängt. Dieser Ansatz zur Personalführung betont im allgemeinen die Erziehung zu besseren zwischenmenschlichen Beziehungen und setzt darauf, gesündere Einstellungen zur Arbeit und ein besseres Unternehmensklima zu schaffen, in dem echte menschliche Werte gedeihen. Schließlich glauben sie, daß die richtigen Einstellungen zur Arbeit auch zu einer effizienten Arbeits- und Organisationsstruktur führen.

Über die Effizienz der Ansätze von Organisationstheoretikern und Betriebstechnikern wird andauernd und heftig debattiert. Niemand bestreitet ihnen ihre Erfolge. Doch Verhaltensforscher quält immer wieder die Frage: Was ist der Preis an menschlichen Problemen dafür und kommt dieser vielleicht dann das Unternehmen teurer zu stehen? Zu denken ist etwa an Fluktuation, Fehlzeiten, Fehler bei der Arbeit, Verstöße gegen Sicherheitsvorschriften, Streiks, Produktionseinbußen, höhere Löhne und größere Sozialleistungen. Auf der anderen Seite fällt es den Verhaltensforschern schwer, für ihren Weg einer Verbesserung der Personalführung Belege vorzuweisen.

Psychologische Amputation

Ich komme in ein Unternehmen und stelle zwei Grundfragen: Welche Art von Talenten haben Sie? Hat man wenig talentierte Kräfte, die sich aber gut angepaßt haben, kann das Unternehmen nichts verändern, denn man kann niemand motivieren, der kein echtes Fachwissen hat. Mann kann lediglich auf viele Schlagworte zurückgreifen. Deshalb setzen alle Demagogen Schlagworte an die Stelle von Talenten. Dann frage ich, wie man das zur Verfügung stehende Talent nutzt. Wenn man das Talent nicht genutzt hat, wird in dem betreffenden Unternehmen das Talent als Schrott angesehen. In dem Maße, in dem das Talent als „Schrott" in dem betreffenden Unternehmen angesehen wird, greift diese Haltung auf viele Hygienefaktoren über, und die Mitarbeiter werden zu psychologisch Amputierten.

Wenn einem Mann das Bein amputiert wurde, gibt man ihm eine Prothese und sagt, er habe sich gut angepaßt. Aber obwohl er sich gut angepaßt hat, ist er krank, denn trotz allem hat er nur ein Bein - das Normale sind zwei Beine. Psychologisch gilt das gleiche für die Arbeit. Die Haltung, die diese Menschen bei der Arbeit haben, ist eine so normale Haltung wie die eines Amputierten oder eine so normale Haltung wie die eines Mannes, dem man das ganze Leben lang Fußtritte gegeben hat. Sie passen sich einfach an. Es ist die Einstellung von Verführten, wie beispielsweise einer Frau, die ihre Jungfräulichkeit verloren hat, es aber nicht eingestehen will.

Versäumnisse des Managements

Was das Management versäumt hat, unglaublicherweise versäumt hat, ist, aus dem menschlichen Leistungsstreben Kapital zu schlagen. Die Betriebsleitungen betrachten seit jeher den Menschen als Tier, das mit Zuckerbrot und Peitsche manipuliert werden muß. Sie stellten fest, daß der Mensch, wenn er verletzt wird, etwas tun wird, um den Schmerz zu vermeiden, und sie sagen dann: „Wir motivieren die Beschäftigten". Zum Teufel, sie motivieren sie nicht, sie treiben sie an. In Gottes Namen trete ich dafür ein, daß man sich nur dann der Psychohygiene bedient, wenn Hygieneprobleme gelöst werden müssen oder weil Menschen verletzt wurden. Ein anderer und viel wirksamerer Weg, die Menschen dahin zu bringen, gute Arbeit zu leisten, besteht darin, ihnen die Möglichkeit zu geben, Befriedigung darüber zu empfinden, gute Arbeit geleistet zu haben. Auf diesem Gebiet hat bisher das Management versagt.

Verschwendung menschlicher Talente

Die Wirtschaft schuf den Mythos vom „mechanischen Menschen" („L' homme machine"; „mechanistic man"). Der Mensch wurde zur Hilfskraft der Maschine. Die Maschine übernahm es, das Ziel der Arbeit zu bestimmen und die Arbeit zu koordinieren. Arbeitsvorgänge wurden rationalisiert. Das bedeutet: Wenn ein Mensch zehn Talente hat, ein anderer neun, und so weiter bis hinunter zu einem Menschen, der nur ein Talent hat, dann kann man die Arbeitsleistung dadurch maximieren, daß man die Arbeit so umgestaltet, daß nur das eine Talent in Anspruch genommen wird. Auf diese Weise wird die Möglichkeit, daß Fehler gemacht werden, verringert. Die Verschwendung menschlicher Talente wächst jedoch um ein Vielfaches. Dies System, bei dem man sich nur den kleinsten gemeinsamen Nenner vorhandener menschlicher Talente zunutze macht, erleichtert die Kontrolle der Menschen. Es schafft aber die Bedingungen für Langeweile - Wiederholung und Gleichförmigkeit - und auch für seelische Störungen.

Das Unternehmen als System: Theorien für formale Organisationen

Chester J. Barnard

Herbert A. Simon

Führung ist von drei Faktoren abhängig: der Person, den Geführten und den Umweltbedingungen.

Chester Irving Barnard (1886 bis 1961)

Biographie

Als man im Frühjahr 1939 den damaligen Präsidenten der New Jersey Bell Telephone Co. Chester Barnard bedrängte, eine Professur an der Harvard Business School anzunehmen, begründete dieser seine entschiedene Ablehnung damit, daß seine geistige Produktivität den Alltagsdruck der Managementpraxis brauche. Wie wenig dies Ausrede noch Koketterie war, beweisen Leben und Werk des Organisationswissenschaftlers, den eine bemerkenswerte Symbiose von theoretischem Scharfsinn und „Vollblutpraxis" auszeichnete.

Chester Irving Barnard wurde am 7. November 1886 in einer kleinen Stadt des Bundesstaates Massachusetts geboren. In den Jahren 1906 bis 1909 studierte er an der Harvard University in Cambridge und ging unmittelbar darauf zur American Telephone & Telegraph Company. Hier begann er seine berufliche Laufbahn in einer Abteilung für Statistik und arbeitete danach geraume Zeit als kaufmännischer Ingenieur. In dieser Zeit heiratet er. 1922 wechselte er zur Bell Telephone Company, zunächst als Assistent des Vizepräsidenten und Generalmanagers. Bereits ein Jahr darauf wird er selbst Generalmanager, 1925 Vizepräsident und zwei Jahre später Präsident des Unternehmens. Er bleibt dies bis 1948.

Parallel und in enger Verbindung zu seiner Managerkarriere beschreitet Barnard mit viel Energie einen akademischen Weg. Er promoviert 1937 zum Dr. jur. und erwirbt auch den Grad eines Doktors der Wissenschaften.

Bald beginnt er selbst, an verschiedenen Hochschulen Vorlesungen zu halten, unter anderem an der Princeton University, am Bostoner Lowell-Institut, an der Brown University, am Bloomfield College and Seminary sowie an der Universität von New York. Der Spitzenmanager überrascht die Akademiker mit tiefschürfenden Analysen und der Fähigkeit, seine „klinischen" Berufserfahrungen sozialwissenschaftlich zu reflektieren.

Durch den Austausch von Vorlesungsmanuskripten bekommt Barnard Kontakt mit führenden Vertretern der vor allem bei Harvard angesiedelten Human-Relation-Bewegung wie Henderson, Donham und Mayo. Die Verbindungen werden sehr intensiv und freundschaftlich und haben großen Einfluß auf seine wissenschaftlichen Aktivitäten. So war Henderson von Bernards im November/Dezember 1937 gehaltenen Lowell-Vorlesungen so beeindruckt, daß er eine Buchfassung anregte und sie Harvard University Press zur Veröffentlichung empfahl. 1938 erschien diese Sammlung als erstes und wohl auch grundlegendes Werk Barnards. Es trägt den Titel „The Functions of the Executive". Erst von der 17. amerikanischen Auflage gab es 1970 eine deutsche Übersetzung („Die Führung großer Organisationen").

Obwohl Barnard nicht in jeder Beziehung mit den Grundideen der Human-Relation-Richtung konform ging, gilt sein organisations- und managementtheoretisches Konzept als „die intellektuell bedeutendste Leistung" jenes Wissenschaftler-Kreises, aus dem er sich 1942 allmählich zurückzog.

Chester Barnards Weg als Manager ist indes bei Bell Telephon nicht beendet. 1948 wird er Präsident der Rockefeller Foundation und des General Education Board und 1952 für zwei Jahre Chairman of the National Science Foundation. In dieser Zeit übernimmt er weitere Führungsaufgaben, so bei der Prudential Insurance Company of America, der Fidelity Union Trust Company (Newark/N.J.) sowie der Crowley Republik Steel Corporation.

Sein zweites Buch - „Organization and Management" - veröffentlicht Barnard 1948 (deutsch 1969). Es ist, ähnlich dem ersten, eine Zusammenstellung einzelner theoretischer Aufsätze, teilweise mit Essaycharakter, sowie Vorträge und Diskussionsmaterialien. Es baut das Gedankengebäude von „The Functions of the Executive" weiter aus und vermittelt neue Einsichten über Strukturen und Wirkungsweisen von Organisationen.

Barnard vertrat zeitlebens eine kritische Position gegenüber jeder Einseitigkeit im Herangehen an Managementfragen, sowohl die beim „Scientific Management" oft anzutreffende Betonung der reinen Produktivitäts- und Leistungssteigerung als auch ihr überzogenes Pendant unter den Human-Relation-Anhängern. Für ihn erfaßten sie jeweils nur einen Aspekt des komplexen Organisationsphänomens, welches seiner Auffassung nach unter Einbeziehung der Umwelt als offenes soziales System zu sehen ist.

Barnard, zumindest zu seiner Zeit einer der meistzitierten Autoren der Organisationsliteratur, erfuhr nicht wenige wissenschaftliche und gesellschaftliche Ehrungen und wirkte in nationalen und internationalen Gremien mit. Er starb im Frühjahr 1961.

Werkverzeichnis

Die Führung großer Organisationen. Essen 1970 (engl. 1938)*

Comments on the Job of the Executive. Harvard Business Reviews, Heft 18/1939-40

Organisation und Management. Stuttgart 1969 (engl. 1948)*

*Quelle der im Lexikon enthaltenen Zitate

Schriften über Chester Irving Barnard

Walter-Busch, E.: Das Auge der Firma. Stuttgart 1989

Lexikon

Aufgaben der Führungskraft

Führungskräfte führen. Hierzu gehört Aktivität; es erhebt sich die Frage: „Welches sind ihre Aufgaben?" Nun, ich muß selber eingestehen, daß ich bei den Gelegenheiten, bei denen man mich fragte: „Was *tun* Sie eigentlich?" keine vernünftige Antwort geben konnte. Ich möchte an dieser Stelle generell etwas darüber sagen, wie die Aufgaben aussehen, die eine Führungskraft hat, wobei ich diese Aufgaben in vier Kategorien aufteile. Dies erscheint mir für unseren Zweck ausreichend. Die vier Kategorien lauten: Bestimmung der Zielsetzungen; der Einfluß der Technik; das Instrument des Handelns; Ansport zur Kooperation.

Ausbildung von Führungskräften

Man sollte sich darüber im klaren sein, daß eine intellektuelle Schulung von sich aus die Tendenz mit sich bringt, Anlagen zu blockieren, die für das Führen unentbehrlich sind. So fördern beispielsweise theoretisches Studium und abstraktes Denken nicht die Entscheidungsfreudigkeit; häufig scheinen sie sogar entgegengesetzte Wirkungen zu haben. Die Analyse, eine Denkweise, die besonders typisch für die frühen Stadien der Ausbildung und Erfahrungssammlung ist, steht dem Prozeß der Synthese von Elementen, ihrer Darstellung als geschlossene Systeme in konkreten Entscheidungsprozessen, wie es für den Prozeß der Überzeugung zutrifft, völlig entgegen. Infolge einer ausgesprochen intellektuellen Ausbildung werden manche dazu verleitet, nur solche Dinge zu akzeptieren, die klar und einfach in Worte und Begriffe gefaßt sind oder gefaßt werden können; sie neigen dazu abzulehnen, was begrifflich nicht einwandfrei formuliert ist oder sich einer solchen Formulierung überhaupt entzieht.

Demokratischer Entscheidungsprozeß

Das demokratische Verfahren ist im Grunde langsam. Darüber ist man sich in jeder Organisation, deren Handeln von Ausschüssen und Gremien abhängig ist, klar. Häufig muß man einen sehr wirkungsvollen - normalerweise jedoch illegalen - Weg einschlagen, um schnell Antworten zu finden. Man umgeht das demokratische Verfahren. Auf diesem Wege zustande gekommene Lösungen werden in der Regel widerspruchslos akzeptiert mit Ausnahme solcher Fälle, in denen das Ergebnis mißliebig oder die verantwortliche Person unbeliebt sind. Dieser Weg erfordert jedoch Verantwortung, so daß es häufig zu gar keiner Entscheidung mit der erforderlichen Schnelligkeit kommt, eine Tatsache, die häufig schwer deutlich wird.

Desorganisation der Welt

Die Menschen sind heute über die Desorganisation der Welt erschreckt, so als wäre sie eine radikale Abweichung von früherer Integration. Ihre Mutlosigkeit beweist jedoch, daß sie an die Notwendigkeit größerer Integration glauben, eine Auffassung, die der Verwirklichung einer Weltorganisation vorangehen muß. Bis diese Überzeugungen sich allgemein durchgesetzt haben und bis die Techniken der Zusammenarbeit für immer weitere Bereiche entwickelt worden sind, mag der Konflikt selber der wesentliche Motor weiterer Integration sein. Die Möglichkeiten der Kooperation im Weltmaßstab werden anscheinend so lange verkannt, wie nicht die eine Hälfte der Welt gegen die andere organisiert ist. Dadurch würde vielleicht ein bisher unbekannter Grad von Integration erreicht; stärker denn je würde dann aber auch die Desorganisation der anderen Weltteile sichtbar.

Entschlußfreudigkeit

Der Fähigkeit zum Treffen von Entscheidungen kommt bei Führungskräften der höchste Rang zu. Sie hängt von einer Neigung oder Bereitschaft zum Entscheiden und von der Fähigkeit ab, es dann auch wirklich zu tun. Wir müssen Entscheidungsfreudigkeit sowohl in positiver wie in negativer Hinsicht betrachten. Im positiven Sinne bedeutet sie, daß Entscheidungen gefällt werden müssen, damit das Richtige zur rechten Zeit und zur Vermeidung falscher Entwicklungen getan wird. Im negativen Sinne führt eine nicht getroffene Entscheidung zu einer höchst verworrenen Situation innerhalb einer Organisation. Die Verzögerung einer Anleitung, sei es als Zustimmung oder Ablehnung, d. h. also ein bloßes Aufschieben, blockiert die Entschlußfreudigkeit anderer. Unentschlossenheit oder Gleichgültigkeit breiten sich in dem gesamten Kooperationsprozeß aus; es verringern sich die Gewinnung von Erfahrungen, die Durchführung von Versuchen und die Anpassung an veränderte Umweltbedingungen.

Förderung des Individuums

Wenn die Förderung des Individuums ein Grundgedanke der gesamten Personalarbeit sein soll, dann sollte ihm auch aufrichtig Rechnung getragen werden. Man sollte diesen Gedanken nicht nur aus taktischen Gründen vertreten, noch ausschließlich oder doch hauptsächlich im Interesse der industriellen Leistungssteigerung. Die Förderung des Individuums wird sich als ein Fehlschlag erweisen, wenn sie sich lediglich als eine großsprecherische Ankündigung zum Zwecke der Steigerung der

Produktion und der Erhöhung der Arbeitsmoral herausstellt. Heuchelei hat in der Personalführung böse Folgen.

Führungskraft von morgen

Die Führungskraft von morgen bedarf einer breiten Interessenskala, ausgeprägter Phantasie und eines klaren Verstandes. Es mag sich jeder seine eigene Meinung darüber bilden, ob eine gewisse Frage des Gesichtsfeldes unserer heutigen Führungskräfte ihren Anteil an der gesellschaftlichen Aktivität beschränkt hat, wodurch wiederum ihre eigene Aktivität beeinflußt und damit auch die Erfüllung ihrer unmittelbaren Obliegenheiten begrenzt wurde. Auf diesem Gebiete läßt sich im gegenwärtigen Zeitpunkt nichts ändern. Man hat bisher in der Tat eine gewisse Einengung des Gesichtsfeldes, verbunden mit der Konzentration auf eine bestimmte Sache, für unerläßlich gehalten. Diese Einstellung würde jedoch in der Zukunft die Befähigung eines Menschen, seinen Aufgaben sowohl in den oberen wie in den mittleren Führungspositionen der großen und kleineren Unternehmen voll gerecht zu werden, sehr entscheidend beeinträchtigen.

Funktion der Führungskraft

Eine offensichtliche Funktion der Führungskraft besteht darin, unter jeweiliger Beachtung der allgemeinen Zielsetzung oder der besonderen Zielsetzung des betreffenden Vorhabens, zu wissen und zu sagen, was getan und was nicht getan werden soll. Vielen Menschen scheint mit einer solchen Erklärung alles erschöpfend gesagt, was die Aufgabe einer Führungskraft ausmacht. Wenn sie jedoch den Ablauf der Handlungen näher beobachten, irritiert die Feststellung, daß viele Dinge, die eine Führungskraft anderen aufträgt, ihr selber erst von den gleichen Menschen, die sie führt, vermittelt wurden. Sofern sie nicht sehr dynamisch ist - allzu dynamisch, vollgepfropft mit eigenen Ideen - oder bombastisch oder von napoleonischem Ehrgeiz besessen, mag zuweilen der Eindruck entstehen, daß sie ein etwas beschränkter Zeitgenosse, ein launischer Funktionär, lediglich ein Kommunikationskanal und ein Ideenfilter sei. Bis zu einem gewissen Grade trifft dies auch zu. Eine Führungskraft muß empfindungslos genug sein, um sich vieles anhören zu können; sie muß auf jeden Fall schlichten können zur Aufrechterhaltung von Ordnung, und unter gewissen Umständen darf sie nicht mehr sein als ein Sammelbecken für Nachrichten. Würde sie lediglich den eigenen Eingebungen folgen, wäre sie eher ein Ein-Mann-Orchester als ein guter Dirigent, wozu bekanntlich ein besonders ausgeprägter Führertyp erforderlich ist.

Irrtümer des Managements

Viele Irrtümer des Managements erklären sich aus der Ahnungslosigkeit gegenüber den subjektiven Aspekten der Autorität. Trotz ihrer eminenten Bedeutung wird die informelle Organisation in formellen Organisationen fast völlig ignoriert. Obwohl man sorgfältig ganze Organisationen im voraus entwirft, wird aus ganz trivialen Gründen häufig übersehen, daß und wie die Größe formeller Gruppen begrenzt sein muß. Die moralischen Faktoren, von denen die Leistungsfähigkeit der Organisation abhängt, sind der Mangel an Verständnis für die Beziehungen zwischen persönlichem Charakter und individueller Befähigung.

Kraft der Organisation

Führer müssen ihre entscheidenden Bemühungen auf die Erhaltung und Führung von Organisationen als geschlossene Systeme des Handelns konzentrieren. Ich glaube, daß dies der eigentliche und typische Bereich der Führungsaufgaben ist. Allerdings handelt es sich um den am wenigsten greifbaren und ebenso wenig anerkannten Bereich. Da die meisten Handlungen, die von einer Organisation ausgehen, eine besondere Funktion darstellen, welche, oberflächlich gesehen, unabhängig von der Erhaltung der Organisation ist, wie z. B. die Ausführung bestimmter Aufgaben der Organisation, kann es leicht übersehen werden, daß gleichzeitig derartige Handlungen wiederum auf die Organisation einen Einfluß ausüben und daß darin - und nicht in ihrem technischen und instrumentalen Teil - für die Führungskraft der primäre Aspekt einer Handlung liegt. Wahrscheinlich ist dies den meisten Führungskräften normalerweise nicht bewußt, obwohl sie sich intuitiv davon leiten lassen. Jede Handlung, welche zur Störung der Kooperation beiträgt, beeinträchtigt die Kraft der Organisation. Ein Führer sollte demnach stets so handeln, daß er die Organisation als Instrument des Handelns vor Schaden bewahrt.

Leistungsfähigkeit von Führungssystemen

Die Existenz einer Organisation hängt von zwei Faktoren ab:

1. der Leistungsfähigkeit seines Führungssystems zur Regelung der *nach außen gerichteten* Beziehungen dieser Organisation und

2. seinem Leistungserfolg nach *innen*, d. h. seiner Fähigkeit zur Erzielung des Zusammenhalts, der Koordination und der Unterordnung konkreter Handlungen. Es handelt sich hierbei, im großen Rahmen gesehen, um voneinander abhängige Faktoren. Ein System, dem es nicht gelingt zu entscheiden, welche Handlung Nutzen bringt, kann den erforderlichen Zusammenhalt, die Koordination und die Unterordnung nicht erreichen oder gewährleisten, weil es entweder versagt oder damit gerechnet wird, daß es zukünftig versagt. Anders gesagt: Ein System, dem es nicht gelingt, die erforderliche Loyalität, die Unterordnung und die Koordination der Handlungen zu bewerkstelligen, kann eine erfolgreiche Betätigung im ganzen nicht bewirken. Somit lauten die ersten Fragen, welche man in bezug auf ein jedes Führungssystem aufwerfen muß: Ist es kraftvoll genug, Handlungen zur

Anpassung an die äußeren Verhältnisse zustande zu bringen? Gewährleistet es die Unterordnung, um derartige Entscheidungen wirksam werden zu lassen.

Materielle Sozialleistungen

Wenn materielle Sozialleistungen an die Stelle einer echten Personalführung treten, sind sie geradezu verhängnisvoll und gefährlich. Sie verleiten nämlich dazu, bei der Betriebsleitung des Trugbild eines guten Betriebsklimas entstehen zu lassen, während sie tatsächlich nur eine philanthropische Haltung oder den Versuch darstellen, der Arbeitnehmerschaft eine ablehnende Einstellung „abzukaufen". Ich vertrete ganz offen den Standpunkt, daß die Philanthropie als solche im Geschehen des Betriebes kein legitimer Raum ist und daß die Absicht, sich ein gutes Betriebsklima zu erkaufen, mißlingen muß. Allein der Gedanke daran muß die Betriebsleitung zu einer Geisteshaltung verleiten, die sie blind gegenüber den eigentlich entscheidenden Problemen macht.

Statussysteme

Wir haben festgestellt, daß in formalen hierarchischen Organisationen sowohl funktionale wie hierarchische Statussysteme benötigt werden; es werden jedoch dadurch und in ihnen Interessen gezüchtet, die sie in Richtung einer Erstarrung, zu einem Auseinanderklaffen von echten Verdiensten und tatsächlichen Bedürfnissen und zur Hypertrophie, insbesondere in ihren symbolischen Funktionen, zwingen. Wenn man über diese Fragen nachdenkt und den technischen Apparat der Organisation überprüft, lassen sich zweifellos Korrekturmöglichkeiten finden. Diese lassen sich allerdings nur mit größten Schwierigkeiten aus dem Inneren einer Organisation heraus anwenden, da der oberste Leiter der Organisation zugleich auch die Spitze des Statussystems ist und er selber damit auch von dem System abhängig ist. Die Kontrolle der gefährlichen Auswüchse im Statussystem erfordert daher äußerstes Durchstehungsvermögen, ganz besonderes Können und eine erhebliche Zivilcourage. Die entscheidenden drei Bedürfnisse lassen sich wie folgt zusammenfassen: Die Gewährleistung der Übereinstimmung von Status und Können durch freizügige Beweglichkeit; die Verhinderung, daß Statussysteme zu einem Selbstzweck und ebensowenig zu einem Primärinstrument werden; die Sicherstellung, daß die Einkünfte aus Stellung oder Beruf dem notwendigen Niveau der Leistungsanreize und der Arbeitsmoral angemessen sind.

Teamarbeit

Jede Leistung setzt die Fähigkeit voraus, mit anderen auf eine ganz bestimmte Art und Weise zusammenzuwirken; sie verlangt eine bestimmte Technik im Arbeits- oder Produktionsprozeß, bei verwaltender oder kontrollierender oder leitender Tätigkeit sowie den Willen zur Zusammenarbeit. Die letztere Eigenschaft wird mit den verschiedensten Begriffen, wie z. B. Loyalität, Korpsgeist, Fähigkeit zur Teamarbeit usf. bezeichnet, und sie wird gefördert durch unterschiedliche Methoden, denen man in vielen Industriezweigen ganz besondere Aufmerksamkeit geschenkt hat.

Eine kritische Betrachtung dieser Frage wird dennoch zeigen, daß die Bereitschaft zur Zusammenarbeit das schwächste Glied in der Kette aller Bemühungen um die kooperative Leistung ist. Es läßt sich meines Erachtens nicht leugnen, auch wenn wir es noch zu ungern zugeben, daß wir aus mancherlei Gründen gerade das nicht tun können, was technisch oder kaufmännisch vorteilhaft wäre, weil wir befürchten, daß die Menschen, mit denen wir zu arbeiten haben, uns oder sich untereinander nicht hinreichend unterstützen. Das gilt ganz besonders dort, wo gewohnheitsmäßige Verhaltensweisen verändert werden müssen oder wo die Vorteile von Veränderungen für den Arbeitnehmer nicht unmittelbar, vielleicht auch nur ungewisse, Früchte tragen. In der Alltagssprache lautet das etwa so: „Das wird nicht viel geben" oder „Ihre Leute werden nicht mitmachen" oder „Darüber werden Sie sich bei der Arbeit nicht einig werden" oder „Das wird zu Spannungen führen, die wir nicht beheben oder in den Griff bekommen können". Das sind typische Ausdrücke dafür, daß es in jeder organisierten Gruppe, sei es in der Industrie, in der Politik oder im Gesellschaftsleben, sehr einschneidende Grenzen für die Entwicklung der Bereitschaft zur Zusammenarbeit gibt. Obwohl wir uns gerne des Erreichten auf dem Gebiete der organisatorischen Leistung rühmen, können wir dieses häufig eigentlich nur, wenn wir die tatsächlich noch vorhandenen Möglichkeiten außer acht lassen, die sich ergäben, wenn wir wüßten, wie man die Menschen dazu bringen könnte, vorbehaltlos bei solchen Gemeinschaftsaufgaben ihre Kräfte einzusetzen, die mit ihrer individuellen Interessenlage in einem nur lockeren Zusammenhang stehen.

Überzeugen

Es ist eine der wichtigsten Aufgaben von Führungskräften, die Menschen zu veranlassen, ihre latenten Fähigkeiten in koordinierte Leistung umzuwandeln. Auf diesem Wege wird eine Organisation erhalten, während gleichzeitig ihre Arbeit ausgeführt wird. Es bedarf keiner besonderen Unterstreichung, daß dieser Aspekt der Tätigkeit einer Führungskraft zuweilen am stärksten ins Auge fällt. Ganz allgemein gesagt: Es handelt sich hierbei um die Aufgabe der Überzeugung. Es ist auch nicht nötig, darauf aufmerksam zu machen, daß es zahllose Formen des Handelns oder Verhaltens von Führungskräften gibt, mittels derer sie zu koordiniertem Handeln „überzeugen". Sie erstrecken sich vom eigenen Beispiel, mit dem sie „vorangehen", über Gelassenheit, welches Vertrauen einflößt, über beruhigende Anordnungen in kritischen Augenblicken bis hin zu glühender Rhetorik, Schmeicheleien oder Versprechen von Auszeichnungen in Form von Geld, Prestige, Stellungen, Ruhm, zu Drohung oder Gewaltanwendung. Warum schwanken diese Möglichkeiten so stark? Sie werden auf offenkundige Unterschiede in der Zusammensetzung von Führungskräften, Geführten, Organisationen stoßen wie auch auf Unterschiede in der Technik, Zielsetzung und in den Umweltverhältnissen. Die erfolgreichen Kombinationen sind jedoch häufig von sehr subtiler Art und so weitgehend sowohl von der Persönlichkeit der

Führungskräfte wie der Geführten abhängig, daß eine Bewußtheit in bezug auf diese Faktoren und ihre Kombinationen sie bei ihnen selber als auch für außenstehende Beobachter unweigerlich zerstören würde.

Untere Führungsschicht

Es gibt im Alltagsleben des Betriebes eine wichtige Gruppe, wie jeder Fachmann auf dem Gebiete der Unternehmensführung weiß, die man als die mittlere und untere Führungsschicht bezeichnet - Vorarbeiter, Schichtführer, Meister, Abteilungsleiter usw. Weder Arbeitgeber noch Arbeitnehmer können auf die Zusammenarbeit mit dieser Schicht verzichten. Die Kontrollaufgaben müssen so gestaltet werden, daß sie im Rahmen ihrer Fähigkeiten und Grenzen liegen. Durch die Praxis der Kollektivvereinbarungen werden die Kompetenzen und ihre Verantwortung im Betrieb normalerweise - ich möchte sogar meinen, zwangsläufig - geschmälert. Bei der Pflege des Gedankens der Partnerschaft im Betriebe zeigt sich das umgekehrte Bild, da es dann zu einem Teil gerade ihrer Aufgaben gehört, die Interessen der Arbeitnehmer zu fördern. Es ist eine völlig unrealistische Vorstellung, daß sich kraft Befehls im Betriebe konstruktive Arbeit untere Ausschaltung dieser mittleren und unteren Führungsschicht verrichten ließe.

Unternehmerische Motive

Meine Beobachtungen in vielen gut geführten Unternehmen habe mich davon überzeugt, daß ständig geschäftliche Entscheidungen getroffen werden, die nicht auf ökonomischen Motiven basieren. Es gibt nur wenige Unternehmer, die das zugeben; häufig sind sie sich dessen auch gar nicht bewußt. Zu diesem ausgedehnten Katalog außerökonomischer Motive, aufgrund derer die Unternehmensleiter Entscheidungen treffen, gehören z. B. das Verlangen nach Prestige, die Stellung des Unternehmens auf dem Markt, sozialphilosophische Anschauungen, das soziale Standesbewußtsein, philanthropische Neigungen, Streitlust, Neigung zu Intrigen, Angst vor Auseinandersetzungen, technisches Interesse, Machtstreben, das Bestreben, nützliche Dinge zu vollbringen, Rücksichtnahme auf die eigenen Mitarbeiter, Lust oder Angst, im Blickfeld der Öffentlichkeit zu stehen, - alle diese Motivationen, die mit Ökonomie nichts zu tun haben, werden nur durch die Bilanz im Zaume gehalten. Das Nichtvorhandensein dieser Triebkräfte würde jedoch das Wirtschaftsleben zu einem kraftlosen Fehlschlag machen. Dollars allein geben keine ausreichende Antriebskraft für die Schwungkraft einer ganzen Wirtschaft, wie wir sie kennen. Auch kann das Streben nach Dingen, die sich jederzeit durch Geld erwerben lassen, keinen adäquaten Anreiz bieten.

Verantwortungsbereitschaft

Unter Verantwortungsbereitschaft verstehe ich eine Gemütslage, die einem Menschen das Gefühl akuter Unzufriedenheit vermittelt, weil er in ganz bestimmten Situationen etwas unterlassen hat, von dem er fühlt, daß er moralisch dazu verpflichtet gewesen wäre, es zu tun, oder weil er etwas getan hat, von dem er glaubt, daß er es moralisch betrachtet besser nicht getan hätte. Er möchte eine solche Unzufriedenheit mit sich selber vermeiden; man kann daher auf sein Verhalten, wenn er „verantwortungsbewußt" handeln will, und wenn seine Vorstellungen von dem, was rechtens ist, bekannt sind, ziemlich sicher bauen. Es ist unschwer einzusehen, daß diese Stabilität des Verhaltens aus verschiedenen Gründen für das Führen wesentlich ist. Besonders wichtig ist sie jedoch für die Geführten. Launisches und unverantwortliches Führungsverhalten ist selten erfolgreich.

Vertrauen

Auf lange Sicht gibt es nur einen Weg, Vertrauen zu erwerben: nämlich, sich dieses Vertrauen zu verdienen. Im Grunde handelt es sich einzig und allein um volle Aufrichtigkeit. Es erübrigt sich, auf diese Frage ausführlich einzugehen. Sind erst einmal Verhältnisse geschaffen, in denen Aufrichtigkeit und Redlichkeit anerkanntermaßen gedeihen, werden Fehlentscheidungen und berufliches Versagen einsichtsvoll hingenommen. Man rechnet mit solchen Dingen. Die Mitarbeiter erwarten von ihren Vorgesetzten oder der Betriebsführung keine Unfehlbarkeiten. Sie nehmen jedoch Anstoß an Unaufrichtigkeit und auch nur einem Anschein von Unaufrichtigkeit, sofern sie keinen Einblick in die tatsächlichen Zusammenhänge erhalten.

Vitalität und Ausdauer

Ich halte Vitalität und Ausdauer für sehr entscheidende Eigenschaften einer Führungskraft, obwohl sie dahinschwinden können, bevor auch die Fähigkeit zum Führen erlischt. Diese Eigenschaften sind, von Ausnahmen einmal abgesehen, aus verschiedenen Gründen wesentlich. Zunächst einmal deshalb, weil sie beide die Voraussetzungen für eine nie erlahmende Aneignung außerordentlicher Erfahrungen und Kenntnisse darstellen, welche die Grundlage für eine hervorragende persönliche Führungsfähigkeit bilden.

Ein weiterer Grund ist darin zu sehen, daß Vitalität normalerweise ein Element besonderer persönlicher Attraktivität oder Kraft ist, welche eine große Stütze bei der Überzeugung anderer bietet. Die dritte Begründung für die Bedeutung von Vitalität und Ausdauer sehen wir in der Tatsache, daß eine Führungsaufgabe zuweilen lange Perioden der Arbeit und höchster Inanspruchnahme ohne die Möglichkeit zur Einlegung einer Ruhepause erfordert, da die versagende Ausdauer den dauernden Verlust der Führungsfähigkeit bedeuten kann.

Wesen der Führung

Ohne eine Definition der Führung zu geben, möchte ich die sehr stark vereinfachte Feststellung treffen, daß sie von drei Faktoren abhängig ist: (1) der Person, (2) den Geführten und (3) den Umweltbedingungen. Hierüber dürfte Einigkeit bestehen. Wenn wir jedoch nicht scharf aufpassen, wird es keine Stunde dauern, bis wir von den Fähigkeiten, den Eigenschaften, der Begabung und der Persönlichkeit der Führungskräfte sprechen, gerade so, als ob die Person die einzige Komponente des Führens sei. Aus diesem Grunde möchte ich die Interdependenz aller Faktoren noch einmal hervorheben, indem ich sie in eine fast mathematische Formel bringe: Führen tritt als eine Funktion aus mindestens drei komplexen Variablen auf: der Person, der Gruppe der Geführten, den Verhältnissen.

Es wären hier nun zwei Dinge festzuhalten. Zunächst handelt es sich offensichtlich um Variable mit großer Bandbreite, so daß Führen in der Praxis als eine fast unbegrenzte Anzahl von möglichen Kombinationen auftreten kann. Zum zweiten: Wir benötigen zur Einsicht in das Wesen des Führens gute Menschenkenntnis, die Kenntnis von Organisationen und Umweltbedingungen sowie einen klaren Blick für die Interdependenz dieser drei Faktoren, und zwar je nach dem Ausmaß, wie sie für das zu behandelnde Problem von Bedeutung sind. Besitzen wir diese Einsichten bereits? Ich glaube nicht.

Wissenschaft von der Organisation

Würde die gründliche wissenschaftliche Erforschung der Probleme kooperativer Systeme und von Organisationen auch brauchbare Instrumente für die Führungspraxis bereitstellen? Nach meiner Überzeugung: ja. Ich glaube, daß die Entwicklung einer Wissenschaft von der Organisation für die Führungskunst und für die Kooperation generell ein Fortschritt wäre. Diese Überzeugung gründet sich negativ auf einen in vielen konkreten Fällen beobachteten Mangel an Fähigkeit, alle Elemente der Situation ins Auge zu fassen. Die Spezialisierung des Denkens, die zum Teil eine Folge der Spezialisierung der Wissenschaften ist, hat diesen Defekt verstärkt. Die Handlungen, das Wesen der Organisation, oder die Koordination der Handlungen, die Aufgabe der Leitenden, beziehen sich auf Synthesen von physikalischen, biologischen und sozialen Faktoren. Die Probleme wechselseitiger Anpassung liegen außerhalb dieser besonderen Gebiete.

> *Manager werden mehr und mehr ihre Organisationen als große und komplexe dynamische Systeme sehen müssen.*

Herbert Alexander Simon (1916)

Biographie

Als die Königlich Schwedische Akademie der Wissenschaften 1978 dem US-Professor den Nobelpreis für Wirtschaftswissenschaften verlieh, charakterisierte sie dessen „bahnbrechende Forschungen über Beschlußprozesse in Wirtschaftsorganisationen" sinngemäß damit, daß Simon eine wichtige Erfahrungstatsache theoretisch begründet habe: Entscheidungen in Wirtschaft und Gesellschaft sind weniger der Ratio der Leitenden geschuldet als dem von Organisationsstrukturen bestimmten Zusammenwirken vieler „Beschlußfasser".

Der Wirtschaftswissenschaftler Herbert Alexander Simon, der Zeit seines Lebens die herrschenden theoretischen Auffassungen mehr kritisierte als vertrat, wurde am 15. Juni 1916 in Milwaukee, Wisconsin, geboren. Sein Elternhaus - der Vater Ingenieur, die Mutter Pianistin - sicherte ihm nicht nur eine ausgezeichnete schulische Allgemeinbildung, sondern sorgte auch für ein fruchtbares Klima häuslicher Dispute um Politik und Wissenschaft. Die zunächst sehr breit gefächerten Interessen des Heranwachsenden wurden dann aber immer stärker auf die Sozialwissenschaften gelenkt. Nicht zuletzt unter dem Einfluß seines Onkels, eines begabten Ökonomen und Psychologen.

Als er 1933 ein Studium an der Chicagoer Universität aufnahm, hatte seine Motivation bereits klare Konturen: Die wissenschaftliche Erforschung menschlichen Verhaltens bedarf nicht weniger der Exaktheit und der mathematischen Fundierung, als die sogenannten exakten Disziplinen. Um diesem selbstgesteckten Kriterium als „mathematisch orientierter Sozialwissenschaftler" genügen zu können, studierte der junge Simon nicht nur intensiv Ökonomie und Politik, sondern erwarb sich auch gediegene Kenntnisse in der fortgeschrittenen Mathematik, der Logik und Statistik und vertiefte sich in mathematische Biophysik und höhere Physik. Bereits 1936 schloß er diese Studien mit dem Bachelor-Grad ab.

Simon blieb fürs erste an seiner Universität und arbeitete als wissenschaftlicher Assistent. In dieser Zeit heiratete er Dorothea Pye. Seine Ehe, aus der drei Kinder hervorgingen, galt als sehr harmonisch. Denn mit Dorothea verbanden ihn auch wissenschaftliche Interessen, wenn auch auf recht unterschiedlichen Fachgebieten. Später publizierten beide sogar gemeinsam.

1938 wechselte der junge Akademiker in die Praxis, zur International City Managers Association. Dies jedoch nur vorübergehend. Schon nach einem Jahr kehrte er wieder in die Hochschulwelt zurück: zunächst in die Verwaltung der Universität von Berkeley, 1942 dann in den Lehrkörper des Illinois Institute of Technology, wo er eine Assistenz- und später auch eine ordentliche Professur erhielt. 1943 hatte er zum Dr. phil. promoviert.

Entscheidend für seine berufliche Laufbahn wird das Jahr 1949, in dem man ihn als Professor für Wirtschaftsverwaltung an die Graduate School of Industrial Administration der Carnegie-Mellon University nach Pittsburgh beruft. Hier erhält er 1965 die Richard King Mellon-Professur für Informationstheorie und Psychologie, die er bis zu seiner Emeritierung innehat.

Die Pittsburgher Professur entlastet Simon weitgehend vom Lehrbetrieb und sichert ihm Unabhängigkeit in der Forschung. Immer intensiver beschäftigt er sich mit der Ausarbeitung einer adäquaten Theorie der menschlichen Entscheidung und versucht, den Mechanismen der entsprechenden Prozesse auf die Spur zu kommen. Gemeinsam mit Allen Newell von der Rand Corporation entwickelt er hierzu etwa 1954 den Gedanken, Problemlösungen auf Computern zu simulieren bzw. zu modellieren. Von da ab wird, wie er in einem autobiographischen Aufsatz bekennt, die Computersimulation menschlicher Wahrnehmung zu seinem zentralen Forschungsinteresse.

Neben seinem Wirken an der Carnegie-Mellon Universität und als Gastprofessor an anderen renommierten US-Hochschulen, wie zum Beispiel dem MIT, ist Simon im Laufe der Zeit auch in verschiedenen öffentlichen Ämtern aktiv. So arbeitet er in der mit dem Marshall-Plan befaßten Economic Corporation Administration und wird für etwa vier Jahre Mitglied des wissenschaftlichen Beraterteams der Präsidenten Lyndon B. Johnson und Richard Nixon.

Von Simon, der als persönlich ausgesprochen bescheiden gilt, gibt es über 400 wissenschaftliche Veröffentlichungen, vor allem auf den Gebieten Betriebs- und Volkswirtschaftslehre, Soziologie, Psychologie und Politologie, aber auch Informatik und Linguistik. Häufig sind sie interdisziplinär. Seine Verdienste um die moderne Organisations- und Führungstheorie wurden nicht nur mit dem schon erwähnten Nobelpreis, sondern auch mit mehreren Ehrendoktortiteln und anderen Auszeichnungen gewürdigt.

Werkverzeichnis (Auswahl)

Das Verwaltungshandeln. Stuttgart 1955 (engl. 1947)*

Models of man. New York 1957

The new science of management decision. New York 1960

Perspektiven der Automation für Entscheider. Quickborn 1966 (engl. 1960)*

The science of artificial. Cambridge 1969

Die Bedeutung der Regelungstheorie für die Überwachung der Produktion. In: Grundlagen der Wirtschafts- und Sozialpolitik. Opladen 1975

Grenzen der Rationalität in Entscheidungsprozessen. In: Journal für Betriebswirtschaft, Wien, Heft 1/1980

Wie lösen wir schlecht-strukturierte Probleme? In: Die Betriebswirtschaft, Stuttgart, Heft 3/1980

* Quelle der im Lexikon enthaltenen Zitate

Schriften über Herbert Alexander Simon

Simon, H. A.: Models of my life. Basic Books 1991

Lexikon

Aphasie des Mathematikers

Relativ einfache Management-Probleme - so zum Beispiel viele Fragen der Fabrikationsplanung - erweisen sich häufig selbst für eine so wirkungsvolle Methode wie das lineare Programmieren als viel zu umfangreich. Von einem Operations-Research-Enthusiasten wird die Unausweichlichkeit dieser Bedingungen leicht unterschätzt, was dann zu einem Leiden führt, das man „Aphasie des Mathematikers" nennen könnte. Ein Opfer dieser Krankheit geht etwa so vor: Vom ursprünglichen Problem wird so lange abstrahiert, bis alle mathematischen Unhandlichkeiten beseitigt sind (und gleichzeitig alle Beziehungen der Realität!), die neue, simplifizierte Aufgabe wird gelöst und am Schluß behauptet, dies sei von Anfang an die zu lösende Aufgabe gewesen. Von dem Manager wird erwartet, daß er von der Brillanz der mathematischen Ergebnisse so geblendet ist, daß ihm gar nicht der Gedanke kommt, sein praktisches Operationsproblem sei nicht behandelt worden.

Büroautomatisierung

Dieselbe Art technischer Entwicklung, die zur automatischen Fabrik führte, bringt jetzt eine noch schnellere Revolution mit sich - und möglicherweise sogar eine noch umwälzendere - auf großen Gebieten der Büroarbeit. Gerade die abstrakte Natur der Handhabung von Symbolen erleichtert die Konstruktion von Maschinen zu ihrer Verrichtung, und so stehen der weiteren Automatisierung von Büroarbeit weniger technische Hindernisse im Wege als der der Fabrikproduktion. Schätzungsweise werden alle Abteilungen einer Firma, die sich mit den Hauptgebieten der Büroarbeit befassen, wie Buchhaltung, Bearbeitung von Bestellungen, Vorrats- und Produktionskontrolle, Einkauf und ähnliches, bis 1985 sogar einen höheren Grad der Automation erreicht haben als die meisten Fabriken.

Sowohl die Fabrik als auch das Büro werden also schnell zu komplexen Mensch-Maschine-Systemen, wobei auf jeden Beschäftigten sehr viel Produktionsanlagen im Falle der Fabrik, und Rechenanlagen im Falle des Büros entfallen. Auf die Dauer werden Büroabteilung und Fabrik sich immer ähnlicher werden. Einmal wird es so aussehen, daß eine kleine Gruppe von Angestellten ein großes Computersystem bedient (fast bin ich versucht, den treffenderen Ausdruck „zusammenarbeiten" zu benutzen); in dem anderen Falle bedient eine ebenso kleine Gruppe von Angestellten ein großes Produktionssystem. Die Beziehung zwischen Mensch und Maschine wird bei der Planung solcher Systeme genau so wichtig zu nehmen sein wie die Beziehungen zwischen Mensch und Mensch.

Dezentralisierung

Im allgemeinen sind es zwei Gründe, die in Unternehmen zu stärkerer Dezentralisierung drängen. Erstens kann eine solche Maßnahme dazu beitragen, das Gewinninteresse auf eine breitere Gruppe von leitenden Angestellten auszudehnen, indem man gestattet, daß für einzelne Unterabteilungen Profitziele aufgestellt werden. Zweitens läßt sich dadurch das Entscheidungswesen vereinfachen, indem man nämlich Gruppen zusammenhängender Belange abtrennt, etwa Produktion, Konstruktion, Vertriebs- und Finanzwesen bestimmter Produkte, und diesbezügliche Entscheidungen in den zuständigen Unterabteilungen treffen läßt. Vorteile lassen sich aus diesen beiden Maßnahmen jedoch nur ziehen, wenn die Einheiten, denen die Entscheidungsgewalt erteilt wird, echte Unterabteilungen sind, mit anderen Worten, nur dann, wenn Beschlüsse in einer Abteilung das Geschehen in den anderen Abteilungen nicht allzu weitgehend oder allzu entscheidend beeinflussen. Ein gewisses Maß an Dezentralisierung gehört zum Wesen der Hierarchie. Das Abwägen der Kostenersparnisse durch direkte Maßnahmen an Ort und Stelle und der Verluste durch das Verkennen indirekter Kosequenzen für die ganze Organisation spielt dabei immer eine Rolle.

Entscheider

Welche Rolle spielt das Entscheiden im Management? Ich werde mir hier die Freiheit nehmen, entscheiden so zu gebrauchen, als sei es ein Synonym von „führen".

Wie stellen wir uns einen Entscheider vor? Ist das ein vor sich hin brütender Mann, hoch zu Roß, der plötzlich aus seinen Gedanken erwacht und einem Untergebenen einen Befehl erteilt? Ist das ein unbekümmerter Mensch, der eine Münze auf seinem Daumennagel balanciert, bereit, seine Handlung vom Wurf dieser Münze bestimmen zu lassen? Ist das ein wachsamer, grauhaariger Geschäftsmann, der mit seinen Teilhabern am Aufsichtsratstisch sitzt, im Begriff, ja oder nein zu sagen? Oder ist das ein bebrillter Herr, über einen Stoß Akten gebeugt, dessen Feder über der mit (x) bezeichneten Linie zögert?

Allen diesen Bildern ist ein wichtiger Punkt gemein. In jedem von ihnen ist der Entscheider ein Mann, der im Begriff steht, eine Wahl zu treffen, um dann am Scheideweg die eine oder die andere Richtung einzuschlagen. Jedes dieser Bilder verzerrt aber auch die Entscheidung insofern, als ihre letzte Phase in den Brennpunkt gerückt ist. Sie alle lassen den ganzen langwierigen, komplexen Prozeß des ständig-auf-der-Hut-seins, des Sondierens und des Analysierens außer acht, der diesem letzten Augenblick vorausgeht.

Entscheidungsfähigkeit

Von der Prämisse „Führen ist entscheiden" zu der Folgerung „die wichtigsten Fähigkeiten einer Führungskraft sind die des Entscheidens" ist es nur ein kleiner, einleuchtender Schritt. Im allgemeinen glaubt man, gute „Entscheider" würden, ebenso wie gute Athleten, geboren und nicht erzogen. Dieser Glaube ist in dem einen Fall ungefähr ebenso angebracht wie in dem anderen.

Es läßt sich nicht leugnen, daß Menschen mit unterschiedlichen biologischen Anlagen für athletische Leistungen geboren werden. Ebenso sind sie unterschiedlich begabt mit Intelligenz, einem heiteren Wesen und vielen anderen charakteristischen Eigenschaften und Veranlagungen. Bis zu einem gewissen Grade kann man einige dieser Eigenschaften messen, z. B. Größe, Gewicht, möglicherweise auch Intelligenz. Wenn man solche Messungen mit Leistungen von Erwachsenen vergleicht, erhält man signifikante, wenn auch niedrige Korrelationen. Es ist sehr unwahrscheinlich, daß ein Mann, der nicht von Natur aus Athlet ist, die Meile in einer Zeit von vier Minuten läuft; aber es gibt viele geborene Athleten, die nie auch nur in die Nähe dieser Zeit gekommen sind. Es ist auch nicht wahrscheinlich, daß ein nicht „von Natur aus" intelligenter Mann ein hervorragender Wissenschaftler wird, aber viele intelligente Wissenschaftler stehen nicht an hervorragender Stelle.

Ein guter Athlet entsteht, wenn ein Mann mit einiger natürlicher Begabung durch Übung, durch Lernen und Erfahrung diese natürliche Begabung in eine ausgereifte Fähigkeit verwandelt. Eine gute Führungskraft entsteht, wenn ein Mann mit einiger natürlicher Begabung (Intelligenz und einigem Geschick im Umgang mit anderen Menschen) durch Übung, durch Lernen und Erfahrung seine Begabung in eine ausgereifte Fähigkeit verwandelt. Die Fähigkeiten, die man braucht, um Informationen zu sammeln, zu planen und auszuwählen sind ebenso erlernbar und anerziehbar wie die Fähigkeiten, einen Golfball abzuschlagen und einzulochen.

Entscheidungssysteme

Der Aufgabenbereich einer Führungskraft erstreckt sich nicht allein darauf, selbst zu entscheiden, sondern auch darauf, zu sorgen, daß die Organisation oder ein Teil der

Organisation, die er leitet, ihrerseits erfolgreiche Entscheidungen trifft. Den überwiegenden Hauptteil der entscheidungs-produzierenden Tätigkeit, für die er zuständig ist, bildet nicht sein eigenes Tun, sondern die Tätigkeit seiner Untergebenen.

Es ist ein Fehler zu glauben, daß ein Mann, der mit der Zeit ein ziemlich hohes Maß an persönlicher Geschicklichkeit beim Entscheiden erlangt hat, ebenso viel Geschick im Entwerfen brauchbarer Entscheidungssysteme hätte. Das käme etwa der Annahme gleich, ein Mann, der ein guter Gewichtheber sei, können deshalb auch gut Kräne konstruieren. Die Fähigkeiten, die man besitzen muß, um die modernen Entscheidungssysteme, die wir Organisation nennen, zu entwerfen und in Betrieb zu halten, sind weniger intuitiver Art, und daher sind sie sogar noch abhängiger von einer Ausbildung als die Fähigkeiten zum persönlichen Entscheiden.

Greshams Gesetz des Planens

Für nichtprogrammiertes wie für programmiertes Entscheiden ist eine zweckmäßige Gestaltung der Organisationsstruktur wichtig. Ein bedeutendes Prinzip im Organisationsaufbau, das sich im Laufe der Jahre herausstellte, wird scherzhaft „Greshams Gesetz des Planens" genannt. Es besagt, daß programmiertes Vorgehen dahin tendiert, nichtprogrammiertes Vorgehen zu verdrängen. Steht eine Führungskraft vor einer Aufgabe, die sowohl programmierte als auch nichtprogrammierte Entscheidnungen enthält, so wird sie, auf Kosten der letzteren, das Schwergewicht auf das programmierte Entscheiden legen. Aus dem Greshamschen Gesetz ergibt sich für die Organisation, daß für das nichtprogrammierte Entscheiden besondere Vorkehrungen getroffen werden müssen, indem man innerhalb der Organisation spezielle Zuständigkeitsstellen und Einheiten dafür schafft. Die für große moderne Organisationen so charakteristischen verschiedenartigen Stabseinheiten sind größtenteils spezialisiert auf die besonderen Aspekte der komplexeren nichtprogrammierten Entscheidungsaufgaben. Marktforschungseinheiten und Forschungsabteilungen, um nur einige zu nennen, konzentrieren sich auf die Phase der Nachrichtensuche beim Entscheiden; Planungsabteilungen und Produktionsentwicklungsabteilungen sind Spezialisten in der Planungsphase. Die Schaffung solcher Organisationseinheiten stellt ein gewisses Kontingent für nichtprogrammiertes Denken ab, und gibt eine, wenn auch nur geringe Garantie, daß solches Denken innerhalb der Organisation überhaupt auftritt.

Hierarchie

Eine Organisation wird immer dazu neigen, eine hierarchische Form anzunehmen, wenn die Aufgabenumwelt, bedingt durch eine hohe Problemlösungs- und Kommunikationskapazität der Organisationsmitglieder und deren technischer Hilfsmittel, sehr komplex ist. Die Hierarchie ist die adaptive Form, die eine begrenzte Intelligenz angesichts großer Komplexität annimmt.

Die Organisationen der Zukunft werden demnach Hierarchien sein, unabhängig davon, wie die Arbeitsteilung zwischen Mensch und Computer aussieht. Das heißt, daß es zwischen der heutigen und der zukünftigen Organisation keine wesentlichen Unterschiede geben wird. In jedem Stadium der Automation wird man zwei Punkte immer wieder zu prüfen haben:

1. Welches ist die optimale Größe für die Bausteine, aus denen sich die Hierarchie zusammensetzt? Werden sie in Zukunft größer oder kleiner sein? Dies ist die Frage der Zentralisierung und Dezentralisierung.

2. Welche Beziehungen werden zwischen diesen Bausteinen bestehen? Wie weit werden insbesondere die traditionellen Autoritäts- und Rechenschaftsbeziehungen bestehen bleiben, und wie weit werden sie sich ändern? Welche Auswirkung wird die Automation auf die Bildung von Unterzielen und deren Erfüllung haben?

Kontrollspanne

In einer großen Organisation mit vielfältigen und intensiven Zwischenbeziehungen unter den Mitgliedern erzeugt die Verringerung der Kontrollspanne ein Übermaß von Bürokratismus, da für jede Fühlungnahme zwischen den Mitgliedern ein gemeinsamer Vorgesetzter erst sehr weit oberhalb zu finden ist. Ist die Organisation sehr groß, müssen alle solche Probleme über mehrere Stufen von Beamten aufwärts bis zur Entscheidung gebracht werden, und die Entscheidung muß in Form von Befehlen und Anweisungen denselben Weg abwärts nehmen - ein schwerfälliger und zeitraubender Prozeß.

Eine Lösung wäre es, die Zahl der Personen, die unter dem Befehl eines Beamten stehen, zu vermehren, so daß die Pyramide schneller ihre Spitze erreichen würde und weniger Zwischenstufen vorhanden wären. Aber auch das bringt Nachteile mit sich. Denn wenn ein Beamter zu viele Angestellte überwachen muß, ist die Überwachung weniger gründlich.

Sowohl die Vermehrung als auch die Verringerung der Kontrollspanne haben also gewisse unerwünschte Folgen. Wo liegt nun das Optimum? Die Verfechter einer eingeschränkten Kontrollspanne haben z. B. drei, fünf oder sogar elf Stufen als die geeignete Zahl vorgeschlagen; aber nirgends wird der jeweilige Vorschlag begründet.

Kreative Arbeit

Menschen (und Ratten) finden solche Situationen am interessantesten, die ihnen weder völlig fremd noch von Anfang bis Ende bekannt sind, Situationen also, in denen es Neues zu entdecken gibt, wobei aber gewisse Ähnlichkeiten und Programme, die aus vergangener Erfahrung gespeichert sind, den Lösungsvorgang lenken helfen. Schöpferische Aktivität gedeiht auch nicht in völlig ungegliederten Situationen.

Nach fast einstimmiger Aussage von schöpferisch tätigen Künstlern und Wissenschaftlern ist der erste Schritt in einer Situation, sie abzugrenzen, sofern sie nicht schon selbst klare Grenzen aufweist. Die Befriedigung, die ein guter Experte bei seiner Arbeit empfindet, rührt nicht einfach aus dem Gefühl, eine schwierige Materie zu handhaben; vielmehr macht es ihm Freude, eine wohlgeordnete Sammlung passender Werkzeuge geschickt auf Probleme anzuwenden, die in ihrer innersten Struktur verständlich, im Detail aber neu und unbekannt sind.

Wir dürfen also nicht ohne weiteres behaupten, die Arbeit eines Managers werde in Zukunft weniger befriedigend und weniger kreativ sein, weil sie - das ist so gut wie sicher - viel weitgehender programmiert sein wird als heute.

Mitteilungsvorgänge

Mitteilung ist jeder Vorgang, durch den Entscheidungsprämissen von einem Mitglied der Organisation an ein anderes Mitglied übermittelt werden. Ohne Mitteilung keine Organisation; denn ohne Mitteilung kann die Gruppe das Verhalten des einzelnen nicht beeinflussen. Nicht nur der Mitteilungsvorgang als solcher ist unbedingt notwendig für die Organisation. Von der Anwendbarkeit bestimmter Mitteilungs*techniken* hängt es großenteils ab, wie Entscheidungsfunktionen über die Organisation verteilt werden können und sollen. Ohne Mitteilungssystem erhält der einzelne weder die Information, die er für eine richtige Entscheidung braucht, noch kann er seine Entscheidung anderen mitteilen und dadurch ihr Verhalten beeinflussen.

Mitteilung in Organisationen ist ein zweiseitiger Vorgang. Er umfaßt die Übermittlung von Befehlen, Informationen und Rat *an* ein Entscheidungszentrum (d. h. an ein Individuum, das für den Erlaß von bestimmten Entscheidungen verantwortlich ist), und die Übermittlung der getroffenen Entscheidungen *von* diesem Zentrum an andere Teile der Organisation. Der Vorgang erstreckt sich ferner aufwärts, abwärts und seitwärts durch die Organisation.

Organisationsaufbau

Eine Organisation läßt sich mit einem aus drei Schichten bestehenden Kuchen vergleichen. In der unteren Schicht findet man die grundlegenden Arbeitsprozesse - im Falle einer Herstellungsfirma wäre das die Beschaffung von Rohmaterial, die Herstellung des Produkts, dessen Lagerung und Versand. In der mittleren Schicht befinden sich die programmierten Entscheidungsprozesse, diejenigen Prozesse, die das tägliche Funktionieren des Herstellungs- und Verteilungssystems steuern. In der obersten Schicht haben wir die nichtprogrammierten Entscheidungsprozesse, jene Prozesse, die nötig sind, um das ganze System zu entwerfen und neu zu planen, es mit Grundzielen und Vorhaben zu versehen und seine Leistung zu überwachen.

Die Automation der Datenverarbeitung und die des Entscheidens wird diese grundlegende dreischichtige Struktur nicht ändern. Durch eine deutlichere formalere Beschreibung des ganzen Systems könnte sie jedoch die Beziehungen zwischen den einzelnen Schichten klarer heraustreten lassen.

Organisationsgleichgewicht

Um zu verstehen, wieso das Verhalten des einzelnen ein Teil des Verhaltens im Systems der Organisation wird, muß man die Beziehungen zwischen der persönlichen Motivierung beim einzelnen und den Zielen der Organisationstätigkeit untersuchen.

Nehmen wir hier einmal die wirtschaftliche Organisation als Beispiel. Hier lassen sich drei Arten von Zugehörigkeiten unterscheiden: Unternehmer, Angestellte und Kunden. Die Unternehmer kennzeichnen sich dadurch, daß ihre Entscheidungen letztlich die Tätigkeit der Angestellten regeln; die Angestellten dadurch, daß sie ihre Zeit und Kraft (ohne zu differenzieren) der Organisation gegen Entlohnung zur Verfügung stellen; die Kunden dadurch, daß sie gegen erhaltene Erzeugnisse Geld zur Organisation beisteuern. (Jeder Mensch kann selbstverständlich in mehrfachen Beziehungen zu einer Organisation stehen; z. B. ein Freiwilliger des Roten Kreuzes, der gleichzeitig „Kunde" und „Angestellter" ist.)

Jeder dieser Teilnehmer hat seine eigenen persönlichen Motive für die Teilnahme an der Organisationstätigkeit. Wenn man die Motive etwas vereinfacht und vom Standpunkt der wirtschaftlichen Theorie aus sieht, läßt sich sagen: Der Unternehmer sucht Profit (d. h. Überschuß der Einnahmen über die Ausgaben); die Angestellten suchen Löhne; die Kunden finden (bei bestimmten Preisen) den Eintausch von Geld gegen Ware zusagend. Das Geld zur Bezahlung der Löhne erhält der Unternehmer durch den Abschluß von Kaufverträgen mit den Kunden. Durch den Abschluß der Dienstverträge mit den Angestellten erhält der Unternehmer das Recht, über die Zeit der Angestellten zu verfügen. Sind diese beiden Vertragsreihen genügend vorteilhaft, so macht der Unternehmer einen Gewinn, und - was für unsere Betrachtung im Augenblick vielleicht wichtiger ist - die Organisation bleibt bestehen. Sind die Verträge nicht genügend vorteilhaft, so ist der Unternehmer nicht mehr in der Lage, anderen hinreichenden Anreiz dafür zu bieten, daß sie in seiner Organisation tätig bleiben, oder verliert sogar selbst die Lust, seine Organisationsbemühungen forzusetzen.

Phasen des Entscheidungsprozesses

Wenn ich „entscheiden" synonym mit „führen" setze, so will ich mich nicht nur auf die letzte Phase des Auswählens zwischen Alternativen beziehen, sondern vielmehr auf den gesamten Entscheidungsprozeß. Das Entscheiden umfaßt drei wesentliche Phasen: Gelegenheiten finden, um eine Entscheidung zu treffen, das Herausfinden möglicher Handlungsweisen und des Auswählen zwischen verschiedenen Handlungsweisen. Im Zeitplan der Führungskräfte macht jedes dieser drei Gebiete einen anderen Bruchteil aus. Diese Bruchteile variieren in ihrer Größe sehr und zwar auf den verschiedenen Ebenen der Organisation und auch von Führungskraft zu Führungskraft, aber man kann sogar nach oberflächlicher Beobachtung schon einige allgemeine Schlüsse ziehen. Führungskräfte verbringen einen großen Teil ihrer Zeit damit, die wirtschaftliche, technische, politische und soziale Umwelt zu prüfen, um neue Gegebenheiten herauszufinden, die neue Aktionen verlangen. Einen möglicherweise noch größeren Teil ihrer Zeit verwenden sie darauf, allein oder mit ihren Kollegen mögliche Verfahrensweisen für Situationen, die eine Entscheidung erfordern, ausfindig zu machen, zu entwerfen und zu entwickeln. Einen kleinen Teil ihrer Zeit verbringen sie damit, eine Wahl zu treffen zwischen bereits existierenden Alternativlösungen für ein spezielles Problem, die auch auf ihre Auswirkungen hin schon untersucht wurden. Diese drei Phasen zusammengenommen machen den größten Teil der Arbeit einer Führungskraft aus.

Schöpferische Arbeit im Management

In unserer heutigen Gesellschaft kommt das Unternehmen nicht nur der Befriedigung des Bedarfs an Gütern und Dienstleistungen nach, sondern auch wichtigen sozialen und psychologischen Bedürfnissen. Menschen, die in einer Managerstellung Karriere machen, finden hier Befriedigung in ihrem Streben nach Erfolg und angesehener Stellung. Für solche Menschen, aber auch für andere, ist die Arbeit eines der wichtigen Ventile für schöpferische Betätigung. In einer Gesellschaft, in der ein Mangel an Gütern und Dienstleistungen wenig Bedeutung hat, werden Institutionen, deren wesentliche Funktion darin besteht, diesem Mangel abzuhelfen - hierher gehört also auch das Unternehmen - weniger im Mittelpunkt liegen, als es in der Vergangenheit der Fall war. Erfolg im Management wird sich weniger in Form von wachsendem Prestige und höherer sozialer Stellung auszahlen als heute. Außerdem wird bei fortschreitender Automatisierung der Entscheidungsfunktionen in Zukunft das Entscheiden vielleicht gar nicht mehr ein so wichtiges Ventil für schöpferischen Betätigungsdrang darstellen, wie es heute noch der Fall ist. Über die letzte Behauptung, ob die Arbeit im Management in Zukunft weniger schöpferisch sein wird, läßt sich jedoch streiten.

Systemdenken

Ich vermute, daß mit fortschreitender Automation Manager mehr und mehr zu Aufgaben herangezogen werden, die man mit „Systemdenken" umschreiben könnte. Um erfolgreich arbeiten zu können, werden sie ihre Organisationen als große und komplexe dynamische Systeme sehen müssen, in denen sich das Zusammenwirken von Mensch und Maschine und Maschine und Mensch auf verschiedenartigste Weise vollzieht. Aus diesem Grunde mögen Leute, die auf Gebieten wie Regelungstechnik oder mathematische Ökonomie über Spezialkenntnisse verfügen und die den Umfang mit dieser Art von dynamischen Systemen gewöhnt sind und auch die begrifflichen Werkzeuge haben, um sie zu verstehen, bei ihrer Arbeit in der neuen Welt zumindest am Anfang einen gewissen Vorsprung haben.

Zeitliche Perspektive des Managers

Man kann voraussagen, daß in den kommenden Jahren die zeitliche Perspektive des Managers sich vergrößert haben wird. Da vollautomatische Untersysteme das Funktionieren des Arbeitsablaufs von Minute zu Minute und von Tag zu Tag in Fabrik und Büro übernehmen, werden die Menschen im System sich mehr und mehr mit der vorbeugenden Instandhaltung befassen, mit der Beseitigung von Schäden oder Funktionsstörungen innerhalb des Systems und - was vielleicht am wichtigsten ist - mit dem Entwerfen und der Änderung von Systemen. Die automatische Fabrik wird sich infolge all der angeführten Modifikationen weitgehend selbständig führen, und die leitenden Kräfte des Unternehmens werden sich viel stärker mit der automatischen Fabrik von morgen befassen. Sie werden sich viel weniger damit entschuldigen können, daß die dringenden Entscheidungen von heute ihnen die Zeit gestohlen hätten, die für die Planung der Zukunft vorgesehen war. Ich glaube nicht, daß das Planen ohne das Mitwirken von Maschinen vor sich gehen wird - auch das wird ein Mensch-Maschine-System übernehmen, in dem aber wohl die Komponente Mensch größer sein wird als die Komponente Maschine im Vergleich zu Systemen, die den täglichen Arbeitsablauf vollziehen.

Die Praxis des Managements: Erfahrungen erfolgreicher Unternehmensführung

Alfred P. Solan

Thomas J. Watson jr.

Peter F. Drucker

John Diebold

Thomas J. Peters /
Robert H. Waterman jr.

Der Drang, die Konkurrenz zu überflügeln, ist die wichtigste aller wirtschaftlichen Überlegungen.

Alfred Pritchard Sloan (1875 bis 1966)

Biographie

„Man kann einen Betrieb auf zwei Arten führen: mit dem bekannten ‚sechsten Sinn' und auf wissenschaftliche Art. Ich habe ... den zweiten Weg eingeschlagen. Das hat sich für mich gut bezahlt gemacht und wird es auch bei anderen tun". Alfred P. Sloan, von dem dieses Bekenntnis stammt, hat den Großteil seines über 90jährigen Lebens dem Management in der amerikanischen Automobilindustrie gewidmet.

Seine berufliche Entwicklung führte den am 23. Mai 1875 in New Haven, Connecticut, geborenen Alfred Pritchard Sloan zwar auf einem Seitenweg, doch nichtsdestoweniger rasch in diese Branche. Als er 1895 das Massachusetts Institut of Technology absolviert hatte und das erste Mal in die Newarker Gleitlager-Firma Hyatt Roller Bearing Company eintrat, kam das Automobilgeschäft in den USA gerade über seine Anfänge hinaus. Das vorerst bescheidene Hyatt-Unternehmen, das er nach einer rettenden Finanzspritze seines Vaters 1898 übernahm und wieder in die schwarzen Zahlen führen konnte, profilierte sich bald zu einem wichtigen Zulieferer der sich mausernden Kraftfahrzeugindustrie. Sloan selbst förderte dies durch eine aktive Beratungstätigkeit, die ihn überdies mit führenden Automobilherstellern seiner Zeit wie Nash, Chrysler und Durant bekannt machte. 1916 ging die Hyatt Bearing in die von General-Motor-Chef Durant eigens gegründete Zulieferer-Gruppe United Motor Corporation (UM) ein. Hier traf Sloan als Chefmanager und später Vizepräsident erstmals auf die Probleme einer mehrbetrieblichen Organisation.

Als General Motors 1918 die Aktienmehrheit der UM übernahmen, wurde der 43jährige zum Direktor und Mitglied des Vorstandes unter Durants Vorsitz berufen, mit dessen improvisierenden Führungsstil er sich von Anfang an und immer engagierter auseinandersetzte. Vor allem kritisierte er Durants lässige Verwaltung, die durchgehende Organisationsschwäche und das Fehlen einer effektiven Kontrolle, vor allem auf finanziellem Gebiet.

Bereits um die Jahreswende 1919/20 arbeitete Sloan auf der Basis seiner Struktur- und Funktionsanalyse einen Organisationsplan aus, der die ausgeuferte Dezentralisiertheit des Riesenunternehmens in regierbare Bahnen bringen sollte, von Durant jedoch abgelehnt wurde.

Nach einer reichlich zweijährigen Präsidentschaft Pierre du Ponts, der General Motors wieder aus der Talsohle herausbrachte, sich aber dabei bereits wesentlich auf die Ideen seines Stellvertreters Alfred P. Sloan stützte, wurde dieser im Mai 1923 selbst zum Vorstandsvorsitzenden gewählt und trat noch im gleichen Jahr in den Aufsichtsrat von du Pont ein. Er blieb GM-Chef bis 1946, als er aus dem aktiven Industriemanagement ausschied.

Bereits ein Jahr nachdem Sloan den Vorsitz bei General Motors übernommen hatte, erreichte der Auto-Konzern eine Verdoppelung seiner Produktionskapazität. 1927 war aus dem Verlustabschluß von 1921 ein Gewinn von 235 Millionen Dollar geworden, und in den Folgejahren prosperierte General Motors unter Sloans Leitung zum Branchenführer in den USA und zum größten Fertigungsunternehmen der Welt.

Entscheidend für den Erfolg Alfred Sloans war seine wissenschaftliche Verwaltungskonzeption - dezentrales Management und zentrale Strategie und Kontrolle - sowie ein Gespür für die richtigen zwischenmenschlichen Beziehungen, sowohl im Hinblick auf seine Führungskräfte, die er an den großen Entscheidungen der Firma zu beteiligen versuchte, als auch auf das Arbeitgeber-Arbeitnehmer-Verhältnis und seine enge Verbindung zum Verkaufssektor. Beginnend mit dem Jahr 1924 unterhielt der GM-Chef einen intensiven Kontakt zu seinen Händlern, von denen er jährlich einige Tausend persönlich aufsuchte.

Sloans Einfluß reichte bereits in dieser Zeit weit über General Motors hinaus. Nicht wenige große und mittlere Unternehmen, aber auch staatliche Institutionen übernahmen seinen Organisationsplan.

Nach seinem Ausscheiden aus dem GM-Vorstand 1946 blieb Sloan lange Zeit Aufsichtsratsvorsitzender des Konzerns. In den letzten Jahren seines Lebens widmete sich dieser vielseitige und unermüdliche Verwaltungsarbeiter mit den Mitteln einer eigens dafür gegründeten Stiftung der Förderung medizinischer Forschung (Trustee Sloan-Kettering Institut for Cancer Research). Hochverehrt und geachtet starb er im 91. Lebensjahr, am 17. Februar 1966.

Werkverzeichnis

Meine Jahre mit General Motors. München 1965*

* Quelle der im Lexikon enthaltenen Zitate

Schriften über Alfred Pritchard Sloan

Dale, E.: Die großen Organisatoren. Düsseldorf - Wien 1962

Meyer, P.: Die Entwicklung der amerikanischen Automobilindustrie von 1900 bis 1929. Berlin 1984

Lexikon

Absatzprognose

Im Jahre 1923 startete die Verkaufsabteilung eine umfassende Untersuchung des gesamten Automobilmarktes, die nach dem damals vorherrschenden Prinzip der „Gesamtnachfrage" durchgeführt wurde. Diese Studie versuchte für die nächsten fünf Jahre Informationen über den gesamten Markt zu beschaffen: die Aufnahmefähigkeit des Marktes innerhalb der verschiedenen Preisklassen, die vermutliche Reaktion auf Preisnachlässe, die Konkurrenzbeziehungen zwischen neuen und gebrauchten Wagen und den sogenannten Sättigungspunkt. Die Ergebnisse dieser Studie unterschätzten den späteren Aufschwung, aber ihre umfassenden Antworten auf die vorhandenen Probleme offenbarten einen bedeutenden Fortschritt auf dem Gebiet der Marktanalysentechnik in der Automobilindustrie. Insbesondere die Analyse des Marktpotentials nach Preisklassen war ein wesentlicher Schritt voran, der vorher noch nie in so zufriedenstellender Weise erfolgt war. Außerdem zeigte die Studie sehr klar die Abhängigkeit der potentiellen Autonachfrage von der Einkommensverteilung. Mit diesen Kenntnissen konnten wir bei der Planung der Produktionskapazität und Verkaufsstrategie mehr Rücksicht auf die „Gesamtnachfrage" nehmen.

Anreize

Der Bonusplan erzeugt auf verschiedenen Ebenen verschiedene Arten von Anreiz. Er reizt die Mitarbeiter an, die noch nicht am Bonus teilhaben, um dafür in Betracht zu kommen. Seitdem die Boni jährlich zuerkannt werden, hält der Anreiz so lange an, wie der Mitarbeiter in der Gesellschaft bleibt. Die Anregung wird noch bedeutend größer, wenn der Mitarbeiter in die Hierarchie aufsteigt, denn der Bonus ist im Verhältnis zum Gehalt bei hochbezahlten Kräften im allgemeinen relativ größer. Mit anderen Worten, der Bonus tendiert dahin, geometrisch anzusteigen. Auf diese Weise übt er also einen dauernden Anreiz aus, nicht nur die bestmögliche Arbeit an dem Platz zu leisten, den man bereits einnimmt, sondern so zu arbeiten, daß man in eine höhere Position aufsteigt. Ein wichtiger Nebeneffekt des Bonusplans besteht darin, daß er jedem Beteiligten Klarheit über seine Beziehung zu seiner Arbeit und zu seinem Vorgesetzten gibt; er ist nach wie vor verpflichtet, seinen eigenen Fortschritt und den der Gesellschaft im Auge zu haben. Ein Mann zieht Nutzen und Befriedigung aus der Kenntnis, daß sein Vorgesetzter seinen Wert beurteilt hat, und gleichzeitig gibt es einen Ansporn, wenn die Arbeit jährlich überprüft wird.

Diversifikation

Die General Motors stellen nicht nur Personenautos und Lastwagen her, sondern auch dieselelektrische Lokomotiven, Haushaltsgeräte, Flugzeugmotoren, Erdbewegungsausrüstungen und eine Vielzahl anderer dauerhafter Güter; insgesamt umfaßt unser Nichtkraftfahrzeug-Geschäft grob gerechnet zehn Prozent unseres zivilen Verkaufs. Wir haben nie etwas anderes als „Gebrauchsgüter" hergestellt, und diese hatten, mit kleinen Ausnahmen, immer mit Motoren zu tun. Es wäre sicherlich reizvoll, den Zusammenhängen der Unternehmungen außerhalb des Autosektors nachzuspüren, aber der Zufall und andere Faktoren machen es schwierig, dem nachzugehen. Wir hatten natürlich ein Interesse daran, Ausweichmöglichkeiten bei absinkendem Automobilgeschäft zu haben. Aber wir hatten nie einen Generalplan für Unternehmen außerhalb des Kraftfahrzeuggeschäftes. Wir befaßten uns aus verschiedenen Gründen damit und waren zuweilen sehr vom Glück begünstigt.

Dezentralisation und Kontrolle

Nachdem wir in den verschiedenen Bereichen - beim Geld, den Lagern und bei der Produktion - Kontrollapparate eingesetzt hatten, blieb noch die Hauptfrage übrig: „Wie können wir eine dauernde Kontrolle des ganzen Unternehmens aufziehen, die sich mit dem Dezentralisierungsschema der Organisation vertrug?" Wir hörten nie damit auf, dieses Paradoxon anzugehen. In der Tat konnten wir keine Lösung finden, ohne gegen die tatsächlich dezentralisierte Struktur unseres Geschäftes oder unseren Versuch der Annäherung zu verstoßen. In früheren Kapiteln habe ich unter dem Gesichtspunkt der Organisation berichtet, wie diese Frage in Theorie und Praxis in den frühen zwanziger Jahren bei GM entwickelt wurde. Aber das allein war nicht genug. Der letzte notwendige Schlüssel zur Dezentralisation mit koordinierter Kontrolle mußte im Finanzbereich gefunden werden. Im Prinzip lag die Lösung so, daß wir in die Lage versetzt werden mußten, die Wirksamkeit der Betriebe zu überblicken und zu beurteilen, denn dann konnten wir die Aufsicht über die Betriebe beruhigt dem entsprechenden Leiter überlassen. Schließlich lief es auf eine Methode der Finanzkontrolle hinaus, die das allgemeine Prinzip der Rentabilität zu einem der bedeutendsten Arbeitsinstrumente zur Messung der Leistungsfähigkeit der Werke machte.

Entscheidungsprozeß

Unsere taktischen Managemententscheidungen kommen nach Diskussionen im Vorstand und den politischen Gruppen zustande. Sie sind nicht auf Grund eines einzelnen inspirierten Augenblicks entstanden, sondern das Resultat eines langen Entwicklungsprozesses, der sich mit den grundsätzlichen Problemen des Managements befaßt, um die Verantwortung für die Politik in die Hände derjenigen zu legen, die sowohl Entscheidungen treffen als auch die Verantwortung übernehmen können.

Bis zu einem gewissen Grade bedeutet das einen Widerspruch. Einerseits müssen die Verantwortlichen eine breite Geschäftsübersicht haben, die auf die Interessen der Aktionäre ausgerichtet ist. Andererseits müssen diese Leute für ihre speziellen Entscheidungen der laufenden Geschäftstätigkeit möglichst nahe stehen. Wir haben versucht, diesen Widerspruch durch Teilung der Politikverantwortung zu beheben, indem wir das zentrale Management in den Finanz- und den Exekutivausschuß aufgliederten.

Erfolgsbeteiligung

Der Bonusplan der General Motors war seit 1918 fester Bestandteil unserer Führungsgrundsätze und Organisation und meiner Meinung nach ein wesentliches Element des Fortschritts. Wie der Jahresbericht des Jahres 1942 in aller Form feststellt, „hat sich unsere Führungspolitik aus der Überzeugung entwickelt, daß die wirkungsvollsten Resultate und der größtmögliche Erfolg und Stabilität des Geschäftes dadurch erreicht wurde, daß man die Führungsorgane so weit wie möglich in eine Position versetzt, in der sie die Geschäfte so abwickeln, als geschähe dies auf ihre eigene Rechnung. Damit ist die Möglichkeit für persönliche Initiative gegeben und auch die Gelegenheit, einen entsprechenden wirtschaftlichen Erfolg zu erzielen. Auf diese Weise wird eine Führungsbegabung durch die Gesellschaft angezogen und in ihr gehalten".

Der Bonusplan und die Politik der Dezentralisation stehen in Beziehung zueinander, denn die Dezentralisation gibt den Führungskräften Gelegenheit zur Selbständigkeit, und der Bonusplan ermöglicht es jeder Führungskraft, durch eigene Leistung einen entsprechenden Gewinn zu erzielen; er gibt ihr auf diese Weise einen Anreiz, jederzeit ihre ganze Kraft einzusetzen.

Erfolgsfaktoren

Warum ist ein Management erfolgreich und ein anderes nicht? Die Erfahrung hat mich gelehrt, daß es für diejenigen, die für ein Geschäft verantwortlich sind, zwei bedeutende Faktoren gibt: den Beweggrund und die günstige Gelegenheit. Das Erste wird zum großen Teil durch den Anreiz der Bezahlung, das Zweite durch Dezentralisation erreicht.

Finanzplanung und -kontrolle

Die Art und Weise, wie zu jener Zeit (1920) mit dem Gelde umgegangen wurde, ist geradezu unglaublich. Jedes Werk verwaltete seine eigenen Mittel, verbuchte alle Einnahmen auf das eigene Konto und bezahlte auch alle Rechnungen von diesem Konto. Da lediglich die Werke die Erzeugnisse verkauften, gingen keine Einnahmen mehr direkt an die Firma. Wir hatten tatsächlich keine Handhabe, um Geld von den

Stellen, bei denen gerade welches da war, an jene Stellen zu dirigieren, wo man es dringend benötigte. Wenn das Unternehmen Dividenden, Steuern oder Ausgaben wie Löhne, Gehälter und sonstige Abgaben zu zahlen hatten, forderte man üblicherweise das Geld von den Werken. Das war jedoch gar nicht so einfach, denn die unabhängig arbeitenden Werke versuchten, ihren Geldbestand hoch genug für Spitzenbelastungen zu halten. Wenn sie mehr Gelder hatten, als sie gerade brauchten, waren sie deshalb nicht besonders darum bemüht, es an die Gesellschaft abzuführen...

All dem wurde 1922 durch Einführung eines Geldkontrollsystems ein Ende gesetzt. Das war ein völlig neuer Begriff für ein großes Werk. In etwa hundert Banken in den USA wurden Einzahlungskonten errichtet, und alle eingehenden Gelder wurden zugunsten der GM verbucht. Jegliche Geldabhebung von diesen Konten unterstand der zentralen Finanzabteilung; die Werke hatten keinen Einfluß auf die Überweisungen von diesen Konten.

Infolge dieses Systems konnten Kapitalverschiebungen schnell und automatisch durchgeführt werden. Die Finanzabteilung der Firma legte bestimmte Minimum- und Maximumsummen - je nach Größe und Örtlichkeit der Bank und je nach dem Geldverkehr - fest. Stieg die Höhe der Einlage über das Maximum, so wurde der Überschuß automatisch auf eines der Konten der zentralen Bank überwiesen. Auch die Konten dieser zentralen Reservebanken wurden von dem zentralen Finanzbüro der Gesellschaft verwaltet. Die Werke konnten sich bei Bedarf an die Hauptverwaltung wenden und um telegrafische Anweisung bitten. In zwei bis drei Stunden konnten überschüssige Summen in einer Stadt in eine andere Stadt am anderen Ende des Landes überwiesen werden, falls ein Werk sie dringend benötigte.

Von dieser Zeit an begannen wir auch monatlich vorauszuberechnen, wie hoch der tägliche Geldeingang sein würde, indem wir die Verkäufe, die Lohnlisten, die Materiallisten und dergleichen untersuchten. Täglich verglichen wir mittels einer graphischen Vergleichskurve den neuesten Geldbestand mit der geplanten Entwicklung. Ein Unterschied zwischen der Istkurve und der Sollkurve war für uns das Signal, den Grund der Abweichung zu suchen und durch angemessene Ausgleiche Korrekturen vorzunehmen.

Ein Nebenerfolg des neuen Geldsystems kam dadurch zustande, daß sich nun auch die Kreditangebote für die GM vergrößerten. Durch gute Zusammenarbeit mit vielen Banken waren wir in der Lage, umfassende Kreditmöglichkeiten zu entwickeln, auf die man im Notfall zurückgreifen konnte. Durch Verringerung unserer Barmittel schuf das neue Geldsystem auch die Möglichkeit, überflüssige Gelder in kurzfristige Staatspapiere anzulegen. Auf diese Weise erzielten wir ein Einkommen aus Geldern, die früher als Bargeld festlagen.

Führungspersönlichkeit

Die Rolle der Persönlichkeit kann so wichtig sein, daß es manchmal notwendig wird, eine Organisation, oder vielleicht besser einen Teil davon, auf eine Person auszurichten, statt den einzelnen in die Organisation einzubauen. Sehr viel Rücksichtnahme ist jedoch erforderlich, wenn ein Teil des Unternehmens von einer Persönlichkeit abhängt, weil es für beide Seiten dabei Grenzen zu beachten gilt... ist es eine Forderung für die Gesunderhaltung einer Organisation, daß sie immer dazu tendieren sollte, sich über Subjektivität hinwegzusetzen.

General Technical Committee

Ich glaube und glaubte immer schon, daß eines der wichtigsten Probleme der GM darin besteht, im Rahmen des derzeitigen Organisationsplanes eine Möglichkeit zu finden, die Vorteile der Gesellschaft zum Wohle der Aktionäre zu vergrößern. Ich meine, daß ein echter Ausgleich dadurch möglich sein kann und muß, daß man mit der Zeit die Arbeiten der einzelnen Werke mit den gemeinsamen Aufgaben abstimmt. Ich sehe hierfür im Augenblick keinen besseren Weg, als daß man diejenigen Herren, die in den verschiedenen Werken die gleichen Funktionen innehaben, zusammenkommen läßt, um zu beraten, ob durch Koordination auf den jeweiligen Gebieten nicht noch Fortschritte zu erreichen sind. Ich glaube, daß solch ein Plan, wenn er gut entworfen wird, auch zu einem guten Einvernehmen zwischen den Werken und der Hauptverwaltung führen wird; außerdem wird er zur Folge haben, daß die Vorteile der gemeinsamen Abstimmung auf breiter Ebene allen zugute kommen, ohne daß dadurch die Initiative zu unabhängigen Aktionen eingeschränkt wird. In der Annahme, daß dies im Prinzip richtig ist, möchte ich im einzelnen festlegen, welches die Aufgaben dieses vorgeschlagenen obersten technischen Ausschusses sein sollen; außerdem werden diese Anregungen auch für jeden anderen derartigen Ausschuß Gültigkeit haben können.

1. Der Ausschuß wird sich mit Fragen befassen, die für alle Werke von Interesse sind; er wird sich mit solchen Dingen beschäftigen, die weitgehend die technische Geschäftspolitik des Gesamtkonzerns betreffen.
2. Der Ausschuß wird die Funktionen des bereits errichteten Patent-Ausschusses übernehmen, der nicht mehr für sich arbeiten soll.
3. Der Ausschuß wird sich prinzipiell nicht mit Sonderproblemen irgendeines Werkes befassen. Alle Arbeiten der Werke bleiben absolut unter der Kontrolle der betreffenden Werksleitung.

Meiner Meinung nach sollte der Technische Hauptausschuß in seinem Charakter und Aufbau unabhängig sein und für die Zusammenkünfte Programme an alle Mitglieder des Ausschusses ausgeben. Außerdem sollten die Mitglieder beraten oder ihnen auf Wunsch Ratschläge erteilt werden, wie auch umgekehrt.

Auf diese Weise wurde das General Technical Committee die höchste Beratungsstelle für die Konstrukteure des Unternehmens.

Das General Technical Committee hob das Ansehen der Konstruktionsgruppe des Unternehmens und unterstützte deren Anstrengungen, auf technischem und personellem Gebiet voranzukommen. Seine Tätigkeit betonte nachdrücklichst die Wichtigkeit einwandfreier Produktion als notwendige Grundlage aller Zukunftserfolge. Man hatte bemerkenswerte Erfolge bei den Mitarbeitern, weckte das Interesse an der Produktform und Produktqualität und veranlaßte außerdem den freien Austausch von neuen und fortschrittlichen Ideen und Versuchen unter den Werksingenieuren, kurz, man koordinierte die technische Information.

Grundlagenforschung

Hinsichtlich der Beteiligung der Industrie an der Grundlagenforschung hat die Frage zwei Seiten: einmal die Forschung innerhalb der Industrieunternehmen und zum anderen die Forschung außerhalb der Firmen, aber von ihnen finanziert. Ich glaube zunächst, daß, seit die Ergebnisse der Grundlagenforschung das Fundament der Kenntnisse für die Industrie sind, es angebracht ist und im eigenen Interesse der Industrie liegt, den Universitäten Zuschüsse für die Grundlagenforschung zu leisten. Die Industrie sollte es tun, weil es ihr auf die Dauer gesehen nützen wird. Ich glaube, daß die Aktionäre und die Führungskräfte der Industrie meiner Haltung zu dieser Frage im Prinzip zustimmen werden. In welcher Größenordnung sich die Industrie bei der Grundlagenforschung innerhalb ihrer eigenen Grenzen engagieren sollte, ist ein großes und ziemlich ungelöstes Problem. Ich sehe keine Möglichkeit, wie eine Industrie bei eigener Forschungsarbeit ihre Aufmerksamkeit auf die Dauer von den eigenen praktischen Projekten fernhalten will. Von dem Standpunkt aus, daß Grundlagenforschung um ihrer selbst willen geschieht, ist es doch offenbar so, daß sie im primären Sinne nicht in die Industrie gehört. Daraus ist jedoch nicht zu folgern, daß die Industrie insgesamt sich nicht an der Grundlagenforschung beteiligen sollte. Ich glaube, daß sie es in einem gewissen Umfang tun sollte. Ein Kompromiß ist hier notwendig.

Investitionsausschuß

Kurz vor der Wirtschaftskrise von 1920 gab der Ausschuß zur Regelung der Bewilligungsaufträge, dessen Vorsitz ich führte, seinen Bericht an den Vorstand. Dieser Bericht hat eine historische Wendung in der Entwicklung der Bewilligungsverfahren bei den GM herbeigeführt.

Der Sinn unserer Konzeption lag in der Bestimmung der Zweckmäßigkeit der vorgeschlagenen Projekte. Vier Bedingungen waren zu erfüllen:

a) Ist das Projekt, wenn man es als geschäftliches Unternehmen betrachtet, logisch oder notwendig?

b) Ist das Projekt technisch genauestens entwickelt?
c) Ist das Projekt auch in Anbetracht der Interessen des Gesamtunternehmens sinnvoll?
d) Wie groß ist der relative Nutzen des Projekts für die Firma im Vergleich zu anderen Projekten, nicht nur vom Standpunkt der Rentabilität aus, sondern auch im Hinblick auf die Notwendigkeit des einzelnen Projektes zur Unterstützung der Pläne des Konzerns?

Mit Hinweis auf die Hauptschwäche der Gesellschaft auf diesem Gebiet schrieben wir in dem Bericht:

„...eine sehr sorgfältige Untersuchung führte zu dem unvermeidlichen Schluß, daß eine unabhängige und unparteiische Nachprüfung aller Phasen der vorgeschlagenen Projekte außerhalb der Konzernwerke und sogar außerhalb der Filialen notwendig ist und mit der Zeit immer mehr wird, je verwickelter und komplexer die Geschäfte werden".

Entsprechend dieser Argumentation erlaubten wir, daß die Werksleitungen über gewisse geringe Aufwendungen eigenmächtig bestimmen konnten. Für größere Aufwendungen schlugen wir zunächst eine detaillierte Behandlung vor. Und um ganz genau zu sein, empfahlen wir, ein Etat-Handbuch einzuführen, das im einzelnen die Art der Informationen festlegte, welche die Werke und Filialen vorlegen mußten, um die Notwendigkeit von Zuschüssen nachzuweisen, und zwar von der Herstellungsseite wie auch vom wirtschaftlichen Standpunkt aus.

Der Vorstand genehmigte unsere Empfehlungen und ordnete an, daß das Handbuch vorbereitet würde. Dieses Buch, im April 1922 vom Vorstand und Finanzausschuß genehmigt, stellte die ersten, gut formulierten Vorschriften zur Antragstellung von Kapitalzuwendungen bei den GM dar. Es sah einen Bewilligungsausschuß vor, der sowohl dem Finanzausschuß wie auch dem Vorstand unterstellt war und Generalvollmacht bei allen Etatangelegenheiten besaß.

Koordinierte Dezentralisation

Die Dezentralisation bringt Initiative, Verantwortungsgefühl, Persönlichkeitsentwicklung, fachmännische Entscheidungen, Beweglichkeit - kurz, alle jene Qualitäten, die ein Unternehmen braucht, um sich neuen Bedingungen anzupassen. Der Koordination verdanken wir Leistungsfähigkeit und Wirtschaftlichkeit. Allerdings muß gesagt werden, daß die koordinierte Dezentralisation nicht leicht zu handhaben ist. Es gibt keine klare und einwandfreie Regel, wie man die verschiedenen Verantwortungen verteilt und sie am vorteilhaftesten überträgt. Der Ausgleich zwischen der Verantwortung von Mutter- und Tochtergesellschaft hängt ab von den Entscheidungen, den zeitlichen Umständen, früheren Erfahrungen und dem Temperament und der Geschicklichkeit der Führungskräfte.

Make or buy

Der weitverbreitete Irrtum, es mache sich immer bezahlt, Einzelteile selber herzustellen statt sie zu kaufen, basiert auf der Annahme der Kosteneinsparung. Man argumentiert, bei eigener Herstellung ließen sich jene Sonderkosten sparen, die durch die Gewinne der Lieferanten entstehen. Tatsache ist jedoch, daß man bei normaler Verdienstspanne des Lieferanten damit rechnen muß, diese bei eigener Investition selbst zu erwirtschaften, oder aber es gibt keine Ersparnis. Die General Motors haben sich nicht mit der Produktion von Rohmaterialien befaßt, wie es manche Konkurrenten tun. Wir kaufen eine ganze Reihe von Einzelteilen, die in unsere Endproduktion gehen, weil es keinen Grund gibt, daran zu glauben, daß wir bei eigener Herstellung bessere Erzeugnisse, einen besseren Service oder niedrigere Preise erreichen könnten.

Produktdifferenzierung

Viele Leute schätzen es nicht, genau das gleiche zu haben wie ihr Nachbar. Das Aussehen eines jeden Wagens wird von einem künstlerischen und technischen Kompromiß bestimmt. Kein Wagen kann alle wünschenswerten Merkmale aufweisen. Relativ unkonsequente Merkmale bestimmen oft den Kauf, entgegen den Interessen des Käufers bezüglich anderer, folgerichtiger Merkmale. Kein Kunde ist in der Lage, den genauen Wert all der Dinge, die in einen Wagen eingebaut werden, zu beurteilen. Der Käufer wird auch durch die persönlichen Beziehungen zum Händler beeinflußt und manchmal zu Recht, manchmal zu Unrecht zum Gegner eines bestimmten Händlers. General Motors, die 45 Prozent aller Kraftfahrzeuge verkaufen, also praktisch einen von zwei Wagen, tragen eine riesige Verantwortung im Hinblick auf all diese Fragen. Unter diesen Umständen sind neue Kunden schwer zu gewinnen; ein verlorener Kunde aber ist schwer zu ersetzen. Es besteht ein großer Unterschied, ob man mit 45 Prozent oder 5 Prozent auf dem Markt vertreten ist. Es ist vom technischen und kaufmännischen Standpunkt durchaus möglich, zwei Wagen mit keinen großen Preis- und Gewichtsunterschieden herzustellen, die aber im Aussehen sehr unterschiedlich wirken, bis zu einem gewissen Grad auch hinsichtlich ihrer technischen Merkmale, und die doch beide im Grunde mit den gleichen grundsätzlichen Ausrüstungen hergestellt wurden...

Unter Beachtung der Konzentration des Umsatzes im Niedrigpreisbereich sollte es die Politik der Gesellschaft sein, ihr Angebot in dieser Klasse zu erhöhen; allerdings auf eine Weise, daß man die Bedeutung größtmöglichen Unterschieds der Verbraucherwünsche die höchste Beachtung schenkt, doch in der Weise, daß strengste Maßstäbe an die Aufnahmefähigkeit der Verbraucher angelegt werden.

Produktionsplanung

Man weiß ja, daß man in der Autoindustrie ohne Programm und Planung nicht arbeiten kann. Es hängt also davon ab, ob man sich geschätzten Zahlen anvertrauen kann. Die wichtigsten Elemente sind die Vorkalkulation und die Korrektur, beide sind gleich kritisch. Denn von der Planung für das Modelljahr, die mehrere Monate vor Jahresbeginn gemacht wurde, hängen die Pläne und Aufwendungen für Werkzeuge und andere Vorbereitungen für die Höhe der Produktion ab. Nach Beginn des Modelljahres ist diese Planung (Indexumsatz), trotz mehrmaliger Korrektur, richtungsweisend für sechs bis acht Monate, nach denen eine unveränderliche und abschließende Produktionsentscheidung für das Modelljahr getroffen wird. Das Werkzeug muß natürlich zuerst und endgültig beschafft werden. Doch wenn dann das neue Modelljahr beginnt, sind wir von laufenden, genauen Informationen abhängig; die Schnelligkeit, mit der wir sie erhalten, ist für die weiteren notwendigen Korrekturen ebenfalls ausschlaggebend. Dieses waren die Lehren der Jahre 1923 und 1924; sie führten zu den nun folgenden Schritten. Wir arbeiteten 1924 und 1925 ein System statistischer Berichte aus, welche die Großhändler alle zehn Tage für die Werke fertigstellten. Diese Berichte gaben Auskunft über deren Wagenverkäufe, auch über Lastwagen und Gebrauchtwagen und über die Anzahl der neuen und alten Wagen, die sich noch bei den Händlern befanden. Der Bestand an Gebrauchtwagen war wichtig, weil sie den Verkauf neuer Wagen blockierten, wenn sie sich beim Händler anhäuften. Durch diese zehntägigen Informationen hatten die Werke ein zeitgerechtes und umfassendes Bild der Marktsituation. Den Werken und den Abteilungen der Hauptverwaltung war es nun möglich, Korrekturen vorzunehmen und neue Pläne mit größerer Genauigkeit aufzustellen. Als weitere Hilfe für die Verkaufsprognosen bezogen wir noch zur Ergänzung der zehntägigen Berichterstattung der Großhändler Angaben von den Einzelhändlern. Seit Ende 1922 erhielten wir regelmäßige Berichte über die Zulassungen neuer Wagen. (Diese Unterlagen waren auch der übrigen Industrie zugänglich.) Das gesamte Verfahren stellte Produktion und Planung auf eine einwandfreie Basis und klärte auch die Zuständigkeit der Werke und der Unternehmensleitung für die Produktionsplanung.

Produktpolitik

Wir sagten uns erstens, daß die Gesellschaft eine Reihe von Wagen in jeder Preisklasse, vom billigsten bis zum anspruchsvollsten und doch in Mengen anzufertigenden Wagen, produzieren müsse, wobei wir aber keine „Phantasiepreisklasse" mit nur geringen Absatzmöglichkeiten mehr aufzunehmen gedachten. Zweitens sollten die Preisunterschiede innerhalb des Programms nicht zu groß sein, aber doch so, daß die Vorteile einer Mengenproduktion gesichert bleiben. Drittens sollte es keine Duplikate mehr innerhalb der Preisklassen geben.

Es wurde auch vorgeschlagen, daß das Programm nur sechs Standardmodelle umfassen solle, die so bald als möglich zu bauen seien und mit den nachfolgenden Preisunterschieden dann die neue Produktion zu präsentieren hätten:

I.	450 -	600 Dollar
II.	600 -	900 Dollar
III.	900 -	1200 Dollar
IV.	1200 -	1700 Dollar
V.	1700 -	2500 Dollar
VI.	2500 -	3500 Dollar

Nachdem wir auf diese Weise einige zu nahe beieinanderliegende Preisklassen gestrichen hatten, setzten wir unsere ganze Kraft für eine sehr schwierige Strategie ein, die zusammengefaßt folgendermaßen beschrieben werden kann: Wir schlugen vor, die GM sollten ihre Wagen an die Spitze der vergleichbaren Preise setzen und die Wagen von einer derartigen Qualität bauen, daß sie auch für die Käufer der unteren Preisklasse erstrebenswert seien, so daß man damit rechnen könne, daß auch jene Käufer den Preisvorteil sehr genau mit der Qualität der teureren Konkurrenz vergleichen. Das lief hinaus auf Qualitätskonkurrenz mit billigeren Wagen und auf Preiskonkurrenz mit teureren Wagen. Natürlich konnte ein Konkurrent darauf reagieren, aber wenn wir auch nur einen geringen Umsatz erzielten, konnten wir von beiden Seiten, also von oben und unten, ausgleichend verdienen; und sollten wir einmal einen gewissen Umsatz haben, so lag es an uns, ihn zu halten. Dieser große Umsatz, den wir erwarteten, war notwendig, um den Vorteil der Mengenproduktion zu erlangen, der der wichtigste Faktor war, eine Vorrangstellung in allen Klassen zu gewinnen.

Das Produktionsprogramm hatte insbesondere auch zum Ziele, in das Niedrigpreis-Feld einzudringen, dies als Teil der Gesamtkonzeption. Wir empfahlen, daß die GM nicht versuchen sollten, ein Fahrzeug nach der Art Fords zu bauen und zu verkaufen, denn Ford verkaufte zum niedrigsten Preis in dieser Klasse. Unsere Gesellschaft sollte statt dessen einen wesentlich besseren Wagen als Ford anbieten und sich bemühen, ihn an der oberen Grenze dieser Preisklasse anzubieten. Wir rieten davon ab, mit der Ford-Qualität zu konkurrieren, und schlugen vor, eine bessere Qualität als Ford herzustellen, jedoch so nahe dem Ford-Preis, daß die Nachfrage sich von der Ford-Qualität zu den vergleichsweise etwas höheren Preisen bei uns wenden würde, weil man sie mit den Ford-Ausrüstungen verglich.

Wir vermuteten den umgekehrten Effekt, wenn der neue GM-Niedrigpreis-Wagen, der zwar an der Spitze der Kleinwagen-Preisklasse stand (600 Dollar), mit Konkurrenzwagen des nächst höheren Preisniveaus verglichen würde, die 750 Dollar oder etwas weniger kosten sollten. Selbst wenn der neue GM-Kleinwagen nicht ganz die Qualitäten der nächsthöheren Klasse von 750 Dollar erreichte, wäre er gütemäßig doch so nahe den Qualitäten der Mittelklasse, daß die Käufer vorziehen würden, 150 Dollar zu sparen und auf die vergleichsweise geringen Vorteile zu verzichten.

Projektmanagement

1935 legten wir erstmalig schriftlich das Verfahren fest, wie die Produktion eines neuen Modells geleitet werden sollte. Es existiert ein Handbuch, mit dem man beabsichtigte, „eine endgültige und ordentliche Methode zur Unterbreitung der wichtigsten Unterlagen zu erlangen, um die wirtschaftliche, finanzielle, technische und kaufmännische Lage der vorgeschlagenen neuen Produkte zu erforschen; zweitens, um die Fortschritte von dem Zeitpunkt der Genehmigung bis zur Produktion als Information für alle Beteiligten zur Verfügung zu stellen". Das Produkt-Genehmigungsverfahren wurde 1946 wesentlich überprüft; in mancher Beziehung wird es laufend geändert. Es sollte nachdrücklich betont werden, daß diese schriftlich niedergelegten Verfahren kein exakter „Fahrplan" sind, mit dem der Ablauf unserer Modellarbeiten übereinstimmt.

Rentabilität

Die Gewinne irgendeines Geschäftes geben uns - abstrakt gesehen - noch keinen Anhaltspunkt für die tatsächlichen Verdienste aus diesem speziellen Geschäft. Ein Geschäft, das 100 000 Dollar im Jahr einbringt, mag sehr profitabel sein und Expansionen rechtfertigen sowie die Aufnahme des notwendigen Betriebskapitals. Andererseits kann ein Geschäft, das 10 Mio Dollar im Jahr abwirft, außerordentlich unrentabel sein, was nicht nur eine weitere Ausdehnung verbieten würde, sondern auch die Liquidierung rechtfertigte, es sei denn, daß günstigere Erträge in Aussicht stehen. Es geht deshalb nicht um die (absolute) Höhe der Gewinne, sondern um die Relation des Gewinns zum investierten Kapital. Bevor dieses Prinzip nicht restlos in jeder Planung beachtet wird, sind unlogische und ungesunde Resultate und Erfahrungen unvermeidlich.

Selbstzufriedenheit

Wachstum und Fortschritt sind voneinander abhängig, denn es gibt kein Ausruhen für ein Unternehmen in der konkurrierenden Wirtschaft, Hindernisse, Konflikte, neue Probleme zahlreicher Art und neue Möglichkeiten entstehen, um die Planungen anzuregen und den Fortschritt der Industrie voranzutreiben. Erfolg kann jedoch Selbstzufriedenheit bringen. Ist das der Fall, so ist der Drang, die Konkurrenz zu überflügeln, die wichtigste aller wirtschaftlichen Überlegungen - abgestumpft. Der Geist des Abenteuers ist verlorengegangen in der Trägheit der Gedanken gegenüber dem Wechsel. Einen ungewöhnlichen Erfolg zu verewigen oder einen ungewöhnlich hohen Standard der Führerschaft beizubehalten ist manchmal schwieriger, als diesen Erfolg oder diese Führerschaft zu erreichen. Das ist die größte Aufgabe, die vom führenden Unternehmen einer Industrie bewältigt werden muß. Es ist die Aufgabe, die von General Motors in Zukunft gelöst werden muß.

Teamwork

Ein Großteil meiner Lebensarbeit bei General Motors war der Entwicklung, der Organisation und der periodischen Reorganisation dieser leitenden Gruppen im zentralen Management gewidmet. Dies war in einer Organisation wie der von General Motors von überragender Bedeutung, um für den rechten Rahmen der Entscheidungen zu sorgen. Es besteht eine natürliche Tendenz, einen solchen Rahmen zu übersehen, falls nicht sehr bewußt daran festgehalten wird. Gruppenentscheidungen fallen nicht immer leicht. Die leitenden Führungskräfte kommen in Versuchung, die Entscheidungen selbst zu treffen ohne die zahlreichen, beschwerlichen Prozesse der Diskussion, die die Weitergabe unserer Ideen veranlaßt. Die Gruppe wird nicht immer eine bessere Entscheidung treffen, als ein einzelnes Mitglied dies tun könnte. Es besteht sogar die Möglichkeit eines Absinkens unter den Durchschnitt. Aber bei General Motors zeigen die Berichte, daß wir über dem Durchschnitt liegen. Das bedeutet, daß wir infolge unserer Organisationsform in der Lage waren, uns den großen Veränderungen, die es auf dem Automobilmarkt in jedem Jahrzehnt seit 1920 gab, anzupassen.

Unternehmenswachstum

Wachstum oder das Streben nach Wachstum ist für die Gesunderhaltung eines Unternehmens wesentlich. In der Automobilindustrie und in einer Reihe anderer Industrien hat uns der Wachstumsprozeß eine große Anzahl von Unternehmen beschert, die nunmehr charakteristisch für unser Land sind. In den Vereinigten Staaten tun wir die Dinge im Großen. Ich habe immer in Großplanung gedacht. Ich habe jedoch die Größe der General Motors nicht vorausgesehen oder diese Größe als Ziel vor Augen gehabt. Ich habe mir nur vorgenommen, daß wir energisch und ohne hemmende Einschränkungen an die Arbeit gehen sollten.

Verkaufskomitee

Das nächste Komitee, das es zu gründen galt, lag auf dem Verkaufssektor. Dieser Bereich war auch relativ unerforscht, denn die Industrie trat erst Mitte der zwanziger Jahre in ihre kommerzielle Phase. Ich bereitete deshalb den Aufbau eines allgemeinen Verkaufs-Komitees vor, das sich aus den Verkaufsleitern der Auto- und Lastwagenfabriken, den Verkaufs-Gebietsleitern und den leitenden Mitarbeitern der Zentrale zusammensetzen sollte. Als ihr Vorsitzender eröffnete ich die erste Sitzung am 6. März 1924 mit folgenden Bemerkungen:

„Es ist unsere Absicht, daß dieses Komitee all jene Hauptprobleme des Verkaufs, welche die Firma insgesamt angehen, untersuchen soll. Es ist Ihr Komitee. Sie sind völlig frei darin, irgendein Verkaufsproblem anzuschneiden, das sich allgemein zu besprechen lohnt. Was immer Sie an verkaufspolitischen Aktionen beschließen, wird von der Muttergesellschaft voll unterstützt werden. Wir sollten die Diskussionen unserer Tagungen auf jene Dinge beschränken, die für alle Werke von allgemeinem Interesse sind. Wir wollen alles tun, was wir können, und diese Sitzungen geschäftsmäßig und schnell abwickeln. Wir wollen auch keine Zeit damit verlieren, indem wir Schriftsätze oder dergleichen vorbereiten, es sei denn, daß Sie es in besonderen Fällen selbst wünschen.

Wir haben kein endgültiges Programm für die Sitzungen entwickelt, sondern dies Ihnen überlassen, die Sie weit besser wissen, welche Dinge gerade am notwendigsten besprochen werden müßten; wir möchten von Zeit zu Zeit eine Reihe von Fragen anschneiden, die Sie bearbeiten sollten, wie Sie es für richtig halten".

Wettbewerb

Ich glaube an den Wettbewerb als einen Glaubensartikel, als eine Fortschrittsmöglichkeit und eine Lebensart. Es sollte klar werden, daß der Wettbewerb verschiedene Formen annehmen kann: die General Motors beispielsweise konkurrierten sowohl als Organisationstyp mit anderen Unternehmen und deren Art, ihr Geschäft zu betreiben, als auch im gewöhnlichen, täglichen Geschäftsgebaren. Andererseits glaubte der ältere Henry Ford mehr an eine zentralisierte Organisation und an ein gleichbleibendes Automodell. Derartige Unterschiede in der grundsätzlichen Unternehmenspolitik waren, auf die Dauer gesehen, entscheidend. Wir handelten auch im Glauben an den Fortschritt, was an unseren Investitionsplänen zu ersehen ist. Wir produzierten nicht für wenige Auserwählte, sondern für alle Verbraucherkreise, da wir annahmen, daß der Lebensstandard ständig steigen würde. Unsere Ansicht von der Bedeutung steigenden Wohlstands kennzeichnet den wesentlichen Unterschied zwischen uns und anderen in den maßgeblichen Jahren des modernen Marktes.

Zentrale Marktforschung

Seit wir in der Hauptverwaltung angefangen hatten, Techniken zur Marktbeobachtung und Marktanalyse zu entwickeln, hatten wir bessere Möglichkeiten als die Werke, die gesamte Industrienachfrage und die Verkaufszahlen unserer Produkte für ein volles Modelljahr zu berechnen. Da die ganze Produktion, die Höhe der Vorräte beim Großhandel und auch die allgemeine Finanzplanung von der vermutlichen Nachfrage abhängen, entschlossen wir uns 1924, eine unternehmensweite Vorausschätzung der Verbrauchernachfrage vorzunehmen. Das bedeutete, daß man die Anzahl der Wagen jeder Preisgruppe schätzte, die von der gesamten Autoindustrie im Laufe des Jahres vermutlich abgesetzt würden. Wir verglichen dies mit den Schätzungen der Werksleiter und brachten dann den Marktanteil der GM als Grundlage der zu berechnenden Prozentzahlen in Ansatz. Diese breit angelegte Planung basierte sowohl auf den Erfahrungen der letzten drei Jahre wie auch auf der Vorausberechnung der Hauptverwaltung für das kommende Jahr.

Zentrale Stäbe

In der Verantwortung des zentralen Managements liegt es zu bestimmen, ob eine Entscheidung besser beim Zentralbüro oder bei den Werken getroffen wird. Damit solche Entschlüsse bekannt werden, hängt das zentrale Management sehr stark von den Stabsleitern ab. Viele der wichtigsten Entscheidungen der zentralen Führung sind in der Tat zuerst in Zusammenarbeit mit den Stäben der politischen Gruppen formuliert und erst dann, nach einer Besprechung mit dem Führungskomitee, angenommen worden. Logischerweise kommen viele Entscheidungen, die vom Vorstand formell angenommen wurden, von den Stäben.

Einige allgemeine Stabsaufgaben, etwa die Arbeit der Rechtsabteilung, haben kein Gegenstück bei den Werken. Andere allgemeine Stabsaufgaben korrespondieren sehr stark mit gleichartigen Arbeitsgebieten bei den Werken, so die Entwicklung, die Herstellung und der Vertrieb. Jedoch gibt es einige wichtige Unterschiede zwischen den Stabs- und Werkstätigkeiten: die allgemeinen Stäbe befassen sich mit langfristigen Problemen und mit Problemen breiter Anwendung. Die entsprechenden Werksstäbe beschäftigen sich zum größten Teil mit der Ausübung der Politik und der Programme. Es hat dabei jedoch auch Ausnahmen gegeben, wenn z. B. ein Projekt zur Entwicklung bei einem Werk genehmigt worden war.

Zentraler Einkauf

Das Problem für die GM bestand 1922 darin, einmal den Vorteil des Großeinkaufs durch Großabschlüsse für Waren wie Reifen, Stahl, Büromaterial, Batterien, Benzin, Schleifmittel und dergleichen zu haben, andererseits aber den Werken zu erlauben, ihre eigenen Geschäfte zu kontrollieren. In einer einleitenden Aufzeichnung befürwortete ich diesen gemeinsamen Einkauf mit der Begründung, daß er der Gesellschaft etwa 5 Millionen Dollar jährlich einspare, daß es leichter mache, die Vorräte zu kontrollieren und insbesondere auch, diese zu reduzieren, daß im Bedarfsfall ein Werk vom anderen Waren beziehen könne und daß der spezialisierte Einkäufer die Vorteile von Preisnachlässen wahrnehmen könne. Ich muß allerdings die besonderen Schwierigkeiten zugeben, die entstanden, „wenn man den extrem technischen Charakter nahezu aller Produkte der Firma berücksichtigt und bedenkt, daß wir mit vielen Leuten und Gegebenheiten zu tun hatten, die seit Jahren mit den Produkten vertraut waren".

Mit anderen Worten, es war eine Frage, ob man die aus der Herstellungstechnik und der Vorstellung der Unternehmer resultierenden natürlichen Gegebenheiten der Dezentralisation akzeptierte. Letztere machten nicht lange mit, als ich zunächst vorschlug, daß eine Einkaufsabteilung die Koordination übernehmen solle. Sie führten ihre langen Erfahrungen ins Feld, die Vielzahl ihrer Bedürfnisse und den Verlust der Selbständigkeit der Werke auf einem Gebiet, das sich auf ihre Möglichkeiten bei der Durchführung von Autoprogrammen auswirke. Um diesen Einwänden zu begegnen, schlug ich vor, die zentrale Einkaufsabteilung aus Mitgliedern zusammenzustellen, die größtenteils von den Werken kämen. Die Werke gingen auf diesen Vorschlag ein, als sie merkten, daß sie dadurch vertreten wurden und auch bei Abschlüssen hinsichtlich der Geschäftspolitik an Einfluß gewannen und daß ihre Entschlüsse endgültiger Natur sein sollten. So wurde erreicht, daß im Beschaffungs-Ausschuß die Werksvertreter die Möglichkeit hatten, ihre Spezialwünsche mit den Notwendigkeiten der allgemeinen Interessenlage abzustimmen. Ein Einkaufsstab der Muttergesellschaft sollte beraten, doch nicht die Entscheidungen des Beschaffungsausschusses diktieren; das Verhältnis zwischen Stab und Ausschuß ähnelte dem zwischen Prinzipal und Vertreter. Diese Einkaufszentrale bestand rund zehn Jahre und arbeitete während dieser Zeit sehr zufriedenstellend.

Jede Organisation braucht, um zu überleben und Erfolg zu erzielen, feste Grundsätze.

Thomas J. Watson jr. (1914 bis 1994)

Biographie

Über viele Jahrzehnte galt die International Business Machines Corporation (IBM) als das erfolgreichste und bestgeführte Unternehmen der Welt. Von 1914 bis 1952 stand Thomas J. Watson sen. (1874 bis 1956) an der Spitze des Unternehmens. Danach übernahm sein Sohn Thomas J. Watson jr. die Führung. Prägte der Vater mit seiner starken Persönlichkeit die Philosophie von IBM, so führte der Sohn das Unternehmen in der Pionierphase der EDV zum unumstrittenen Weltmarktführer. Thomas J. Watson jr. war es auch, der die Prinzipien und Methoden des IBM-Managements systematisch zusammenfaßte und veröffentlichte.

Watson jr. wurde am 14. Januar 1914 in Dayton geboren. Faktisch von Kindesbeinen an war er mit der Entwicklung von IBM verbunden. Schon als Kleinkind schleppte ihn sein Vater mit zu Fabrikbesichtigungen und Firmenfeiern. Nach einem Studium an der Brown-University wurde er 1940 als einfacher Soldat zu den Luftstreitkräften eingezogen. mit dem Kriegseintritt der USA überführte er als Pilot Flugzeuge nach England oder flog Generäle und Politiker zu den internationalen Verhandlungstreffpunkten. 1946 startete Thomas J. Watson jr. seine Karriere bei IBM mit einem firmeninternen Schnellkurs für Führungskräfte. Drei Jahre später ernannte Watson sen. seine beiden Söhne Thomas J. jr. und Arthur K. zu Vizepräsidenten. 1952 avancierte Thomas J. jr. zum Präsidenten und 1956 nach dem Tod des Vaters zum Chairman des Konzerns.

Obwohl Watson jr. seit 1952 das Unternehmen führte, behielt sein Vater faktisch die Zügel in der Hand. In der Periode des Führungswechsels vollzog sich zugleich der Übergang von der elektromechanischen Lochkartentechnik auf die elektronische Datenverarbeitung. Watson jr. erkannte, daß der von seinem Vater geprägte Führungsstil nicht mehr zeitgemäß war. Schrittweise lockerte er die über Jahrzehnte gewachsenen Verhaltensmuster wie das Absingen der Firmenhymne, den Personenkult um den Vater, das strikte Alkoholverbot und die vorgeschriebene Einheitskleidung.

Thomas J. Watson sen. und jr. führte das Unternehmen nach klar definierten Grundsätzen. Im Vordergrund standen dabei die Konzentration auf den Verkauf und den Kundendienst, die abwartende Haltung bei der Entwicklung neuer Erzeugnisse und die Orientierung auf die Leistungen und Fähigkeiten der zum Unternehmen gehörenden Arbeiter und Angestellten. So wurden zum Beispiel 1958 die arbeitsrechtlichen Unterschiede zwischen Arbeitern und Angestellten abgeschafft. Seit den 50er Jahren durchlaufen alle Neueingestellten zuerst ein hauseigenes Ausbildungsprogramm. Ein differenziertes und umfangreiches Weiterbildungssystem, das jeden Beschäftigten in irgendeiner Weise erfaßt, schließt sich dem an. Zur Praxis des Personalmanagements gehören außerdem ein System von ständigen Meinungsumfragen, ein gut organisiertes Vorschlagswesen und die Anwendung moderner Formen der Arbeitsorganisation.

Die Geschäftsstrategie von IBM bestand zusammengefaßt darin, ausgereifte Produkte zum richtigen Zeitpunkt marktkonform und kundengerecht anzubieten. Die beherrschende Stellung erreichte das Unternehmen nicht primär durch technische Spitzenleistungen, sondern durch die kommerzielle Breite.

Diese Strategie führte unter anderem dazu, daß IBM die Startphase der elektronischen Rechentechnik regelrecht verschlief. Erst in Reaktion auf Konkurrenzprodukte brachte IBM 1952 die erste auf technisch-wissenschaftliche Zwecke orientierte Großrechenanlage (IBM 701) auf den Markt. Ein Jahr später folgte der erste Wirtschaftscomputer (IBM 702). Den eigentlichen Durchbruch zum Branchenführer schaffte IBM erst in den 60er Jahren. Den mit Röhren bestückten Rechnern der 1. Generation waren die auf der Basis von Transistoren arbeitenden Rechner der 2. Generation gefolgt.

Unter der Führung von Watson jr. entwickelte sich das Unternehmen zum eindeutigen internationalen Führer der Computerbranche. Zeitweilig lag der Anteil am Weltmarkt bei über 70 Prozent. Im Jahre 1955, dem letzten Jahr, das Watson sen. noch bei der IBM erlebte, betrug der Umsatz rund 700 Millionen Dollar. Etwa 4 Millionen Aktien befanden sich in den Händen von 30.000 Aktionären. 1967 hatte sich der Umsatz auf 5,3 Milliarden Dollar erhöht. Die nunmehr 60 Millionen Aktien verkörperten einen Marktwert von 42 Milliarden Dollar.

Thomas J. Watson trat nach einem Herzinfarkt 1971 von der Konzernführung zurück. 1979 bis 1981 übernahm er für die Demokratische Partei das Amt des Botschafters in der UdSSR. Anfang des Jahres 1994 starb er an den Folgen eines Schlaganfalls.

Werkverzeichnis

IBM - Ein Unternehmen und seine Grundsätze. München 1964*

* Quelle der im Lexikon enthaltenen Zitate

Schriften über Thomas J. Watson

Alberts, J./Klinger, J./Ludwig, K./Peter, G.: Mit IBM in die Zukunft. Berlin 1974

Foy, N.: The sun never sets on IBM. New York 1975

Rodgers, W. H.: Die IBM-Saga. Hamburg 1971

Fischer, F.M./McGowan, J.J./Greenwood J.: Der Anti-Trust-Fall US gegen IBM. Tübingen 1985

Sobel, R.: IBM und die globale Herausforderung. Zürich/Schwäbisch Hall 1986

Lexikon

Arbeiter und Angestellte

Unsere Geschäftsleitung war schon lange der Überzeugung, daß in der Industrie scharfe Unterschiede zwischen Arbeitern und Angestellten vermieden werden sollten. Für viele Jahre waren die Sozialleistungen in der IBM für alle Mitarbeiter mit gleicher Dienstzeit ohne Rücksicht auf Rang oder Stellung gleich. Versicherungshöhe und Urlaubslänge richten sich auch heute noch nach der Dienstzeit. Andere Sozialleistungen, wie etwa die ärztliche Versorgung, sind ebenfalls gleich. In unserem Pensionsplan berücksichtigen wir jetzt allerdings sowohl das Einkommen als auch die Länge der Dienstzeit.

Vor Jahren schon wurde jegliche Akkordarbeit in unseren Fabriken eingestellt. Das Aufsichtspersonal in den Fabriken sammelte keine Daten mehr über Fertigungsstückzahlen, weil wir die Bewertung der Mitarbeiter aufgrund der Anzahl gefertigter Stücke nicht wünschten. Der Mitarbeiter der IBM wurde nach dem Urteil seines Vorgesetzten über seinen Gesamtbeitrag zum Unternehmen entlohnt.

Naturgemäß mußten sich einige dieser Methoden nachteilig auswirken. Trotzdem trugen sie ganz allgemein wesentlich zur Hebung der Moral des nach Stunden bezahlten Arbeiters bei.

Aufstiegschancen

Eine andere Tatsache, die sehr viel zu guten menschlichen Beziehungen beigetragen hat, ist die stetige Gelegenheit, im Betrieb aufzusteigen. Da wir sehr schnell gewachsen sind, ergaben sich bei uns sehr viele Möglichkeiten zu Beförderungen. Wie groß auch immer die Versuchung war, Führungskräfte von außerhalb anzuwerben - neue Positionen haben wir fast immer durch Mitarbeiter des Unternehmens besetzt; nur ein sehr kleiner Prozentsatz unserer Leute kam auf andere Weise als auf der untersten Ebene ihrer Berufe in das Unternehmen. Wir haben einige führende Wissenschaftler, Rechtsanwälte und andere Spezialisten eingestellt, aber von diesen Ausnahmen abgesehen, haben sich alle unsere Führungskräfte von Grund aus hochgearbeitet. Für die Moral war das immer von großer Bedeutung.

Erfahrungen aus turbulenter Zeit

Besonders von der Zeit nach dem Krieg, als die IBM sich gleichzeitig mit großen technologischen Änderungen und ihrem eigenen schnellen Wachstum auseinandersetzen mußte, würde ich sagen, daß wir vor allem fünf wesentliche Erfahrungen gemacht haben. Diese mögen nicht für alle Unternehmen anwendbar sein; ich kann nur den großen Wert bezeugen, den diese fünf Erfahrungen für uns hatten.

1. Es gibt einfach keinen Ersatz für gute menschliche Beziehungen und für die hohe Moral, die sie mit sich bringen. Nur gute Leute können die Arbeiten ausführen, die auf dem Weg zu dem erstrebten Erfolg erledigt werden müssen. Aber gute Leute allein sind nicht genug. Die Mitarbeiter mögen noch so tüchtig sein, wenn ihnen das Unternehmen nicht zusagt, wenn sie sich mit ihm nicht völlig verbunden fühlen oder wenn sie nicht das Gefühl haben, gerecht behandelt zu werden, dann wird der Aufstieg eines Unternehmens außerordentlich erschwert. Über gute menschliche Beziehungen läßt sich zwar leicht diskutieren, meiner Meinung nach kommt es jedoch darauf an, daß man dauernd daran arbeitet und sich versichert, daß die Führungskräfte mit einem zusammenarbeiten.

2. Zwei Dinge gibt es, die eine Organisation weit über das Maß ihres Wachstums hinaus forcieren muß, wenn sie mit den Problemen der Anpassung an die sich ändernde Umwelt fertig werden will. Das erste ist die innerbetriebliche Verständigung nach oben und unten; das zweite die Ausbildung und Umschulung.

3. Selbstgefälligkeit ist die am meisten verbreitete und heimtückischste Krankheit großer Gesellschaften. Sie kann überwunden werden, wenn die Geschäftsleitung die richtige Stimmung und das richtige Tempo durchsetzt und wenn die Wege der Verständigung frei von Hindernissen sind.

4. Jeder - besonders in einem Unternehmen wie der IBM - muß das Interesse des Unternehmens über das eines Bereiches oder einer Abteilung stellen. Sofern alle Teile einer Organisation in einem gegenseitigen Abhängigkeitsverhältnis stehen, ist eine Gemeinsamkeit in allen Anstrengungen unerläßlich. Die Zusammenarbeit muß das persönliche Interesse überwiegen, und Verständnis für Einstellung und Haltung des Unternehmens in allen Dingen ist wichtiger als technische Kenntnisse.

5. Und die letzte und wichtigste Erfahrung: Die Geschäftsprinzipien müssen immer politischen und praktischen Erwägungen und Zielen vorangestellt werden. Wenn sich herausstellt, daß die Ziele mit diesen Grundsätzen in Widerspruch stehen, dann müssen die Ziele geändert werden. Das einzig Unantastbare in einem Un-

ternehmen sollte die grundlegende Philosophie sein, die ihr Geschäftsgebaren bestimmt.

Erfolgsfaktor Mitarbeiter

Man kann alle möglichen Vermutungen darüber anstellen, warum ein Unternehmen abgleitet oder aus dem Markt ausscheidet. Etwa die Entwicklung der Technik, veränderte Geschmacksrichtungen, wechselnde Mode; dies alles spielt fraglos eine Rolle. Dennoch bleibt die Tatsache bestehen, daß manche Unternehmen sich vorteilhaft zu entwickeln verstehen, während wiederum andere Firmen desselben Wirtschaftszweiges erfolglos bleiben oder gar untergehen. Gewöhnlich schreiben wir diese Unterschiede Ursachen wie der Geschäftskompetenz, der Marktbeurteilung und der Qualität der Führung in einem Unternehmen zu. Jeder dieser Punkte ist ein lebenswichtiger Faktor. Niemand kann ihre Bedeutung bestreiten. Trotzdem bezweifle ich, ob sie in sich selbst entscheidend sind.

Ich bin davon überzeugt, daß Erfolg und Versagen eines Unternehmens sehr häufig auf die Frage zurückgeführt werden können, wie gut ein Betrieb die Leistungsbereitschaft und Talente seiner Mitarbeiter anzusprechen versteht. Was tut der Betrieb, um diesen Menschen die sie alle verbindende, gemeinsame Sache nahezubringen? Wie hält er alle Interessen in derselben Richtung trotz der bestehenden Reibungspunkte und Unterschiede? Und wie kann er die gemeinsame Sache und die Orientierung im Lauf der vielen, von einer Generation zur anderen sich ergebenden Änderungen beibehalten?

Führungsgrundsätze

Betrachten Sie eine große Organisation - eine, die lange Zeit überdauert hat - und Sie werden feststellen, daß sie ihre Spannkraft nicht ihrer Organisationsform oder ihrem Können in der Verwaltung verdankt, sondern dem Einfluß dessen, was wir Grundsätze nennen, und der Anziehungskraft, die diese Grundsätze auf ihre Menschen ausübt.

Deshalb ist dies meine These: Ich glaube, daß jede Organisation, um zu überleben und Erfolg zu erzielen, in vieler Hinsicht feste Grundsätze haben muß, auf die sie ihre Politik und ihr Handeln begründet.

Ich glaube weiter, daß der bedeutendste Faktor für den Erfolg eines Unternehmens die Konsequenz ist, mit der es diesen Prinzipien entsprechend handelt.

Und schließlich glaube ich, daß eine Organisation im Verlauf ihrer Entwicklung als Unternehmen, das den Anforderungen einer wechselnden Umwelt gerecht wird, zur Änderung aller ihrer Eigenschaften bereit sein muß - ausgenommen dieser Prinzipien.

Mit anderen Worten, die grundlegende Philosophie, der Geist und der Schwung einer Organisation sind bei weitem bestimmender für ihren relativen Erfolg als technologische oder wirtschaftliche Kräfte, Organisationsstruktur, Neuerungen und Zeitwahl.

Alle sind nach meiner Ansicht überlagert von der Stärke der Überzeugung, mit der die Menschen in der Organisation an deren Grundsätze glauben, und der Gewissenhaftigkeit, mit der sie nach ihnen handeln.

Humanisierung der Arbeit

Menschen, die den ganzen Tag über eine fast völlig automatisierte Werkzeugmaschine bedienen und Hunderte von gleichen Teilen fertigen, können nur wenig Genugtuung über die eigene Leistung empfinden. In der IBM bekämpfen wir diesen Nachteil damit, daß wir da, wo es praktisch erscheint, unsere Mitarbeiter im Einrichten ihrer Maschinen unterweisen, damit sie deren Umstellung von einem Arbeitsgang zum anderen selbst vornehmen können. In manchen Fällen montieren sie Einzelteile zu Baugruppen, in anderen führen sie ihre eigenen Qualitätskontrollen durch. Wir versuchen außerdem, Mitarbeiter an ihren eintönigen Arbeitsplätzen abzulösen und die Gleichförmigkeit durch andere Arbeiten zu unterbrechen. Dies hilft den Menschen, das Gefühl der Würde, der Leistung und der inneren Beteiligung zu behalten.

Image

In einem Geschäft wie dem unseren ist der Ruf eines guten Kundendienstes das wichtigste Aktivum eines Unternehmens, denn viele der von unseren Maschinen ausgeführten Operationen sind lebenswichtig für das Geschäft des Kunden, und anhaltender Stillstand kann den Zusammenbruch bedeuten. Zudem ist das, was wir bei der IBM „Verkauf" nennen, im Grunde genommen eine „Vermietung". Abschlüsse mit der IBM garantieren nicht eine Maschinen-Vermietung, sondern immer eine Dienstleistung mit Maschinen, und zwar mittels der Anlagen selbst und mit der ständigen Unterstützung und Beratung durch Fachleute der IBM.

Bei normalem Geschäftsablauf werden wir alles tun, was in unserer Kraft steht, um uns den Ruf eines guten Kundendienstes zu erhalten. Wenn tatsächlich einmal der seltene Fall eintritt, daß eine Anlage infolge Verfahrensumstellung stillsteht oder Feuer- oder Flutschäden erleidet, dann sind unsere Außendiensttechniker, Verkäufer und Systemingenieure notfalls auch bereit, die Anlage in langen Nächten und über das Wochenende zu betreuen. Mehr als ein Geschäftsstellenleiter hat nächtelang hemdsärmelig durchgearbeitet, um die Gehaltszahlungen eines Kunden rechtzeitig anzuweisen.

Kundenorientierte Organisation

In ihrem Bemühen um einen guten Kundendienst lernte die IBM, daß einem Kunden am besten geholfen werden kann, wenn man die Anlagen seinen Erfordernissen anpaßt und nicht von ihm verlangt, seinen Geschäftsgang auf unsere Maschinen einzustellen.

Wir fanden, daß ein guter Kundendienst die Zusammenarbeit aller Geschäftspartner verlangt. Ich glaube, wir gelangten vor einigen Jahren zu dieser Überzeugung, als sich ein Großteil unserer Tätigkeit auf unser Werk in Endicott konzentrierte. Schulen für die Verkäufer und den technischen Außendienst waren dort eingerichtet, und in den Jahren nach 1940 wurden die Zusammenkünfte unserer Vertriebsorganisation dorthin einberufen. Auch Geschäftsleiter und Verwaltungspersonal unserer Kunden besuchten Endicott und informierten sich dort. Diese Einrichtung brachte alle unsere Mitarbeiter mit sämtlichen Kunden zusammen und ermöglichte uns, durch ein besseres Verständnis der Belange des Kunden einen besseren Kundendienst.

Mitarbeiterinformation

Die IBM war in der Vergangenheit grundsätzlich gegen Verfahren wie Zeit- und Bewegungsstudien eingestellt. Als wir uns daher entschieden, einige dieser Verfahren einzuführen, mußte diese Änderung sehr sorgfältig geplant werden. Einige Divisions und Betriebe der IBM verstanden diese Aufgabe gut zu lösen. In anderen stellten sich einfallslose Führungskräfte auf den Standpunkt: „Schön - wir haben eine neue und harte Führung; man muß sich entweder darauf einstellen oder kündigen". Dementsprechend erhielt ich eine steigende Zahl von Beschwerdebriefen und Besuchen durch „die offene Tür" von unseren Mitarbeitern.

Viele dieser Beschwerden waren gerechtfertigt, da unsere Mitarbeiter in vielen Fällen verärgert waren. Anläßlich dieser Schwierigkeiten erfuhren wir im übrigen viel über einige unserer Führungskräfte und Mitarbeiter. Wo es sich als notwendig erwies, suchten wir Erleichterung zu schaffen.

Solange neue Methoden dieser Art vernünftig erklärt werden, gibt es selten irgendwelche Schwierigkeiten. Versucht man es jedoch ohne genügende Erklärung oder ohne den Versuch, die Idee an den Mann zu bringen, tauchen gewöhnlich Probleme auf.

Öffentlichkeit

In die Beziehungen zwischen Regierung, Industrie und Gewerkschaften scheint sich mehr und mehr eine vierte Kraft einzuschalten - die Öffentlichkeit. Jeder, der ein besonderes Interesse für irgendeinen Sektor der Wirtschaft hat, muß in steigendem Maße die Macht der Öffentlichkeit bzw. die Interessen der Nation berücksichtigen. Letztlich sind wir diejenigen, die darüber Rechenschaft abzulegen haben. Vom

Wohlwollen dieser Macht und dieser Interessen sind wir abhängig; ihre Gesetze müssen wir befolgen. Bei der Planung zukünftiger eigener Interessen müssen wir die Rechte und Forderungen der Öffentlichkeit und jener Millionen berücksichtigen, die diese Öffentlichkeit ausmachen.

Der Grundgedanke meiner Bemerkungen ist letztlich der: Die verschiedenen wesentlichen Kräfte, die unsere amerikanische Nation bilden, müssen lernen, freiwillig und als Partner zusammenzuarbeiten. Ein jeder muß seine eigenen Interessen denen der Öffentlichkeit anpassen oder eine unerfreuliche Alternative riskieren - eine Gesetzgebung, die die Zusammenarbeit erzwingt, oder eine innere Spaltung, die es den Vereinigten Staaten schwer machen wird, ihre Stellung in der Welt zu halten.

Mit anderen Worten, wir werden lernen müssen, in zwei Dimensionen zu denken: auf der Ebene des Unternehmers, Gewerkschaftsfunktionärs oder Regierungsbeamten, jeder nach der ihm eigenen Art - und auf der Ebene des Bürgers, dessen erste Pflicht sich nicht aus seinen persönlichen Interessen, sondern aus der Wohlfahrt der Nation ergibt.

Politik der offenen Tür

Unsere frühzeitige Betonung menschlicher Beziehungen entsprang nicht der Selbstlosigkeit, sondern der einfachen Überzeugung, daß es für das Unternehmen einen Gewinn bedeutet, wenn man seine Mitarbeiter achtet und diesen Menschen hilft, sich selbst zu achten.

Unsere Unternehmensleitung erkannte auch, daß jeder Mensch seine eigenen Probleme, Neigungen, Fähigkeiten, Schwierigkeiten und Ziele hat. Wir wollten sichergehen, daß niemand in der Organisation untergeht und vor allem, daß kein Mitarbeiter der Ungerechtigkeit und den persönlichen Launen einer Führungskraft ausgeliefert ist. Aus diesem Grunde begannen wir das zu entwickeln, was wir unsere „Politik der offenen Tür" nennen. Sie scheint uns der Schlüssel zu den menschlichen Beziehungen innerhalb unseres Unternehmens zu sein.

Ich bin mir darüber im klaren, daß eine solche Gepflogenheit vielen Vorgesetzten herkömmlicher Art das Blut in den Adern erstarren läßt. Mit Sicherheit sehen sie darin eine Gefahr für ihre Autorität oder, was noch schlimmer ist, ein scharfes Schwert an dem dünnen Faden über ihrem Kopf. Auf der anderen Seite steht fest, daß diese Gepflogenheit in der IBM außerordentlich wirksam war, besonders weil sie durch ihr bloßes Bestehen einen mäßigenden Einfluß auf die Führungskräfte ausübt. Wann immer ein Vorgesetzter eine Entscheidung fällt, die einen seiner Mitarbeiter betrifft, dann weiß er, daß er von seiner übergeordneten Stelle für die Richtigkeit dieser Entscheidung zur Verantwortung gezogen werden kann.

Von Zeit zu Zeit denken wir über die Zweckmäßigkeit dieser Einrichtung nach, besonders seitdem die IBM allein in den Vereinigten Staaten zu einem Unternehmen von über 80.000 Mitarbeitern angewachsen ist. Wenn jeder, der ein Problem hat, darauf bestünde, den Präsidenten oder mich zu sprechen, dann wäre ganz offensichtlich für uns beide der Tag nicht mehr lang genug.

Die geeignete Antwort darauf kann nur darin bestehen, in Zukunft diesen Berufungsweg weiter unten in der Organisation enden zu lassen, vielleicht auf der Ebene des Präsidenten eines Fertigungszweiges oder dem Leiter eines Werkes. Wir haben gewiß nicht die Absicht, irgend jemand im Unternehmen daran zu hindern, den zu sprechen, mit dem er zu sprechen wünscht, welche Schwierigkeiten damit auch verbunden sein mögen. Unsere Mitarbeiter wissen die bloße Möglichkeit sehr zu schätzen, unabhängig davon, ob sie von diesem Recht Gebrauch machen oder nicht. Und ich glaube, daß schon das Vorhandensein dieses Rechts einen Vorgesetzten von einem möglichen Mißbrauch seiner Autorität abschreckt.

Politische Verantwortung des Unternehmers

Niemand wird bestreiten, daß die Leiter unserer Groß-Unternehmen eine Macht erworben haben, die weit über den Bereich ihrer Büros und Werke hinausreicht und die sie einen beträchtlichen Einfluß in ihren Gemeinden, ihren Staaten und in der Nation ausüben läßt. Es besteht kein Grund dafür, warum dem nicht so sein sollte, denn sie haben gezeigt, daß sie - um mit den Worten von Du Ponts Crawford Greenewalt zu sprechen - „ungewöhnliche Männer" sind.

Trotzdem gibt es jenen Unternehmer, der zu häufig völlig unzugänglich wird, wenn er von Gesetzesvorlagen hört, die sich mit Programmen für die soziale Wohlfahrt des Landes befassen, und der dann fast automatisch eine Haltung einnimmt, die sich genau voraussagen läßt:

Wenn das Programm Geld kostet, ist er dagegen.

Wenn ein neues Regierungsamt dafür eingerichtet werden muß, ist er dagegen.

Und wenn es nicht von seiner Partei vorgeschlagen wurde, ist es sicher unbrauchbar.

Das ist schwerlich die richtige Verhaltensweise einer Gruppe führender Persönlichkeiten, die sich Achtung verschaffen will. Wir werden unserer besonderen Verantwortung sicher nicht gerecht, wenn wir bei jeder Entscheidung dieser Art doktrinär anstatt objektiv sind. Wenn das amerikanische Volk jemals die Überzeugung gewinnen sollte, daß wir Unternehmer mit Sicherheit immer nein sagen, dann wird es uns nicht nur als seine Gegner betrachten - es wird auch nicht mehr länger Achtung vor unserer Meinung haben. Sollte aber die Zeit kommen, in der unserer Meinung kein Wert mehr beigemessen wird, dann haben wir Unternehmer unseren Anspruch auf die führende Rolle im Leben der Vereinigten Staaten verloren.

Selbstzufriedenheit

Der technische Fortschritt verlangt von der Geschäftsleitung einer großen Organisation ein noch höheres Maß an Anpassungsfähigkeit und Beweglichkeit. Wenn die Geschäftsleitung nicht wachsam bleibt, kann sie der Selbstzufriedenheit erliegen - einer der heimtückischsten Gefahren, denen die Wirtschaft ausgesetzt ist. Meistens läßt sich diese Krankheit erst erkennen, wenn es schon fast zu spät ist. Besonders leicht werden von ihr Unternehmen befallen, die schon an der Spitze liegen, denn sie beginnen, an die Unfehlbarkeit ihres eigenen Urteils zu glauben.

Sicherheit des Arbeitsplatzes

Wir gehen sehr weit in unseren Bemühungen, die Mitarbeiter weiterzuentwickeln, sie auch dann zu halten, wenn sich die Arbeitsverhältnisse ändern, oder ihnen eine zweite Chance zu geben, wenn sie in ihrer gegenwärtigen Tätigkeit Schwierigkeiten haben.

Das bedeutet natürlich nicht, daß eine Anstellung bei der IBM eine Lebensversicherung ist und daß nicht auch wir uns gelegentlich von Mitarbeitern trennen. Wir tun das aber nur dann, wenn wir uns zuvor ehrlich und ausgiebig um einen Mitarbeiter bemüht und ihm Gelegenheit gegeben haben, sich anzupassen. Es bedeutet auch nicht, daß unsere Mitarbeiter sich nicht gelegentlich von uns trennen. Eine solche Einstellung hat uns bei genauer Betrachtung geholfen, den guten Willen der Mehrzahl unserer Mitarbeiter zu gewinnen.

Unsere Mitarbeiter, denen die Sicherheit des Arbeitsplatzes gewöhnlich sehr viel bedeutet, haben den Erfolg, mit dem die IBM Kündigungen und Arbeitsunterbrechungen vermieden hat, mit Firmentreue und Einsatzbereitschaft in ihrer Arbeit beantwortet. Wir haben unsererseits im Laufe der Jahre immer wieder eher Risiken in Kauf genommen und unsere Finanzreserven angegriffen, als den Ausweg über Kündigungen gewählt. In nahezu einem Vierteljahrhundert hat trotz Wirtschaftskrisen und einschneidenden Umstellungen auf andere Produkte niemand bei der IBM auch nur eine Stunde durch Arbeitsunterbrechungen seitens des Unternehmens verloren.

Sozialer Pioniergeist

Als Unternehmer suchen wir nach neuen Lösungen und sind stolz auf unsere Leistungen, wie etwa die von uns durchgesetzten technologischen Verbesserungen; wenn es sich aber um soziale Fragen handelt, dann stehen wir dem Risiko von Neuerungen zu häufig in eigenartiger Weise ablehnend gegenüber, gleichgültig, welcher Art diese Neuerungen auch sein mögen. Häufig stellt uns dann die Zustimmung der Allgemeinheit vor vollendete Tatsachen, und die von uns bekämpften Vorlagen werden Gesetz. Dann sind wir plötzlich dazu bereit, der Sache zum Erfolg zu verhelfen und mit unseren Anstrengungen eine Wirtschaft aufzubauen, die das Programm tragen kann. Wir scheinen in gewisser Weise versucht, die Uhr anzuhalten, obwohl im Grund wir es sind, die sie vorantreiben.

Die Ironie in der Einstellung des amerikanischen Unternehmers wird noch dadurch verstärkt, daß er sich im Gegensatz zu seiner konservativen Haltung in öffentlichen Angelegenheiten auf dem Gebiet seiner Arbeit als der fortschrittlichste Pionier in der Welt erweist. Ich kann deshalb meinen Vorschlag nur wiederholen, diese gleiche positive Einstellung gegenüber den Problemen der Nation einzunehmen, deren Lösung ungleich größere, wenn nicht lebenswichtige Bedeutung zukommt.

Teamgeist in Großunternehmen

Das Wachstum brachte uns Tausende von neuen Führungskräften. Trotz aller Bemühungen, ihre Zahl nicht weiter anwachsen zu lassen, entwickelten sich viele neue Führungsebenen. Wir mußten uns mit dem Problem auseinandersetzen, wie sich in diesen Menschen ein echtes Gefühl für die Tradition und die Grundsätze unseres Geschäfts wecken und wachhalten läßt,

- wie man sich ihrer Zusammenarbeit trotz der natürlichen Verschiedenheit ihrer Interessen versichern kann;

- wie man den Instanzenweg zwischen dem Mann an der Werkbank und dem Leiter der Division, dem Präsidenten oder dem Aufsichtsrats-Vorsitzenden verkürzen kann,

- wie man die Einstellung erhält, die gewöhnlich ein kleines Unternehmen auszeichnet und die uns damals so viel bedeutete, als wir im ersten Wachstum standen.

Diese Einstellung, die ein kleines Unternehmen auszeichnet, ist für uns ein Begriff, den wir häufig gebrauchen, und wir ermutigen dazu in jeder nur möglichen Weise. Wir möchten in unseren Mitarbeitern das Gefühl wecken, daß man sich gegenseitig versteht und von den Problemen und Plänen des anderen weiß. Auch wir wollen ihnen das Gefühl verschaffen, daß sie jederzeit Zutritt zur Geschäftsleitung haben und daß niemand so tief auf der Stufenleiter der Unternehmensorganisation sitzt, um nicht darüber unterrichtet zu sein, worauf es ankommt.

Zwischen dem Mann an der Werkbank und dem Präsidenten oder dem Aufsichtsrats-Vorsitzenden gibt es heute in der IBM acht Führungsebenen. Sieben Ebenen liegen über dem Verkäufer. Das ist zwar mehr, als uns lieb ist, aber wir versuchen, es dabei zu belassen und unternehmen einiges, um diesen Abstand weiter zu verkleinern.

Einige dieser Maßnahmen sind durchaus konventionell. Zum Beispiel haben wir ein Frage-und-Antwort-Programm, das monatlich etwa dreihundert Anfragen und Beschwerden bringt; die meisten sagen hier ihre Meinung ohne Umschweife. Wir haben ein betriebliches Vorschlagswesen, das jährlich mehr als 100.000 Vorschläge ergibt, jährliche Beratungs- und Förderungsgespräche mit Mitarbeitern und häufige Meinungsumfragen, sowie für die Betriebe, Divisions und das ganze Unternehmen zusammen achtzehn informative Zeitschriften.

Andere Einrichtungen wieder sind ungewöhnlicher. Eine davon ist ein regelmäßig erscheinender Informationsdienst für Führungskräfte. Vor einigen Jahren befragten wir eine Gruppe von Führungskräften und erfuhren, daß wir es nicht verstanden hatten, sie richtig ins Bild zu setzen. Heute geht der Informationsdienst für Führungskräfte regelmäßig an 10.000 Vorgesetzte, deren Mehrheit in vielen Gesellschaften wohl Vorarbeiter genannt würde.

Der Informationsdienst für Führungskräfte gibt den Vorgesetzten ein umfassendes Bild von dem, was das Unternehmen sagt und tut. Er erklärt das Warum unserer Geschäftspolitik und bringt aktuelle Fallstudien oder Abhandlungen zu Themen, um Führungskräfte nicht zweimal denselben Fehler machen zu lassen.

Um in sehr wichtigen Angelegenheiten die Verständigung mit Mitgliedern der Geschäftsleitung zu ermöglichen, begannen wir vor drei Jahren, den „Brief des Präsidenten" herauszugeben; heute nennen wir ihn „Brief an die Geschäftsleitung". Durchschnittlich geben wir pro Jahr höchstens ein Dutzend dieser Briefe heraus. Sie dienen der Erläuterung der grundsätzlichen Politik der IBM, wenn wir der Ansicht sind, daß eine solche Erläuterung gerechtfertigt ist.

Unternehmensphilosophie von IBM

Die Philosophie der IBM stützt sich hauptsächlich auf drei einfache Grundsätze.

Ich nenne zuerst den Grundsatz, den ich für den wichtigsten halte: unser Respekt vor dem einzelnen Menschen. Das ist nichts Ungewöhnliches, aber bei der IBM beansprucht dieser Grundsatz einen wesentlichen Teil der Arbeitszeit der Führungskräfte; wir widmen ihm mehr Überlegung als jedem anderen Anliegen.

Vor Jahren veröffentlichten wir eine Anzeige, die einfach und in fetter Schrift sagte: „IBM bedeutet Service". Lange hielt ich sie für unsere beste Anzeige überhaupt. Sie machte eine klare Aussage darüber, worauf es uns ankommt. Auch drückt sie sehr treffend das zweite grundsätzliche Prinzip unseres Unternehmens aus. Von allen Unternehmen der Welt wollen wir den besten Kundendienst bieten.

Das dritte Prinzip der IBM ist in Wirklichkeit die Kraft, die den beiden anderen Prinzipien ihre Wirksamkeit verleiht. Wir sind der Meinung, daß eine Organisation alle ihre Aufgaben in dem Gedanken verfolgen sollte, sie mit Überlegenheit zu lösen. Die IBM erwartet und verlangt von ihren Mitarbeitern diese überlegene Arbeit, unabhängig von der Art der Aufgabe.

Verkäuferauswahl

Vertriebsabteilung und technischer Außendienst der IBM tragen den größten Teil der Verantwortung für unseren konsequenten Kundendienst. Um unseren Ruf eines ausgezeichneten Kundendienstes zu erhalten, haben wir schon frühzeitig strenge Richtlinien für Verkäufer und Mitarbeiter des technischen Außendienstes festgelegt.

Zur Gewinnung erstklassiger Verkäufer arbeitete die IBM bereits zu einer Zeit mit Kommission, Vorschüssen, Quoten und geschützten Bezirken, zu der diese Methoden noch als Neuerung angesehen wurden. Schulen für Verkäufer wurden eingerichtet - Kurse erreichen heute die Dauer von achtzehn Monaten -, und mit Besuchen an Hochschulen wurde begonnen, um angehende Verkäufer anzuwerben.

Die gleiche Sorgfalt wurde bei der Auswahl und Ausbildung von Außendiensttechnikern angewendet. Mit den schnellarbeitenden elektronischen Anlagen und der Installation großer Systeme sind die Ansprüche an die erforderlichen Qualifikationen so sehr gewachsen, daß wir im Durchschnitt mit fünfundzwanzig Bewerbern Gespräche führen, um einen einzustellen.

Versetzung von Mitarbeitern

Im Zusammenhang mit der Frage guter Behandlung erinnere ich mich an die Erfahrung, die wir bei Versetzungen unserer Mitarbeiter im Außendienst machten. Bei fast 200 Geschäftsstellen und schnellem Wachstum der Gesellschaft war ein gewisses Maß an Versetzungen unvermeidlich. Aber als man zu sagen begann, daß IBM die Abkürzung für „I`ve Been Moved" oder „ich bin versetzt worden" sei, überprüften wir die Wirkung unserer Maßnahmen auch auf diesem Gebiet. Wir fanden, daß viele dieser Versetzungen in Wirklichkeit nur dem Unternehmen, nicht aber dem Mitarbeiter nützlich waren. Diese Erkenntnis veranlaßte uns zu neuen Forderungen. Die wichtigste Forderung besagte, daß ein Mitarbeiter, der versetzt worden war, um eine neue Aufgabe zu übernehmen, gleichzeitig auch eine höhere Verantwortung und Bezahlung zu erhalten hat. Diese Änderung führte zu einem Nachlassen der Versetzungen. Um gegenüber versetzten Mitarbeitern gerecht zu sein, sorgten wir mit einem verbesserten Programm dafür, daß die Umzugskosten, die der einzelne aus der eigenen Tasche zu bezahlen hatte, so niedrig wie möglich blieben.

Auf dem Gebiet der human relation spielt die Verständigung stets eine sehr bedeutende Rolle. Menschen lassen sich leiten, aber sie reagieren eben am ehesten, wenn sie verstehen, was und warum man etwas von ihnen erwartet. Ohne Verständnis gibt es keine wirkliche Grundlage, Menschen ganz für eine Sache zu gewinnen. Führungskräfte müssen sich meiner Überzeugung nach der jeweiligen Zustimmung vergewissern.

"Wilde Enten"

In der IBM sprechen wir oft von unserem Bedarf an "wilden Enten". Den Sinn dieses Wortes erklärt eine Erzählung des dänischen Philosophen Sören Kierkegaard. Er spricht von einem Mann an der Küste von Seeland, der jeden Herbst gerne die wilden Enten in großen Scharen auf ihrem Zug nach Süden beobachtete. Aus Freundlichkeit begann er, in einem nahen Weiher Futter für sie auszulegen. Nach einiger Zeit zeigten einige Enten keine Neigung mehr, nach Süden zu fliegen; sie überwinterten in Dänemark mit dem, was er ihnen fütterte.

Mit der Zeit flogen sie immer weniger. Wenn die wilden Enten zurückkehrten, umkreisten die anderen sie, um sie zu begrüßen und dann wieder auf ihrem Weiher niederzugehen. Nach drei bis vier Jahren waren sie so faul und fett, daß ihnen jegliches Fliegen schwer wurde.

Kierkegaard überzeugte uns - man kann wilde Enten zähmen, aber zahme Enten nicht mehr wild machen. Dazu wird die Ente, einmal gezähmt, kein fernes Ziel mehr haben und erreichen.

Wir glauben, daß jedes Unternehmen seine wilden Enten braucht. Bei der IBM versuchen wir nicht, sie zu zähmen.

Die Führungskräfte sind der wichtigste Produktionsfaktor des Unternehmens und der knappste.

Peter Ferdinand Drucker (1909)

Biographie

Zeitgenossen nennen den Austro-Amerikaner symbolisierend Mr. Management, sehen in ihm den „Gründervater der Wissenschaft vom Management", den wichtigsten Philosophen der amerikanischen Gesellschaft oder gar bedeutendsten unter den heutigen Zukunftsanalytikern. Sein eigentliches Kennzeichen indes skizziert die „Harvard Business Review", wenn sie 1980 schreibt, Druckers wahrer Beitrag sei „nicht so sehr der konkrete Marktwert seiner Ideen, sondern die exakte Tätigkeit des Gehirns, das sie hervorbringt".

Peter Ferdinand Drucker wurde am 19. November 1909 als Sohn eines österreichischen Hofrats und einer Schottin in Wien geboren und verlebte seine Kindheit abwechselnd dort und in England. Im Alter von 16 Jahren verließ er die Schule und begann, sich mit Soziologie und Rechtsphilosophie zu beschäftigen. Entgegen dem Wunsche seines Vaters entschied er sich jedoch nicht für ein reguläres Universitätsstudium, das ihn in Wien gehalten und seiner Meinung nach daran gehindert hätte, seine eigentlichen Fähigkeiten herauszufinden.

1927 ging er nach Hamburg, um in der Lagerverwaltung einer Exportfirma zu lernen. Nachdem diese pleite gemacht hatte, fand er eine Stellung als Wertpapieranalytiker bei einer kleinen Frankfurter Handelsbank, die jedoch im Herbst 1929 mit dem Aktienmarkt zusammenbrach. Drucker arbeitete daraufhin als Finanzjournalist für den Frankfurter General-Anzeiger, wo er schon nach zwei Jahren zum Redakteur für Auslands- und Wirtschaftsnachrichten aufrückte. Nebenbei belegte er Jura- Vorlesungen in Hamburg und Frankfurt und übernahm vertretungsweise schon selbst Dozentenaufgaben. Bereits 1931 promovierte er in internationalem und öffentlichem Recht.

Früh erkannte Drucker den Charakter der Nazis und machte sich bei ihnen mit seiner Arbeit über den jüdisch-deutschen Philosophen Friedrich Julius Stahl bewußt unbeliebt. „Ich wußte im Jahre 1933, wie Hitler enden würde", schrieb er später. Unmittelbar nach der ersten nazikontrollierten Lehrkörpersitzung der Frankfurter Uni verließ Drucker Deutschland über Wien und faßte fürs erste in England Fuß. Seinen Unterhalt verdiente er sich als Berater für eine Versicherungsgesellschaft, später für eine Londoner Privatbank. Im Frühjahr 1937 jedoch, nach seiner Heirat mit Doris Schmitz, wanderte er in die Vereinigten Staaten aus. Hier arbeitete er zunächst als

Korrespondent englischer und schottischer Zeitungen und Autor einiger amerikanischer Journale, aber auch als Berater britischer Banken.

1939 erschien in den USA Druckers erstes Buch „The End of Economic Man" (Das Ende des Homo Economicus), an dem er schon in seiner Frankfurter Zeit gearbeitet hatte. Darin befaßt er sich mit den Ursachen für den Aufstieg des Nationalsozialismus und sagt quasi den Hitler-Stalin-Pakt voraus, was ihm den Haß kommunistischer Kreise einbringt.

Ab 1940 profiliert sich Drucker zusehends als Konsultant großer Geschäftsunternehmen, beginnt aber parallel dazu schon 1942 seine Hochschulkarriere, die ihm ebenso wichtig wird („Ich lerne etwas nur dann, wenn ich es lehre."). Sie führt ihn von der Frauen-Uni in Bennington/Vermont (Philosophie, Politik, Geschichte, Religion) über die New Yorker Universität (Management) schließlich 1971 an die Claremont Graduate School in Kalifornien, wo er bis heute eine Professur für Sozialwissenschaften und Betriebswirtschaft innehat.

Im Aufwind seines zweiten Buch-Erfolgs „The Future of Industrial Man" (Die Zukunft der Industriegesellschaft) wird er 1943 von General Motors gebeten, die Struktur des Topmanagements der Firma zu untersuchen. Dies bringt ihm die langerhoffte Möglichkeit, einen solchen Wirtschaftsriesen von innen anzuschauen, und wird die Grundlage eines weiteren Bestsellers „Concept of a Corporation" (Das Großunternehmen).

Drucker hat inzwischen mehr als 27 Bücher geschrieben, die in über 20 Sprachen übersetzt und in Millionenauflagen verkauft wurden. Mit 70 Jahren veröffentlichte er seinen ersten Roman. Das Wissen dieses Mannes, dem man nachsagt, einer der letzten Enzyklopädisten zu sein, reicht vom Wirtschaftsrecht über Literatur und Biologie bis zur orientalischen Kunst, in der er sogar bei den Japanern als Autorität gilt. Der begehrte Berater des Big Business und vieler Non-Profit-Einrichtungen verabscheut trotz seines Reichtums jeden Luxus. Er ist auch nie selbst Unternehmer bzw. Manager geworden, sondern stets Außenseiter geblieben, der immer wieder aus gängigen Denkgeleisen ausbricht und seinen Kunden empfiehlt: Macht nicht das, was ich tue, sondern was ich euch sage!

Werkverzeichnis (Auswahl)

Gesellschaft am Fließband. Düsseldorf 1950

Praxis des Managements. Düsseldorf 1956 (engl. 1954)*

Sinnvoll wirtschaften. Düsseldorf 1965

Das Großunternehmen. Düsseldorf/Wien 1966

Die ideale Führungskraft. Düsseldorf/Wien 1967

Neue Management-Praxis. Düsseldorf/Wien 1974

Management in turbulenter Zeit. Düsseldorf/Wien 1980

Zaungast der Zeit. Düsseldorf/Wien 1981

Weltwirtschaftswende. Tendenzen für die Zukunft. München 1984

Die Chance des Unternehmers. Düsseldorf/Wien 1987

* Quelle der im Lexikon enthaltenen Zitate

Schriften über Peter Ferdinand Drucker

Ein Spaziergang und ein Gespräch mit Peter Drucker. The Conference Board Magazine, Februar 1983

Lexikon

Arbeit des Managers

Es gibt fünf Grundtätigkeiten in der Arbeit des Managers. Alle zusammen führen sie zur Integration der Produktionsmittel zu einem lebendigen, wachsenden Organismus. Als erstes stellt der Manager Ziele auf. Er bestimmt den Inhalt dieser Ziele. Er bestimmt die Ziele für jeden Bereich. Er entscheidet, was geschehen muß, um diese Ziele zu erreichen. Er macht die Zielsetzungen wirksam, indem er diejenigen damit bekannt macht, von deren Leistung ihr Erreichen abhängt.

Die zweite Aufgabe des Managers ist die Organisation. Er klassifiziert die Arbeit. Er teilt sie auf in „ausführbare Tätigkeiten" und diese wiederum in „manageable jobs". Diese Einheiten und Aufgaben faßt er zu einer Organisation zusammen. Er wählt geeignete Leute aus als Manager dieser Einheiten.

Als nächstes hat der Manager Antriebe zu schaffen und zu informieren. Die Leute, die für die verschiedenen Tätigkeiten verantwortlich sind, faßt er zu einem Team zusammen. Er tut dies durch die Art seiner Führung. Er tut es durch seine eigenen Beziehungen zu den Leuten, die er führt. Er tut es durch Anreize und Belohnungen für erfolgreiche Arbeit. Er tut es durch seine Beförderungspolitik. Und er tut es durch ständige Unterrichtung - sowohl vom Manager zu seinem Untergebenen wie vom Untergebenen zum Manager.

Der vierte grundlegende Bestandteil der Managertätigkeit ist das Bewerten. Der Manager stellt die Maßstäbe auf - und es gibt nur wenige Faktoren, die von größerer Bedeutung für die Leistung des Unternehmensganzen und die seiner einzelnen Mitarbeiter sind. Er achtet darauf, daß jeder Einzelne Maßstäbe zur Verfügung hat, die auf die Leistung des Unternehmensganzen ausgerichtet und gleichzeitig auf die

Arbeit des Einzelnen abgestellt sind, bei deren Leistung sie diesen unterstützen. Er prüft die Leistung, bewertet und interpretiert sie. Und wiederum - wie in jedem Bereich seiner Tätigkeit - übermittelt er sowohl den Sinn der Bewertung wie ihre Ergebnisse an seine Untergebenen einerseits, seine Vorgesetzten andererseits.

Schließlich hat der Manager seine Leute zu entwickeln. Durch die Art seiner Führung macht er es ihnen leicht oder schwer, sich zu entwickeln. Er leitet sie, oder er leitet sie in die Irre. Er holt heraus, was in ihnen steckt, oder er hemmt sie. Er stärkte ihre Rechtlichkeit, oder er verdirbt sie. Er lehrt sie, aufrecht und stark zu sein, oder er verbiegt sie.

Arbeitsteilung und -integration

Wir wissen heute, daß überall dort, wo der Grundsatz „Ein Mann - ein Handgriff" mit Nutzen anwendbar ist, es sich um eine Tätigkeit handelt, die automatisiert werden kann und deshalb auch automatisiert werden soll. Für Arbeiten dieser Art mag das Fließbandverfahren tatsächlich die ergiebigste Organisationsform der menschlichen Arbeit darstellen; aber in diesen Fällen stellt die Verwendung von menschlicher Arbeit als solcher schon einen Fehler dar. Arbeit dieser Art sollte überhaupt nicht als Arbeit für Menschen, sondern als Arbeit für Maschinen organisiert werden. Alle anderen Arbeiten aber - und das heißt der Großteil der in der Produktion zu leistenden Arbeit und alle Arbeit, die sich im Gefolge der Automation ergibt - sind so zu organisieren, daß mehrere Handgriffe oder Tätigkeiten zu einem Ganzen zusammengefaßt werden.

Es gibt also nicht nur einen Grundsatz, sondern zwei. Der eine - für die mechanische Arbeit geltende - ist die Automation. Der andere - für die menschliche Arbeit geltende - ist die Integration.

Aufgaben der Manager von morgen

Die neuen Forderungen verlangen, daß der Manager von morgen sieben neue Aufgaben erfüllen muß:

1. Er muß das Unternehmen leiten, indem er Ziele setzt.
2. Er muß größere Risiken und diese für längere Zeiträume übernehmen. Und die damit verbundenen Entscheidungen werden auf tieferen Ebenen zu treffen sein. Der Manager muß daher imstande sein, das einzelne Risiko abzuschätzen, die günstigste Risikomöglichkeit zu wählen, im vorhinein klarzustellen, was er erwartet und sein daraus sich ergebendes Verhalten zu „kontrollieren", je nachdem ob die Ereignisse seinen Erwartungen entsprechen oder nicht.
3. Er muß fähig sein, strategische Entscheidungen zu treffen.

4. Er muß in der Lage sein, ein integriertes Team aufzubauen, bei dem jedes Glied imstande ist, selbständig zu arbeiten und seine eigene Leistung, seine eigenen Ergebnisse an den gemeinsamen Zielen zu messen. Und mit der Entwicklung von Managern, die den Anforderungen von morgen gewachsen sind, stehen wir vor einer gewaltigen Aufgabe.

5. Er wird imstande sein müssen, Informationen schnell und klar verständlich weiterzugeben. Er wird imstande sein müssen, seinen Leuten Arbeitsimpulse zu vermitteln. Er muß - anders ausgedrückt - imstande sein, die verantwortliche Mitarbeit anderer Manager, der wissenschaftlichen Mitarbeiter und aller übrigen im Unternehmen Tätigen zu erreichen.

6. Bisher ist vom Manager nur verlangt worden, daß er mit einer oder auch mit einigen Funktionen vertraut war. Das wird in Zukunft nicht mehr ausreichen. Der Manager von morgen wird imstande sein müssen, das Unternehmen als Ganzes zu sehen und seine eigene Funktion darin einzugliedern.

7. Bisher brauchte der Manager nur einige wenige Produkte, nur einen Industriezweig zu kennen. Auch das wird künftig nicht mehr ausreichen. Der Manager von morgen wird imstande sein müssen, sein Produkt und seinen Industriezweig mit allem übrigen in Beziehung zu setzen, festzustellen, was davon für ihn bedeutsam ist und es bei seinen Entscheidungen und seinem Handeln in Rechnung zu stellen. Und immer mehr wird der Manager von morgen die Entwicklungen außerhalb seines eigenen Marktes, außerhalb seines Landes in seinen Gesichtskreis einbeziehen müssen. Immer besser wird er lernen müssen, die wirtschaftliche, politische und soziale Entwicklung im Weltmaßstab zu sehen und seine eigenen Entscheidungen durch die Entwicklungen in der Welt bestimmen zu lassen.

Entgelt und Leistung

Wenn man wegen schlechter Leistungen entlassen werden kann, dann muß man auf Grund besonderer Leistungen auch reich werden können. Das Entgelt muß also in direkter Beziehung zu den für den betreffenden Posten geltenden Zielsetzungen stehen. Es ist eine Fehlleitung übelster Art, einem Manager zu sagen, er habe seine Maßnahmen so zu gestalten, daß sie die Rentabilität des Unternehmens in der fernen Zukunft sichern, während seine Bezahlung auf die unmittelbaren kurzfristig erzielbaren Erträge abgestellt wird.

Erfolgsmessung bei Neuerungen

Das Management darf niemals vergessen, daß Neuerungen sich langsam vollziehen. Viele Unternehmungen verdanken ihre heutige führende Stellung der Tätigkeit einer Generation, die vielleicht fünfundzwanzig Jahre lang auf die Belohnung ihrer Mühen warten mußte. Viele Unternehmungen, die der Öffentlichkeit heute noch unbekannt sind, werden auf Grund ihrer Neuerungen von heute in ihrem Industriezweig morgen führend sein. Das erfolgreiche Unternehmen ist stets in Gefahr, zu verspießern und von dem Fettpolster an Neuerungen zu leben, das eine frühere Generation angereichert hat. Aus diesem Grunde ist auf diesem Gebiet ein Index besonders nötig, durch den Tätigkeit und Erfolge gemessen werden.

Flache Hierarchien

Die Organisation soll so wenig Rangstufen wie irgend möglich aufweisen und die Befehlskette so kurz wie möglich schmieden. Jede zusätzliche Rangstufe verzerrt die Zielsetzungen und lenkt die Aufmerksamkeit in die falsche Richtung. Jedes Glied mehr in der Kette schafft zusätzliche Schwierigkeiten und eine neue Möglichkeit des Beharrens in dem Trott der Schlaffheit und zusätzlicher Reibungen.

Förderalistische Dezentralisierung

Wo immer es möglich ist, sind die verschiedenen Tätigkeiten nach dem Grundsatz der „förderalistischen Dezentralisation" zu integrieren, das heißt als selbständige Produktionseinheiten, jede mit ihrem eigenen Markt und Erzeugnis, jede selbstverantwortlich für Gewinn und Verlust. Wo das nicht möglich ist, sind sie „funktionell zu dezentralisieren", das heißt die einzelnen größeren Gebiete der Unternehmenstätigkeit bilden integrierte Einheiten mit einem Höchstmaß von Verantwortlichkeit.

Führende Industrienation der Zukunft

Ich neige zu der Ansicht, daß die Automation uns nicht wie eine Flut überschwemmen, sondern allmählich, wenn auch unaufhaltsam einsickern wird. Aber darüber, daß sie kommt, kann kein Zweifel bestehen. Kein Zweifel kann auch darüber bestehen, daß dasjenige Industrieland, das die Automation als erstes begreift und planmäßig anwendet, in der zweiten Hälfte des 20. Jahrhunderts in bezug auf Produktivität und Wohlstand ebenso führend in der Welt sein wird, wie es die Vereinigten Staaten in der ersten Hälfte dieses Jahrhunderts gewesen sind, weil sie die Bedeutung der Massenproduktion erkannt und diese verwirklicht hatten. Und noch weniger kann ein Zweifel daran bestehen, daß dies dasjenige Land sein wird, dessen Management die ganze Bedeutung der Betriebsführung erkennt, begreift und praktisch durchsetzt.

Führung durch Zielsetzung

Zielsetzungen sind unerläßlich in allen Bereichen, deren Leistungen und Ergebnisse unmittelbare und entscheidende Auswirkungen auf den Bestand und das Gedeihen des Unternehmens haben. Das sind diejenigen Gebiete, die von jeder Entscheidung des Management betroffen werden und die daher auch bei jeder derartigen Entscheidung zu berücksichtigen sind. Sie entscheiden darüber, was Unternehmensführung konkret bedeutet. Sie „buchstabieren die Ziele zusammen", deren Erreichung das Unternehmen anstreben muß, sowie die Forderungen, die erfüllt sein müssen, damit das Ziel mit Erfolg angestrebt werden kann.

Zielsetzungen in diesen Schlüsselbereichen befähigen uns zu fünferlei: die ganze Fülle der wirtschaftlichen Erscheinungen in wenigen allgemeinen Sätzen zusammenzufassen und zu erläutern; diese Behauptungen anhand der täglichen Erfahrungen zu überprüfen; das erforderliche Verhalten vorherzusagen; die Tragfähigkeit von Entscheidungen bereits in dem Augenblick abschätzen zu können, in dem sie getroffen werden; die im Unternehmen Tätigen instand zu setzen, ihre eigenen Erfahrungen zu analysieren und so ihre Leistung zu verbessern.

Führung von Führungskräften

Die grundlegenden Probleme der Ordnung, Struktur, Ausrichtung und Führung des Unternehmens müssen gelöst werden durch die Führung der Führungskräfte. Die Führungskräfte sind der wichtigste Produktionsfaktor des Unternehmens und der knappste...

Wie gut die Manager geführt werden, entscheidet darüber, ob das Unternehmen seine Ziele erreicht. Von der guten Führung der Manager hängt es auch ab, ob die arbeitenden Menschen und ihre Arbeit gut geführt werden. Denn ihre Haltung spiegelt vor allem die Haltung des Management wider, ja, sie ist das unmittelbare Spiegelbild der Leistungsfähigkeit und Beschaffenheit des Management.

Gleichgewicht von Gegenwart und Zukunft

Das Management muß stets beides berücksichtigen, die Gegenwart und die langfristige Zukunft. Ein Management-Problem ist nicht gelöst, wenn augenblickliche Gewinne mit einer Gefährdung der langfristigen Rentabilität, ja vielleicht des Bestandes der Gesellschaft erkauft werden. Es würde eine unverantwortliche Entscheidung treffen, wollte es die gegenwärtige Existenz um einer großartigen Zukunft willen aufs Spiel setzen.

Der nur allzu häufige Fall, daß eine Unternehmensführung große wirtschaftliche Erfolge aufzuweisen hat, solange sie an der Spitze steht, aber bei ihrem Ausscheiden einen ausgebrannten und rasch sinkenden Rumpf zurückläßt, ist ein Beispiel für verantwortungsloses unternehmerisches Handeln, das sich nicht um das Gleichgewicht von Gegenwart und Zukunft kümmert. Die „wirtschaftlichen Erfolge" in der Gegenwart sind dann in Wahrheit nur Schall und Rauch und durch Raubbau am Kapital erzielt worden. Überall da, wo nicht sowohl auf die Gegenwart wie auf die Zukunft Rücksicht genommen wird, wo die Ansprüche der einen mit denen der anderen nicht in Übereinstimmung oder doch wenigstens ins Gleichgewicht gebracht werden, ist das Kapital, sind die ertragsbringenden Produktionsmittel gefährdet, angeschlagen oder vernichtet.

Grundsätze der Managerausbildung

Erster Grundsatz der Manager-Ausbildung muß sein: Ausbildung des gesamten Management. Wir verwenden viel Zeit, Geld und Kraft darauf, die Leistung eines Generators um 5 Prozent zu steigern. Wahrscheinlich würde es sehr viel weniger Zeit, Geld und Kraft erfordern, die Leistung der Manager um 5 Prozent zu erhöhen - und der daraus sich ergebende Zuwachs an Leistungskraft würde erheblich größer sein.

Zweiter Grundsatz: Die Manager-Ausbildung muß dynamisch sein. Niemals darf sie sich darauf beschränken, Ersatz für Heutiges zu bieten: für die Manager von heute, für ihre Aufgaben, ihre Fähigkeiten. Stets muß sie auf die Forderungen von morgen ausgerichtet sein. Welche Form der Organisation wird erforderlich, um die Ziele von morgen zu erreichen? Welche Tätigkeiten werden sich daraus ergeben? Welcher Fähigkeiten wird der Manager bedürfen, um den Anforderungen von morgen zu entsprechen? Welche zusätzlichen Fertigkeiten wird er sich aneignen, über welche Gaben und Kenntnisse wird er verfügen müssen?

Hauptaufgabe des Managements

Bei jeder seiner Entscheidungen, bei jeder Handlung muß für das Management die Erfüllung seiner wirtschaftlichen Aufgabe der entscheidende Gesichtspunkt sein. Allein die wirtschaftlichen Ergebnisse, die es erzielt, vermögen sein Dasein und seine Geltung zu rechtfertigen. Es mag große Leistungen nicht-wirtschaftlicher Art vollbringen: das Wohlbefinden der bei ihm Beschäftigten, den Betrag, den es zum Gedeihen seiner Gemeinde leistet, usw. usw. Trotzdem hat das Management versagt, wenn es ihm nicht gelingt, seine wirtschaftliche Aufgabe zu erfüllen. Und das ist der Fall, wenn es nicht imstande ist, Waren und Dienste, die der Verbraucher verlangt, zu Preisen zu liefern, die er bereit ist zu zahlen. Es hat versagt, wenn es nicht in der Lage ist, die Wohlstand schaffenden Möglichkeiten der ihm anvertrauten Produktionsfaktoren wenn nicht zu vergrößern, so doch wenigstens zu erhalten.

Humanisierung der Arbeit

Die Arbeit muß stets eine Herausforderung für den Arbeitenden enthalten. Nichts widerspricht der Natur des Menschen mehr als der übliche Versuch, die „durchschnittliche Arbeitsbelastung" für den „durchschnittlichen Arbeiter" zu finden. Diese ganze Vorstellung beruht auf einer längst widerlegten Psychologie, die das Lerntempo mit der Lernfähigkeit gleichsetzte. Sie beruht ferner auf einer längst widerlegten Psychologie, die das Lerntempo mit der Lernfähigkeit gleichsetzte. Sie beruht ferner auf der Vorstellung, daß der Arbeiter um so produktiver sei, je weniger er zu kontrollieren habe, je weniger er beteiligt sei - das aber ist ein völliges Mißverständnis des Produktionsfaktors Mensch. Vor allem aber liegt dem Gedanken der durchschnittlichen Arbeitsleistung unvermeidlich die Vorstellung zugrunde, die unter Durchschnitt versteht, was jeder nicht körperlich oder geistig behinderte Mensch leisten kann. Der Mensch, der gerade eben normal ist, aber weder Eignung noch Liebe für seine Arbeit hat, wird zum Maß aller Dinge, seine Leistung zur Norm. Und die Arbeit des Menschen wird zu einer Angelegenheit, die weder Können, noch Anstrengung, noch Denken verlangt, die keinen Anreiz bietet und keinen Unterschied macht zwischen dem Hochqualifizierten und dem Halbidioten.

Innovation als Aufgabe des Unternehmens

Es reicht nicht aus, daß das Unternehmen Güter liefert, die gerade so eben dem Anspruch auf Wirtschaftlichkeit genügen; es muß vielmehr immer noch bessere und immer noch wirtschaftlichere Güter liefern. Es ist nicht nötig, daß ein Unternehmen größer wird; aber es ist nötig, daß es laufend besser wird.

Die Neuerung kann die Form niedrigerer Preise haben - die Form, mit der die Wissenschaft sich am meisten beschäftigt hat - aus dem einfachen Grunde, weil sie die einzige ist, die sie mit ihren quantitativen Methoden erfassen kann. Aber sie kann auch in einem neuen, besseren Erzeugnis bestehen (selbst zu einem höheren Preis), einer neuen Annehmlichkeit oder der Begründung eines neuen Bedürfnisses. Sie kann in der Schaffung neuer Verwendungsmöglichkeiten für vorhandene Produkte bestehen. Ein Verkäufer, dem es gelingt, den Eskimos Kühlschränke zu verkaufen, um dadurch ihre Lebensmittel vor dem Erfrieren zu schützen, ist ebenso ein „Neuerer", wie wenn er ein funkelnagelneues Verfahren entwickelt oder ein neues Produkt erfunden hätte. Den Eskimos Kühlschränke verkaufen, um die Nahrungsmittel kalt zu halten, bedeutet einen neuen Markt erschließen; aber einen Kühlschrank zu verkaufen, um zu verhindern, daß die Lebensmittel zu kalt werden, bedeutet wirklich die Schaffung eines neuen Produktes. Technisch gesehen ist es natürlich das alte Produkt; wirtschaftlich dagegen ist etwas Neues entstanden.

Neuerungen muß es auf allen Stufen geben: neue Entwürfe, neue Erzeugnisse, neue Methoden des Absatzes. Neuerungen im Preis oder im Kundendienst. Neuerungen in der Organisation des Managements oder in seiner Arbeitsweise. Es kann auch eine neue Versicherungsart sein, die dem Unternehmer die Möglichkeit der Übernahme neuer Risiken gibt. Die erfolgreichsten Neuerungen der amerikanischen Industrie in den letzten Jahren sind wahrscheinlich nicht die vielberufenen elektronischen oder chemischen Produkte und Verfahren, sondern Neuerungen im Ablauf des Materialflusses.

Kommunikation

Der Manager hat ein besonderes Werkzeug: die Information. Er „handhabt" seine Mitarbeiter nicht; er bietet ihnen Motive, führt sie, organisiert sie, damit sie ihre Arbeit tun können. Sein Werkzeug - sein einziges Werkzeug -, das er für all dies zur Verfügung hat, ist das gesprochene oder geschriebene Wort oder die Sprache der Zahlen. Wo der Manager auch tätig ist, in der Konstruktion, im Rechnungswesen oder im Verkauf - sein Erfolg hängt davon ab, ob er zuhören und lesen, sprechen und schreiben kann. Er muß imstande sein, anderen seine Gedanken zu vermitteln und andererseits herauszufinden, worum es anderen Menschen geht.

Management: Wissenschaft und Praxis

Es wird niemals eine exakte Wissenschaft vom Management geben. Gewiß läßt sich die Arbeit des Managers systematisch erforschen und einordnen; mit anderen Worten, es gibt spezifische Berufsmerkmale, und das Management hat auch eine wissenschaftliche Seite. Die Unternehmensführung ist auch keineswegs nur eine Sache des Gefühls oder einer angeborenen Begabung. Ihre Bestandteile und die Anforderungen, die sie stellt, lassen sich analysieren und systematisch organisieren, sie sind für jeden normal Begabten erlernbar. Das ganze vorliegende Buch beruht geradezu auf der Behauptung, daß die Tage der „intuitiv" aus dem Gefühl heraus arbeitenden Manager gezählt sind. Es beruht auf der Voraussetzung, daß die Möglichkeit für den Manager besteht, seine Leistung auf allen Gebieten des Managements einschließlich der Leitung des Unternehmens zu verbessern durch das planmäßige Studium seiner Grundgesetze, die Aneignung systematischen Wissens und die systematische Untersuchung seiner eigenen Tätigkeit auf allen ihren Gebieten und in allen Rängen. Es kann gar keinen besseren Weg für ihn geben, seine Fähigkeiten und seine Leistungen zu steigern. Und dieser Abhandlung liegt die Überzeugung zugrunde, daß die Bedeutung des Managers für die moderne Gesellschaft so groß ist, daß man von ihm die gleiche Selbstzucht erwarten muß und in bezug auf seine Leistungen für die Öffentlichkeit für ihn die gleichen hohen Maßstäbe zu gelten haben wie für den Beamten.

Trotz und alledem hat das Management seine eigentliche Bewährung durch seine wirtschaftliche Leistung zu erbringen. Zwangsläufig ist die Bewährung in der Praxis - stärker als theoretisches Wissen - gleichzeitig Prüfstein und Ziel seines Handelns. Anders ausgedrückt ist Management mehr eine Praxis als eine Wissenschaft oder ein Beruf im üblichen Sinne, wenn es auch Elemente beider enthält.

Marketing-Revolution

Die Revolution, die sich in der amerikanischen Wirtschaft seit 1900 vollzogen hat, war zu einem großen Teil eine Revolution des Absatzes („marketing revolution"), herbeigeführt, weil das amerikanische Management die Verantwortung für eine schöpferische, angriffslustige, bahnbrechende Absatzpolitik übernahm. Fünfzig Jahre früher war die typische Einstellung des amerikanischen Unternehmers zum Absatzproblem gewesen: „Die Verkaufsabteilung hat zu verkaufen, was wir erzeugen". Heute heißt es mehr und mehr: „Wir müssen erzeugen, was der Markt braucht."...„Marketing" bedeutet nicht nur sehr viel mehr als Verkaufen, es ist überhaupt keine eigene Tätigkeit. Die Absatzpflege umfaßt vielmehr das gesamte Unternehmen. Es ist das ganze Unternehmen, vom Endergebnis, das heißt vom Standpunkt des Verbrauchers aus gesehen. Der Gesichtspunkt des Absatzes und die Verantwortlichkeit für den Absatz muß daher sämtliche Bereiche des Unternehmens durchdringen.

Marktanteil

„Es kümmert uns nicht, wie hoch unser Marktanteil ist, solange es mit dem Verkauf aufwärts geht". Das kann man recht häufig hören. Es klingt recht einleuchtend, hält jedoch einer gründlichen Untersuchung nicht stand. Der Umfang der Verkäufe als solcher besagt wenig über die Leistung, das Ergebnis oder die Zukunft des Unternehmens. Sein Absatz mag steigen - und in Wirklichkeit kann das Unternehmen doch auf einen raschen Zusammenbruch zusteuern. Der Absatz mag rückläufig sein - und der Grund dafür braucht durchaus nicht in der Unzulänglichkeit der Verkaufsbemühungen zu liegen, sondern darin, daß es sich um ein absterbendes Gebiet handelt und man besser daran täte, eine rasche Änderung vorzunehmen.

Menschenführung und Arbeitsorganisation

Die eigentliche Aufgabe des Management ist die Führung der Arbeitenden und die Organisation der Arbeit. Arbeit muß geleistet werden; und das Mittel dazu sind die Arbeiter - vom Ungelernten bis zum höchstqualifizierten Facharbeiter, vom Karrenschieber bis zum Vorstandsmitglied. Das erfordert eine Organisation der Arbeit, die sie dem Menschen so weit wie möglich anpaßt, und eine Organisation der Arbeitenden, die sie so produktiv und ertragreich wie möglich arbeiten läßt. Es erfordert Überlegungen über den Produktionsfaktor Mensch als eines Wesens mit besonderen physiologischen Eigenschaften, Fähigkeiten und Grenzen, die nicht weniger Berücksichtigung verlangen als die spezifischen Eigenschaften irgendeines anderen Produktionsmittels, etwa des Kupfers. Es erfordert die Berücksichtigung der Tatsache, daß es sich um Menschen handelt, die zum Unterschied von allen anderen Produktionsmitteln Persönlichkeiten und Staatsbürger sind, die ihre Arbeit selbst kontrollieren, und bei denen es deshalb nicht ohne Begründungen, Anteilnahme, Lob und Anerkennung, nicht ohne Vorgesetzte und Untergebene abgeht. Alle diese Forderungen kann allein das Management erfüllen. Denn die Arbeit muß die Menschen befriedigen, sie müssen ihre Befriedigung also innerhalb des Unternehmens finden; und das Management, die Vorgesetzten aller Ränge sind das Organ, das für das Unternehmen handelt.

Mindestgewinn

Der Gewinn dient drei Zwecken. Er ist der Maßstab für den Ertrag und die Richtigkeit der geschäftlichen Anstrengungen. Er ermöglicht den eigentlichen Test auf den geschäftlichen Erfolg. Er ist ferner die „Risikoprämie", welche die Kosten des erforderlichen Aufwandes deckt, um überhaupt auf dem Markt zu bleiben, der das Risiko der Wiederbeschaffung, des Ersatzes veralteter Einrichtungen und der Marktunsicherheit deckt.

Unter diesem Gesichtspunkt gibt es überhaupt nicht so etwas wie „Gewinn", es gibt nur „Kosten, um auf dem Markt zu sein" und „Kosten, um auf dem Markt zu bleiben". Und die Aufgabe des Unternehmens besteht darin, einen zur Deckung dieser „Kosten, um auf dem Markt zu bleiben" ausreichenden Gewinn zu erwirtschaften - was nur zu wenige Unternehmen tun.

Schließlich dient der Gewinn zur Sicherung des künftigen Kapitalbedarfs, sei es unmittelbar, indem die Mittel durch Selbstfinanzierung aus einbehaltenem Gewinn beschafft werden, sei es mittelbar durch die Schaffung ausreichender Anreize für neues Fremdkapital in der für die Erreichung der Unternehmensziele günstigsten Form.

Keine dieser drei Gewinnfunktionen hat irgend etwas zu tun mit der „höchstmöglichen Gewinnerzielung" der Theoretiker. Die beiden letzten sind vielmehr „Mindest"-Konzepte; es geht dabei nämlich um das Minimum an Gewinn, das für den Fortbestand und das Gedeihen des Unternehmens erforderlich ist. Bei der Zielsetzung für die Ertragsgestaltung geht es darum nicht um den höchsten Gewinn, den das Unternehmen erzielen kann, sondern um den Mindestgewinn, den es erzielen muß.

Organisation als Mittel zum Zweck

Organisation ist ja kein Selbstzweck, sondern nur ein Mittel zur Erzielung von Leistungen und zum Erfolg. Sie ist ein unentbehrliches Mittel; und eine falsche Art der Organisation wird die Unternehmensleistung schwer beeinträchtigen, ja kann sie sogar zerstören. Trotzdem kann der Ausgangspunkt für eine Untersuchung der Organisation nicht die Organisationsart sein. Er muß vielmehr die Analyse des Unternehmens bilden. Die erste Frage muß daher lauten: Welches ist unsere Aufgabe, und welches sollte sie sein? Der Aufbau der Organisation muß so gestaltet werden, daß er das Erreichen der Unternehmensziele für die Dauer der nächsten fünf, zehn, fünfzehn Jahre möglich macht.

Produktionsfaktor Mensch

Die Verbesserung der menschlichen Leistungsfähigkeit und Leistungsbereitschaft stellt die größte Möglichkeit der Verbesserung der wirtschaftlichen Leistung und des wirtschaftlichen Erfolges dar. Der Produktionsfaktor Mensch, der ganze Mensch, ist von allen uns gegebenen Produktionsfaktoren der produktivste, der vielseitigste und reichste.

Produktivität und Handarbeit

Produktivität bedeutet jenes Gleichgewicht sämtlicher Produktionsfaktoren, das bei geringstem Aufwand das größte Ergebnis erbringt. Das ist etwas völlig anderes als die Produktivität je Arbeiter oder je Arbeitsstunde; bestenfalls sind diese herkömmlichen Maßstäbe ihr schwaches, unbestimmtes Spiegelbild. Denn diese Maßstäbe beruhen noch immer auf dem Aberglauben des 18. Jahrhunderts, letzten Endes sei die Handarbeit der einzige wirklich produktive Produktionsfaktor, die Handarbeit der einzige wirkliche „Aufwand". Sie sind noch heute ein Ausdruck des mechanistischen Mißverständnisses - dessen letztes bedeutendes Opfer Marx gewesen ist und wodurch er die marxistische Lehre für immer geschwächt hat -, daß alle menschliche Leistung schließlich und endlich als Muskelaufwand meßbar sei. Aber wenn wir irgend etwas sicher wissen, dann ist es dies, daß in der modernen Wirtschaft höhere Produktivität niemals durch Muskelkraft erreicht wird. In Wirklichkeit wird sie sogar niemals vom Arbeiter erreicht. Sie ist stets das Ergebnis der Ausschaltung von Muskelkraft, indem man irgend etwas anderes an die Stelle des Arbeiters setzt.

Prognosen

Das Management hat gar keine andere Wahl, als zu versuchen, sich ein Bild von der künftigen Entwicklung zu machen, zu versuchen, die Zukunft zu gestalten und ein Gleichgewicht zwischen kurz- und langfristigen Zielen herzustellen. Diese Dinge vollkommen zu tun, ist uns Sterblichen nicht gegeben. Aber mangels göttlicher Führung muß das Management dafür sorgen, daß diese schwierigen Verantwortungen nicht übersehen oder vernachlässigt, sondern so gut wahrgenommen werden, wie es eben menschenmöglich ist.

Voraussagen über fünf, zehn, fünfzehn Jahre können stets nur Mutmaßungen sein. Trotzdem besteht ein Unterschied zwischen einer „begründeten Mutmaßung" und einer „dunklen Ahnung", zwischen einer Mutmaßung, die sich auf eine vernünftige Abschätzung der Möglichkeiten gründet und einer Mutmaßung, die ganz einfach auf ein Lotteriespiel hinausläuft.

Selbstkontrolle

Der größte Vorzug der Führung durch Aufgabenstellung und Zielsetzung ist vielleicht, daß der Manager durch sie die Möglichkeit erhält, seine eigene Leistung zu überprüfen. Selbstkontrolle bedeutet einen stärkeren Antrieb: den Wunsch, das Beste zu leisten und nicht nur gerade das Nötigste. Es bedeutet höhere Leistungsziele und einen erweiterten Gesichtskreis. Selbst wenn das Management durch Aufgabenstellung und Zielsetzung nicht nötig wäre im Interesse der Einheitlichkeit der Leistung und der Arbeit des Management, wäre sie doch nötig, um dem Management die Möglichkeit der Selbstkontrolle zu geben.

Es mag Unternehmen geben, bei denen die Führungskräfte nicht sagen: „Der einzige Weg, wie man hier irgend etwas erreichen kann, ist, die Leute unter Druck zu setzen." Doch im allgemeinen ist „Führen durch Feldzüge" eher die Regel als die Ausnahme. Daß spätestens drei Wochen, nachdem der Druck vorüber ist, alles wieder in den status quo ante zurückfällt, wissen alle und rechnen offenbar damit. Das einzige Ergebnis etwa einer „Sparkampagne" wird sein, daß eine Anzahl Boten und Schreibkräfte entlassen werden und daß hochbezahlte Angestellte ihre Zeit damit verbringen müssen, ihre Briefe selbst zu tippen...

Management durch „Feldzüge" ist ebenso wie Management „mit Gebrüll und Schlachterbeil" ein sicheres Zeichen des Durcheinander. Es ist ein Zugeständnis der Unfähigkeit, ein Zeichen, daß das Management nicht zu planen versteht. Vor allem aber ist es ein Zeichen dafür, daß das Unternehmen nicht weiß, was es von seinen Managern verlangen soll - daß es sie, weil es sie nicht richtig zu führen vermag, in die Irre führt.

Teamgeist

Obwohl die Manager Einzelpersönlichkeiten sind, müssen sie doch als Team zusammenarbeiten, und eine solche Gruppe hat stets ihren besonderen Charakter. Obwohl sie aus verschiedenartigen Persönlichkeiten besteht, mit eigenen Auffassungen, eigenen Methoden, eigener Haltung und eigenen Leistungen, ist dieser Charakter doch irgendwie ein gemeinsamer. Er besteht weiter, auch wenn die Männer, die ihn begründeten, längst nicht mehr da sind. Die Gruppe prägt das Benehmen und die Haltung der neu Hinzukommenden. Sie bestimmt weitgehend darüber, wer erfolgreich sein wird. Sie bestimmt darüber, ob die Organisation die hervorragende Leistung oder das Streben nach dem sicheren Hafen friedlicher Mittelmäßigkeit anerkennt und belohnt. Ja, sie hat es in der Hand, ob jemand wächst oder verkümmert, ob ihre Angehörigen aufrecht und gerade stehen oder ob sie verkrüppelte Mißgestalten werden. Herrscht ein mittelmäßiger Geist, so wird er auch mittelmäßige Manager erzeugen; ein großzügiger Geist aber wird auch großzügige Manager hervorbringen. Es ist daher eine wichtige Forderung bei der Führung der Führungskräfte, den richtigen Geist zu schaffen.

„Theorie" der Organisation

Bis weit ins 17. Jahrhundert hinein war die Chirurgie nicht Sache der Ärzte, sondern der Barbiere, die - ungeschult und ungebildet - alles an Martern anwendeten, was sie während ihrer Lehrzeit aufgeschnappt hatten. Die Ärzte - ihren Eid, niemandem körperliche Verletzungen beizubringen, ganz und gar wörtlich nehmend - waren zu „moralisch" zum Schneiden, und man erwartete nicht einmal von ihnen, daß sie die Aufsicht übernahmen. Doch wenn der Eingriff nach den geltenden Vorschriften durchgeführt wurde, dann stand ihm ein ausgebildeter Arzt vor, der - weit ab vom Schuß auf einem Katheder sitzend - aus einem lateinischen Klassiker vorlas, was der Barbier zu tun hatte (wovon der Barbier natürlich nicht das geringste verstand). Überflüssig zu sagen, daß es stets Schuld des Barbiers war, wenn der Patient starb, jedoch stets das Verdienst des Arztes, wenn er am Leben blieb. Und auf jeden Fall bekam der Arzt das höhere Honorar.

Es besteht eine gewisse Ähnlichkeit zwischen dem Stand der Chirurgie vor vierhundert Jahren und dem Stand der Theorie der Organisation, jedenfalls bis vor kurzem. Es fehlt nicht an Büchern über dieses Gebiet, ja, die Theorie der Organisation ist sogar der Hauptgegenstand, der unter dem Thema „Management" an vielen unserer Wirtschaftshochschulen gelehrt wird. Diese Bücher enthalten viel Wichtiges und Wertvolles, ähnlich wie die klassischen Lehrbücher der Chirurgie. Doch die Empfindungen des praktisch tätigen Managers sind nur allzu oft die gleichen, wie der Barbier sie gehabt haben muß.

Unternehmenswachstum

Sobald das Unternehmen größer wird, hat die oberste Führung in ganz anderen Zeiträumen zu denken; je größer es wird, um so weiter in die Zukunft hat sie zu handeln. Das Verhältnis zwischen der Stellung von Aufgaben und ihrer Durchführung wird anders; je größer das Unternehmen wird, um so mehr wird die Leitung sich mit der Zielsetzung zu befassen haben und um so weniger mit den einzelnen Schritten zur Erreichung dieser Ziele. Auch die Beziehungen innerhalb des Management müssen sich wandeln. Je größer das Unternehmen wird, um so weniger kann sich die Unternehmensspitze mit den Beziehungen nach unten befassen, um so mehr wird sie bemüht sein müssen, die Verbindungen nach oben, nämlich der unteren Ränge zu sich selbst, auszubauen.

Wesen des Managements

Im Management verkörpern sich grundsätzliche Überzeugungen der modernen Gesellschaft westlicher Prägung. Es verkörpert den Glauben an die Möglichkeit, den Lebensunterhalt der Menschen durch eine planmäßige Organisation der Produktionsfaktoren zu sichern. In ihm verkörpert sich der Glaube, daß wirtschaftliche Veränderungen zu mächtigen Antriebskräften für eine Verbesserung der Lebensbedingungen und für soziale Gerechtigkeit gemacht werden können - daß, wie Jonathan Swift es vor zweihundertfünfzig Jahren vielleicht etwas überspitzt ausgedrückt hat, derjenige, dem es gelingt, zwei Grashalme wachsen zu lassen, wo vorher nur einer wuchs, der Menschheit einen besseren Dienst leistet als irgendein „spekulativer" Philosoph oder der Begründer eines neuen metaphysischen Systems.

Zeichen schlechter Organisation

Ein deutliches Zeichen für schlechte Organisation ist die Zunahme der Rangstufen beim Management - ein Zeichen von schlechten oder unklaren Zielsetzungen, ein Zeichen, daß man versäumt, Kräfte mit ungenügenden Leistungen zu entlassen, ein Zeichen für zu starke Zentralisation oder für das Fehlen ausreichender Untersuchungen für einzelne Tätigkeiten. Ein Zeichen für schlechte Organisation ist auch, wenn es nicht ohne sogenannte „Verbindungsstellen ", „Koordinatoren" oder „Assistenten" geht, die keine eigene, klar abgegrenzte Verantwortung haben, sondern ihren Vorgesetzten bei seiner Arbeit unterstützen sollen. Ein Beweis für schlechte Organisation ist es auch, wenn besondere Maßnahmen zur Koordination der verschiedenen Tätigkeiten und zur Schaffung von Beziehungen zwischen den Managern erforderlich sind, etwa Koordinierungsausschüsse, endlose Sitzungen, hauptamtliche Verbindungsleute usw.

Ein beredtes Symptom ist auch die Neigung, irgendwelche „Kanäle zu benutzen", anstatt sich unmittelbar an den Mann zu wenden, der über die benötigten Informationen oder Ideen verfügt oder über etwas unterrichtet werden muß. Das ist besonders bedenklich bei funktionaler Organisation, weil es die ihr ohnehin innewohnende Neigung, mehr an die Funktion als an das Unternehmen zu denken, noch verstärkt. Es fördert die Isolierung, und die funktionale Organisation wirkt selbst bei größter Dezentralisation an sich schon isolierend. Die „Benutzung von Kanälen" ist nicht nur ein Symptom schlechter Organisation, sondern ihre Ursache.

Schließlich muß das Management - unabhängig von Organisationsform und -struktur - auf der Hut vor einer gefährlichen, lähmenden, ihm eingeborenen Krankheit sein, nämlich einem einseitigen Altersaufbau.

Zeitnutzung

Die Manager sind dauern auf der Jagd nach irgendeinem trügerischen Allheilmittel für ihre Zeitnot, mag es ein Kurs für schnelleres Lesen, die Beschränkung der Berichte auf eine einzige Seite, die schematische Begrenzung aller Unterredungen auf fünfzehn Minuten sein. All das ist pure Quacksalberei und letzten Endes nichts als Zeitverschwendung. Es gibt jedoch eine Möglichkeit, den Manager zu einer vernünftigen Einteilung seiner Zeit zu bringen.

Manager, die ihre Zeit zu nutzen verstehen, können durch richtige Planung gute Ergebnisse erzielen. Sie sind bereit zu denken, bevor sie handeln. Sie verwenden einen großen Teil ihrer Zeit dazu, um diejenigen Bereiche zu durchdenken, wo Ziele gesetzt werden müssen, und noch sehr viel mehr darauf, sich Gedanken über die ständig wiederkehrenden Probleme zu machen.

Zweck des Unternehmens

Wenn wir wissen wollen, was ein Unternehmen ist, dann müssen wir als erstes nach seinem Zweck fragen. Und dieser Zweck muß außerhalb desselben, er muß in der Gesellschaft liegen, da das Unternehmen ja ein Organ der Gesellschaft ist. Es gibt aber nur eine einzige richtige Definition des Unternehmenszweckes, nämlich die Schaffung von Absatzmärkten. Märkte sind nicht von Gott gegeben, nicht von der Natur und auch nicht von irgendwelchen wirtschaftlichen Kräften geschaffen, sondern es ist der Unternehmer, der sie schafft. Es kann sein, daß der Kunde den Bedarf, den der Unternehmen deckt, bereits empfunden hat, bevor ihm die Möglichkeit geboten wurde, ihn zu befriedigen. Er mag sogar, wie etwa das Verlangen nach Nahrung während einer Hungersnot, das Leben des Verbrauchers völlig bestimmt und alle seine wachen Stunden beherrscht haben. Aber es war ein rein theoretischer Bedarf; erst wenn er durch unternehmerisches Handeln zur wirksam in Erscheinung tretenden Nachfrage wird, wird er zum Kunden, zum Markt. Es kann sich aber auch um einen vorher noch nicht empfundenen Bedarf handeln. Vielleicht war überhaupt noch kein Bedürfnis vorhanden, bis es vom Unternehmer geweckt wurde - durch Werbung, durch Vertreter, durch Erfindung von etwas Neuem. In jedem Falle ist es das unternehmerische Handeln, das den Kunden schafft. Es ist also der Käufer, der darüber bestimmt, was ein Unternehmen ist. Denn der Käufer und er allein verwandelt Produktionsfaktoren in Wohlstand, Dinge in Waren, wenn er bereit ist, für eine Ware oder einen Dienst etwas zu bezahlen. Was das Unternehmen herzustellen gedenkt, ist nicht das Wichtigste - vor allem nicht für seine Zukunft und seine Erfolge. Was der Kunde zu kaufen gedenkt, was ihm „wertvoll" erscheint, ist entscheidend - davon hängt ab, was ein Unternehmen ist, was es produziert und ob es gedeiht.

Der Kunde ist die Grundlage des Unternehmens, er erhält es am Leben. Er allein ist der „Arbeitgeber". Und damit es den Verbraucher befriedige, vertraut die Gesellschaft die wohlstandsschaffenden Produktionsfaktoren dem Unternehmen an.

Die Automation wird uns zu den menschlichen Werten des selbstbewußten Handwerkers zurückbringen.

John Diebold (1926)

Biographie

Miterfinder des Wortes „Automation" oder sogar „Mr. Automation" selbst nennt man jenen amerikanischen Management-Berater, der 1980 in den USA „Mann des Jahres" wurde. Bereits 1952, also zwei Jahre vor der ersten kommerziellen Inbetriebnahme eines Computers prophezeite er in seinem Buch „Die automatische Fabrik" recht genau die radikalen Auswirkungen, die die elektronische Informationsverarbeitung mittlerweile tatsächlich in allen Bereichen unseres Lebens hat.

John Diebold, ein Nachfahre württembergischer Auswanderer, wurde am 8. Juni 1926 in Weehawken/New Jersey geboren. Nach einigen Jahren an der Akademie der Handelsmarine absolvierte er, jeweils mit Auszeichnung, Studiengänge in Wirtschaftswissenschaften am Swarthmore College (1949) und an der Harvard Business School (1951). Unmittelbar danach trat er in die Unternehmensberatungsfirma Griffenhagen & Partner ein und begann damit seine berufliche Laufbahn, die ihn sehr bald nicht nur vermögend, sondern auch national und international bekannt machen sollte. Im gleichen Jahr heiratete er.

1957 wurde Diebold selbst Chef und Eigentümer des Unternehmens seines Arbeitgebers. Drei Jahre später fusionierte es mit Kroeger & Partner zur Griffenhagen-Kroeger Inc. Doch der Elan des jungen Mannes begnügte sich nicht mit dieser Geschäftslinie. Schon 1954 hatte er neben den Diensten bei Griffenhagen seine erste eigene Firma gegründet, ebenfalls eine Beratungsgesellschaft: die Diepold Group Inc., New York, ein Unternehmen, das inzwischen weltweites Renommee besitzt und Niederlassungen in London, Paris, Frankfurt, Wien, München und Budapest unterhält. Die Diebold Europe S.A. wurde 1958 aus der Taufe gehoben, im gleichen Jahr ein ebenfalls von ihm geführtes Institut für wissenschaftliches Management-Training. Seit 1967 gibt es ferner die John Diebold Inc., management and investment und die Holding DCL Inc. (Diebold Computer Leasing). Daneben war er in den Jahren 1968 bis 1975 noch Chairman des Unternehmens Gemini Computer Systems.

Mit seinen verschiedenen Firmen hat Diebold die Computerszene auch praktisch mitgeprägt. Er ist bis heute davon überzeugt, daß die Möglichkeiten der modernen Informationstechnologie noch längst nicht ausgeschöpft sind und hält die oft befürchtete Sättigung des Computermarktes auf absehbare Zeit für ausgeschlossen. In den Überlegungen Diebolds zu diesem Thema haben die gesellschaftsrelevanten Aspekte der Informationsprozesse stets großes Gewicht.

Nicht minder farbig als die Dieboldsche Firmenlandschaft ist seine Einbindung in zahlreiche Institutionen und Gremien. Seit 1967 ist er Mitglied des amerikanischen Rates für internationale Beziehungen, seit 1971 des Londoner Internationalen Instituts für Strategische Studien. 1972 wird er gleich in zwei Gremien berufen: in das Organisationskomitee der Atlantischen Konferenz und in das Direktorium der Academy for Educational Development. Ein Jahr später bestellt man ihn überdies zum Treuhänder der National Planning Association. Hinzu kommen die Mitwirkung in Verhandlungsdelegationen im Rahmen der Vereinten Nationen und anderer internationaler Organisationen bzw. Konferenzen.

Eng mit seinem beruflichen Gesamtanliegen verknüpft und deshalb für Diebold von hohem Stellenwert ist seine Mitwirkung im World Council of Management (Cios), deren Präsident er seit 1986 ist. Diese 1924 gegründete Organisation umfaßt heute über 45 Managementvereinigungen bzw. -institute auf vier Kontinenten und widmet sich jetzt vor allem dem internationalen Wissenstransfer auf dem Gebiete des Managements und beschäftigt sich mit der Einordnung nationaler Wirtschaften in neue Konzepte des Welthandels.

John Diebold ist nicht nur Unternehmensberater, sondern selbst auch ein erfolgreicher Unternehmer und eine anerkannte Autorität auf dem Gebiet der Informationstechnologie. Enge Verbindung von Theorie und Praxis, konkretisiert in einem guten Verhältnis zwischen Hochschulen und Wirtschaft, aber auch zwischen Wirtschafts- und Ingenieurwissenschaften sowie technischer und sozialer Kompetenz, war seit jeher wichtiges Anliegen dieses Amerikaners. Seine Analysen und Ratschläge werden sowohl von den großen als auch den mittelständischen Unternehmen gesucht und geschätzt. Auch Regierungsstellen und Organisationen im In- und Ausland zählen zu seinen Kunden. Diebold, der mehrere Ehrendoktortitel und internationale Auszeichnungen besitzt, ist in seinen Veröffentlichungen immer wieder unkonventionell, und seine Zukunftsprojekte muten mitunter geradezu fantastisch an, nie jedoch unrealistisch.

Werkverzeichnis (Auswahl)

Die automatische Fabrik. Frankfurt/Main 1955 (engl. 1952)*

Man and the computer. New York 1969

Business decisions and technological change. New York 1970

The role of business in society. New York 1982

Die Zukunft machen. Düsseldorf/Wien 1985 (engl. 1984)

Managing Information. New York 1985

Innovators. Düsseldorf/Wien 1991

* Quelle der im Lexikon enthaltenen Zitate

John Diebold

Lexikon

Analyse der Arbeitsabläufe

Unsere Arbeitsabläufe im Büro wurden größtenteils im Hinblick auf die Grenzen menschlicher Leistungen entworfen. Ohne besondere Mühe kann der Mensch nur eine beschränkte Zahl von Variablen beherrschen. Auch kann er nur Probleme einer bestimmten Größe mit Schnelligkeit und Genauigkeit lösen. Wertvolle Informationen, die den Geschäftsablauf betreffen, verlangen oft eine allzu große Verausgabung menschlicher Anstrengungen oder können durch das Gehirn nicht schnell genug zergliedert werden, um noch nützlich zu sein.

Gerade die neue Technologie bietet uns aber einen Ausweg von jenem Planen, das an die Begrenzungen menschlicher Leistungsfähigkeit gebunden ist. Erst dann, wenn wir gelernt haben, den Arbeitsablauf unserer Auskunftshandhabung so zu organisieren, daß wir alle Vorteile der gebotenen Möglichkeiten nützen, werden wir wirklichen Gewinn aus der Kalkulator-Technik ziehen...

Die Frage, die hier gestellt wird, heißt nicht: Wie können wir die Vordrucke wirksamer handhaben? Wir müssen uns vielmehr fragen, wie wir die in den Vordrucken enthaltene Information benutzen und warum sie gerade in dieser Form zusammengestellt wurde? Wie hängen alle diese Auskünfte mit anderen Informationen zusammen, die wir ebenfalls für den Geschäftsgang der Firma benötigen? Auf welche Weise könnten alle die Angaben der Geschäftsleitung in einer bedeutsameren Art präsentiert werden?

Es wäre ein großer Fehler, die neue Technologie als ein Mittel zur Beschleunigung der gleichen nun vorbereiteten Arbeitsberichte in der bisher üblichen Weise weiter zu behandeln. Die neuen Instrumente öffnen uns in vielen Fällen grundlegend neue Wege in der Handhabung der Geschäftsdaten.

Anfang der automatischen Fabrik

Beim Entwurf flexibler Maschineneinheiten für eine automatische Fabrik würden wir als Ausgangspunkt eine Gruppe von Arbeitsgängen nehmen, die für gewöhnlich an einer bestimmten Klasse von Erzeugnissen auszuführen ist. Diese Maschineneinheiten würden wir dann zu einer Maschine zusammenbauen, die Arbeitsstücken einer gewissen Größenordnung gewachsen wäre und ihre Aufgaben automatisch ausführen würde. Eine solche Lösung würde einen Kompromiß zwischen einer vollautomatischen Maschine und einer, die einen sehr weiten Kreis von Arbeitsaufgaben ausführen kann, darstellen. Es ist jedoch ein Kompromiß, der sich wirtschaftlich vielen Aufgaben moderner Industrie anpaßt. Wenn das Problem automatischer Maschinen für mittlere Herstellungsaufträge durch Einsatz von Aggregaten gelöst werden könnte, die unseren heutigen Automaten ähnlich wären, so hätten wir wahrscheinlich den Anfang einer in vernünftigen Grenzen beweglichen und anpassungsfähigen automatischen Fabrik.

Aufstieg am Arbeitsplatz

Es soll hier nicht vorgeschlagen werden, den Arbeiter, der am Fließband seinen Dienst verrichtet, in einen Konstruktionsingenieur zu verwandeln. Die Tätigkeit, die die meisten Arbeitskräfte erfordern wird, dürfte die Instandhaltung und Reparatur von Betriebsanlagen sein, die gelernte und ungelernte Kräfte durchführen. Diese Aufgaben, obwohl auf viel höherer Stufe, liegen in den meisten Fällen durchaus im Bereich der Fähigkeiten jener Leute, die heute einfache, sich wiederholende Handgriffe am Montageband ausführen; Voraussetzung jedoch ist, daß sie ihnen ordentlich gezeigt und hinreichend erklärt werden. Die Unterhaltungs- und Reparaturarbeiten an Betriebsanlagen verlangen andere Fähigkeiten, als sie der Ingenieur und Konstrukteur haben muß. Hier ist nicht so sehr ein hoher Grad von theoretischem Verständnis nötig; wichtig ist hierbei wirkliches Interesse an der Arbeit, der Wunsch, gute Leistung zu vollbringen und eine gewisse Findigkeit. In einer merkwürdigen und ganz unerwarteten Weise kann uns die Automation zu den menschlichen und psychologischen Werten des selbstbewußten Handwerkers zurückbringen. Elektrische oder mechanische Reparaturaufgaben, Instrumenteneinstellung und allgemeines mechanisches Basteln können jenen Ansporn, jenes Vergnügen und schließlich jene innere Zufriedenheit bringen, die in alten Zeiten ein Waffenschmied oder Kunstschreiner empfunden haben mag.

Automation von Büro und Verwaltung

Wir haben die Automation der Fabrikanlagen besprochen. Was ist aber nun mit der Automation von Büro und Verwaltung? Wahrscheinlich wird dieses Gebiet die rascheste, ausgedehnteste und fruchtbringendste Anwendung der neuen Technologie erleben.

Die erste Aufgabe des Büros ist die Handhabung von Auskünften. Unsere Besprechung der Börse hat uns die Notwendigkeit der Nützlichkeit eines Neuüberdenkens der „Auskunftshandhabung" gezeigt.

Im Betrieb ist das Problem der Materialhandhabung eines der größten Hindernisse für eine wirkungsvolle Automation. Im Büro ist aber die Materialhandhabung die Grundlage zur Anwendung der neuen Technik. Wir mögen uns einbilden, daß die Materialien, mit denen im Büro umgegangen werden muß, Papiere und Karten sind. Tatsächlich stellt das grundlegende Material, das hier gehandhabt wird, Informationen dar. Zur wirkungsvollen und rapiden Handhabung von Auskünften ist die neue Technologie jedoch in erster Linie entwickelt worden...

Wenn eine Firma wächst und ihr Aufbau sich kompliziert, wird auch ihre Notwendigkeit für ins einzelne gehende, bis auf die letzte Minute berechnete, absolut genaue

Information immer dringender. Bessere Methoden der Fertigungskontrolle und der Marktanalyse, die wachsende Masse von Regierungvorschriften, komplizierte Lohnabzüge, all dies bringt wachsende Belastungen für die Abwicklung der Büroarbeit. Obwohl wir für die Handhabung von Auskünften einige außerordentlich bemerkenswerte Maschinen entwickelt haben, stieg zwischen 1920 und 1950 die Anzahl der Arbeiter um 53 Prozent, die der Büroangestellten aber um 150 Prozent. Zusätzlicherweise hat sich das Büro rein physisch und funktionell, weiter und weiter vom Fertigungsprozeß entfernt, wenn sich nun auch Zeichen einer Zurück-zur-Fabrik-Bewegung zeigen.

Automatische Einzweckmaschinen

Die sich selbst ergebende Antwort auf das Problem automatischer Produktion scheint zu sein, daß man eine große vollständig automatische Maschine baut, die jeden Arbeitsgang, der zur Umwandlung des Rohmaterials in ein Fertigprodukt notwendig ist, ausführt. Dies ist auch in vielen halbautomatischen Fabriken so geschehen. Eine der Coca-Cola-Abfüllanlagen kann sicherlich als gutes Beispiel einer fast automatischen Fabrik dienen, die mit Einzelprodukten zu tun hat...

Vollautomatische Einzweckmaschinen sind aber nur für einen sehr speziellen Fall unserer Wirtschaft voll geeignet. Es ist die Massenproduktion eines immer gleichen oder nur leicht zu verändernden Artikels. Wenn ein Unternehmen Kapital in eine Verpackungsmaschine steckt, so geschieht dies unter der Voraussetzung, daß grundsätzlich derselbe Typ von Verpackungen und die gleiche Art des Packens für eine lange Zeit angewendet werden. Gleicherweise, wenn das Coca-Cola-Unternehmen Geld in eine neue Abfüllmaschine steckt, so geschieht dies unter der Annahme, daß sich Form und Größe der Flasche für eine gewisse Zeit kaum ändern werden.

Automatisierung und Konzentration

Automation in sich selbst wird dem Grad der industriellen Konzentration keine überraschende Zunahme bringen. Sicherlich wird der Kapitalaufwand für eine automatische Fabrik hoch sein - wie eben die Erstellungskosten für alle neuen Fabriken und ihre Ausrüstung hoch sind. Bestimmte Produktionszweige werden, wie es schon heute der Fall ist, nur für jene offen sein, die über gewaltige Kapitalquellen verfügen. Aber im Gegensatz dazu gibt es auch viele Anzeichen dafür, daß im Verlauf der nächsten Generationen eine Dezentralisation im Besitz sowohl als auch in vorhandenen Fabrikanlagen eine zunehmend wichtige Rolle in der Formung unserer Wirtschaft spielen wird, so daß die industrielle Konzentration nicht mehr jenes Schreckgespenst ist, als das sie von jeher galt. Dies wird sich zum Teil darum bewahrheiten, weil wir zu erkennen beginnen, daß die Kleinindustrie sehr wohl neben den Industriegiganten weiter existieren kann, zum anderen Teil aber auch dadurch, weil positive Kräfte innerhalb der Wirtschaft am Werk sind, die Rolle der kleinen Firmen zu stützen...

Wenn flexible automatische Fabrikausrüstungen entwickelt und auf den Markt gebracht worden sind, wird es auch kleineren Firmen möglich sein, auf automatischer Grundlage zu arbeiten und in Unkosten und Preis wirksam mit größeren Konzernen auf vielen Gebieten in Konkurrenz zu treten.

Betriebsorganisation

Eines der Hindernisse des Neuüberdenkens von Erzeugnissen und Herstellungsverfahren war die traditionelle Aufteilung der Verantwortlichkeit, welche die Bezirke, in denen dieses Neuüberdenken durchgeführt wurde, scharf lokalisierte. Fast als eine Grundvoraussetzung muß aber dieses Neuüberdenken auf einer außerordentlich breiten Grundlage unternommen werden, von der aus alle Objekte der ganzen Betriebsorganisation als ein Ganzes betrachtet werden. Dies kann jedenfalls nicht auf das Konstruktionsbüro beschränkt bleiben. Eine Betriebsorganisation, die so aufgebaut ist, daß sie den besten Kontakt, Erfahrungsaustausch und die beste Zusammenarbeit zwischen dem Konstruktionsbüro, der Fertigung, dem Verkauf und allen anderen Abteilungen bringt, ist natürlich auch aus anderen Gründen als denen der Erleichterung durch Automation wünschenswert, wenn uns hier auch nur die Probleme der Automation angehen.

Bewegliche Materialhandhabung

Für Produzenten von rasch wechselnden und in kleinen Mengen herzustellenden Artikeln mag es niemals möglich werden, automatische Handhabungsgeräte einzusetzen. Aber ein wichtiger Punkt muß klar herausgestellt werden. Die Anwendung des ununterbrochenen Fertigungsverfahrens ist durchaus nicht unabänderlich an große Mengen eines nicht veränderlichen Produkts gebunden, wie dies der Fall sein mag, wenn wir unser Ziel nur durch die Einzweckmaschine zu erreichen suchen. Die Anwendung des Prinzips eines ununterbrochenen Produktionsflusses auf die Einzelartikel herstellende Industrie verlangt, um wirtschaftlich zu sein, bewegliches Materialhandhabungsgerät, das einfach gekauft oder ausgeliehen werden kann, statt daß es extra entworfen werden muß. So können dann auch solche Einrichtungen ohne weiteres einem Wechsel im zu behandelnden Produkt angepaßt werden.

Büro der Zukunft

In der vollautomatischen Fabrik der Zukunft werden alle Daten, die sich im Produktionsprozeß ergeben, automatisch im Ablauf dieser Prozesse gesammelt werden. Es wird mit Hilfe des zentralen Kalkulator-Mechanismus möglich sein, stetig laufende Aufzeichnungen über jeden Teil zu führen, der durch die Fabrikanlage wandert.

Wenn die individuellen Kontrollschaltkreise der Maschinen mit den Schaltkreisen der Auskunftshandhabung des Büros verbunden sind, so kann eine bis zur letzten Sekunde korrekte Übersicht vom Durchlauf jedes einzelnen Teiles im Produktionsprozeß gegeben werden. Dabei werden dann auch die Zahlen für produzierte Teile und die Anzahl der Ausschußstücke in jeder Stufe der Erzeugung registriert. Fällt eine Maschine aus, so wird die Fertigung an den anderen Maschinen und der Fluß der produzierten Teile zwischen den Maschinen automatisch durch den Kalkulator so geregelt, daß die Unterbrechung kompensiert wird.

Eine laufende Überwachung der Kontrollgeräte wird Maschinenausfälle verringern. Der Kalkulator wird Kenntnis von der Tatsache nehmen, daß Schwierigkeiten aufzutreten beginnen, und er wird sie entweder beseitigen oder das Instandhaltungspersonal auf den gefährdeten Punkt aufmerksam machen -und all das, ehe die Maschine tatsächlich ausgefallen ist, ehe viele Teile verdorben sind oder Maschinenlaufzeit an die Fertigung von Teilen verschwendet wurde, die dann später in den Ausschuß wandern.

Planung und Kontrolle der Produktion werden vollständig automatisch sein. Beginnend mit den gewünschten Produktionszahlen, die dem Kalkulator-Aggregat auf Grund von Entscheidungen der Direktion zugeführt werden, wird der Kalkulator automatisch alle Fertigungsprozesse der Fabrikanlage einteilen und dabei dann die Unterbrechung in Rechnung ziehen, die während des tatsächlichen Produktionsablaufs eintreten.

Computer und Automation

Was immer der Grund sein mag, die Meinung scheint hängengeblieben zu sein - zumindest in den populären Zeitschriftenartikeln, und der Laie kann sich über dieses Subjekt kaum anders informieren - , daß es die Kalkulatoren sind, welche den Schlüssel zu der vollautomatischen Fabrik der Zukunft darstellen. Es scheint so, daß es, um alle Fabriken automatisch zu machen, nur noch notwendig wäre, einen billigen Weg für die Fabrikation solcher Kalkulatoren zu finden. Trotzdem ist es für jeden, der in einer Fabrik arbeitet, oder auch für den, der einmal ernstlich über die Probleme vollautomatischer Fabriken nachgedacht hat, offensichtlich, daß zum Beispiel das automatische Weiterreichen des Materials weit größere Hindernisse für die Automation bringt, als es etwa automatische Kontrollsysteme wären. Diese anderen Probleme haben bis jetzt wenig ernsthafte Beachtung gefunden. Während die Kalkulatoren als die Antwort auf das Problem der automatischen Produktion glorifiziert werden, behandelt man alle anderen Probleme als von nebensächlicher Natur.

Elektronische Kommunikation

Wenn, ideal gesehen, die Mitteilungen innerhalb der Firma und zwischen den verschiedenen Firmen in Form von Lochkarten oder Magnetbandrollen erfolgen würden, deren Kode dann dem Kalkulator-Mechanismus verständlich wären, könnten sie diesem einfach zugeführt werden, indem man das Magnetband oder die Lochkarte auf die übliche Weise dem Mechanismus zur Bearbeitung gibt. Dies würde allerdings voraussetzen, daß eine große Anzahl von Firmen mit gleichen Gerätetypen arbeiten, was nicht praktisch sein mag. Dazu wird ein Großteil der Korrespondenz des Unternehmens mit Privatpersonen und auch mit Firmen geführt, die derartige Geräte nicht benutzen. Fernerhin ist es auch wichtig, daß ein großer Teil der von außen kommenden Informationen in einer Form gehalten sein muß, daß sie für die Geschäftsleitung lesbar ist. Angesichts all dieser Tatsachen wäre es vielleicht eine wirklich wünschenswerte Entwicklung auf diesem Gebiet, wenn wir einen Mechanismus hätten, der einen Brief, eine Rechnung oder eine Stückliste lesen und automatisch diese Information für den Kalkulator verschlüsseln könnte.

„Flexibilität ist alles"

Viele der automatischen und halbautomatischen Fabriken, über die soviel berichtet wird, sind auf unveränderliche Produktionsanlagen des Typs angewiesen, welche wirklich nur für Massenproduktion eingesetzt werden können und für mittlere und kleinere Produktionsserien einfach unbrauchbar sind. Diese Tatsache wird von jenen Verfassern ignoriert, wenn sie andeuten, daß solche Einzweckmaschinen mit der Zeit unseren ganzen Verbrauch decken werden.

Es ist richtig, daß die Fabrikanlagen von heute die Elemente der automatischen Fabrik von morgen enthalten. Aber diese Elemente sind die beweglichen, veränderlichen Materialbearbeitungs- und Materialzubringer-Maschinen. Für mittlere und kurze Produktionsreihen ist Flexibilität alles. Erst wenn das Problem der automatischen Fertigung auch für kleinere Produktionsmengen gelöst ist, können automatische Kontrollmechanismen ganz ausgenützt und im weitesten Maßstab verwendet werden.

Flexible Automatisierung

Mit der Entwicklung flexibler Geräte zur Materialhandhabung und von in vernünftigen Grenzen flexiblen automatischen Werkzeugmaschinen werden die Umstellungskosten eines Betriebes, von einem Produkt auf das andere, immer mehr absinken. Sehr lange Arbeitsläufe eines immer gleichbleibenden Produktes werden nicht mehr notwendig sein, um den Betrieb einer automatischen Fabrik zu rechtfertigen. Die Größe der notwendigen Produktionsserie, die die Ausrüstungsinvestierung, einschließlich der Umstellung vom vorhergehenden Produkt, vertretbar macht, wird zurückgehen. Das Ausmaß dieses Rückgangs wird davon abhängen, welcher Grad von Beweglichkeit in die Maschinen eingebaut wurde.

Individuelle Maschinenkontrolle

Die Art der Kontrolle einer Werkzeugmaschine wird sich entscheidend ändern, wenn die Vorteile der neuen Technik voll ausgenützt werden. Die allgemeine Entwicklung geht offensichtlich dahin, die Beweglichkeit der Kontrolle des besonderen Typs von Arbeitsgängen, die die Maschine auszuführen vermag, zu erweitern. Wenn die automatische Arbeitsweise einer Werkzeugmaschine durch Nocken gesteuert wird, ist es schwieriger, den Ablauf der Arbeitsgänge zu ändern, als wenn die Kontrolle durch elektrische Impulse erfolgt. Wenn die Konstruktion stabiler Geschlossener Schaltkreise genauer verstanden werden wird, dann wird es auch möglich sein, Maschinen zu entwerfen, deren Arbeitslauf - und damit meinen wir nicht nur einfache Schaltung einer vorgeschriebenen Folge von Arbeitsgängen, sondern individuelle Bewegungen - durch eine ohne weiteres wieder zu ändernde Sammlung von Instruktionen, die jeden Aspekt der Arbeitsvorgänge in Betracht ziehen, vollkommen kontrolliert wird.

Just in time - Lieferungen

Unter einem korrekt geplanten, automatischen Produktions-Kontrollsystem können auch die Bestellungen für Rohmaterial und Einzelteile automatisch vorbereitet werden. Dieselben Daten, die dazu benutzt werden, um die optimalen Laufzeiten spezifischer Erzeugnisse zu bestimmen, können auch zur Festlegung des Materialbedarf der Anlage für die Fertigstellung eben dieser Produktion dienen. Mit automatischem Gerät für Auskunftshandhabung ist es möglich, zugleich mit der Festlegung des Arbeitsablaufs auch Listen des benötigten Materials aufzustellen. Mit sachgemäßer Programmsteuerung kann der Materialbedarf automatisch auf Bestellzettel maschinengeschrieben werden.

Sind die Verhältnisse so, daß ein steter Materialzufluß von kleinen Lieferanten kommt, so können die Bestellungen automatisch mit Fernschreiber an diese Lieferanten gegeben werden. Diese Bestellungen würden natürlich auch durch andere Faktoren - die in die Programmsteuerung des Kalkulator-Schaltkreises eingebaut würden -, wie etwa gegenwärtige Lagerverhältnisse und zukünftiger Bedarf, kontrolliert. In einer Zeit, in der dann schon viele vollautomatische Fabriken arbeiten, würde es möglich sein, den Materialnachschub für die Fabrik direkt und automatisch in die Produktionsplanung der liefernden Firmen einzubauen.

Management-Information-System

Wenn das aus den Kalkulator-Schaltkreisen kommende Material in einer Form ist, die es der Geschäftsleitung ermöglicht, daraus Entscheidungen zu fällen, ist der Kalkulator weit wirksamer eingesetzt, als wenn man ihn dazu verwendet, Daten zu registrieren, die erst durch Angestellte weiter behandelt werden müssen, wenn sie für die Geschäftsleitung nützlich sein sollen. Gegenwärtig ist ein Großteil des unteren und mittleren Bürobetriebes damit beschäftigt, Informationen zu verarbeiten und aus rohem Zahlenmaterial die bedeutsamen Tatsachen zu destillieren, die die oberste Leitung braucht, um ihre Entscheidungen zu treffen.

Wenn man einem Geschäftsmann erzählt, daß die neue Technik ihn mit weit mehr Informationen über das Arbeiten seiner Firma versorgen wird, schaudert er oft zurück, denn sein Schreibtisch und die Vorlagemappen sind bereits mit Daten vollgepfercht.

Aber bei richtigem Gebrauch kann der Kalkulator mehr tun, als nur wachsend detaillierte Fassungen der gegenwärtigen Berichte aufzureihen und zu drucken. Mit Verständnis und Einfühlung eingesetzt, kann der Kalkulator die Geschäftsleitung von dem ewigen Dilemma erlösen, daß sie mehr Informationen haben müsse, aber nicht die Zeit hat, selbst das bereits zur Verfügung stehende Material zu verarbeiten. Der Kalkulator ist es, der auf die Fragen antworten kann, die mit „Was würde geschehen, wenn ..." beginnen und für die es jetzt keine Antwort gibt. Die Geschäftsleitung kann auf verschiedenen Hypothesen ruhende zukünftige Arbeitsdaten erlangen. Durch Analysierung dieser hypothetischen Berichte über Kosten, Produktion und Gewinn unter verschiedenen Folgen von Arbeitsbedingungen kann über die Ratsamkeit verschiedener Entscheidungen viel in Erfahrung gebracht werden.

Mensch und Maschine

In den meisten Fällen bedienen die Arbeiter die Maschinen, während die Maschinen selber die entscheidenden Arbeitsfunktionen ausüben. Darüber hinaus wird dem Arbeiter, besonders am Fließband, das Arbeitstempo durch die Maschine diktiert. Untersuchungsberichte haben gezeigt, daß die Tempobestimmung durch das Fließband einen weit größeren Anteil an der psychologischen Unruhe und Unzufriedenheit in der Industrie hat, als es die Verteidiger dieses Systems wahrhaben wollen.

Es scheint richtig, nun zu fragen: Wird die Automation diese Situation noch verschärfen? Diese Frage kann entschieden verneint werden, obwohl die Automation genügend eigene Probleme in sich birgt, gibt sie doch von selbst auch die Antwort auf das menschliche Problem der Tempogabe durch die Maschine und der Einordnung des Arbeiters unter die Maschine. Automation macht die Entwicklung von Maschinen möglich, die die einförmigen Arbeiten in der Industrie ausführen. In der Fabrik der Zukunft werden Kontrollmechanismen das Arbeiten der Fertigungsmaschinen überwachen. Automatische Geräte zur Materialhandhabung werden nicht nur das Werkstück von Maschine zu Maschine bringen, sie werden auch das Werkstück der Maschine zuführen und die fertige Arbeit aus der Maschine nehmen... Geräte, die schneller ansprechen als unsere eigenen Sinnesorgane, werden das Kontrollsystem vor auftretenden Schwierigkeiten warnen, und in den meisten Fällen wird auch die Maschine selbst die Fehler korrigieren, die im normalen Arbeitsablauf auftreten. Das bedeutet, daß in großem Umfange jene Arbeiten, die den Arbeiter an das Tempo der Maschine banden, wiederum von Maschinen übernommen werden. Der

Arbeiter wird damit für anderweitige Tätigkeiten frei, entsprechend seiner Entwicklung und sonstigen Fähigkeiten.

Menschenleere Fabriken?

Automatische Fabriken werden durchaus nicht Fabriken ohne Arbeiter sein...

Einer der Gründe für die Vorhersage ernsthafter Arbeiterentlassungen durch die Automation lag in der Annahme, daß der Personalbedarf für die Unterhaltung der Anlagen durch die Entwicklung von der Reparatur zu einfachem Ersatz stark reduziert werden würde. Dieser Punkt ist aber überbetont worden. Auch in einer vollautomatischen Fabrik mit einer ausgesprochen extremen Politik des Teilstückersatzes wird das Unterhaltungspersonal immer noch zahlreich sein...

Die Einwirkung der Automation auf die Funktionen der Informationshandhabung der Unternehmen wird wahrscheinlich dramatischer und einschneidender sein. Sich wiederholende Büroarbeiten, wenn sie massenhaft wie bei den Versicherungsgesellschaften auftreten, werden zumindest zum Teil automatisiert werden...

Sehr wenige Büros werden wirklich ganz von der Automation erfaßt werden. Und auch in solchen Fällen wird es dann nötig sein, Personal zu haben, das die Programmierung der Maschinen vornimmt. Diese Kräfte müssen einen hohen Stand technischer Kompetenz zeigen. Daneben wird der normale Arbeitsablauf eines jeden Unternehmens Stenotypistinnen, Laufburschen, Empfangsdamen und ähnliche Arbeitskräfte benötigen.

Nachbildung menschlicher Arbeit

Der entscheidende Faktor, der bei allen Entwürfen solcher automatischen Ausrüstung im Auge behalten werden muß, ist immer die alleinige Beachtung der am Ende zu erfüllenden Aufgabe. Unter allen Umständen muß es vermieden werden, die Handbewegungen des Maschinisten oder Arbeiters nachahmen zu wollen. Besonders bei einfacheren Maschinen, wie einer Drehbank, einer Bohrmaschine oder Fräsmaschine, mag diese Nachbildung zu einer Konstruktion führen, die wie eine Karikatur des Maschinenzeitalters aussehen würde. Solche Geräte mögen mechanisch möglich sein. Es ist aber unwahrscheinlich, daß sie die beste oder wirtschaftlichste Lösung darstellen. Die starken Neigungen in dieser Denkrichtung mögen aus der Vorstellung entspringen, daß die vom menschlichen Gehirn geführte menschliche Hand eine optimale Leistung darstellt und daher so eng wie möglich kopiert werden sollte. In den allermeisten Fällen ist jedoch eine solche Annahme unbegründet.

Neu überdenken

Automation kann oft nur durch neues Überdenken erreicht werden. Falls ein Produkt oder Verfahren sich nicht für Automation eignet, kann es vielleicht neu entworfen werden, so daß es dieselben Aufgaben auf eine andere Weise erfüllt - eben auf eine Weise, die für Automation zugänglich ist.

Neuüberdenken ist eine Geisteshaltung. Es ist die Fähigkeit, von einem Problem, das uns erst als unlösbar erscheint, Abstand zu nehmen und es dann auf einem neuen und vielleicht völlig verschiedenen Weg wieder anzugehen. Es ist eine dauernde Überprüfung, ob die Probleme, die wir zu lösen versuchen, wirklich die Probleme sind, die gelöst werden sollen. Wir haben uns dabei zu fragen: Sollen wir das Produkt erzeugen, das demselben Zweck dienen kann? Neuüberdenken bedeutet ein dauerndes Gewahrsein, welche Aufgaben das Produkt hat, und eine dauernde Fragestellung, ob diese Aufgaben besser oder genau so gut erfüllt werden können, wenn das Produkt leicht verändert oder vielleicht auch durch ein grundsätzlich neues Produkt ersetzt wird, das automatisch hergestellt werden kann.

Verknüpfung von Fabrik und Büro

In den produzierenden Firmen sind die Aufgaben des Büros grundsätzlich mit Aufgaben der Produktionsanlagen verknüpft. Die Erkenntnis dieser Tatsache ist für eine fruchtbare Analyse des Büroablaufs von entscheidender Wichtigkeit. Wenn diese grundlegenden Zusammenhänge übersehen werden, bringt die Einführung neuer Maschinen nur eine Verewigung bestehender Arbeitsmethoden, statt ihre Ausmerzung oder Ersetzung...

Nach grundlegender Analyse und entsprechender Weiterentwicklung können die Kontrollschaltungen, die die Bedienung der Fertigungsmaschinen zu übernehmen haben, direkt mit den Einrichtungen verknüpft werden, die die Produktion zu planen haben. So kann die übliche Beschaffung dieser Produktionsdaten von Hand, das Herausschreiben dieser Informationen und ihre Übertragung auf Lochkarten wegfallen. Mit den richtigen Stapelsystemen können die Einrichtungen für die Auskunftshandhabung alle diese Angaben in ihren eigenen Speichern enthalten. Dabei wird dann nur jener Teil ausgedruckt, den die Betriebsleitung für ihre Entscheidungen haben muß, während alle anderen Angaben als Rohmaterial für automatischen Vergleich zurückgehalten werden, wenn etwa Arbeitspläne für zukünftige Produktion verlangt werden. So können, neben der Beseitigung vieler Büroarbeiten, alle Daten für die Betriebsleitung viel schneller und in besserer Form als gegenwärtig beschafft werden. Um dies zu erreichen, ist allerdings eine spezielle Analyse der besonderen Informierungsfunktionen in jeder Firma notwendig.

Widerstand der Arbeitnehmer

Das Verhältnis zwischen Betriebsleitung und Arbeiterschaft ist eine Angelegenheit langer Zeiträume und beruht in ihrem Erfolg in der Handhabung einer Vielfalt von spezifischen, von Tag zu Tag auftretenden Problemen. Es gibt eine wachsende Menge von Beweismaterial dafür, daß die für beide Teile annehmbaren Beziehungen zwischen Betriebsleitung und Arbeiterschaft vielmehr auf der Basis beruhen, wie die alltäglichen Probleme gehandhabt werden, als auf irgendwelchen „grundsätzlichen Erklärungen". Wenn auf Grund mangelnden Verständnisses oder falscher Handhabung der von Tag zu Tag sich ergebenden Situationen diese Beziehungen schlecht sind, dann gibt es für die Einführung automatischer Maschinerie im Betrieb keinen leichten und sicheren Weg, der Schwierigkeiten mit der Arbeiterschaft vermeiden würde. Wenn andererseits diese Beziehungen wirklich gut sind, da die alltäglichen kleinen Probleme zwischen beiden Parteien gut geregelt werden, ist eine Automation viel leichter einzuführen, als es sich viele vorstellen.

Zentraler Kontrollmechanismus

Eine der meistversprechenden industriellen Anwendungen der neuen Kontrolltechnik stellt einen zentralen Kontrollmechanismus für alle Maschinen der Fabrik dar, der die Werkzeugsteuerung der einzelnen Maschine zu ersetzen hat. In den meisten utopischen Schilderungen der Industrie der Zukunft spielt das zentrale „Gehirn" der automatischen Fabrik eine Rolle. Dazu haben wir bereits den Einsatz des elektronischen Kalkulators als programmgesteuertes Gesamtkontrollorgan zur Synchronisierung mehrerer Fertigungsstraßen erwähnt. Aber die Übernahme der Werkzeugsteuerung der einzelnen Maschinen, die bis jetzt eine sich immer wiederholende Kapitalanlage darstellt, durch einen zentralen Kontrollmechanismus braucht nicht auf die Vervollkommnung billiger Kalkulatoren zu warten. Auch ist seine Einsatzmöglichkeit nicht auf einen automatischen Materialfluß von Maschine zu Maschine angewiesen. Die Zusammenfassung der Steuerschaltungen der einzelnen Werkzeugmaschinen zu einem zentralen Steuermechanismus kann in vielen Fabriken, so wie sie heute bestehen, sehr ins Gewicht fallende Einsparungen bringen, ohne daß in den Methoden der Werkstückhandhabung oder Materialzubringung Änderungen einzutreten brauchen.

Die Spitzenunternehmen sind ihren Kunden wirklich nah. Das ist alles.

Thomas J. Peters (1942)
Robert H. Waterman jr. (1936)

Biographie

Eine scheinbar simple Erfahrung hat die beiden amerikanischen Unternehmensberater quasi über Nacht berühmt gemacht: Nicht Geld oder Technik sind der Schlüssel zu wirtschaftlichem Erfolg, sondern der Mensch. Und dies gleichermaßen in den Chefetagen und auf der Ebene der „normalen" Beschäftigten wie in der Welt der Kunden. Daß die überwiegende Mehrheit der Industrie- und Dienstleistungsfirmen dennoch nicht aus wirtschaftlichen Schwierigkeiten herauskomme, liege nur daran, daß sie - im Gegensatz zu den Spitzenunternehmen - einige diesbezügliche Binsenweisheiten außer acht lasse. In ihrem 1982 erschienenen Buch „In Search of Excellence. Lessons from America's Best-Run Companies" stellen Peters und Waterman diese „Selbstverständlichkeiten" vor - und erreichen damit Millionenauflagen.

Thomas J. Peters wurde am 7. November 1942 geboren und absolvierte ein Diplomingenieursstudium an der Cornell-Universität, wo er die akademischen Grade eines Bachelors und Masters of Civil Engineering erwarb. Später studierte er außerdem Betriebswirtschaft und promovierte an der Stanford University zum Dr. phil. Etliche Jahre arbeitete er in der Consulting-Firma McKinsey und wurde dort Partner Robert Watermans, mit dem er auch gemeinsam publizierte. 1981 machte sich Peters jedoch selbständig und gründete ein eigenes Beratungsunternehmen, die Tom Peters Group in Palo Alto (Kalifornien).

Peters, der zeitweise auch als Berater des Weißen Hauses wirkte, ist neben seiner praktischen Consulting-Tätigkeit immer auch auf theoretischem Gebiet aktiv, unter anderem als Dozent an der Stanford Graduate Business School. Inzwischen brachte er sein zweites, fast 1000seitiges Buch „Liberation Management" auf den Markt, das bei den Verfechtern des sogenannten kreativen Chaos geradezu Begeisterungsstürme auslöste. In ihm fordert der ehemalige McKinsey-Mann dazu auf, die mittlere Ebene des Managements abzuschaffen. Dies ergebe sich zwangsläufig aus der Tatsache, daß der Computer die traditionellen Informationshierarchien überflüssig und sogar zum Hemmnis mache.

Peters Forschungskollege und Koautor Robert H. Waterman ist Senior-Partner und Direktor der McKinsey Company, jener weltweit agierenden Consultingfirma, die 1926 von James O. McKinsey gegründet wurde. Dieses Unternehmen - bezeichnenderweise oft „the firm" apostrophiert - schreibt mittlerweile jährlich mehr als eine halbe Milliarde Dollar Umsatz, davon die Düsseldorfer Tochter allein rund ein Drittel.

McKinsey-Consultants sind nicht beliebt, aber wegen des Erfolgs, den sie vermitteln, sehr gefragt. Elitäre Härte und eine geradezu brutale, von allen Rücksichten freie Sachlichkeit bilden gewissermaßen ihr Markenzeichen.

Robert Watermann, geboren am 11. November 1936, machte Karriere bei dieser Firma vor allem durch seine Bankenberatung in Japan, durch Bergbauconsulting in Australien sowie seine Beratung von US-amerikanischen High-Tech-Konzernen. Der Management-Spezialist ist von Hause aus Geophysiker. Seinen Abschluß als Diplomingenieur machte er an der Bergbauschule von Colorado. Betriebswirtschaft studierte er an der Stanford Business School. Dort erwarb er auch den Grad eines Masters of Business Administration. Heute hält er bei Stanford selbst Gastvorlesungen.

Peters und Waterman gelten als sehr gefragte, aber auch entsprechend teure Unternehmensberater. Für ersteren wies im Jahre 1990 die WirtschaftsWoche ein Tageshonorar von 40 000 Mark aus. Beide sind zudem begehrte Redner auf Vortragsveranstaltungen amerikanischer Wirtschaftsverbände, die je Auftritt fünfstellige Dollarsummen springen lassen.

Das gemeinsame Buch der beiden Management-Experten „In Search of Excellence" hielt über viele Jahre auf der Bestseller-Liste der Sachbücher einen Spitzenplatz. Es beherrschte die Pausengespräche der Topmanager und avancierte gleichsam zum betriebswirtschaftlichen Katechismus. Seine Aussagen fußen auf den Erkenntnissen, die die Autoren in ihrer Beratertätigkeit bei McKinsey gemacht haben. Ursprünglich waren von ihnen 62 Firmen für eine Darstellung erfolgreicher Unternehmensführung vorgesehen worden. Am Ende hielten ihren strengen Kriterien ganze 43 stand. Selbst so angesehene Konzerne wie General Motors, die Exxon Corporation und General Electric fielen durchs Netz.

Peters und Waterman weisen nach, daß sich die „excellenten Unternehmen" durch die komplette Einhaltung acht goldener Regeln hervorheben, von denen aktive Flexibilität, totale Kundennähe und optimale Eigenständigkeit obenan stehen. Sie präsentieren indes keine Abstrakta, sondern zeichnen anhand von Beispielen aus der Praxis die Grundzüge der sogenannten People-oriented-Führung. Gleichzeitig analysieren sie sehr fundiert die Schwachpunkte gängiger Management-Theorien und deren fatale Auswirkungen. Der große Erfolg des Buches und seiner Autoren besteht darin, daß diese damit nicht nur professionelle Interessen, sondern das Bedürfnis der amerikanischen Nation befriedigten, angesichts der wirtschaftlichen Demütigungen seitens der japanischen Konkurrenz wieder eigene Kräfte zu erkennen.

Werkverzeichnis (Auswahl)

Peters, T. J. / Waterman, R. H.: Auf der Suche nach Spitzenleistungen, Landsberg am Lech 1984 (engl. 1982)*

Peters, T. J. / Austin, N.: Leistung aus Leidenschaft. Hamburg 1986

Peters, T. J.: Kreatives Chaos. Hamburg 1988

Peters, T. J.: Jenseits der Hierarchien. Düsseldorf/Wien u. a. 1993

Watermann, R. H.: Leistung durch Innovation. Hamburg 1988

Watermann, R. H.: Ad-hoc-Strategien. Paderborn 1993

* Quelle der im Lexikon verzeichneten Zitate

Lexikon

Aktionsorientierung

Kein Merkmal der überragenden Unternehmen ist wichtiger als die Aktionsorientierung. Alles nimmt sich recht trivial aus: Experimente, Task forces, Kleingruppen, temporäre Strukturen...

Die häufigste Klage über die heutigen Organisationen lautet, sie seien unnötig komplex geworden. Darauf haben die exzellenten Unternehmen eine unbekümmerte Antwort: Wer ein schwieriges Problem hat, bringt die richtigen Leute zusammen und verlangt, daß sie es lösen. Die „richtigen Leute" sind oft die Top-Manager, die „keine Zeit dafür haben". Irgendwie haben sie aber bei Digital, TI, HP, 3M, IBM, Dana, Fluor, Emerson, Bechtel, McDonald`s, Citibank, Boeing, Delta usw. dann doch Zeit. Sie finden die Zeit, weil ihre Unternehmen nicht auf Organigramme, Stellenbeschreibungen oder haargenaue Übereinstimmung von Kompetenzen und Verantwortung fixiert sind. Erst schießen, dann zielen! Lerne aus deinen Versuchen! Das genügt.

Champions

Die zahlreichen Modelle zum Champion-Phänomen laufen allesamt auf dasselbe Grundmuster hinaus: irgendein Ur-Champion und ein Förderer. In der Gesamtorganisation muß eine ganze Reihe von Leuten mitmachen, um den Innovationsprozeß voranzutreiben.

Wir haben drei Hauptakteure ermittelt: den Produkt-Champion, den leitenden Champion und den „Paten"...

Der Produkt-Champion ist der Enthusiast oder Fanatiker unter dem Fußvolk, den wir als Gegenbild des typischen Bürokraten beschrieben haben. Oft ist er ein egozentrischer, verschrobener Einzelgänger. Aber er glaubt an das Produkt, das er im Sinn hat.

Der erfolgreiche leitende Champion ist unweigerlich ein ehemaliger Produkt-Champion. Er weiß Bescheid - er hat selbst erlebt, wie langwierig es ist, eine Idee hochzupäppeln; er weiß, was es braucht, den Ansatz zu einer neuen Idee vor der formalen Organisation mit ihrem „Geist, der stets verneint", zu retten.

Der „Pate" ist zumeist eine reife Führungspersönlichkeit, die das Rollenmodell des Champions verkörpert.

Champions sind Pioniere, und auf Pioniere wird geschossen. Darum ziehen diejenigen Unternehmen den größten Nutzen aus ihren Champions, die ein starkes Netz unterstützender Systeme geknüpft haben, damit ihre Pioniere auch wirklich zum Zuge kommen. Diesen Punkt kann man gar nicht genug betonen. Ohne System-Unterstützung keine Champions. Ohne Champions keine Innovation.

Diversifikation

Unternehmen, die ihren Tätigkeitsbereich ausweiten (ob nun durch Akquisition oder interne Diversifikation), dabei aber möglichst eng mit ihrem angestammten Geschäft verbunden bleiben, fahren besser als die anderen.

Am erfolgreichsten sind die Unternehmen, die um ein einziges Spezialgebiet herum diversifizieren. Die zweitbeste Wahl treffen die Unternehmen, die in verwandte Gebiete einsteigen. Den geringsten Erfolg haben in der Regel Unternehmen, die eine große Zahl verschiedener Gebiete diversifizieren. Die hinzugekauften Firmen führen hier häufig ein Kümmerdasein. Ein gewisses Maß an Diversifikation kann also durchaus eine Grundlage für Stabilisierung durch Anpassung sein, Diversifikation um jeden Preis zahlt sich jedoch in der Regel nicht aus.

Experimentierfreudige Unternehmen

„Do it, try it, fix it" (Probieren geht über Studieren) ist unser liebster Grundsatz...

Der Primat des Handelns in den erfolgreichen Unternehmen äußert sich am stärksten und deutlichsten in ihrer Bereitschaft zum Ausprobieren, zum Experiment. Dabei ist ein „Experiment" nichts besonders Geheimnisvolles. Es ist ganz einfach ein zu Ende geführter Handlungsschritt, ein überschaubarer Versuch, von dem man wie im Chemieunterricht etwas lernen kann. Wir haben allerdings die Erfahrung gemacht, daß die meisten Großunternehmen vergessen haben, wie man etwas ausprobiert und davon lernt. Sie scheinen lieber zu analysieren und zu diskutieren, als einen praktischen Versuch zu machen, und sind wie gelähmt aus Angst vor selbst dem kleinsten Mißerfolg.

Großunternehmen

Größe bedeutet leider auch Komplexität. Und die meisten Großunternehmen reagieren auf Komplexität mit der Entwicklung komplexer Systeme und Strukturen. Dann stellen sie mehr Leute ein, um die Komplexität im Griff zu behalten, und damit beginnt der Fehler. Diese Lösung verträgt sich einfach nicht mit dem Verhalten von Menschen in einer Organisation: wenn ein wirklicher Zusammenhalt erreicht werden soll, muß alles möglichst einfach bleiben. Das Dilemma liegt auf der Hand: Einerseits führt Größe zu begründeter Komplexität, und eine Reaktion mit komplexen Systemen oder Strukturen ist durchaus angemessen; andererseits hängt die Funktionsfähigkeit einer Organisation ganz entscheidend von einer Voraussetzung ab - daß für die Zehntausende oder Hunderttausende, die in diesem Gefüge etwas bewirken sollen, das Gefüge verständlich ist. Und das bedeutet, daß es einfach bleiben muß.

Information und Vergleich

Offen zugängliche Informationen als Grundlage für Vergleiche mit Kollegen - überraschenderweise ist dies der grundlegende Kontrollmechanismus in den Spitzenunternehmen. Das militärische Modell hat hier überhaupt keine Geltung. Hier gibt es keine Befehlskette, bei der so lange nichts geschieht, bis der Chef jemandem einen bestimmten Auftrag erteilt. Die allgemeinen Ziele und Wertvorstellungen werden vorgegeben und Informationen werden so weit verbreitet, daß alle schnell wissen, wie die Dinge laufen - und wer seine Sache gut oder schlecht macht.

Innovationskraft

Die trostlose Facette im Bild der Großunternehmen von heute ist, daß sie verloren haben, was sie einmal groß gemacht hat: ihre Innovationskraft. Wo die Innovation nicht ganz eingeschlafen ist, hat mit Sicherheit die Innovationsrate deutlich an Schwung eingebüßt...

Andererseits sind da unsere erfolgreichen Unternehmen. Sie sind groß. Ihr Wachstum, ihre Innovationserfolge und entsprechend auch ihre Finanzkraft sind beneidenswert. Ganz offensichtlich starten auch sie unter widrigen Vorzeichen, aber sie schaffen es trotzdem. Der wichtigste Faktor ihrer bewundernswerten Leistungsbilanz ist vielleicht ihre Fähigkeit, groß zu sein und gleichzeitig so zu handeln, als wären sie klein. Eng verbunden damit ist offenbar die Förderung von Unternehmergeist unter den Mitarbeitern, für den es auch bemerkenswert weit unten in der Hierarchie Freiräume gibt...

Es zeigte sich schließlich, daß all diese Unternehmen bewußt einen Kompromiß eingingen. Sie setzten auf geradezu radikale Dezentralisierung und Autonomie mit ihren unvermeidlichen Folgen - Überschneidungen, unsauberen Abgrenzungen, Koordinationsmängeln, internem Wettbewerb und einem Anflug von Chaos -, um auf diese Weise Unternehmergeist aufkommen zu lassen. Sie hatten einem gewissen Maß an Ordnung entsagt, um dafür ständige Innovation zu gewinnen.

Interner Wettbewerb

Das Zusammenspiel innerhalb einer Organisation läßt sich grundsätzlich auf zweierlei Weise regeln. Einmal durch Vorschriften oder per Algorithmus, wie es die Rationalisten verlangen und wie es dem Wesen der Bürokratie entspricht; dabei entstehen dann eben Strukturen wie die 223 Ausschüsse zur Genehmigung eines neuen Produkts. Am anderen Ende des Spektrums wird der „Markt" in das Unternehmen hineingetragen. Zur treibenden Kraft der Organisation werden interne Märkte und interner Wettbewerb...

Interner Wettbewerb anstelle eines formalen Vorschriften- und Ausschußwesens ist in den erfolgreichen Unternehmen allgegenwärtig. Hohe Kosten an Doppelarbeit sind die Folge - Kannibalisierung, Produktüberlappungen, Überschneidungen zwischen Unternehmensbereichen, parallele Entwicklungsprojekte oder auch verlorene Entwicklungskosten, wenn die Verkäufer eine Lieblingsidee eines Marktforschers nicht abnehmen. Doch unter dem Strich ergeben sich vielfache, wenn auch weniger genau bezifferbare Vorteile, vor allem in Form von Engagement, Innovation und Konzentration auf die Ertragsseite.

Kleine Einheiten

Der Vorzug der Kleinheit liegt darin, daß sie Überschaubarkeit und vor allem Engagement schafft. In einer kleinen Einheit mit einer vorherrschenden Fachrichtung kann ein Manager verstehen, was vorgeht. Wichtiger noch ist jedoch, daß selbst in Unternehmen mit Hunderttausenden von Beschäftigten, wenn die Unternehmensbereiche klein genug sind oder Freiräume auf andere Weise geschaffen werden können, der einzelne immer noch zählt und sich abheben kann. Wir haben früher schon darauf hingewiesen, wie lebenswichtig das Bedürfnis ist, sich von anderen abzuheben, als einzelner zu zählen. Und wir kennen keinen anderen Weg, den einzelnen diese Möglichkeit zu bieten, als die jeweiligen Einheiten - Unternehmensbereiche, Werke, Teams - in einer menschengerechten Größenordnung zu halten. Das Kleine funktioniert. Klein ist schön. Die Wirtschaftstheoretiker mögen das anders sehen, aber die Indizien aus den Spitzenunternehmen sprechen eine deutliche Sprache.

Kleingruppen

Die Art, wie die erfolgreichen Unternehmen ihre Teams einsetzen, stimmt haargenau mit dem überein, was die wissenschaftliche Forschung über Merkmale wirksamer Kleingruppen zu sagen hat. So haben die Produktivitätsverbesserungs- oder Produktentwicklungsteams der exzellenten Unternehmen gewöhnlich zwischen fünf und zehn Mitgliedern. Die Wissenschaft bestätigt die Richtigkeit: Als die optimale Gruppengröße geben die meisten Studien sieben Mitglieder an. Und auch andere Ergebnisse weisen in dieselbe Richtung. Teams aus Freiwilligen, die nur für eine begrenzte Zeit zusammenarbeiten und sich ihre Ziele selbst setzen, sind in der Regel viel produktiver als andere Teams.

Kundendienst

Kann man für Kundendienst auch zuviel ausgeben? Absolut gesehen, kann man das natürlich. Wenn die absolute Antwort aber „ja" lautet, dann würden wir sagen, tendenziell „nein". Mit anderen Worten, genauso wie es nach rationaler Auffassung bei 3M „zu viele" Champions und bei HP oder J & J „zu viele" Divisions gibt, so wenden fast alle unserer kundenorientierten Unternehmen für Service, Qualität und Zuverlässigkeit „zuviel" auf.

Marktnischen

Die Kundenorientierung ist definitionsgemäß eine Art „Maßfertigung" - das Suchen nach einer Nische, in der man etwas besser kann als alle anderen. Sehr viele der von uns untersuchten Unternehmen verstehen sich vortrefflich darauf, ihre Kundschaft in zahlreiche Segmente zu unterteilen, damit sie ihnen maßgeschneiderte Produkte und Dienstleistungen anbieten können. Dabei nehmen sie ihren Produkten natürlich den Charakter des Massenartikels und berechnen entsprechend mehr dafür.

Merkmale erfolgreicher Unternehmensführung

Auf einen gemeinsamen Nenner gebracht, kommt das wirklich Besondere an den besonders erfolgreichen, innovativen Unternehmen nach unserer Erfahrung in den folgenden acht Merkmalen zum Ausdruck:

1. Primat des Handelns:
   „Probieren geht über Studieren". Zwar gehen auch diese Unternehmen in ihrer Entscheidungsfindung analytisch vor, im Gegensatz zu so vielen anderen lassen sie sich dadurch aber nicht lahmlegen. Ihre gängige Verfahrensweise ist: „Do it, try it, fix it". So sagt ein leitender Angestellter der Digital Equipment Corporation: „Wenn wir bei uns ein großes Problem haben, dann schnappen wir uns zehn erfahrene Mitarbeiter und stecken sie für eine Woche zusammen in einen Raum. Die finden eine Lösung und setzen sie auch um." Darüber hinaus sind diese Unternehmen von nicht zu bremsender Experimentierfreude. Statt 250 Ingenieure und Marketingleute in fünfzehnmonatiger Isolation über einem neuen Produkt brüten zu lassen, bilden sie Teams von fünf bis 25 Mitarbeitern, die neue Ideen

häufig innerhalb weniger Wochen bei einem Kunden erproben, oft mit billigen Prototypen.

2. Nähe zum Kunden:
„Der Kunde ist König". Diese besten Unternehmen lernen von ihren Kunden. Sie bieten unvergleichliche Qualität, Serviceleistungen und Zuverlässigkeit - haltbare, gut funktionierende Produkte. Sie schaffen es, selbst dem gängigsten Massenartikel den Anstrich des Besonderen zu geben - so Frito Lay (Kartoffelchips), Maytag (Waschmaschinen) oder Tupperware (Geschirr). Der Marketingchef von IBM, Francis G. (Buck) Rodgers sagt dazu: „Es ist eine Schande, daß wirklich guter Service bei so vielen Unternehmen die Ausnahme ist." Anders bei den Spitzenunternehmen. Da zieht jeder mit. Viele der innovativen Unternehmen verdanken ihre besten Produktideen ihren Kunden. Das ist der Lohn für ständiges, aufmerksames Zuhören.

3. Freiraum für Unternehmertum:
„Wir wollen lauter Unternehmer". Die innovativen Unternehmen fördern in all ihren Bereichen möglichst viele Führungstalente und Neuerer. In ihnen wimmelt es von „Champions"; von 3M heißt es, man sei dort „so innovationsbesessen, daß die allgemeine Atmosphäre nicht so sehr an ein Großunternehmen erinnert wie vielmehr an ein Gewirr von Labors und Kabäuschen, in denen eifrige Erfinder und kühne Unternehmer ihrer Phantasie freien Lauf lassen." Sie versuchen nicht, jeden an so kurzem Zügel zu führen, daß er nicht mehr kreativ sein kann. Sie fördern praktische Risikobereitschaft und halten auch fehlgeschlagene Versuche für der Mühe wert.

4. Produktivität durch Menschen:
„Auf den Mitarbeiter kommt es an". Die exzellenten Unternehmen betrachten ihre Mitarbeiter als eigentliche Quelle der Qualitäts- und Produktivitätssteigerung. Sie schotten sich nicht gegen ihr „Fußvolk" ab, und ebensowenig betrachten sie Kapitalanlagen als das wichtigste Mittel zur Effizienzsteigerung. Wie Thomas J. Watson Jr. über sein Unternehmen sagte: „Die IBM-Philosophie besteht im wesentlichen aus drei einfachen Überzeugungen. Ich möchte mit der beginnen, die ich für die wichtigste halte: unsere Achtung vor dem einzelnen. Das ist ein sehr einfacher Grundsatz, doch bei IBM verwendet das Management darauf einen großen Teil seiner Zeit." Mark Shepherd, Chairman von Texas Instruments, bemerkt dazu, jeder Mitarbeiter wird „als Quelle für Ideen, nicht nur als zwei arbeitende Hände angesehen".

5. Sichtbar gelebtes Wertsystem:
„Wir meinen, was wir sagen - und tun es auch". Thomas Watson Jr. erklärte einmal: „Die Grundphilosophie eines Unternehmens hat weit mehr Einfluß auf seine Leistungsfähigkeit als technologische oder finanzielle Ressourcen, Organisationsstruktur, Innovationsrate oder Timing." Watson und William Hewlett von HP sind berühmt für ihre Werksrundgänge. Ray Kroc von McDonald`s inspiziert regelmäßig die Restaurants seiner Kette und beurteilt sie nach den Werten, die

dem Unternehmen am Herzen liegen: Qualität, gute Bedienung, Sauberkeit und Preiswürdigkeit.

6. Bindung an das angestammte Geschäft:
„Schuster, bleib bei deinem Leisten". Robert W. Johnson, der ehemalige Chairman von Johnson & Johnson, formulierte es so: „Kaufe nie eine Firma, die du nicht zu führen verstehst." Oder, wie Edward G. Harness, ehemaliger Procter & Gamble-Chef, es ausdrückte: „Unser Unternehmen ist stets seinen Ursprüngen treu geblieben. Wir wollen um keinen Preis zum Mischkonzern werden." Zwar hat es einige Ausnahmen gegeben, doch scheinen überragende Leistungen am ehesten den Unternehmen zu gelingen, die sich nicht allzuweit von ihrem vertrauten Tätigkeitsgebiet entfernen.

7. Einfacher, flexibler Aufbau:
„Kampf der Bürokratie!" Trotz beachtlicher Größe wurde keines der von uns untersuchten Unternehmen bei näherer Betrachtung nach einer regelrechten Matrixstruktur geführt; die es mit dieser Form versucht hatten, waren wieder davon abgekommen. In den exzellenten Unternehmen sind die grundlegenden Strukturen und Systeme von eleganter Einfachheit. Die oberste Führungsebene ist knapp besetzt; nicht selten führt eine weniger als 100köpfige Zentrale ein Milliarden-Unternehmen.

8. Straff-lockere Führung:
„Soviel Führung wie nötig, so wenig Kontrolle wie möglich". Die überragenden Unternehmen sind zentralistisch und dezentralisiert zugleich. Zumeist haben sie, wie schon gezeigt, bis in die Werkshallen oder die Produktentwicklung hinein Freiräume für Unternehmergeist geschaffen. Andererseits sind sie bei den wenigen Grundwerten, die ihnen wirklich am Herzen liegen, fanatische Zentralisten.

Moderne Strukturen

Die „Struktur der 80er Jahre" soll drei Hauptanforderungen erfüllen: effiziente Wahrnehmung der Grundaufgaben, laufende Innovation und ein Mindestmaß an Reaktionsfähigkeit bei großen Veränderungen. Entsprechend stellen wir uns vor, daß die Struktur auf drei Prinzipien ruht, von denen jedes einer dieser drei Anforderungen gerecht wird: Das Prinzip der Stabilität für das effiziente Wahrnehmen der Grundaufgaben, das Prinzip des Unternehmertums für regelmäßige Innovation und schließlich das Prinzip der Mobilität für Reaktionsfähigkeit und das Vermeiden von Verkrustungen.

Das Stabilitätsprinzip umfaßt die Erhaltung einer einfachen, einheitlichen Grundstruktur und die Minimierung und Vereinfachung der Schnittstellen. Wir meinen, daß das Element der einfachen Grundstruktur im allgemeinen die Produktsparte sein sollte - die alte, einfache Spartenorganisation ist wahrscheinlich immer noch die beste, heute und in Zukunft. Damit sprechen wir uns für die Produktorientierung und gegen die Matrix aus. Alles, worüber wir gesprochen haben - Unternehmergeist bei

Produktgestaltung und Service, Liebe zum Produkt, Qualität, Aktionsorientierung und Produktivität durch Menschen - verlangt eine Produkt- oder Marktorientierung. Sie ist einfach, klar, direkt, greifbar und leicht verständlich.

Eine weitere Komponente des Stabilitätsprinzips ist das zugrundeliegende Wertsystem, das auch die strukturprägende Unternehmens-„Mission" einschließt. Es mag abwegig erscheinen, unter dem Stichwort Organisationsstruktur über Werte zu sprechen, doch ist ja Struktur im weitesten Sinne ein Kommunikationssystem.

Das Kernstück des Prinzips Unternehmertum ist die Devise „small is beautiful". „Kleinheit" ist hier das Mittel zur Sicherung der Anpassungsfähigkeit. Erreicht wird sie über die Abspaltung neuer oder erweiterter Tätigkeiten oder ihre Verlagerung in neue Unternehmensbereiche. Weitere Merkmale des unternehmerischen Prinzips sind die gewählten Kontrollmethoden und der Einsatz zentraler Stäbe.

Das dritte Prinzip, die „Mobilität", umfaßt vor allem die grundlegende Bereitschaft zu Beweglichkeit - zu laufender Reorganisation, namentlich zur „temporären" Reorganisation für besondere Vorhaben. Mit laufender Reorganisation meinen wir: 1. die Bereitschaft, regelmäßig neue Sparten „abzuspalten", wenn die bestehenden zu groß und zu bürokratisch werden, 2. die Bereitschaft, Produkte oder Produktlinien zwischen den Sparten zu verlagern, um besondere Managementkenntnisse zu nutzen oder Marktveränderungen Rechnung zu tragen, 3. die Bereitschaft, die besten Köpfe in Projektgruppen zusammenzuführen, um zentrale Organisationsprobleme zu lösen oder eine zentrale Maßnahme durchzuführen - immer unter dem Vorbehalt, daß ein solcher Einsatz zeitlich begrenzt sein muß, und 4. die allgemeine Bereitschaft, die Kästchen im Organigramm bei Bedarf umzustellen (ohne den grundlegenden Aufbau zu verändern).

Nähe zum Kunden

Ermutigend an den exzellenten Unternehmen ist, wie sehr die Kunden allgegenwärtig sind - im Verkauf wie in der Fertigung, in der Forschung wie im Rechnungswesen. Eine einfache Einsicht liegt in der Luft: Aller Geschäftserfolg beruht auf dem Verkauf, durch den Unternehmen und Kunde zumindest vorübergehend miteinander verbunden sind. Auf einen einfachen Nenner gebracht, ergab unsere Studie über die Rolle des Kunden folgendes: die Spitzenunternehmen sind ihren Kunden wirklich nah. Das ist alles. Andere Unternehmen reden darüber; die erfolgreichen Unternehmen machen Ernst damit.

Partnerschaft mit den Kunden

Die besonders erfolgreichen Unternehmen verstehen sich nicht nur besser auf Service, Qualität, Zuverlässigkeit und die Nutzung von Marktnischen. Sie sind auch die besseren Zuhörer. Das ist die andere Seite ihrer Nähe zum Kunden. Die Leistungsfähigkeit dieser Unternehmen bei Qualität, Service und allem übrigen erklärt sich in hohem Maße aus ihrer starken Beachtung der Kundenwünsche. Sie hören zu. Sie laden den Kunden in ihr Unternehmen ein. Zwischen den Kunden und den leistungsfähigen Unternehmen besteht eine echte Partnerschaft.

Produktivität durch Menschen

Behandele Menschen wie Erwachsene. Behandele sie wie Partner; behandele sie mit Würde und Achtung. Behandele sie - nicht Investitionen oder Automation - als die wichtigste Quelle für Produktivitätssteigerung. Das sind Grunderkenntnisse aus unserer Untersuchung über die besonders erfolgreichen Unternehmen. Wer hohe Produktivität und die entsprechenden finanziellen Ergebnisse erreichen will, muß seine Mitarbeiter als sein wichtigstes Kapital behandeln...

Echte Mitarbeiterorientierung steht in ausgesprochenem Gegensatz zu den beiden Verhaltensweisen, durch die sie in allzuvielen Unternehmen ersetzt wird: Lippenbekenntnisse und Modemaschen, beides eine Katastrophe.

Dabei sind die Lippenbekenntnisse wahrscheinlich sogar die größere Katastrophe. Fast alle Unternehmensleitungen, mit denen wir zu tun haben, erklären, ihre Mitarbeiter seien wichtig, ja sogar lebenswichtig für das Unternehmen. Doch über diese Worte hinaus schenken sie den Mitarbeitern nicht mehr viel Beachtung. Wahrscheinlich fällt ihnen ihr Versäumnis nicht einmal auf. „Mitarbeiterfragen nehmen meine ganze Zeit in Anspruch", lautet die typische Erwiderung. Im Klartext heißt das oft: „Alles wäre so einfach, wenn nicht immer das Personal wäre."

Projektmanagement

Ganz gleich, wie viele Zwischenziele man setzt oder wie viele PERT-Diagramme man bei einem Projekt oder Experiment erstellt - was man für das investierte Geld letzten Endes bekommt, ist lediglich mehr Information. Ob sich das Ganze gelohnt hat oder nicht, weiß man immer erst hinterher. Außerdem wird, wenn das Projekt oder Experiment erst einmal läuft, jeder Schritt teurer als der vorangegangene - und schwerer abzubrechen, wegen der bereits investierten Mittel und vor allem wegen des Gesichtsverlustes. Die kritische Managemententscheidung ist, ob man aufstecken sollte. Die besten Systeme für das Management von Projekten und Experimenten handhaben diese Frage mehr oder weniger wie ein Pokerspiel. Das Gesamtvorhaben wird in überschaubare Teile zerlegt; dann eine schnelle Überprüfung und nur ja nicht zu viel Management in der Zwischenzeit. Damit das funktioniert, muß man Großprojekte einfach als Kette von Experimenten behandeln, die sie ja im Grunde auch sind; gleichzeitig muß man die Nerven des Pokerspielers haben, ein Blatt niederzulegen, sobald es nicht mehr gut aussieht, und sofort wieder neu anzufangen.

Rationalistische Managementlehre

Die zahlengläubige, rationalistische Managementlehre beherrscht die Business Schools. Sie lehrt uns, daß gut ausgebildete professionelle Manager alles managen können. Sie verlangt für jede Entscheidung eine abgeklärte, analytische Rechtfertigung. An ihr ist soviel richtig, daß sie gefährlich falsch sein kann, und sie hat uns auf einen bedenklichen Irrweg geführt.

Sie sagt uns nicht, was die erfolgreichen Unternehmen anscheinend gelernt haben. Sie lehrt uns nicht die Hinwendung zum Kunden. Sie vermittelt unseren Unternehmensführern nicht die elementare Erkenntnis, daß sich jeder gewöhnliche Mitarbeiter als Held und Gewinner fühlen muß. Sie zeigt nicht, wie stark sich die Beschäftigten mit ihrer Arbeit identifizieren können, wenn wir ihnen nicht ein wenig Mitspracherecht einräumen. Sie erklärt nicht, warum selbst durchgeführte Qualitätskontrolle soviel wirksamer ist als die der Inspektoren. Sie legt uns nicht ans Herz, Produkt-Champions zu hegen wie zarte Frühlingsknospen. Sie drängt uns nicht, im Unternehmen Wettbewerb zwischen Produktlinien, Doppelarbeit oder gar Produkt-„Kannibalisierung" zu erlauben - oder zu fördern. Sie gebietet uns nicht, Qualität und Kundendienst zu übertreiben und dauerhafte, funktionstaugliche Produkte herzustellen.

Die rationale Managementlehre läßt vieles aus.

Sichtbar gelebtes Wertsystem

Welchen „Rat für Manager", welche Haupterkenntnis ziehen wir aus unserer Forschungsarbeit über die exzellenten Unternehmen? Auf eine solche Frage würden wir vielleicht antworten: „Machen Sie sich Gedanken über ihr Wertsystem! Werden Sie sich darüber klar, wofür Ihr Unternehmen steht. Auf welchen Teil Ihrer Arbeit sind alle im Unternehmen am meisten stolz? Versetzen Sie sich um 10 oder 20 Jahre in die Zukunft: worauf würden Sie mit der größten Befriedigung zurückblicken?"...

Ein klares Wertsystem aufzubauen und es mit Leben zu erfüllen sind die größten Leistungen, die ein Führer zu vollbringen vermag. Genau das liegt auch den Spitzenleuten der erfolgreichsten Unternehmen besonders am Herzen. Leicht sind Aufbau und Vermittlung eines Wertsystems allerdings nicht. Zum einen sind nur ganz wenige der denkbaren Wertsysteme für ein bestimmtes Unternehmen wirklich genau richtig. Zum anderen ist die Verbreitung (und Festigung) dieser Wertvorstellungen im Unternehmen regelrechte Schwerarbeit. Sie verlangt Beharrlichkeit, ein endloses Reiseprogramm und lange Arbeitszeiten, doch allein genügt selbst all das noch nicht: ohne das Element des sichtbaren Engagements geschieht offenbar gar nichts.

Task force

Die Task force schlägt als Beliebtheitsrekorde. Jeder hat sie, doch die Spitzenunternehmen wissen mit ihr ganz anders umzugehen, als alle übrigen. In den exzellenten Unternehmen ist die Task force ein interessantes, bewegliches, spontanes Instrument. Sie ist das Mittel schlechthin für die Lösung und Bearbeitung heikler Probleme und ein unvergleichlicher Ansporn zu praktischem Handeln.

Unternehmensevolution

Als eine der Hauptursachen für diesen Erfolg der „Besten", von der Managementtheorie erst seit kurzem zur Kenntnis genommen, sehen wir die bewußte Einleitung von Evolution innerhalb der Unternehmen. Die erfolgreichen Unternehmen sind lernfähige Organisationen. Sie warten nicht, bis ihnen der Markt den Garaus macht; sie schaffen sich ihren eigenen internen Markt. Es ist beeindruckend, wie viele Hilfsmittel und Techniken die Spitzenunternehmen entwickelt haben, um einer „Verkalkung" vorzubeugen. Sie experimentieren mehr, lassen es häufiger auf einen Versuch ankommen und nehmen kleine Mißerfolge in Kauf; sie halten alles überschaubar; sie pflegen mehr Kontakt mit ihren Kunden - vor allem den gut informierten, anspruchsvollen Kunden; sie fördern internen Wettbewerb und dulden dessen Folgen: Doppelarbeit und Überlappung; schließlich schaffen sie eine fruchtbare, informationsfreudige und ungezwungene Arbeitsatmosphäre, die guten Ideen Flügel verleiht. Interessanterweise können nur wenige genau sagen, wie sie das alles im einzelnen machen. Gerade die Besten sehen sich außerstande, die Rolle des Managements in dem gesamten Prozeß zu beschreiben. Wenn es so weit ist, wissen sie, woran sie sind, und eine Fehlentwicklung erkennen sie schon in den ersten Ansätzen.

Unternehmensinterne Kommunikation

Das Konzept der flexiblen Organisation ist nicht neu. Neu ist jedoch, daß die exzellenten Unternehmen es erfolgreich für sich zu nutzen wissen. Ob in der Vielfalt ihrer informellen Kommunikation oder im gekonnten Einsatz von ad-hoc-Instrumenten, wie zum Beispiel Task forces - immer erreichen die Spitzenunternehmen, daß schnell gehandelt wird, weil eben ihre Organisation flexibel und aktionsorientiert ist. Art und Einsatz der Kommunikation in den überragenden Unternehmen unterscheiden sich beträchtlich von den Verhältnissen bei ihren nicht so guten Konkurrenten. Die erfolgreichen Unternehmen sind ein einziges großes Netz informeller, offener Kommunikation. Form und Intensität dieser Kommunikation sorgen dafür, daß die richtigen Leute regelmäßig miteinander in Kontakt kommen, und die chaotisch-anarchischen Züge des Systems bleiben unter Kontrolle, einfach durch die Regelmäßigkeit und die Art der Kontakte.

Zuverlässige Produkte

Qualität und Zuverlässigkeit sind nicht gleichbedeutend mit exotischer Technologie. Für uns war es interessant und überraschend, daß selbst recht hochtechnologische Firmen die Zuverlässigkeit stets höher bewerteten als technische Spitzenleistung. Die exzellenten Unternehmen geben bewußt dem funktionierenden Produkt Vorrang vor einer unerprobten Technologie. Wir nennen diese Einstellung „zweiter Sieger, und stolz darauf"...

Die scheinbare Zufriedenheit der exzellenten Unternehmen mit ihrem zweiten Platz sollte jedoch niemanden über ihre technische Leistungsfähigkeit hinwegtäuschen. Viele der überragenden Unternehmen, wie z. B. HP, IBM und P&G, stehen bei den Ausgaben für Grundlagenforschung und -entwicklung an der Spitze ihrer Branche. Das Besondere an ihnen ist, daß es ihnen darum geht, Technologie für den Mann auf der Straße nutzbar zu machen. Neue Produkte, die bei ihren Freigabeprüfungen durchkommen, zielen vor allem auf Verbraucherbedürfnisse ab.

Stichwortverzeichnis

A
Abfallose Produktion 120
Absatzprognose 231
Akkordarbeit 63
Aktionsorientierung 292
Aktive Geschäftsführung 120
Allgemeine Führungsgrundsätze 136
Analyse der Arbeitsabläufe 279
Anfang der automatischen Fabrik 279
Angewandte Psychologie 173
Anordnung und Verantwortung 157
Anpassung der Organisationsstruktur 63
Anpassungsfähigkeit der Massenproduktion 120
Anreize 231
Ansporn für die Arbeiter 85
Aphasie des Mathematikers 218
Arbeit des Managers 262
Arbeiter als Maschine 110
Arbeiter und Angestellte 248
Arbeiter und Unternehmer 110
Arbeitervereine 40
Arbeitgeber und Arbeitnehmer 64, 121
Arbeitsbummelei bei Akkordlohn 85
Arbeitsfreude 111
Arbeitskämpfe 40
Arbeitslohn 40
Arbeitsmoral 183
Arbeitsmoral von Hochschulabsolventen 193
Arbeitsnormung 85
Arbeitsteilung 137
Arbeitsteilung und -integration 263
Arbeitsteilung und Intelligenz 64
Arbeitsverteiler 111
Arbeitszufriedenheit und -unzufriedenheit 193
Aufgaben der Führungskraft 207
Aufgaben der Leitung 158
Aufgaben der Manager von morgen 263
Aufseher 41
Aufstieg am Arbeitsplatz 280
Aufstiegschancen 248
Auftragserteilung 138
Aus- und Weiterbildung 41
Ausbildung 100
Ausbildung in gesellschaftlicher Geschicklichkeit 183
Ausbildung von Führungskräften 207
Ausnahmeprinzip 86
Ausschaltung von Arbeitskräften 173
Automation von Büro und Verwaltung 280
Automatische Bewegungen 111
Automatische Einzweckmaschinen 281
Automatisierung und Konzentration 281
Autorität und Verantwortlichkeit 138

B
Basisnähe der Führung 121
Bedingungen pretialer Betriebslenkung 158
Beförderung 112
Befragung von Arbeitern 184
Begabte und Unbegabte 174
Belohnung 112
Berufsgeheimnisse 113
Berufswahl 174
Besteuerung 159
Betriebliche Verbesserungen 139
Betriebsorganisation 282
Betriebspsychologen 174
Bewegliche Materialhandhabung 282
Billigkeit 140
Büro der Zukunft 282
Büroautomatisierung 218
Bürokratisierung 159

C
Champions 292
Computer und Automation 283
Controlling 140

D
Delegation 140
Delegation und Aufgaben 159
Demokratie im Betrieb 194
Demokratie im Geschäftsleben 122
Demokratie in der Industrie 100
Demokratische Führung 185
Demokratischer Entscheidungsprozeß 207
Desorganisation der Welt 208
Dezentrale Führung 122
Dezentrale Organisation 141
Dezentralisation und Kontrolle 232
Dezentralisierung 219
Direktionsstab 141
Disziplin 86, 142
Diversifikation 65, 232, 293

E
Echte Leiter 195
Echte Unternehmer 122
Effizienz 122
Einheit von Führung und Prüfung 101
Einkommensschwankungen 160
Einzelleitung 66
Elektronische Kommunikation 283
Entgelt und Leistung 264
Entgeltpolitik 66
Entlassungen 142
Entlastung der Oberleitung 160
Entscheider 219

Stichwortregister

Entscheidungsfähigkeit 220
Entscheidungsprozeß 232
Entscheidungssysteme 220
Entschlußfreudigkeit 208
Erfahrungen aus turbulenter Zeit 249
Erfinder 67
Erfolgsbeteiligung 233
Erfolgsfaktor Mitarbeiter 250
Erfolgsfaktoren 233
Erfolgsmessung bei Neuerungen 264
Experimente im Prüfraum 185
Experimentierfreudige Unternehmen 293

F
Fabrikgesetzgebung 42
Fabrikorganisation 123
Factorei 42
Faktor Mensch 101
Finanzplanung und -kontrolle 233
Flache Hierarchien 265
Flexibilität ist alles 284
Flexible Automatisierung 284
Fluktuation 101
Folgen der Arbeitsteilung 29
Förderalistische Dezentralisierung 265
Förderung des Individuums 208
Freiheit der Unternehmer 161
Führen statt antreiben 102
Führende Industrienation der Zukunft 265
Führung durch Zielsetzung 265
Führung statt Führungssysteme 123
Führung und Leistung 102
Führung von Führungskräften 266
Führungseigenschaften 102
Führungsgrundsätze 250
Führungskraft von morgen 209
Führungsnachwuchs 67
Führungspersönlichkeit 162, 235
Führungsstil und Organisation 162
Fundgruben des Wissens 51
Funktion der Führungskraft 209
Funktion der Gewinnquote 67
Funktionen des Führungsprozesses 143
Funktionsmeister 87

G
Gefahren guten Geschäftsgangs 123
Geistiges Erz 30
Geld als Motivator 195
Gemeinschaftsarbeit 187
Gemeinschaftsgeist 68, 143
General Technical Committee 235
Gerechter Lohn 88
Geschickte Arbeit 42
Gewinn 43
Gewinnbeteiligung 68, 88
Gleichgewicht von Gegenwart und Zukunft 266
Grenzen der Psychotechnik 175
Greshams Gesetz des Planens 221

Großunternehmen 294
Gründe für die Verwaltungspsychologie 114
Grundfunktionen eines Unternehmens 143
Grundlagenforschung 236
Grundsätze der Managerausbildung 267
Grundsätze der Werkstättenleitung 88
Grundsätze von Reorganisationen 89
Gruppenpsychologische Zuordnungen 175
Gruppenzusammengehörigkeit 187

H
Hand- und Maschinenarbeit 43
Handelsstreit 43
Hauptaufgabe des Managements 267
Hebelwirkung der Motive 175
Hierarchie 221
Horizontale Aufgabenverteilung 196
Humanisierung der Arbeit 30, 44, 251, 267

I
Ideale soziale Gemeinschaft 31
Idealer Leiter 144
Image 251
Individualität und Arbeiterfrage 176
Individuelle Maschinenkontrolle 285
Industrie und Wissenschaft 69
Industrie- und Unternehmungsgeist 44
Industrieller Frieden 114
Information und Vergleich 294
Ingenieure als Leiter 103
Initiative 144
Innovation als Aufgabe des Unternehmens 268
Innovationskonkurrenz 69
Innovationskraft 294
Innovationsmanagement 70
Innovationsprozeß 124
Interesse an der Arbeit 104
Interessen der Arbeitgeber und -nehmer 89
Interner Wettbewerb 295
Investitionsausschuß 236
Irrtümer des Managements 209

J
Job rotation 32
Just in time - Lieferungen 285

K
Kaufmännische Geschicklichkeit 144
Kinderarbeit 45
KITA 196
Kleine Einheiten 295
Kleine Unternehmen 124
Kleingruppen 295
Kollegiale Führung 70
Kombination der Produktionsfaktoren 32
Kommunikation 269
Kompetenzregelung 162
Konferenzen 145
Konjunkturprognosen 52
Konkurrenzdenken 124

305

Kontraktarbeit 90
Kontrolle 125, 145
Kontrolle der Gewinne 125
Kontrollspanne 222
Koordinierte Dezentralisation 237
Kosten und Geschäftsgebaren 104
Kostenplanung 104
Kostenrechnung und Wirtschaftlichkeit 105
Kostenstruktur 52
Kraft der Organisation 210
Kreative Arbeit 222
Kundendienst 296
Kundenorientierte Organisation 252
Kundenorientierung 125
Kunst der Leitung 90

L
Langlebige Produkte 125
Leistungsfähigkeit von Führungssystemen 210
Leistungsmessung 114
Leistungsunterschiede 90
Leistungszurückhaltung 91
Leitende und abhängige Naturen 176
Leiter von Großunternehmen 146
Leitung und Geschäftserfolg 91
Leitung von Genossenschaften 32
Logistik 33
Lohnanreiz 91
Löhne und Preise 126
Lohnpolitik 33
Loslösung von Traditionen 126

M
Make or buy 126, 238
Management-Information-System 285
Management: Wissenschaft und Praxis 269
Managementausbildung 146
Managergehälter 70
Mangel an tüchtigen Kräften 177
Markenprodukte 71
Marketing-Revolution 269
Marktanteil 270
Marktnischen 296
Massenproduktion 127
Materielle Sozialleistungen 211
Mechanisierung der Handarbeit 52
Mensch und Maschine 286
Menschenführung 34
Menschenführung und Arbeitsorganisation 270
Menschenleere Fabrik 127, 287
Menschlicher Faktor 115
Menschliches Urteil 127
Merkmale einer guten Arbeit 197
Merkmale erfolgreicher Unternehmensführung 296
Messung der Einzelleistung 115
Mindestgewinn 271
Mitarbeiterführung 92
Mitarbeiterinformation 252

Mitbestimmung 71, 199
Mitteilungsvorgänge 223
Mittelbare und unmittelbare Kosten 105
Moderne Strukturen 298
Monopol 128
Monopol und Konkurrenz 52

N
Nachbildung menschlicher Arbeit 287
Nähe zum Kunden 299
Neu überdenken 288
Neuerungen 34

O
Öffentlichkeit 252
Optimale Betriebsgröße 53
Optimale Siedlungsgröße 34
Ordnung 147
Organisation 147
Organisation als Mittel zum Zweck 271
Organisation der Arbeitsgemeinschaft 188
Organisationsaufbau 223
Organisationsfetischismus 128
Organisationsgewinn 73
Organisationsgleichgewicht 224
Organisierte Produktion 72
Organismus der Manufaktur 45

P
Partnerschaft mit den Kunden 299
Personalauswahl 116, 148, 177
Personalentwicklung 149
Personenorientierte Organisation 163
Pflichten der Führung 35
Pflichten der Verwaltungsorgane 93
Pflichttreue und Motivation 73
Phasen des Entscheidungsprozesses 224
Philosophie der Manufaktur 46
Philosophien zur Personalführung 199
Planwirtschaft 164
Politik der offenen Tür 253
Politische Verantwortung des Unternehmers 254
Praktische Entdeckungen 188
Preis- und Innovationskonkurrenz 53
Preiskonkurrenz 74
Produkt- und Preispolitik 54
Produktdifferenzierung 238
Produktions- und Absatzplanung 54
Produktionsfaktor Mensch 271
Produktionsplanung 239
Produktive und unproduktive Arbeiter 93
Produktivität 35
Produktivität durch Menschen 300
Produktivität und Handarbeit 272
Produktivkraft durch Zusammenarbeit 35
Produktpolitik 239
Produktverbesserung 128
Prognosen 272
Projektmanagement 94, 241, 300

Stichwortregister

Prosperität und Ergiebigkeit 94
Psychologische Amputation 200

R
Rangordnung 149
Rationalistische Managementlehre 301
Recycling 129
Regeln der Fließbandarbeit 129
Regionale Dezentralisierung 129
Reichtum der Gesellschaft 36
Rentabilität 241
Ressortgeist 149
Richtiger Verkaufspreis 130

S
Schöpferische Arbeit im Management 225
Schulung von "erstklassigen" Menschen 95
Segnungen der Dampfmaschine 46
Selbstkontrolle 272
Selbstzufriedenheit 130, 241, 255
Sicherheit der Arbeiter 178
Sicherheit des Arbeitsplatzes 255
Sichtbar gelebtes Wertsystem 301
Solidität 54
Sortimentsbeschränkung 164
Soziale Verantwortung 106
Sozialer Pioniergeist 255
Stabilität des Personals 150
Stabsabteilungen 150
Statussysteme 211
Steigerung der Nutzbringung 178
Stellvertretung 164
Strategie und Organisation 165
Strategische Analyse 151
Strukturen der höheren Gesellschaft 36
Stücklohn 55
Synergieeffekte 74
Systemdenken 225

T
Task force 302
Teamarbeit 190, 211
Teamgeist 273
Teamgeist in Großunternehmen 256
Teamwork 242
Technologien 130
Teile und herrsche 151
Teilung der Arbeit 55
Theorie der Organisation 273
Traditionelle Betriebsführung 116
Tüchtige Leistungen 179

U
Überschätzung funktionaler Strukturen 165
Überzeugen 212
Umwandlung der gültigen Auffassung 95
Unaufdringliche Führung 131
Unseriöse Verkaufspraktiken 131
Untere Führungsschicht 213
Unternehmen in Kollektivbesitz 75

Unternehmensbewertung 131
Unternehmenserfolg 132
Unternehmensethik 75
Unternehmensevolution 302
Unternehmensgröße 132
Unternehmensinterne Kommunikation 302
Unternehmenskultur 166
Unternehmensphilosophie von IBM 257
Unternehmenswachstum 55, 242, 274
Unternehmenswert 106
Unternehmensziel 132
Unternehmenszweck 133
Unternehmerische Motive 213
Ursachen der Leistungszurückhaltung 95

V
Verantwortungsbereitschaft 214
Verbesserungsvorschläge 56, 116
Verbindung von Landwirtschaft und Industrie 37
Vereinigungen der Arbeitgeber und -nehmer 57
Verfahrensverbesserung 133
Verhaltensregeln in der Fabrik 57
Verkäuferauswahl 258
Verkaufskomitee 242
Verknüpfung von Fabrik und Büro 288
Verkürzung der Arbeitszeit 47, 77
Verkürzung der Durchlaufzeit 133
Verkürzung des Arbeitstages 179
Versäumnisse des Managements 201
Verschwendung menschlicher Talente 201
Versetzung von Mitarbeitern 258
Verteilung der Reichtümer 37
Vertrauen 214
Verwaltungsmann der Zukunft 190
Verwissenschaftlichung der Leitung 96
Vitalität und Ausdauer 214
Vor- und Nachteile der Arbeitsteilung 77
Vor- und Nachteile pretialer Betriebslenkung 166
Vorausplanung 152
Vorbildwirkung 47, 153
Vorgesetzte als Diener 106
Vorstandsmitglieder 78
Vorteile der Maschinenarbeit 47
Vorteile des Fabrikwesens 58
Vorteile eines Tagespensums 96

W
Wachstum der produzierenden Kraft 59
Wesen der Führung 215
Wesen der pretialen Betriebslenkung 167
Wesen des Managements 274
Wettbewerb 243
Widerstand der Arbeitnehmer 289
Wilde Enten 259
Wirkliche Führer 106
Wirkungen des "Scientific Management" 96
Wirtschaftspsychologie 179
Wissenschaft statt Faustregeln 97
Wissenschaft und Industrie 59

Wissenschaft von der Organisation 215
Wissenschaftliche Betriebsführung 117

Z
Zeichen schlechter Organisation 275
Zeit- und Stücklohn 79
Zeitersparnis 60
Zeitliche Perspektive des Managers 226
Zeitnutzung 275
Zeitverschwendung 134
Zentrale Marktforschung 243
Zentrale Stäbe 244
Zentrale und dezentrale Verwaltung 168
Zentraler Einkauf 244
Zentraler Kontrollmechanismus 289
Zentralisation 153
Zuordnung 154
Zuverlässige Produkte 303
Zweck des Unternehmens 276